한국 지역발전의 진화

- 맥락과 제도 그리고 정책 -

Evolution of Regional Development in Korea

- Context, Institution, and Policy -

한국 지역발전의 진화

- 맥락과 제도 그리고 정책 -

Evolution of Regional Development in Korea
- Context, Institution, and Policy -

발행일 2020년 1월 1일 **발행인** 오덕성 **지은이** 배봉준(구명 배응환)
펴낸곳 충남대학교출판문화원 **주소** 대전광역시 유성구 대학로 99
전화 042-821-6045 **홈페이지** http://www.cnupress.co.kr **E-mail** cnupress@cnu.ac.kr

ISBN 979-11-6503-020-9 93330
정가 20,000원

■ 이 저서는 2017년 정부(교육부)의 재원으로 한국연구재단의 지원을 받아 수행한 연구임.
(NRF- 2017S1A6A4A01021515)

■ This work was supported by the Ministry of Education of the Republic of Korea and the National Research Foundation of Korea. (NRF- 2017S1A6A4A01021515)

한국 지역발전의 진화

맥락과 제도 그리고 정책

Evolution of Regional Development in Korea

- Context, Institution, and Policy -

배봉준

충남대학교출판문화원

서문: 지역발전의 긴 여정 연구

국가발전의 과제로서 지역발전(regional development)이 등장하게 된 것은 19세기 중반이후부터이다. 18세기 후반부터 19세기에 걸쳐 지속된 산업혁명으로 등장한 다양한 사회문제들은 Adam Smith의 '보이지 않는 손'인 시장에 의해 자율적으로 해결될 것이라는 낙관론에서 벗어나 정부의 개입을 요구하게 되었다. 산업화로 나타난 최초의 문제는 공장이 들어선 도시의 환경오염과 과밀 및 주거부족 그리고 위생과 보건문제였으나, 이후에는 도시지역과 상대적으로 낙후되거나 저개발된 지역 간의 격차문제가 대두되었다. 이에 20세기에 들어와 도시계획가와 지역개발론자들은 산업화로 확산되기 시작한 지역문제를 정책대상과 연구대상으로 인식하게 되었고 여기서 지역발전 현상은 중요한 화두로 부상하게 된 것이다(Glasson, 1975: 10-11; 한국지역개발학회 편, 2002: 15). 산업화가 진행되는 과정에서 1980년대 이후에는 세계화라는 글로벌시대가 도래하고 또한 정부통신기술혁명에 의한 후기산업사회(정보화사회)가 대두되어 국가와 지역을 둘러싼 환경에서는 복잡하고 난해한 여러 가지 지역문제를 발생시키고 있다.

따라서 서구에서는 20세기에 들어와 지역발전에 대한 이론과 정책의 논의가 확대되고 지식축적이 이루어져 왔다. 공간적 관점에서 시대환경변화에 의해서 발생하는 다양한 사회경제적 문제를 다루는 공사행위자들의 행태를 이해하고 설명하는 학문들은 지역경제학(공간경제학), 지역개발학, 도시 및 지역계획학, 그리고 경제지리학이나 신경제지리학 등의 여러 영역에서 발전을 하여 왔다. 특히 신경제지리학은 역사적 맥락에서 각 지역의 제도가 경제활동에 영향을 주는 것에 초점을 두고 연구하기 위하여 제도주의접근과 진화경제학접근을 도입하고 있다. 그러나 지역에서 나타나는 사회경제적 문제는 정치학이나 정책학의 연구대상인 사회문제로서 정책개발에 관련되는 것인데, 그동안 정치학이나 정책학에서는 지역발전현상에 대한 연구와 정책처방에 대해 소홀히 한 측면이 있다.

이러한 문제인식 하에, 본 연구는 정치학이나 정책학에서 지역발전에 대한 논의를 확대하려는 측면에서 시작을 하게 되었다. 본 연구는 위의 신경제지리학의 연구접근과 연관되고 정치학에서 발전한 역사적 제도주의이론에 의하여 한국 지역발전의 역사적 전개과정을 기술하고 설명하려는 것이다. 해방이후 대한민국정부가 추진한 지역발전의 궤적을 보면, 1960년대 이후 1990년대 까지는 경제개발계획과 국토종합계획을 통하여 지역발전을 추진하다가, 2000년대 초반 이후에 집권한 노무현정부에서 처음으로 국토종합계획과 별도로 지역발전계획을 수립하였고, 이후의 이명박정부나 박근혜정부에서 지속을 하여 왔다. 이처럼 시대환경변화 속에서 정권의 변화에 따라 지역발전의 제도와 정책을 수립하여 실행해 왔는데, 여기서 제기되는 질문은 역대 정부에서 추진한 지역발전의 제도와 정책이 경로의존적이냐 아니면 단절적이냐 하는 역사적 제도주의자들의 연구쟁점이다. 구체적인 연구과제는 시대환경변화에 따른 역사적 맥락 속에서 형성되고 변화하여 온 제도와 정책의 동태적 관계를 역사적 · 비교론적으로 분석하려는 것이다.

따라서 이 책은 이러한 연구과제에 대답하기 위하여 다음과 같은 부분으로 구성되어 있다. 제1장 "한국 지역발전을 연구하게 된 배경과 이 책의 구성"부분에서는 지역발전에 대하여 왜 관심과 연구가 필요하게 되었는가와 여기서 도출되는 문제제기를 하였다. 이러한 지역발전현상에 대한 그동안의 연구현황을 검토하고 선행연구와 대비되는 본 연구의 차별성을 부각시켰다. 그리고 본 연구의 주제에 대한 소개로서 논의내용과 시기구분 및 연구방법을 기술하였다.

제2장 "한국 지역발전의 개념적 · 이론적 논의와 분석모형" 부분에서는 지역발전이란 무엇인가? 하는 지역발전의 개념적 발달을 살펴보고, 그동안 발전하여 온 국내외 학자들의 지역발전이론들을 탐색하였다. 그리고 본 연구의 분석모형은 지역발전이론 중에서 1990년대 이후에 부상한 신경제지리학의 제도적 접근과 진화경제적 접근을 결합한 것으로 볼 수 있는 정치학 관점의 역사적 제도주의이론을 살펴보고, 여기서 분석변수로 역사적 맥락과 제도 및 정책 간의 인과관계모형을 설계하여 각 변수별로 구체적인 분석내용을 제시하였다.

제3장 "한국 지역발전의 진화분석" 부분에서는 이 분석모형인 역사적 제도주의의 변수들, 즉 역사적 맥락과 제도 및 정책이 한국 지역발전의 역사적 전개과정에서 어떻게 작동하고 있는가를 역사적 · 비교론적으로 분석을 하였다. 한국 지역발전의 역사적 궤적을 1960년대 이후 1990년대 까지 국토종합계획시기(박정희정부에서 김대중정부)와 2000년대 초반 이후의 지역발전계획시기(노무현정부, 이명박정부, 박근혜정부)로 구분하고, 그 당시의 역사적 맥락에서 형성되거나 변화하는 지역발전의 제도와 정책을 개별분석을 한 후에 종합하여 비교분석하였다.

마지막으로, 제4장 "결론" 부분에서는 지금까지의 연구과제에 대한 분석결과를 요약하고, 일정한 함의를 제시하였다.

이상에서 살펴본 이 연구의 진행과정에 대한 간략한 개관과 함께, 학자와 실무가들을 한국 지역발전의 연구와 실제 세계에 초대하고자 한다. 이 책을 학습한다면 그동안 변화되어 온 지역발전의 이론과 정책을 이해할 수 있고, 이러한 이론과 정책이 우리나라 지역발전의 역사적 전개과정에서 어떻게 반영되어 통치를 하고 있는가를 이해하고 설명하며 처방할 수 있는 능력을 함양할 수 있다고 본다.

이 책이 나오기 까지는 다음과 같은 조직과 많은 분들의 도움이 있었다. 무엇보다도 이 저술은 저자가 한국연구재단의 저술출판지원사업(2017-2019: NRF- 2017S1A6A4A01021515)의 지원을 받아 연구한 결과물이다. 본 연구결과가 나오기까지 학문적 자극과 물질적인 예산지원을 하여 준 교육부 및 한국연구재단과 본 지원사업의 주관기관인 충남대학교 산학협력단, 그리고 조그마한 연구결실을 출판하도록 도움을 주신 충남대학교 출판문화원과 출판담당자분들께 감사를 드린다. 또한 이 연구를 하는 데 필요한 정부간행물과 연구보고서를 수집하는 데 도움을 주신 행정안전부 자치분권지원과장인 한치흠 박사님에게도 감사를 드리고, 그동안 학문적 관심을 공유하여 온 여러 동료 학자들에게도 고마움을 전한다.

2019년 12월 30일

배 봉 준(구명: 배 응 환) 씀

Preface: The Long Journey Study of Regional Development

All the countries of the world and Korea have been perceived an important subject about how regional development will design and perform? Specifically, various changes of political, economic, social, and technological environment surrounding specific region are requiring the institution and policy of regional development being relevant at its environmental change. These environmental changes had been an impact on the historical context of regional development.

From the early 1960s to 2018, Korea has fulfilled several institutions and policies of regional development for economic growth and quality life of the state and region. They were necessary to solve various regional problems that are being faced at that time. If so, what and how the state's regional development is determined and carried out? If an era's environment changes, government can bring about the change of the institution and policy of regional development. Then, if the institution and policy change, how we will explain this phenomenon?.

With the perception of these problems, this study searched theories and concepts of regional development, and used the historical institutionalism as theoretical model. Analytic variables of this model include historical context, institution, and policy. After the historical evolutionary process of Korean regional development makes a division between the National Territory Comprehensive Development Plan(Park Jung-hi government- Kim Dae-jung government) and the Regional Development Plan(Rho Moo-hyun government, Lee Mung-pak government, Park Geun-hye government), this study attempted empirical analysis about the change dynamic of institutions and policies of regional development made or changed at the historical context of a passing period.

The results of the analysis suggest the following. First, in the era of the National Territory Comprehensive Development Plan, theoretical bases of the regional development applied unequal growth theories such as growth poles theory and industrial district theory. On the other hand, in the era of the Regional Development Plan, regional development theories of those were founded on an unequal growth theory included at the traditional regional development theory, as well as territorial innovation models such as regional innovation system, innovation cluster, and new regionalism or collaborative governance theory.

Second, the historical context of regional development includes environmental change, a world stream of regional policy, the review and self-reflection about regional policy, and the government philosophy of ruling government. Here, environmental change has been a sequential conversion from authoritarianism and industrialization to globalization, informatization, democratization, and localization. A world stream of regional policy has repeated disconnection and continuance. Or the review and introspection of the last regional policy have made up a path-dependence learning. The government philosophy of ruling government is appearing a strong disconnection between the progressive regime and the conservative regime.

Institutions and policies of the regional development made or changed in these historical contexts are formed a disconnection between the era of the National Territory Comprehensive Development Plan and the era of the Regional Development Plan. But, in the era of the Regional Development Plan, the change of institutions and policies of regional development has been path-dependence. For example, the label and macro-structure of the Nation Equal Development Law had a sequence. However, detailed contents such as goals, main terms, space unites, plans, main programs, and propulsion systems can find path-dependence or punctuated equilibrium.

Lastly, the performance of regional development policy that propelled from the era of the National Territory Comprehensive Development Plan to the era of the Regional Development Plan, can find great development not only in the capital area, bur also in the non-capital area, which appeared at several indexes such as a gross regional domestic production, population, firm number, worker number, R&D cost, patent, so froth.

Therefore, The historical evolution model of regional development in Korea can draw a conclusion as the mix of path-dependence and punctuated equilibrium.

(Key words: Regional Development, Historical Institutionalism(Analytic Variables: Historical Context, Institution, and Policy), The National Territory Comprehensive Plan, The Regional Development Plan, Institution of Regional Development, Regional Development Policy, Historical Evolution of Regional Development in Korea(Path Dependence, Punctuated Equilibrium).

30-December, 2019

Bae, Bong-Jun
(Old Name: Bae, Eong-Hwan)

목 차

제1장 한국 지역발전을 연구하게 된 배경과 이 책의 구성

제2장 한국 지역발전의 개념적·이론적 논의와 분석모형

제3장 한국 지역발전의 진화분석

제4장 결 론

〈표 목차〉

〈그림 목차〉

제1장

한국 지역발전을 연구하게 된 배경과 이 책의 구성

제1절 지역발전에 대한 새로운 관심과 제기되는 문제들

1. 지역발전에 대한 새로운 관심

국가와 지역의 발전에 대한 도전은 지구상의 국가와 지역에 존재하는 모든 행위자들이 직면하고 있다. 국가와 지역의 경제적, 사회적, 그리고 환경적 변형은 정보화와 세계화 및 지방화 시대의 중요한 화두로 등장하였다.

21세기에 들어와서 국가와 지역을 둘러싸고 등장하는 첫번째 환경변화는 정보화이다. 그동안 진행된 산업사회는 1970년대 후반 이후의 정보통신기술 혁명으로 정보화사회로 진입하였다. 정보화사회는 후기산업사회, 지식사회, 지식기반경제사회라고도 하듯이 산업사회의 문제점을 보완하여 보다 발전된 새로운 사회를 지향하는 것으로, 특히 경제활동의 중심이 재화의 생산에서 서비스와 정보 및 지식의 생산으로 이행하는 사회(Bell, 1973: 14)로서, 국가나 지역을 지시기반경제로 전환시키고 있다. 지식기반경제란 인간의 창의성에 기반을 둔 지식이 노동이나 자본 등 다른 생산요소보다 국가와 지역의 발전에 기여하는 경제(국가균형위, 산자부, 2004: 3)을 말한다. 국가와 지역이 성장하려면 지식기반경제에 대응하는 적응과 창조가 요구된다.

이러한 정보화사회와 지식기반경제는 세계화라는 또다른 환경변화를 가져왔다. 세계화는 국가와 지방의 성장과 쇠퇴에 중요한 동인으로 작용하고 있다. 넓은 의미의 세계화는 무역과 금융의 글로벌 규제에 의해 지배되고 글로벌한 생산과 분배 및 소비체제를 요구하는 지구상에서 상품과 자본 및 서비스 이동의 동시적 시장지배를 말한다. 가속화되는 글로벌 흐름은 사람과 투자 및 다국적 기업들이 지구상의 어떤 부분에서도 완벽하게 이동하고 입지가 자유로운 국경 없는 평평한 세상의 출현에 기여한다(Mackinnon & Cumbers, 2011). 1990년대 이후 세계화는 글로벌 낙천주의자의 주장과 새로운 개발시대에 출현하는 신자유주의 이념을 지지하는 방향으로 지구상의 소득을 증가시키고 있다. Castells(1996)에 의하면, 발전은 글로벌 공간맥락에서 일어나고 있다. 발전을 위한 원천으로서 지식기반과 디지털 경제와 같은 급진적 기술혁신은 세계화의 원인이기도 하고 결과가 된다. 지식기반경제를 통한 세계경제의 개방은 국경을 넘어 금융과 상품 및 서비스 그리고 사람의 자유로운 이동을 촉진시켰다. Friedman(2005)에 의하면 이들 요인들은 모든 장소가 세계화에 참여하거나 그것으로부터 편익을 얻는 것이 허락되는 '평평한 세계'의 가능성을 열어준다. 그러나 세계화는 국가 간이나 국가 내의 지역 간에 불균등을 발생시킬 수도 있다.

'세방화'라는 용어처럼 세계화에 따라 국경의 의미가 약화되고 지역이라는 공간단위가 부상하는 '지방화'와 '도시화'가 강렬히 진행되어 왔다. 2007년에 세계인구의 절반 이상은 도시에 살고 있다(OECD, 2015). 더욱이, 최근의 도시화는 최소 1,000만 이상의 인구를 가진 MEGA-CITIES의 확산과 관련되어 있다. 다른 여러 요인들 중에서 중요 도시에 인구의 증가와 경제활동의 집중은 '세계는 평평하다'는 명제에 의문을 갖게 한다. 대신에, 세상은 '뾰족뾰족한, spiky'(Florida, 2005), '기울어진, carved'(McCann, 2008), 그리고 '경제활동의 산, mountains of economic activity'(Rodriguez-Pose & Crescenzi, 2008)으로 특징되는 것으로 볼 수 있다. 이것은 지역(장소)이 매력적인 경제활동과 자산 및 자원이 되는 것을 암시한다. 이러한 시각에서 시장자유화와 세계화는 세상을 '평평하게 하는' 것이 아니라 재무적, 생산적 자본에 매력적이고 혁신을 위한 조건을 제공하는 도시권(city-regions)에 특히 경제활동을 집중하게 한다 (OECD, 2014) (Pike et al, 2017: 3-5).

정보화와 세계화 및 지방화 시대에 국가 간 그리고 국가 내 지역 간에 경제적, 사회적, 공간적 불평등은 심화되고 있는 것이 현실로 나타나고 있는데, 중요한 문제로는 지역 간의 빈부격차문제이다. 선진국과 후진국 간의 빈부격차는 흔히 남북격차하고도 하는데, 이는 선진국이 유럽과 북미 및 동아시아 등 주로 북반부에 위치하는 반면 후진국은 아프리카와 남미 등 남반구에 집중되어 있기 때문이다. 예컨대, 1997년 시점에서 하위 20%에 속하는 국가들의 세계 GDP의 비율은 1%인데 비해, 상위 20%에 속하는 국가들의 경우 세계 GDP의 약 86%를 차지하고 있고, 2010년 최상위 10개국의 GNP는 최하위 10개국의 그것보다 무려 123배나 많으며, 세계인구의 50%가 넘는 약 30억의 인구는 1인당 소득이 400달러 미만의 저소득국가에 해당한다(이희연, 2014: 6-14).

이처럼 글로벌 차원에서 증가하는 지역 간 불평등의 맥락에서 지역발전문제는 국가와 지역의 중요한 화두로 등장하고 있다. 성장률이나 실업 및 빈곤에서 중요한 차이는 지구상의 지역들 사이에 존재한다. 많은 나라들에서 경제적, 사회적 조건에서의 불평등성은 그들의 크기와 패턴이 다양할지라도 확대되고 있다. 지구상에서 대규모 자본도시의 성장은 쇠퇴하는 도시 및 지역의 출현과 연관되어 있다. 예컨대 중국에서 산업화와 도시화는 도시와 시골 간 그리고 성 간의 불평등의 복잡한 패턴을 생산하여 왔는데, 그것은 정책선택과 영역경쟁 그리고 시장 힘의 혼합으로 일어난다. 유럽에서도 국가들마다 상이한 지역성장패턴을 가지고 있다. 한국도 예외는 아니어서 경제성장을 지속함에 따라 수도권과 비수도권 그리고 도시와 농촌이 중심지역과 주변지역으로 이중구조화 되는 지역불균형이 지속되어 왔다.

이러한 공간적인 집중과 분산현상은 그 나라의 경제성장과 밀접하게 관련되어 있으며, 핵심지역으로 경제활동을 집중하게 하는 요인은 집적경제로 인한 이익과 효율성 때문이다. 시장경제의 효율성을 통한 지역발전은 공간상에서의 성장력의 집중으로 핵심지역과 주변지역의 지역불균형이 심화된다. 지역 간의 격차는 선진국에서도 나타나지만 개발도상국의 경우 더욱 심한 것으로 알려져 있다. 개도국의 지역성장의 양극화현상은 정부의 간섭 없이 시장기제에 맡겨둘 경우 더욱 심한 것으로 나타난다. 지역 간의 경제불균형은 문화, 예술, 오락, 보건위생, 교육 등에 접근기회가 불균등한 사회적 불균형과 정치적 권한의 불균형으로 지역 간에 편중적 투자가 이루어지는 정치적 불균형까지 유발하게 된다. 지역 간의 소득격차가 심하고 실업률의 차이가 크게 나타날 경우 주민들의 복지수준은 더욱 불공평하게 된다. 지역 간 성장격차가 사회적 형평의식에 크게 벗어날 경우 사회정치적 기반은 크게 흔들리며 경제성장 자체도 위태로워 질수 있다. 이럴 경우 정부는 사회적 형평성에 입각하여 지역 간 불균형을 감소시키는 정책을 수립한다(이희연, 2014: 785-786).

국가에서 지역 간 격차나 성장지역과 쇠퇴지역의 발생이 나타날 경우 경제적 · 사회적 관점에서의 지역발전정책이 요구된다. 경제성장 측면에서 지역발전정책의 필요성은 주로 효율성(efficiency)에 초점을 둔 것이라면, 사회복지적 측면에서의 지역발전정책은 형평성(equity)에 토대를 두고 있다. 특정국가의 국토공간에서 산업과 인구의 불균등한 분포와 이동은 자원의 효율적 이용을 통한 지역경제성장을 이룩하거나 주민의 삶의 질 향상이라는 측면에서 바람직하지 못하므로 효율성과 형평성을 증진시키는 지역발전정책이 요구된다. 세계 각국의 초창기 지역발전정책의 목표는 산업화를 통한 경제성장을 달성하는 것이었다. 그러나 각국은 경제성장에 초점을 둔 결과 계층 간, 지역 간의 소득분배와 복지의 수준에서 불평등이 발생함에 따라 형평성을 확대하는 방향으로 진행되었다.

이와 같이 정보화와 세계화 및 지방화라는 환경맥락 속에서 국가와 지역을 둘러싼 정치적, 경제적, 사회적, 그리고 환경적 압력은 지역에서 해결해야 할 여러 문제들을 발생시킴으로서 지역발전을 위한 맥락을 형성하거나 그것에 영향을 준다.

2. 지역발전에 대해 제기되는 문제들

위에서 기술한 지역발전에 대한 새로운 관심은 전통적인 지역발전이론 외에 새로운 지역발전이론으로 등장하여 발전하고 있는 신경제지리학에서도 나타나고 있다. 신경제지리학은 정보화사회와 지식기반경제 및 세계화라는 새로운 경제환경변화에 의한 '신경제공간'의 출현과 관련된다. 신경제공간은 단순히 생산활동만을 고려한 새로운 산업공간뿐 아니라 서비스 · 소비 · 유통공간을 아우르는 물리적 공간 외에 정보통신네트워크 상의 전자공간과 전 지구적 측면에서의 관계적 공간을 포함하는 총체적 개념의 경제활동공간이다. 이러한 경제공간은 시공간적으로 매우 역동적이기 때문에 경제공간의 출현과 변화에 대한 이론과 연구가 요구된다(박삼옥, 2006: 640). 신경제지리학은 이러한 경제현상의 변화와 경제활동에 따른 문제들을 시공간적 관점에서 분석하고 기회창조와 문제해결을 위한 방안을 탐구하는 학문이다. 특히 관심을 갖는 연구주제는 경제활동의 입지와 공간분포, 지역의 경제발전과정과 그것에 의해 나타나는 정책성과, 즉 어떤 경제활동이(what), 어디에서(where), 왜(why) 일어나게 되며, 그 결과 공간상에 어떠한 변화를 가져오며(so what), 더 나아가 미래에는 어떻게 변화될 것이고 보다 바람직한 변화를 가져오기 위해 필요한 제도와 정책(policy)은 무엇인가를 탐구하는 것이다(Arnott & Wrigley, 2001: 1-4).

따라서 경제지리학자들의 첫 번째 연구초점은 어떠한 경제활동이 어디에서 입지하여 이루어지고 있는가를 통해 경제활동의 공간분포패턴을 파악하는 것이다(what & where). 두 번째 연구초점은 이러한 공간분포와 공간패턴의 형성과정에 영향을 미치는 요인들이 무엇인가를 이해하고 설명하는 것이다(why & how). 이를 위하여 지역발전의 형성과 변화를 초래하는데 정치, 경제, 사회문화, 그리고 기술적 환경 등과 같은 환경요인들이 어떠한 영향을 주고 있는가를 탐색하는 것이 요구된다. 특히 지역발전의 제도와 정책에 영향을 주는 여러 요인들의 영향력이 어떻게 차별적으로 나타나는가를 이해하기 위해서 지방의 역사적 맥락을 고려하여야 한다. 즉 왜 특정지역에서 특정한 경제활동이 집적하여 이루어지고 있으며, 불균등한 경제활동의 공간분포패턴이 역사적으로 지속되어 온 경로의존적인 특성을 가지고 있는가를 고찰한다. 이러한 분석을 통한 세 번째 연구초점은 지역의 경제문제를 보다 바람직한 방향으로 해결하기 위한 제도와 정책이 무엇인가를 모색하는 것이다. 즉 너무 과도한 경제활동의 공간적 집중으로 인한 문제점을 해소하고 지역 간 격차를 줄이기 위해 바람직한 공간은 어떠해야 하며, 이를 위한 제도와 정책을 설계하는 것이다(이희연, 2014: 19-20).

이러한 연구초점을 토대로, 본 연구를 수행하기 위한 문제를 제기하면 다음과 같다. 첫째, 지역발전이란 왜 필요하고 그것은 무엇을 의미하는가? 둘째, 지역발전을 이해하고 설명하기 위한 개념적, 이론적 틀은 어떤 것이 있는가? 셋째, 지역발전을 둘러싸고 영향을 미치는 환경요인, 특히 제도적 환경으로서의 역사적 맥락은 어떻게 변화하는가? 넷째, 지역발전에서 제도와 행위자들은 어떻게 정책을 결정하여 실행을 하는가? 다섯째, 지역발전의 개입이유와 정책은 무엇으로 구성되는가? 등이다.

제2절 지역발전의 선행연구 현황과 본 연구의 차별성

1. 지역발전의 선행연구 현황

본 연구는 역사적 제도주의관점에서 지역발전을 연구하기 위한 전제로, 그동안 우리나라에서 진행되어 온 지역발전정책에 대한 선행연구와 역사적 제도주의의 선행연구를 나누어서 검토한다. 이러한 검토는 본 연구과제와 관련된 국내의 연구현황을 살펴봄으로써 선행연구의 한계와 본 연구의 차별성을 제시하려는 것이다.

1) 지역발전정책의 선행연구 현황

우리나라에서 시도된 지역발전정책에 대한 연구경향을 보면, 국회도서관에서 지역발전정책을 주제어로 검색을 한 결과, 본 연구주제와 연관성이 있는 논문은 30여 편 정도를 선정하였는데, 다음 〈표 1-1〉과 같다.

〈표 1-1〉 지역발전정책의 선행연구 현황

연 구 분 야	학 자
1. 지역발전정책의 이론적, 방법론적 논의	이양수(2007), 고병호(2010)
2. 지역발전정책의 역사적 전개	임형백(2013), 강현수(2015)
3. 지역발전정책의 현황분석	배준구(2014), 최조순 · 강현철(2014), 오승은 · 노승용(2014), 김명진(2014), 김현회(2013), 안영진(2011), 김순은(2010), 최의수(2008), 김영정(2008), 김륜희(2007), 김성제(2007), 소진광(2006)
4. 지역발전정책의 대안제시	강기홍(2012), 안영진(2007), 이호영(2006)
5. 지역발전정책의 외국사례	신정한(2012), 변필성 · 김광익(2008)

지역발전정책에 대한 연구는 주로 지리학, 경제지리학, 지역개발학, 도시

경제학 등의 학문에서 이루어져 왔는데, 주요한 특징을 정리하면 다음과 같다. 우리나라 정부의 지역발전에 대한 현황분석이 다수를 치지하고, 현황분석을 토대로 한 대안제시는 빈약하게 나타나고 있다. 그리고 지역발전에 대한 외국에서의 논의를 소개하거나 비교연구한 논문도 부족한 실정이다. 지역발전에 대한 이론적, 방법론적 논의가 있지만, 본 연구에서 이론적 모형으로 도입하는 역사적 제도주의이론에 대한 소개는 이루어지지 않고 있다.

특히 역사적 제도주의가 발전하여 온 행정학이나 정치학에서는 아래에서 살펴보는 바와 같이, 일부 정책영역에서 실증적 연구가 이루어져 왔지만, 지역발전을 연구대상으로 한 경험적 연구는 매우 부족한 실정이다. 일부 연구에서 신제도주의를 토대로 한 지역발전정책연구가 시도되었다. 이를테면 단일정부에서 추진한 참여정부 국가균형발전정책의 제도적 특성연구(김륜희, 2007)와 노무현정부와 이명박정부의 지역발전정책을 비교분석한 연구(최조순·강현철, 2014)가 존재하지만, 우리나라 지역발전의 역사적 전개과정에서의 제도와 정책의 변화를 시계열적으로 비교분석한 것은 아니다.

2) 역사적 제도주의이론의 선행연구 현황

신제도주의 중 역사적 제도주의는 1970년대 후반 이후 정치학의 지배적인 패러다임의 하나로 등장하여 이론적 진화와 실증연구에서 발전을 하여 왔다. 국내에서 역사적 제도주의는 염재호(1994)에 의해 “국가정책과 신제도주의”로 소개가 되었으며, 정용덕 외(1999)의 “신제도주의연구”와 하연섭(2003)의 “제도분석: 이론과 쟁점”의 전문서적이 출판되었고, 2000년 이후 정치학과 행정학에서는 역사적 제도주의를 적용한 다양한 학술논문들이 양산되어 왔는데, 아래 〈표 1-2〉와 같다.

〈표 1-2〉 역사적 제도주의와 정책연구 현황

연구분야	연구대상(학자와 정책과 제도분야)
이론적 연구	김태은, 2015; 이종찬, 2014; 구현우, 2009; 하연섭, 2006, 2002, 2003; 김윤권, 2005; 정정길 · 정준금, 2003; 염재호, 1994.
실증적 연구	0 행정학보- 김태은(2011-종합부동산제도), 윤정수(2009-소프트웨어산업정책), 장지호(2005-벤처기업지원정책), 김태은(2009-법조인력양성제도) 0 정책학보- 신현두(2015-게임정책), 주혜정(2009-과학기술정책), 진상현(2009-원자력정책), 박정근 · 송희준(2006-전자정부정책), 천세정 · 하연섭(2003-과학기술정책), 장지호(2003-대기업구조조정정책), 김선명(200-금융제도) 0 행정논총- 하혜수 · 양덕순(2007-공무원정원관리제도), 정명주(2006-정보화사업), 배응환(2001-산업구조조정정책), 조성은 · 김선혁(2006-GMO표시정책)

학술논문은 두 가지 범주로 나눌 수 있는데, 하나는 이론지향적 논문으로 역사적 제도주의의 이론적 진화와 최근경향, 신제도주의이론과 정책연구와의 관계, 역사적 제도주의의 연구경향과 비판적 논의, 제도변화에 대한 이론적 고찰 등을 기술한 논문들이 있다. 다른 하나는 역사적 제도주의를 이론적 모형으로 설정하고, 이를 정책이나 제도에 적용하여 실증분석한 논문들이다. 이들 논문들의 연구대상은 크게 정책영역과 제도영역으로 나누어지는데, 정책영역에서는 산업정책이 다수를 차지하고 과학기술정책, 원자력정책, 정보화정책, GMO정책 등이 산발적으로 연구되고 있다. 그리고 제도영역은 종합부동산제도, 법조인력양성제도, 공무원정원관리제도 등의 소수연구가 존재한다. 이들 경험적 연구들은 거의 대부분이 사례연구방법을 채택하고 있으며, 국가 간 비교보다는 단일정책사례의 시계열적 비교를 하고 있지만, 제도와 정책의 관계를 명확히 구분하지 않고 동어반복적으로 개념화하고 제도적 맥락, 제도, 제도적 구조, 제도적 배열 등의 다양한 개념을 혼재하여 사용하는 한계가 있다. 특히 정치학이나 행정학의 대표적 학술지를 보면, 역사적 제도주의이론을 적용한 지역발전에 대한 연구가 매우 빈약하다는 문제가 있다.

2. 본 연구의 차별성

본 연구는 위에서 살펴본 지역발전정책의 선행연구와 역사적 제도주의의 정책연구에서 나타나는 한계점을 보완하는 차원에서, 역사적 제도주의이론을 토대로 새로운 개념적 모형을 설계하여 지역발전을 연구하는 차별성을 갖는 시도라고 할 수가 있다.

위의 선행연구에서 살펴본 바와 같이, 국내의 역사적 제도주의의 연구경향은 서구에서 개발된 제도주의의 개념과 변수를 사례에 적용하는 측면에 머물러 있고, 한국적 환경에서 발생하는 정책사례에 적용할 수 있는 새로운 이론이나 개념적 모형의 개발이 부족한 실정이다. 또한 국내의 선행연구에서는 제도와 정책의 인과관계 그리고 제도변화와 정책변화 간의 인과관계 및 이들과 역사적 맥락과의 관계에 대한 연구가 빈약하게 나타나고 있다.

따라서 이 연구는 그동안 매우 소수의 연구만이 존재하는 역사적 제도주의이론과 한국의 지역발전의 진화과정을 결합하는 비교역사분석이다. 구체적으로는 우리나라 역대 정부에서 추진한 지역발전의 역사적 전개과정을 사례로 선정하여 역사적 맥락 ⇒ 제도변화 ⇒ 정책변화의 인과관계를 경험적으로 분석하여 한국 지역발전의 역사를 기술하고 설명하려는 것이다.

제3절 이 책의 구성

1. 연구내용

본 연구과제는 역사적 제도주의이론을 토대로 한국 지역발전의 역사를 추적하여 보려는 것, 즉 한국 지역발전의 제도와 정책의 논리문제를 정치체제의 역사적 맥락에서 검토해 보려는 것이다. 이러한 지역발전사(regional developmental history)는 한 국가에서 과거로부터 현재까지 발생하여 지속된 지역발전현상에 관한 자료를 수집하고 분석하여 그 사실들을 인과론적으로 해석하고 설명하는 학문이라고 할 수 있다. 예컨대 그것은 과거로부터 현재까지 시간흐름 속에서 결정되고 집행되어 온 지역발전현상들인 정부의 제도와 정책 및 이들을 형성하거나 변화를 초래하는 역사적 맥락 등에 관심을 갖고 연구를 하는 분야라고 할 수 있다.

따라서 지역발전사의 연구영역은 시간흐름 속에서 존재하여 온 지역발전현상 중에서 무엇을 대상으로 연구할 것이냐를 결정해야 한다. 특정국가의 지역발전현상을 연구하기 위해서는 지역발전의 개념, 이론, 제도, 정책 등의 논의가 필요하고 이들을 결합하는 이론적 모형 또는 개념적 모형이나 분석모형의 설계가 요구된다. 본 연구에서는 지역발전의 다양한 이론 중에서 제도주의접근, 특히 역사적 제도주의접근을 통하여 우리나라 지역발전의 역사적 진화과정을 비교분석하는데 목표를 두고 있다. 구체적으로 이 책은 한국 지역발전의 역사적 맥락과 제도적 논리 그리고 정책과의 인과관계를 밝혀보려는 것이다. 여기서 말하는 역사적 맥락은 한국의 국가발전정책이 수립된 박정희정부 이후 지역발전정책이 수립된 노무현정부와 이명박정부 및 박근혜정부까지 정치체제변화의 맥락이며, 제도적 논리(제도)는 정치체제맥락 속에서 형성되고 변화되어 온 지역발전제도의 논리이고, 그리고 정책논리는 맥락과 제도적 논리 속에서 형성되고 변화되어 온 지역발전정책의 논리이다. 이러한 변화의 핵심적 내용은 정치체제의 역사와 제도 및 정책 간의 상호작용으로 형성된다고 전제한다. 특정한 시기의 역사적 상황(성격: 환경과 문제의 유형 등)은 지역발전의 제도적 논리 중에서 특정한 제도를 선호하거나 약화시키기도 한다. 나아가서 이러한 지배적인 제도적 논리는 특정한 지역발전정책을 선호하거나 폐기하기도 한다[1].

---

1 이와 유사한 인과관계 속에서 연구를 한 책으로 강신택(2013), "행정사상과 연구의 논리: 한국

따라서 본 연구과제는 '시간흐름에 따른 역사적 맥락 속에서 형성되고 변화되어 온 제도와 정책의 진화과정을 역사적 · 비교론적으로 분석하려는 것으로, 구체적인 연구내용은 연도별로 차별화하여 다음과 같이 세분화할 수가 있다.

우선, 1차 년도의 연구내용은 한국 지역발전의 역사적 맥락에서 형성되는 제도와 정책의 변화논리를 연구하기 위한 이론적 모형 정립과 사례를 정리한다.

본 연구에서 연구대상사례를 분석하기 위해서는 이론적 논의의 체계적인 파악과 이로부터 개념적 모형 또는 분석틀을 설계하는 것이 요구된다. 이를 위하여 선행연구에서 살펴본 바와 같이, 역사적 제도주의 차원에서 연구된 정책연구에 대한 국내외의 전문서적과 학술논문들을 탐색하여 이론적 논의를 체계적으로 정리하고 이를 토대로 사례분석을 위한 이론적 모형 또는 분석틀을 설계한다.

그리고, 연구대상사례인 우리나라의 지역발전에 대한 역사적 전개과정에 대한 자료를 수집하여 이를 체계적으로 정리한다. 정책사례에 대한 체계적 정리는 역사적 제도주의이론에서 추출한 분석변수들을 적용하여 분석하는 토양이 될 수 있다. 우리나라 지역발전의 역사는 정권이 바뀔 때마다 변화를 하여 왔다고 볼 수 있는데, 특히 정부패러다임의 관료제 모형이 지배하던 시기와 거버넌스패러다임의 네트워크모형이 지배하던 시기는 상이하다고 가정할 수 있다. 정부패러다임이 지배하던 시기는 국토종합계획시기에 지역발전이 추진되었다면, 거버넌스패러다임시기에 포함되는 지역발전계획시기인

행정의 역사적 맥락에서"가 있다. 그는 행정사상과 행정학 연구논리 간의 관계를 한국행정의 역사적 맥락과 제도적 논리의 틀 속에서, 정치체제의 역사적 맥락(정부성격의 변화)과 자본주의 국가의 제도적 논리의 변화 그리고 행정사상과 행정학 연구논리의 변화관계를 규명하고 있다. 이러한 변화의 핵심적 내용은 정치체제의 역사와 제도 및 이론 간의 상호작용으로 형성된다는 것이다. 즉 특정한 시기의 역사적 상황(성격: 문제의 유형 등)은 민주주의, 관료제, 그리고 자본주의라는 제도적 논리 중에서 특정한 논리를 지배적 논리로 선호하면서 그에 의해 정당화되기도 하고 강화되기도 한다. 나아가서 이러한 지배적인 제도적 논리는 특정한 이론과 방법론을 선호하고 그에 따라 강화된다. 이러한 인과관계를 분석하기 위한 시기구분으로 국가건설기, 경제발전기, 과도기, 문민정부, 국민의 정부, 그리고 참여정부까지의 순으로 각각 정부성격과 지배적인 제도적 논리 그리고 행정사상과 연구의 논리를 고찰하였다(1-12).

노무현정부에 들어와서 이전 정부와는 상이한 지역발전을 수행하게 되었고, 그 이후의 이명박정부나 박근혜정부의 지역발전도 상이한 제도나 정책 궤적을 가져왔다고 할 수 있다. 이에 본 연구는 역사적 비교분석을 위한 기준시점으로 국토종합계획시기를 설정하고, 그 이후의 지역발전계획시기에 포함되는 노무현정부와 이명박정부 및 박근혜정부를 비교시점으로 분리하여 지역발전의 역사적 전개과정을 정리한다.

다음으로, 2차 년도의 연구내용은 신경제지리학계통의 역사적 제도주의 이론을 통하여 설계한 분석틀을 토대로 우리나라 지역발전의 시계열적 전개과정에서 나타나는 역사적 맥락과 제도 및 정책의 진화과정을 비교론적으로 분석을 한다.

이를 위하여 제도를 형성하고 변화시키는 역사적 맥락에는 어떤 것이 있는가?는 역대 정부의 지역발전을 통하여 분석을 한다. 제도변화의 요인으로는 외생적 요인과 내생적 요인으로 나눌 수가 있다. 하나는 외생적 요인인 정치경제적 위기나 정치적, 경제적, 및 사회적 상황(환경)변화가 제도에 미치는 영향이다. 이러한 분석을 경로의존성이나 단절적 균형 또는 제도적 역동성 측면에서 연구되어 왔다. 그러나 이후의 역사적 제도주의자들은 내생적 변수로 아이디어(이념)을 주장한다. 제도적 배열에 아이디어가 도입되면 현존하는 제도는 재구성함으로서 제도가 변화할 수가 있다(Bradford, 1999: 20-21; 하연섭, 2003: 237). 다른 하나는 내생적 요인인 제도 간의 모순과 이에 따른 제도와 행위의 불일치로 인하여 변화가 일어날 수 있다는 것이다. 이는 제도적 복합체에서 제도의 구성요소들이 충돌을 일으켜서 새로운 방법으로 재결합하는 방법으로 제도변화가 일어난다고 한다(하연섭, 2006: 223-224).

그리고, 제도가 변화하면 정책도 변화를 하는가? 을 역대 정부의 지역발전을 통하여 분석을 한다. 이는 제도가 정책산출의 정치과정 또는 정책과정에 어떻게 영향을 미치는가를 분석하는 것이다. 외생적 변수나 내생적 변수의 변화로 제도 혹은 제도적 배열이 변화하면 이는 누가(행위자)가 어떤 정책을 공급할 것인가를 제약하게 된다. 여기서 정치과정은 정책결정에 관여하는 다양한 행위자들의 이익갈등과 권력갈등의 결과로서 권력관계를 기반으로 하는 이해관계의 조정이다. 정책은 다양한 이해관계와 불균등한 권력을 가진 행위자들의 관계 속에서 나온 정치적 화합의 산물이다(Amble, 2009: 9-1; 이종찬, 2014: 172).

이처럼 역대 정부의 지역발전에서 전개된 역사적 맥락과 제도 및 정책의 특성을 개별적으로 분석을 한 다음에, 이를 시계열적으로 비교종합분석을 하게 되면 역사적 맥락에서 형성되고 변화하는 제도와 정책의 진화과정을 발견할 수 있다고 본다.

2. 시기구분

본 연구는 역사적이고 시계열적인 공간에서 우리나라 지역발전의 진화과정을 비교역사분석을 하는 것이므로, 시기구분이 필요하다.

1948년 이후의 한국 정치행정의 역사적 시기구분에는 여러 가지 방법이 사용되고 있다(강신택, 2013: 11-12). 종전에는 제1공화국(이승만), 제2공화국(윤보선, 장면), 제3공화국(박정희), 과도기(최규하), 제5공화국(전두환), 제6공화국(노태우)이라고 공화국이라는 명칭을 사용하여 시대구분을 하여 왔다. 이러한 구분은 헌법의 중요한 개정과 관련되는 구분이었다. 그러나 6공화국 이후부터는 노태우, 김영삼, 김대중, 노무현, 이명박, 박근혜 등으로 정권이 바뀌면서 그 이전과 집권층의 성격이 달라져서 동일한 범주로 분류하는 것이 적절하지 않다. 이에 따라 근래에 와서는 정권의 성격에 따라 시대를 구분하는 사례가 많다. 국가건설기(1948-1961, 이승만, 윤보선, 장면), 권위주의 경제발전기(1961-1979, 박정희), 과도기(1979-1993, 최규하, 전두환, 노태우), 민주화 이후(1993-1998, 김영삼 문민정부; 1998-2003, 김대중 국민의 정부; 2003-2008, 노무현 참여정부; 2008-2013, 이명박정부; 2013-2017, 박근혜정부)로 구분하는 경향이 있다.

한편, 정치학자들은 1987년 6.29 민주화선언을 분기점으로 한국의 정치체제(정권) 변화를 구분하고 있다(배응환, 2000: 9). 성경륭(1995)은 1987년 6.29 민주화선언을 권위주의체제가 민주주의체제로 이행을 하게 한 역사적 전환점으로 보고 있고, 임혁백(1995)은 1987년 민주화가 일어나기 이전의 정치체제를 권위주의체제라고 하고, 이 체제의 특성으로 국가주의를 제시하여 국가의 시민사회에 대한 위계적 통제가 지속되어 왔다고 하고, 1987년 이후 형식적 민주주의체제로 전환을 함에 따라 시민사회의 성장이 이루어짐으로써 국가주의와 조합주의는 수정을 해야 한다고 하였다. 배응환(2000)은 한국의 산업화가 본격적으로 시작된 1972년의 유신체제로부터 1987년까지, 그리고 1987년 6.29 민주화선언 이후 1996년까지로 나누어 그 이전을 권위주의체제로, 그 이후를 민주주의전환체제로 구분하였다.

강신택(2013: 11-12: 23-28)은 한국정부의 변천을 국가건설기, 경제발전기, 과도기, 그리고 민주화 이후의 문민정부, 국민의 정부, 참여정부로 나누어 각 정부의 성격과 지배적인 제도적 논리, 그리고 행정사상과 연구의 논리를 고찰하였다. 국가건설기(1948-1961)는 국토가 분산되고 정치사회가 혼란에 있으며 경제가 후진적인 상태에서 자유민주주의체제를 건설하려고 한 시기이고, 경제발전기(1961-1979)는 5.16 군사쿠테타에 의해 군대관료제가 집권하여 권위주의적 지배세력의 반공주의와 경제발전계획을 추진하던 시기였다. 과도기(1979-1993)는 경제가 급속도로 발전하고 시민사회가 성숙해 감에 따라 권위주의정권의 잔재를 청산해야 할 시기에 또 하나의 권위주의체제로 연장된 시기, 즉 민주주의로 이행하기 이전의 시기이다. 이 시기는 정치적으로 억압적이었으나, 경제는 성장하고 자유화와 개방이 이루어졌다. 권위주의체제가 지속되는 과정에서 1987년 6.29 민주화선언으로 민주화가 본격적으로 추진되고 정부를 재발견하려는 노력이 이루어졌다. 그리고 민주화 이후의 정부(1993-2008)에서는 정치 · 경제 · 사회 · 문화 영역이 발전하여 각 영역의 자율성이 신장되던 시기이다. 이 기간에는 1987년 이후 민주화가 진행되면서 또 한편으로는 1990년대 세계화의 바람이 불어 통치체제의 변혁이 이루어지게 되었다. 예컨대 시민사회부문의 성장으로 기존의 행정부가 주도하는 사회변화의 한계를 인정해야하는 단계로 진입하여 사회문제를 해결하기 위해서는 정부주도적인 것뿐 아니라 정부와 시장 및 시민사회가 경쟁과 협력을 하는 거버넌스체제로의 변화가 나타났다.

이와 같이 국내의 정치행정학자들은 한국정부의 변천사를 시대 구분하여 역사적 흐름 속에서 시계열분석을 하고 있다. 본 연구는 역사적 제도주의이론에 의하여 한국의 지역발전역사를 비교분석하는데 초점을 두고 있는데, 이를 위하여 한국 지역발전의 역사적 전개과정을 국토종합계획시기와 지역발전계획시기로 구분한다. 국토종합계획시기는 중앙정부가 경제발전계획과 국토종합계획을 통하여 지역발전을 추진한 시기로, 1960년대의 박정희정부부터 1990년대의 김대중정부가 포함된다. 그리고 중앙정부가 국토종합계획과 별도로 지역발전계획을 수립하기 시작한 2003년 노무현정부부터 박근혜정부까지를 지역발전계획시기로 보고자 한다. 왜냐하면 노무현정부에서 처음 수립한 국가균형발전특별법을 통한 지역발전정책의 시행은 지역발전의 중대한 전환점(critical juncture)을 가져왔기 때문이다.

3. 연구방법

지역발전사는 역사학을 구성하는 여러 분야 중의 하나로서, 역사학의 이론과 접근방법을 통하여 과거로부터 현재까지 지역발전현상을 분석하는 종단적(시계열적) 학문이다. 하나의 학문으로서 지역발전사의 연구방법은 다른 사회과학의 연구방법과 대체로 유사하지만 역사학이라고 하는 특수한 성격에 적합한 방법을 선택하여 응용할 뿐 이다(이대희 외, 2014: 29-32).

Kerlinger(1973: 701)에 의하면, 역사연구(historical research)는 과거의 사건과 그 전개와 경험에 대한 비판적 연구로서 과거에 대한 자료의 타당성을 주의 깊게 관찰하고 그렇게 검토된 근거에 의해 해석하고 설명하는 것을 말한다. 사회과학의 연구가 자료수집과 분석 그리고 분석결과의 해석과 설명의 순서로 이루어지듯이, 역사연구도 사료의 수집, 사료의 비판(검토 및 고증), 그리고 사료의 해석과 설명의 순서로 이루어진다.

첫째, 사료의 수집은 특정한 역사적 연구대상을 파악하는데 필요한 정보(사료)의 증거를 모으는 것이다. 수집된 자료의 종류는 첫째 1차 자료이다. 이것은 원자료(primary source)라고도 하는 것으로, 연구자가 주제를 삼고 연구하는 그 시대의 남겨진 직접적인 기록으로 연구에 비교적 정확한 정보와 지식을 제공하여 준다. 이를테면 당시의 회의록, 공문서, 법령집, 보고서, 정부통계, 그리고 통치자나 관료들의 일기나 문집(저술) 등이 있다. 둘째, 2차 자료이다. 이것은 간접자료(indirect source)로서, 원자료에 근거하여 기술되거나 연구된 것이다. 예컨대 학술논문이나 저서 및 학위논문 등을 들 수가 있다.

둘째, 사료의 비판이란 수집된 자료의 진위와 신뢰성 및 타당성 등을 비판적으로 검토하고 평가하는 과정이다. 이처럼 사료의 고증을 비판적으로 함으로써 연구목적을 달성하는데 적실하고 정확하며 객관적인 자료를 확보할 수 있다.

셋째, 사료의 해석과 설명은 사료에 대한 의의와 의미를 부여함으로써 설명하는 것이다(강신택, 1995: 209). 이를테면 그 사실이 언제, 왜 일어났으며 당시의 상황에 비추어 볼 때, 그것이 지니는 의미는 무엇이며 현재의 의미는 무엇인가를 설명하는 것이 중요하다. 이러한 사료의 해석을 통하여 여러 역사적 사실이나 사건 간의 인과관계를 추론하고 그들의 관계와 의미를 설명할 수 있게 된다.

이러한 역사연구를 통한 지역발전현상의 분석은 발생론적 설명(genetic explanation)을 사용하고 있다(강신택, 1995; 107-108). 발생론적 설명은 역사연구에서 널리 쓰이는 방법으로, 특정한 연대나 일자와 관련시켜 가면서 어떤 사건의 기원과 발전과정을 기술하고 해석하며 설명하는 것이다. Hempel(1965)

에 의하면, 발생론적 설명은 일정한 법칙이나 이론에 기반을 두고, 어떤 현상(Sn)을 하나의 어떤 전개과정(S1, S2, S3 ...., Sn)의 최종단계로서 제시하며, 따라서 그 과정의 각 단계를 차례로 묘사함으로써 그 현상(Sn)을 설명한다. 가령 동학혁명현상을 설명할 때에 왕조의 쇠퇴, 외세의 영향, 대중의 주체의식 등이 몇 개의 역사적 단계에서 어떻게 서로 이어져서 동학혁명이라는 단계에까지 이르렀는가를 밝히는 것이다.

〈그림 1-1〉 Hempel의 발생론적 설명방법

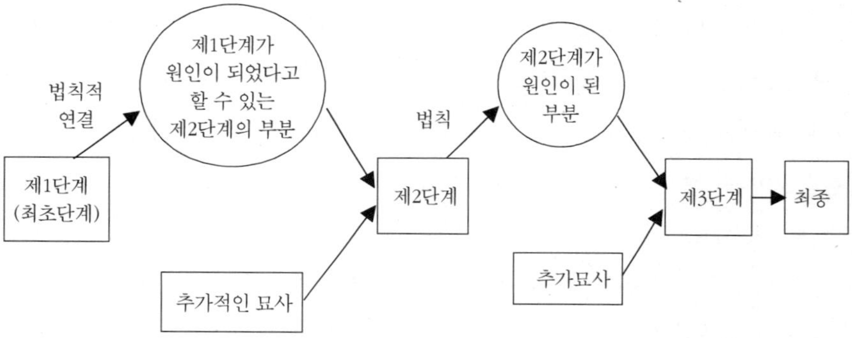

자료: 강신택(1995: 108).

이러한 발생론적 설명을 사용하는 대표적인 이론으로는 본 연구가 이론적 모형으로 사용하고 있는 정치학 관점의 역사적 제도주의이론이 있다. 이 이론은 역사적 맥락에 따른 제도와 정책의 형성과 발전과정을 발생론적으로 기술하고 설명하는 방법을 사용하고 있다.

따라서 한국 지역발전사의 역사적 연구방법은 역대 정부에서 발간한 정부간행물과 이와 관련된 학계의 저서나 학술논문 등과 같은 1차 자료와 2차 자료를 망라하는 문헌자료를 중심으로 역사적인 실증분석을 하고자 한다. 한국의 지역발전사연구는 일정한 시간 및 공간 속에서 과거와 현재에 이루어진 여러 가지 지역발전현상을 연구하는 것이므로, 이를 수행하는 분석방법은 시간흐름에 따라 전개된 역대 정부의 여러 가지 지역발전통치현상을 개별분석하고, 이를 종합하는 메타분석과 비교역사분석이 적실하다고 할 수 있다. 첫째, 메타분석은 시계열적으로나 횡단면적으로 이루어진 지역발전현상에 대한 개별적인 연구결과들을 종합하여 분석함으로써 일반적인 결론을 도출하는 것이다. 둘째, 비교역사분석이란 어떤 현상을 어느 한 시점에서 평면적으로 분석하는 것이 아니고 그것의 발전변화에 관심을 갖고 둘 이상의 시점에서 동일한 현상을 비교분석하는 것을 의미한다(배응환, 2000: 12).

Raadschelders(1998: 12)에 의하면, 지역발전사연구는 역사적 지식을 통해 교훈을 얻으며 현재 당면한 지역발전과제의 해결과 미래의 정책방향을 설계하는데 기여한다고 말한다. 지역발전사연구의 학문적, 실제적 유용성을 보다 구체적으로 기술하면 다음과 같다. 첫째, 지역발전사는 과거로부터 현재까지의 시간적 차원에서 형성되고 변화하는 지역발전현상을 이해하고 설명하는데 도움을 준다. 둘째, 지역발전사는 과거의 역사적 맥락과 관계되는 통치구조와 과정을 설명하는데 유용한 지식을 제공한다. 현재의 지역발전의 제도와 정책은 대부분 과거의 시간 속에서 발생되고 계승되어 온 것이기 때문이다. 셋째, 지역발전사는 현재의 학자나 실무가들이 지역발전을 이해하고 설명하며 처방책을 제시하는데 가치 있는 교훈을 줄 수가 있다.

제2장

한국 지역발전의 개념적·이론적 논의와 분석모형

제1절 지역발전의 개념적 논의

1. 지역과 발전의 개념

위에서 논의한 바와 같이, 지역발전에 대한 관심과 도전은 지구상의 모든 국가가 직면하는 현상이다. 지역의 정치적, 경제적, 사회적, 문화적, 그리고 기술적 환경의 변화는 여러 국가들의 하위단위인 지역에서 성장과 쇠퇴라는 흥망성쇠를 가져왔다. 이에 정부와 거버넌스의 주목을 받고 중요한 화두로 등장한 지역발전이 이론과 정책의 조망을 받고 있는 것이 현실이다. 그러면 지역발전이란 무엇인가? 하는 문제에 직면한다. 이것에 대한 학문적, 실제적인 설명과 이해가 요구되는데, 이하에서는 우선 지역과 발전의 개념을 논의한 후 다음으로 이들을 결합한 지역발전의 개념을 살펴본다.

지역발전(region development)개념은 지역(region)과 발전(development)의 복합어로서, 이의 구체적 의미는 지역의 수준(차원)에 대한 논의와 발전의 차원에 대한 논의와 관련된다. 따라서 지역과 발전의 차원에 대한 논의가 변화하면서 지역발전의 의미도 진화되어 왔다고 볼 수 있다.

우선, 지역발전에서 지역(region)이란 무엇이며, 무엇이 지역을 구성하는가, 지역을 어떤 크기로 또 얼마나 많은 수로 나누어야 하는가? 등의 문제에 대하여 실로 많은 논의가 있어 왔지만, 어디에나 통용될 수 있는 명백한 정의는 없고 개념이 모호한 상태에 있다.

그렇지만 학자들은 지역개념에 대하여 다양한 의미로 정의를 하여 왔다. 이를테면 지역에 대하여 Perloff et al(1960)는 어떤 공통적 혹은 상호보완적 특성을 가졌거나 또는 광범위한 지역활동의 흐름으로 묶인 지리적으로 연속된 공통범위의 한 무리로, Richardson(1979)은 중심부와 주변부로 구성된 국가의 하위공간단위로, Markusen(1985)은 독특한 물적, 문화적 특성을 지닌 영토적 단위로, 그리고 Vanhove & Klassen(1987)은 공통적이고 보완적인 특성을 가지고 있거나 밀접한 상호작용의 흐름으로 묶여 있는 지리적으로 연속된 공간의 단위로 개념화하였다. 반면에 Massey & Meegan(1979)은 지역을 주어진 것으로 보던 기존의 시각을 비판하고, 생산 및 사회적 관계와 상호작용하면서 역동적으로 변화하는 개념으로 정의하였다(황명찬, 2001: 3-4; 이원종 외, 2015; 6).

이처럼 학자들마다 다양한 정의를 하고 있지만, 지역이란 시대환경맥락에서 지역발전에 관련된 문제해결과 기회창조를 위한 제도와 정책이 결정되어 집행되는 정치적 · 행정적 · 경제적 그리고 사회적 정체성을 가진 영역적으로 한정된 공간단위를 말하는 것으로, 지역발전의 지리적 측면을 구성하는 입지와 거리, 영역과 규모, 관계, 그리고 맥락 등에 관련된 복합적 개념이라고 할 수 있다(Pike et al, 2017: 32-36).

첫째, 입지와 거리는 지역발전에서 오랫동안 관심대상이 되어 왔다. 입지는 인간이 경제활동을 하기 위하여 선택하는 장소이다. 사람이나 사물이 위치하는 물리적 측면과 그들 간의 거리는 상품과 서비스 그리고 비용이나 정보 및 자원흐름 측면에서 중요하다.

둘째, 영역(territory)은 국가나 지방정부 등과 같은 정치적 또는 행정적 권위(권한)의 통제와 관할이 정해지는 일정한 경계가 있는 공간단위이다(Paasi,

2010; Agnew, 2013). 권한은 정부나 지방기관과 같은 다양한 제도들과 법적틀, 규제체제, 및 정책 등에 의해 특정영역에서 실행된다. 그리고 규모(scale)는 영역의 공간적 수준과 크기를 말한다. 이것은 제도적 기관과 사회경제적 과정이 작동하는 지리적 한계와 범위이다(Mackinnon, 2011). 이러한 규모는 글로벌로부터 국가와 국가 내의 지역과 도시지역 및 지방까지 다양한 스펙트럼을 가진다. 규모는 이익을 가진 여러 행위자들에 의해 사회적, 정치적으로 형성된 시공간으로서 상이한 맥락과 시간에 따라 변화할 수가 있다. 특정규모는 특정한 지리적 환경과 시간 속의 사회적, 정치적 과정을 통하여 어떤 행위자들에 의해 의미와 인식이 만들어진다(Passi, 2013). 그러나 이것은 안정적이고 정적이며 고정된 실체라기보다 진화하는 경제적, 사회적, 정치적, 문화적, 그리고 생태적 구성물로 남는다.

셋째, 영역과 규모는 상호연결성을 갖는다. 상호연결성은 사회경제적 과정과 행위자들이 동시에 영역을 넘거나 영역들 사이에 움직이기 때문에 존재한다. 규모들 간의 관계를 보다 개방적으로 보면, 그들의 영향력과 공간적 범주와 그들의 경계를 넘어 확대되고, 보다 넓은 사회적 관계의 네트워크로 구성되는 것으로서 영역의 무한정한 본질을 강조하는 것이다(Allen et al, 1998). 오늘날의 개방적이고 글로벌한 세계에서 규모들 간에 지리적 영역을 넘어 상호연결성이 확산되고 있다.

마지막으로, 맥락은 지역이 역사적 환경 속에서 변화한다는 것을 암시한다. 이러한 지역은 지역발전의 정의와 실체 그리고 전망에 영향을 주는 방법으로 시간흐름 속에서 변화를 한다. 특정한 지역은 어떤 지리적 환경과 시간에 특정한 목적을 가진 행위자들에 의해 구성된다. 그러나 지역에 대한 의미와 범주는 시간과 환경 변화에 따라 재구성되게 된다. 이렇게 구성되는 지역은 지역발전을 설명하고 이해하는데 중요하며 지역발전정책의 영역과 대상이 된다.

또한 학자들은 지역발전의 의미를 이해하고 정책을 수립하기 위해 지역을 구분하여 왔다. Hilhorst(1971)는 지역을 구분하는 기준으로 동질성과 의존성이란 기준과 분석 및 계획이란 기준을 결합하여 지역의 종류를 분극지역, 동질지역, 계획권역, 그리고 사업지역의 넷으로 나누고 있다(황명찬, 2001: 5-9).

〈표 2-1〉 지역의 구분

기준	분석	계획
의존성	분극지역 (polarized region)	계획지역 (planning region)
동질성	동질지역 (homogeneous region)	사업지역 (program region)

자료: Hilhorst(1971).

위의 표에서 동질지역은 지리적 특성이나 경제사회적 특성과 같은 어떤 공통적 특성에 의하여 몇 개의 공간단위로 묶어진 지역을 말한다. 지형, 기후, 1인당 소득, 소비패턴이나 산업구조, 직업분포 등의 여러 기준들이 동질지역의 획정에 사용된다. 분극지역은 상호의존성이나 보완적 관계를 가진 몇 개의 공간단위를 하나로 묶은 지역으로 결절지역(nodal region)이라고도 한다. 이러한 지역은 서로 이질적이거나 기능적으로 밀접한 관계를 가진 공간단위로 구성되며 공간단위 간의 기능적 분화를 전제로 한다. 지역 내의 경제활동이나 인구분포 및 정치적, 문화적 관계가 집중되는 특정 공간단위를 결절(node) 또는 거점(pole)이라고 한다. 지역 내의 주변공간단위와 중심지점 간의 기능적 관계의 대부분은 인구이동, 출퇴근, 상품과 서비스 흐름, 전화와 같은 정보흐름 등 여러 가지 흐름으로 이루어지며, 이러한 흐름은 불규칙적이기보다는 규칙적이다. 그리고 계획지역은 고용이나 소득 증대와 지역개발의 극대화 등 어떤 목적을 가장 경제적인 방법으로 달성하기 위한 연속적인 공간으로 계획의 필요에 따라 인위적으로 설정된 지역을 말한다. 대개의 경우 정치, 경제, 사회, 문화적인 유대가 깊고, 특히 어떤 중심지와 주변지역과의 기능적 의존관계가 존재하는 영역을 묶어 하나의 계획지역으로 설정한다. 따라서 많은 경우에 계획지역은 분극지역을 전제로 설정하게 된다. 마지막으로 사업지역은 실제로 국가의 정책이 설계되어 실행되는 지역으로서, 주로 계획지역을 토대로 설계가 이루어진다.

다음으로, 발전(development)의 개념도 역사적으로 진화되어 왔다고 볼 수 있다(Pike et al, 2017: 23-28). 발전의 개념화(정의)는 시간변화에 따라 상이하다. 그들 진화의 역사적 맥락과 추적은 지역발전을 이해하는데 중심에 있다.

18세기 후반인 250년 전으로 거슬러 올라가면, 1인당 소득증가 등의 경제성장을 의미하는 발전의 개념은 인류역사에서 상대적으로 새로운 현상이었다. 19세기 경제조직의 형태로서 자본주의의 우월성은 기술변화, 생산성증가, 산업지배 등을 특징으로 하는 산업화와 도시화를 가져왔다(Harvey, 1982). 이 시대에 발전은 경제적인 변화로 인식되었다. 19세기 후반에 산업혁명은 발전된 지역에서 지리적, 사회적 불평등의 토대가 되었고(Pollard, 1981), 발전은 글로벌 북과 남 등 지리적으로 불평등을 가져왔다. 불균등한 지역발전은 대규모 실업과 빈곤을 가속화시켰다. 국가개입과 제도혁신은 1930년대 대공황시기에 미국에서 뉴딜정책의 일환으로 테네시계곡개발과 같은 지역정책을 형성하였고, 모든 지역, 특히 서유럽의 거울이 되었으며(Hudson & Williams, 1994), 전후에 '발전주의(developmentalism)'를 열었다.

2차 세계대전 이후 인간 삶의 개선을 위한 합리적 개입으로서의 발전이라는 현대적이고 진보주의적 개념이 형성되었다(Peet, 2002). 지구상에서 1950년대와 1960년대에 나타난 지리적으로 불균등한 성장은 낙관주의와 케인지안 복지주의 이념을 토대로 발전과 거시경제관리기관으로서의 국가(정부) 역량을 강조하게 되었다. 지역문제들은 경제적, 사회적 조건에서 공간적 불평등으로부터 발생하는 지구상의 많은 국가들이 직면하는 발전문제로 귀결된다(Armstrong & Taylor, 1997). 케인지안 복지주의 맥락에서 국가적 차원의 정책을 통하여 그러한 지리적 불평등을 감소시키는 것은 경제적으로 효율적이고 사회적으로 형평한 것으로 인식하고 있다.

특히 근대화이론과 자유시장민주주의를 대표하는 미국모델의 영향을 받은 전후시대의 발전주의에 의하면, 국가는 시간적으로 명료한 단계를 통하여 성장하는 것으로 보고 있다. 예를 들면 Rostow의 경제성장단계모형은 전통사회로부터 산업사회로 이동하는 길을 제시하고 있다. 그들은 발전과정에서 자본주의발달의 서구모형을 발달시켜 왔다. 일본과 1960년대 이후 홍콩, 싱가포르, 대만, 그리고 한국의 신흥 수출지향적 산업화국가는 이러한 발전주의 이해의 이론적 적실성과 경험적 토대를 제공하였다(Storper et al, 1998). 특히 이들 국가는 '발전국가'라는 국가개입을 통한 새로운 발전궤적을 제시하는 선구자가 되었다(Wade, 1990; Yeung, 2015). 이러한 성장은 역사적, 제도적 요인으로서의 상이한 국가 간 변이를 통하여 지속되었는데, 전후시대 발전주의의 전성기는 기본적으로 경제적 차원과 국가적 수준의 정책에 초점을 두고 있다.

1960년대 동안 경제성장과 번영에서 상대적으로 그리고 지리적으로 불균등한 측면이 발전의 경제주의적 관점에서 나타나기 시작하였다. 이러한 측면을 인식한 근대화이론과 개발주의에 대한 급진적 비판은 Marxim사고의 영향을 받은 학자들에 의하여 1960년대 후반부터 나타났다. 그들은 발전된 북쪽지역에서의 발전궤적이 식민주의나 국제자본주의체제와 다국적 기업활동을 통한 신식민주의를 통해 남쪽지역의 저발전을 가져왔다고 한다(Frank, 1978; Hymer, 1979).

전후기간 동안 상대적인 성장과 번영의 토대가 되었던 Fordism과 케인지안 복지주의에 의해 경제적, 사회적 문제해결을 시도하던 1970년대 중반에 이르러 다양한 문제점 대두는 발전과 규제의 기관으로서 국가권력에 대한 신념을 약화시켰다. 이를테면 탈산업화, 서비스경제로 전이, 시장 포화와 분절, 실업증가, 인플레이션, 그리고 국가재정적자는 경제적, 사회적, 정치적, 공간적 재구성의 의제를 촉발시켰다. 고도로 사회적으로나 지리적으로 불균등하고 혼합된 상황에서 발전주의시대는 1970년대 후반부터 '세계화(globalism)'라는 불확실한 시대로 들어서게 하였다.

케인지안 복지주의와 국가주의 그리고 보다 급진적 발전이론에 대항하여 새로운 정치경제이론이 1970년대 후반과 1980년대에 나타나기 시작하였다. 통화주의와 신자유주의 그리고 신우익정치의 선진국적 이념들은 국가를 다시 돌아보게 하였고, 시장과 경제의 탈규제와 자유화를 촉진시켰다(Jessop, 2003). 초국적인 경제구역공동체가 유럽(EEC, EU)이나 북미(FTA, NAFTA) 그리고 동남아시아(ASEAM)에서 글로벌 경제에 대응하고 경제적, 정치적 통합을 위해 출현하였다. 이에 발전초점은 급속하게 세계화되는 시장에서 경쟁하는 국가와 기업의 역량으로 이동하였다. 1980년대는 증가하는 시장주도 재질서와 북쪽지역의 여러 국가에서 나타난 불균등한 지역발전 그리고 남쪽지역의 저발전이 특징으로 부상하였다(Martin, 1980; Sawers & Tabb, 1984). 국가뿐만 아니라 지역수준에서 불균등한 발전문제는 개선해야할 시장실패요인의 하나로 인식을 하였다(Bartik, 1990).

1990년대에 국가와 시장의 결합은 점점 더 세계화되고 급속도로 변화하는 자본주의에 대응하기 위한 국가정책에 의해 탐색되기 시작하였다(Storper, 1997). 그러한 실험은 발전된, 또는 발전하고 있는 국가에서 발전에 대한 신자유주의접근으로 회귀를 추진하는 '워싱턴협정서(Washington Consensus)'와 공존한다(Mohan, 2011). 자유시장 자본주의, 개방경제, 그리고 보수적 거시경제정책은 정치경제의 정통적 접근을 형성하였다. 일시적이고 단기의 '제3의 길(Third Way)'은 1980년대 시장주도의 고도의 불균등한 발전결과에 대한 불만족과 전후 발전주의의 국가주의로 회귀에 대한 비판으로 1990년대 영국에서 명료화되었다. 1990년대 세계화의 변이는 보다 통합되고 상호의존적이며 경쟁적 세계에서 각국은 발전문제에 직면하여 그 해결책을 요구하고 있다.

지금까지 논의한 바에 의하면, 1950년대와 1960년대에 걸쳐 경제우선적 개발이론을 토대로 지역발전정책을 추진하던 시기에는 발전개념은 경제성장을 통한 양적 성장에 초점을 두었지만, 소득 그 자체만으로는 국민 개개인의 복지와 기회의 확대를 충분히 반영할 수 없다는 점을 인식하게 되었다. 이에 따라 1950년대와 60년대의 개발정책에 대한 비판으로 등장한 1970년대 이후의 새로운 개발사고에서는 양적 성장과 질적 변화까지 범위를 확대하고 있다. 예컨대 Isard(1975; 372-375)는 발전개념을 증가(increase)와 확대(expansion)를 포함하는 성장(growth)으로 보고 있다. 증가와 확대는 물질적 측면과 비물질적 측면을 동시에 포함한다. 여기서 물질이라는 것은 소득을 의미하고, 비물질이라는 것은 복지를 의미한다. 발전이란 물질적인 소득이 증가함에 따라 비물질적인 복지도 확충하는 것을 말한다. Barkin(1972: 16-21)은 발전개념을 풍효(enrichment)와 구조변화(structural change)의 이중과정이라고 한다. 발전이란 경제성장을 실현함과 동시에 이를 통하여 차별대우 제거나 기회균등을 통한 사회구조를 변화시키는 것을 포함한다. Friedmann & Weaver(1970: 16-21)는 발전의 개념범주에 효율성과 삶의 질 개선을 포함시키고 있다. 이것은 경제성장을 달성하여 효율성을 제고함과 동시에 재분배를 통해 공평성을 촉진시켜야 한다는 것이다(한국지역개발학회 편, 2002: 55-56).

또한 국가주도의 경제성장위주 발전전략은 환경자원이 고갈되고 생태계가 파괴되어 인류의 생존기반을 위협하는 단계에 이름에 따라 성장과 환경의 조화를 강조하는 목소리가 커지게 되었다. 특히 로마클럽은 1972년 '성장의 한계'를 발표하여 환경파괴의 심각성을 경고하였다. 그 이후 2000년대에 들어와서는 글로벌 경제성장이 확대되면서 환경파괴가 심화되는 시기로 국가와 국가내의 지역 간의 격차를 불균등하게 심화시키고 있다. 이에 따라 글로벌 북쪽지역에서 발전개념은 '지속발전가능성(sustainability)'으로 수렴하고, 경제적, 사회적, 환경적, 정치적, 및 문화적 관점의 통합된 접근차원에서 정의가 이루어지고 있다(Morgan, 2004). 따라서 지속가능한 성장관점에서 발전개념은 전통적인 경제성장이라는 효율성가치뿐 아니라 공정한 소득분배나 교육과 건강 등 복지증진과 같은 형평성가치 그리고 생태환경이라는 환경가치 등을 포함하는 총체적인 진화로 보고 있다.

2. 지역발전의 개념

지금까지 지역발전의 개념을 정의하기 위한 전제로, 지역이란 무엇이고 발전은 어떤 의미를 갖고 있는가를 논의하였다. 지역과 발전의 개념이 다양하듯이, 이들을 결합한 지역발전의 개념도 우리가 기본적으로 생각하는 것보다 복잡하다고 할 수 있다. 동 개념정의는 지역발전이 무엇을 위한 것이고 그것이 무엇을 성취하려고 하는가에 대한 관점에 포함되어 있다(Pike et al, 2017: 19-23).

성장, 고용, 소득, 그리고 부의 창조와 같은 경제적 차원은 역사적으로 지역발전을 구성하는 정의의 전면에 있어 왔다(Hirschman, 1958; Armstrong & Taylor, 2000). 이러한 관점에서 지역발전(region development)은 지역경제성장(local economic growth)이나 지역경제개발(local economic development)로 분명하게 표현된다. Storper(1997)의 지역발전 탐색은 경제발전의 중심으로 남아 있는 고용과 소득 및 생산성의 지속적인 증가에 초점을 둔다. Beer et al(2003)은 지역발전을 어떤 영역의 경제적 복지를 개선하는데 목표를 두는 일련의 활동이라고 하고, Hague et al(2011)도 경제적 관심이 지역수준에서 기본적인 개발 측면을 구성한다고 한다.

그러나 경제적 차원에서 정의된 지역발전개념은 2000년대 초반 이래 다른 초점을 포함하는 것으로 확대되고 있다(Tomaney, 2015). 왜 그런가? 그 이유는 첫째, 글로벌 남쪽지역에서 개발연구에 대한 관심은 개발을 산출 차원의 성장이나 소득과 같은 경제적 측면과 같은 것으로 보는 것에 의문을 갖게 되었다. 둘째, 지속가능성의 인식과 중요성은 순수한 환경적 관심에 경제적, 사회적, 문화적, 그리고 정치적 측면을 포함하도록 확대시켰다. 셋째, 글로벌 재정위기와 2008년 불경기 후의 위기상황에서 경제개발모델은 의문시되거나 도전을 받게 되었다. 새로운 대안적 접근은 위기의 재발을 방지하거나 어떤 영역에서 존재하던 모형을 부활시키기 위해 모색되었다.

따라서 지역발전의 보다 넓은 개념은 오랫동안의 경제적 차원에 초점을 두던 것에서 여기에 생태적, 사회적, 정치적, 그리고 문화적 관점을 연결시키려는 시도 하에 탐색되어 왔다(Pike et al, 2012). 발전의 측정지표를 넓히는 것은 지역발전개념을 재정의하는데 중요한 부분이다(Perrons, 2012). 역사적으로 국가발전수준에서 지역은 경제성장이나 국민총생산 또는 1인당 소득과 같은 경제지표를 사용하는 것에 의해 측정되었다. 그러한 발전의 측정수준으로 경제적 지표의 한계는 최근에 노출되어 왔다(Cyper & Dietz, 2008). 그러한 경제적 지표는 너무 좁아서 건강이나 생활의 질 그리고 복지와 같은 보다 넓은 차원을 포용할 수 없다. 더욱이 그러한 경제적 지표는 너무 총체적이고 불안정하여 사회적, 경제적, 환경적, 그리고 공간적 불균등성의 분배적 쟁점들과 경제적, 사회적, 그리고 환경적 지속가능성의 문제를 포용할 수 없는 것으로 보고 있다. 경제성장의 불만과 사회적, 지리적 불평등이 증가함에 따라, 발전을 구성하는 보다 넓은 개념이 출현하고 있다. 이를테면 UNDP(유엔개발프로그램)의 인적개발지수(Human Developmwnt Index, HDI)를 들 수가 있다.

이처럼 지역발전에 대한 넓은 범위의 차원들을 수용하는 것도 중요하지만 현실에서는 어려운 작업이다. 지역발전에 관련된 다양한 차원집합을 가질 때, 우리는 지역발전개념을 어떻게 정의해야 하는가를 고민하게 된다. 현재까지 지역발전에 대한 합의된 개념정의는 존재하지 않는다. 지역발전개념의 본질과 의미는 시간과 공간에 따라 다르게 변화를 하고 있다. 우리가 아래에서 논의하는 바처럼, 지역발전개념은 어떤 시기에 지리적 맥락에서 구체적인 관심과 사회집단에 의해 결정되고 있다. 〈표 2-2〉는 국내외의 학자와 기관들에 의해 형성된 지역발전의 정의들이다.

<표 2-2> 지역발전의 개념정의

기관과 학자	개념정의
Institute of Economic Development(UK)	모든 거주자들의 편익을 위해 공간적으로 정의된 경제의 성과를 개선하기 위해 설계된 정책이나 행동집합
International Labour Organization(UN)	중소기업 발달이나 개발계획을 통하여 고용증진을 위한 전략
OECD	지역에서 고용과 부의 산출 등 경제활동을 지원하는 것에 의해 지역불평등을 감소시키려는 일반적 노력. 이것의 목적은 거주자를 위한 경제미래와 생활의 질을 개선하기 위해 정의된 영역의 역량을 만드는 것이다.
World Bank	지역발전의 목적은 모두를 위한 경제미래와 생활의 질을 개선하기 위해 지방의 경제역량을 만드는 것이다.
Beer et al (2003)	어떤 영역의 경제적 복지를 개선하는데 목표를 두는 일련의 활동
이원종 외 (2015: 7)	복수의 공간단위를 포함하는 광범위한 지리적 영역을 대상으로 산업화와 도시화에 필요한 물적 기반의 조성과 사회경제적 제반조건의 개선을 추구하는 다양한 활동
박종화 외 (2016: 7-9) 박종화 (2017: 9)	지역이라는 공간적 영역이 직면하고 있는 다양한 도시와 지역의 문제를 해결하고 장기적인 발전을 도모하기 위하여 종합적이고 혁신적 발전을 이룩해가는 계획적 과정

자료: Pike et al(2017: 22) 외에 보완.

위의 표에서 보는 바에 의하면, 지역발전의 개념정의는 주로 경제적 측면을 강조하고 있지만, 지역이 직면하는 문제해결이나 지역의 기회를 창조하기 위한 정책이나 전략 및 활동을 포함시키고 있다. 결국 지역발전이란 특정한 지리적 공간에서 직면하는 사회문제를 해결하고 새로운 사회기회를 창조하여 지역을 성장시키면서 지역주민의 삶의 질을 향상시키는 총체적인 진화의 과정과 결과라고 할 수 있다.

따라서 지역발전을 구성하는 것은 국가들 간에 다양하다. 왜냐하면 각 국가들의 하위공간단위인 지역에서 직면하는 사회문제해결과 사회기회창조가 다를 수 있기 때문이다. 어떤 국가에서 지역발전을 위한 비전이나 열망 및 정책은 변화지향적이고 동적이라고 할 수 있다(Beer et al, 2003). 그들은 시간과 공간의 변화에 종속한다. 급속하게 변화하는 환경에 대한 반응으로 지역발전의 제도와 정책은 점증적으로 때로는 급진적 변화의 대상이 된다. 그리고 지역발전에 관련되는 행위자들 간의 토론과 논쟁 및 담론은 지역발전의 사고와 행동 및 실제를 변화시킬 수 있다. 지역발전모형은 지속적이거나 변화할 수 있다. 변화하는 지역의제와 정치적 싸이클은 지역발전을 위한 제도와 공공정책을 재구성할 수 있다. 반대와 투쟁 및 혁신은 주류모형으로부터 공식적인 대안접근을 가져오도록 작동할 수 있다. 지역발전에서 지리적 차이와 시간변화의 잠재성을 고려할 때, 지역발전의 개념진화를 검토하는 것은 역사적 맥락에서 그것의 주요 의제와 차원을 확인할 수 있게 한다.

제2절 지역발전의 이론적 패러다임논의

1. 학자들의 지역발전이론

지역발전의 분야만큼 그 이론적 접근방법이 다양한 분야도 없을 듯하다. 지역발전은 그것의 양과 질 및 유형적 발전과 무형적 발전을 동시에 추구하는 포괄적이고 종합적인 가치지향을 지님으로 인해서, 공간을 바탕으로 한 삶의 모든 영역을 포함해야 하는 만큼, 폭넓은 시각과 다양한 접근방법을 필요로 하기 때문이다. 뿐만 아니라 다른 분야도 마찬가지이지만, 지역발전 역시 사회의 변화에 따라 쟁점사항이 달라지고 이에 따라 새로운 패러다임이 형성됨으로써, 전통적인 지역발전의 개념과 이론들이 한계에 부딪치고 이를 극복하기 위한 새로운 접근방법들이 지속적으로 발전되어 왔다(한국지역개발학회 편, 2002: 71).

따라서 지역발전이론은 여러 관점에서 파악할 수 있는데, 패러다임관점에서 지역발전이론들은 시대변천에 따른 환경변화에 따라 나타나고 있는 쟁점사항과 사회적 수요에 대응하면서 진화되어 왔다고 볼 수 있다. 지역발전에 관심을 가지고 연구를 하는 국내외 학자들은 지역발전의 개념적 논의와 더불어 역사적으로 발전하여 온 지역발전이론을 소개하며 설명하고 있다. 국외와 국내의 지역개발학자들은 무수히 많이 존재하는데, 본 연구에서는 지역경제론과 지역발전론 및 경제지리학을 책으로 출판한 몇몇 학자들의 지역개발이론에 대한 논의를 소개하고자 한다.

1) 홍기용의 지역개발이론

홍기용의 "지역경제론"(1995: 80-113)에 의하면, 지역성장론자들은 지역경제가 어떻게 성장하여 어떠한 형태로 발전하고 있는가? 에 대하여 1950년대에 접어들어 여러 학자들(Perroux, 1950; Myrdal, 1957, Hirschman, 1958)에 의해 논의하여 왔다고 한다. 그 후 본격적인 지역경제성장이론은 1970년대에 접어들어 Richardson을 비롯한 여러 학자들에 의해 정리되기 시작하였다. Richardson(1973)은 지역성장이론을 수요를 중시하는 성장이론(경제기반이론과 케인즈이론)과 공급을 중시하는 성장이론(신고전이론) 그리고 산업구조를 중시하는 이론(성장거점이론)으로 구분하였다.

(1) 수요를 중시하는 지역성장이론(경제기반이론과 케인즈이론)

지역성장의 요인을 수요에 초점을 두는 이론으로는 경제기반이론과 케인즈이론이 있다. 우선 경제기반이론(수출기반이론)은 Tibout(1950) 등의 경제학자들이 전개한 수요측면의 이론으로 수출기반이론이라고도 한다. 이 이론은 국제경제에서의 수출이론을 지역성장에 응용한 것으로, 한 지역에서 생산된 재화와 용역은 지역에서 소비하고 남은 잉여물을 다른 지역에 수출함으로서 그 지역의 소득을 증가시키며, 이렇게 획득한 소득은 다시 그 지역에 투자되어 지역생산을 증대시키며, 증대된 지역소득은 지역 내의 연관산업에 파급효과를 가져와 지역산업을 활성화하여 지역경제가 성장한다. 이 이론은 지역의 성장정도와 외부수요 즉 수출량은 깊은 상관관계에 있다고 한다.

다음으로, 케인즈이론은 케인즈의 소득결정모형에 근거를 두는 것으로 지역성장은 수출요인 뿐 아니라 유발수요에 의해 좌우된다고 한다.

(2) 공급을 중시하는 지역성장이론(신고전이론)

지역성장의 요인을 공급에 두는 이론으로는 신고전경제학의 지역경제성장모형(신고전이론)이 있다. 신고전이론은 1960년대 초 여러 경제학자들(Borts, 1960; Borts & Stein, 1964)에 의해 국가성장모형을 지역발전에 적용한 것으로서, 생산함수에 이론적 기초를 두고, 지역성장은 자본과 노동의 증가와 축적에 달려있다는 것이다.

지역성장의 측정단위인 지역생산은 그 지역이 지니고 있는 생산능력이 결정한다. 또한 지역성장은 지역 간 자본과 노동의 이동정도에 의해 영향을 받는다. 지역에는 인구와 자본이 균등하게 배분되어 있지 않기 때문에, 노동이란 저임금지역에서 고임금지역으로 이동하고 반대로 자본은 높은 이자율지역에서 낮은 이자율지역으로 이동하게 되어, 한계요소수익이 같아질 때까지 생산요소는 지역 간에 이동한다. 따라서 지역성장은 균형적으로 이루어지고 이러한 지역성장의 결과가 국가성장으로 귀결된다.

(3) 산업구조를 중시하는 지역성장이론(성장거점이론)

지역산업구조를 지역성장의 요인이라고 주장하는 이론에는 Perroux(1950)의 성장거점이론이 있다. 뻬루에 의하면 경제발전은 성장의 힘이 모여진 특정 공간에서 일어나는데, 발전의 추진동력은 대규모 산업으로부터 발생하고, 대기업들이 생산적인 혁신을 창출하여 다른 관련 산업에 영향력을 미칠 수 있다고 한다. 이러한 기업들을 촉진적 산업(propulsive industries)이라고 하고, 이러한 일단의 산업을 성장극이라고 하며, 성장극의 지리적 공간입지로 도시와 같은 지역을 성장거점이라고 한다.

이 이론은 비공간적인 산업성장모형을 공간개념으로 발전시킨 지역성장에 대한 하나의 가설로서 불균형성장이론으로 볼 수 있다.

2) 황명찬의 지역개발이론

황명찬은 "지역개발론(제3판)"(2001: 109-160)에서 지역발전이론을 지역성장 측면에서 수출기반이론, 신고전이론, 불균형이론, 산업구조와 지역경제성장, 첨단산업과 지역발전, 종속이론과 지역발전 등으로 나누어 설명하고 있다.

(1) 수출기반이론

이 이론은 케인즈류의 지역소득결정모델을 응용한 것으로서, 지역소득은 지역의 수출, 즉 외부수요(external demand)에 의해 결정된다고 설명한다. 지역의 순생산은 소비, 투자, 정부지출, 및 수출입의 균형으로 이루어지고, 소비와 투자 및 정부지출과 수입이 지역소득(또는 순생산)의 함수라고 하면 지역소득의 증가는 지역수출증가의 함수로 표시된다.

이러한 이론적 전제를 토대로, 한 지역의 경제활동을 기본적인 고용과 소득을 창출하는 기반부문과 이 기반부문에 의존하는 비기반부문으로 나누고, 기반부문이 그 지역의 경제토대로서 지역경제성장의 원동력이라고 한다. 기반부문은 지역 외의 시장에 재화나 용역을 공급(수출)하는 기반산업으로서 수출이 많으면 많을수록 기반산업에 재화나 용역을 공급하는 비기반부문의 지방산업도 따라서 성장하여 결과적으로 지역경제도 성장을 하게 된다.

따라서 지역경제의 성장은 첫째로 외부의 수요팽창과 그에 따른 수출의 증가에 의해 결정되며, 둘째로 수출의 증가로 인하여 촉발되는 내부의 팽창과 지방고용 및 소득의 팽창에 이루어진다. 이러한 지역경제활동의 관계에서 볼 때, 성장의 원동력은 지역의 외적 수요이며 이의 크기가 고용이나 소득과 같은 지역경제활동의 수준을 결정한다. 만일 어떤 이유로 인한 외부의 수요가 줄어든다면 연쇄적으로 지역의 경제활동도 위축될 것이다.

지역성장률은 지역수출증가율의 함수라는 점을 골자로 하는 이 이론은 초기에 많은 인기를 누렸고, 지역성장에 관한 많은 연구들이 이 이론의 단순한 적용이거나 변형이었다.

(2) 신고전이론

수출기반이론이 수요중시이론이라면, 신고전이론은 공급중시이론이다. 이 공급이론은 한 지역의 생산을 콥더글라스 생산함수로 표시하는 것을 가정하고, 지역의 경제성장이 노동, 자본, 기술 등 생산요소의 증가에 의해 결정되며, 이러한 생산요소가 지역 간에 이동함에 따라 장기적으로 지역 간 소득격차를 좁힌다고 한다.

1960년대 많은 지역경제학자들은 국가경제의 성장모형으로 개발한 신고전모형을 지역 간 생산요소의 이동을 특징으로 하는 개방적인 지역경제의 성장에 적용하기 시작하였다.

(3) 불균형이론

신고전파의 균형성장이론에 대비하여 Myrdal은 1957년에 순환적이고 누적적인 인과원칙이라는 불균형성장이론을 발표하였다. 그는 시장에서 힘의 작용은 지역 간 불균형을 축소시키기 보다는 더 증대시키는 경향이 있다는 것이다. 이는 분산효과(spread effect)와 역류효과(backwash effect)라는 두 가지 상반된 힘이 누적적인 상향 또는 하향운동을 일으킴으로써 나타나는 것으로, 구심력과 원심력이나 두 가지 힘의 결과에 따라 각 지역의 성장률은 달라진다.

부유한 지역이 낙후지역의 성장에 미치는 영향이란 주로 유도된 효과이다. 낙후지역의 주생산품인 농산품에 대한 부유한 지역의 시장 확대와 혁신의 확산 등은 부유한 지역으로부터의 파급효과를 구성한다. 반면에 낙후지역으로부터 부유한 지역으로의 불균형적인 노동과 자본의 이동은 일종의 낙후지역에 대한 역류효과가 나타난다. 인구의 이동은 선별적이어서 젊고 교육정도가 높으며 기술을 가진 노동력이 낙후지역으로부터 부유한 지역으로 유출됨으로써 소득이 낮고 노동력 과잉상태의 낙후지역에 큰 손실을 주게 된다. 뿐만 아니라 자본은 경영능력을 가진 사람과 함께 거꾸로 낙후지역에서 집적의 이익이 크고 기술혁신이 빠른 부유한 지역으로 역류함으로써 또한 낙후지역에 빈곤의 악순환을 일으킨다. 따라서 지역성장은 균형화의 과정이라고 보다는 불균형화의 과정이라고 할 수 있다.

(4) 산업구조와 지역경제성장

이 이론은 지역경제의 성장을 산업구조의 개선을 통하여 설명하려는 접근이다. 수출기반이론도 기반산업에서 성장의 원동력을 구하고 있다는 점에서는 산업구조론적 접근과 유사성을 가진다고 볼 수 있으나, 전자가 수출수요라는 지역 외적 요인에 이론적 관심의 초점을 두고 있는데 반하여, 산업구조론적 접근은 주로 산업의 내부적 관계나 구조적 개선에 관심의 초점을 두고 있다.

1인당 소득의 증가는 농업부문 취업자비율의 하락과 제2차 및 제3차 산업부문 취업자비율의 상승을 가져온다는 이른바 Clark-Fisher Hypothesis는 산업구조의 전환과정을 경제성장의 과정으로 간주하고 경제성장률은 산업구조의 변화율에 의해 결정된다고 한다. 이러한 가설을 지역경제에 적용한 것이 후버-피셔의 지역발전5단계설이다. 그들은 지역이 자족적 최저생존경제단계, 1차 산업 전문화 및 지역 간 교역단계, 2차 산업의 도입단계, 보다 다양한 공업화의 이행단계, 수출용 3차 산업 전문화단계를 지역성장의 일반적 과정으로 보았다.

산업구조론적 접근에 대한 실증연구를 한 Kuznets는 13개 공업국가의 시계열 자료분석을 통하여 총생산 중 농업부문의 비중이 20-50%로 현저히 감소하고 공업의 비중은 초기의 20-30%에서 후기에는 40-50%까지 증가하며, 취업구조의 비중이 대체로 경제발전단계가 높을수록 농업취업자의 비중이 낮고 서비스취업자의 비중이 상대적으로 높아진다는 것을 발견하였다. 또한

Borts는 미국 주의 1인당 소득성장과 비농업부문으로의 노동력이동의 관계를 검증하여 양자 간에 강한 정의 상관관계가 존재함을 발견하였다.

(5) 첨단산업과 지역발전

1970년대 후반부터 1980년대 전반에 걸쳐 영국이나 미국과 같은 선진공업국에서 어떤 지역들, 특히 과거 공업이 번성했던 지역들이 고용의 감소를 경험하는 반면, 실리콘밸리와 같은 지역에서는 첨단산업의 집중으로 고용증대와 그로 인한 지역경제성장을 경험하게 됨에 따라, 기술혁신과 첨단기술을 생산에 이용하는 첨단산업이 지역발전에 미치는 영향에 대하여 많은 관심을 갖게 되었다.

Schumpeter는 새로운 산업의 창출을 가져오는 기술혁신을 기본적 혁신이라고 부르고, 신상품의 도입, 새로운 생산방법, 새로운 시장개척, 새로운 원료나 반제품의 공급원 개발, 산업의 새로운 조직방법의 창안 등을 그 예로 들고 있다. 이러한 상업적으로 이용할 수 있는 기술혁신이 있을 때 한 국가나 한 지역의 경제성장이 가능한 것이다.

첨단산업(high-technology industries)은 기술적으로 진보된 제품의 생산에 관련된 산업이라고 일반적으로 말한다. Hall et al(1987)은 전 제조업체의 평균 이상으로 엔지니어, 엔지니어링 기술자, 컴퓨터 과학자, 생명공학분야의 과학자, 수학자들을 높은 비율로 가지고 있는 산업들을 첨단산업으로 분류한다. 이를테면 반도체산업, 컴퓨터산업, 신소재산업, 정밀기계 및 정밀화학산업, 통신정보산업, 항공우주산업, 생명공학산업, 에너지산업 등을 들 수가 있다.

번성하는 지역과 침체하는 지역의 차이는 기술혁신의 차이라고 한다. 낡은 공정을 사용하거나 낡은 제품을 생산하는 기업들이 입지하는 지역은 경제적으로 침체하지 않을 수 없다. 그러나 기술혁신을 하는 첨단산업이 어떤 지역에 창출되면 그 첨단산업에서 고용과 소득이 창출되는 것은 물론이고 그것을 모태로 하여 새로운 첨단기업들이 창업(spin-off)되며, 이러한 첨단기업에 여러 가지 부품을 공급하는 기업들이 탄생하게 되고, 이러한 첨단산업과 관련 산업의 발달은 그 지역에 건설업과 부동산업 및 여러 가지 서비스업의 발달을 촉진하게 되어 지역경제 전체의 성장을 가져온다.

이러한 지역발전의 원동력이 되는 첨단산업들을 어떤 지역에 입지하게 하는 요인들을 무엇이며, 첨단산업의 입지특성은 어떠한가를 보자. 첨단산업의 입지요인은 양호한 국내외의 항로를 가진 주요 공항, 온화한 기후와 좋은 자연환경, 좋은 주거 · 문화 · 교육 · 위락시설, 강하지 않은 노조, 저렴한 임금, 높은 실업률, 내부의 접근과 연계성 특히 고속도로망의 발달, 전문적인 비즈니스 서비스와 기타 지원설비의 구비, 비규제적이며 자유기업 등 우호적 기업분위기, 연구개발기능이 활발한 대학과 정부 및 대기업의 연구소 존재, 국방비의 집중적 지출 등이다(Markusen et al, 1986).

이러한 입지요인을 잘 갖춘 지역에 첨단산업이 입지하면 여러 기업들이 집적이익이 있는 한곳에 집중하게 된다. 그 원인으로는 연구소나 창업기업으로부터 분사적 창업이 일어나고, 정보 때문에 경쟁기업들은 모태기업이나 선도기업의 인근에 있으려 하고, 전문노동시장이 형성되며, 집적기업들이 만들어내는 지적이며 혁신적 분위기를 가진 혁신중심지를 떠나 일하기란 사실 어렵고, 독특한 창업자본시장과 전문적인 지원서비스의 존재가 있는 점을 들 수가 있다.

(6) 종속이론과 지역발전

종속이론은 경제성장과 저개발의 원인을 설명하려는 이론으로서, 후진국의 사회경제적 발전은 외부의 힘, 즉 선진자본주의 국가들에 의한 후진국의 지배에 의해 조건 지워지고, 후진국의 저개발은 선진국의 개발의 반영에 불과하다고 한다. 선진자본주의 국가들이 후진국으로부터 식민지나 또는 다국적 기업과 같은 방법으로 경제적 잉여를 수탈하여 가기 때문에 선진국들은 빠른 성장을 하게 되고 후진국들은 침체되어 저개발상태에 머물게 된다. 이에 종속이론은 후진국의 저개발의 원인을 선진국가의 경제적 잉여의 수탈로 본다.

이 이론은 2차 세계대전 이전에 식민지였던 나라들의 경제발전문제에 관한 케인즈나 신고전파의 접근법에 대한 비판으로, Frank, Baran, Amin, Santos 등에 의하여 1950년대 이후 발전이론으로 등장하여 특히 1970년대에 유행하였다. 종속이론은 국가발전의 문제에 주된 초점을 두고 있지만, 국내의 지역개발과 저발전의 문제에도 같은 시각에서 설명할 수 있다고 보기 때문에 지역개발의 이론으로도 관심을 갖게 된다. 특히 동 이론이 지역개발이론으로 각광을 받게 된 것은 첫째, 1970년대 말 미국과 영국 및 프랑스 등 선진국에서 2차 세계대전 후 각광을 받던 지역계획이 퇴조한 점과 둘째, 유엔의 후진국 지역개발문제의 미해결과 선진국 주요 도시에서 확산되었던 폭력 등의 발생으로 성장거점전략과 그의 이론적 기초가 된 신고전파나 케인지언의 경제성장이론에 대한 비판 때문이다.

이 이론은 2차 세계대전 후의 선진자본주의 국가와 그들로부터 독립된 후진국의 지배-종속관계에 초점을 두고, 그런 관계 속에서 경제적 잉여의 착취가 어떻게 이루어지고 그것이 종속적 지위에 있는 국가의 경제에 어떠한 영향을 주는가를 설명한다. Frank는 세계자본주의 경제체제가 중심권(metropolis) 및 그 지배계급과 그 위성들(satellites) 및 그들의 지도자로 구성되어 있는데, 중심권은 그 위성들에 대하여 독점적 권력을 유지하여 여러 가지 방법으로 경제적 잉여를 주변지역으로부터 착취해간다고 한다. 중심권은 국가일 수도 있고 한 나라의 대도시일 수도 있다. 가령 뉴욕이 중심권이라면 미국의 남부주는 위성이 된다.

이런 점에서 중심국 또는 중심지에서 그 주변지역에 혁신과 발전이 전파될 것이라고 보는 종래의 경제개발 또는 그에 근거한 지역개발의 모델과는 달리, 중심국은 더욱 발전하고 주변국은 그만큼 저개발상태에 놓이게 된다. 그런 가운데도 주변국의 경제가 전혀 발전하지 않는 것은 아니다. 어떤 형태의 발전이 가능한 것은 사실이지만 그것은 중심국의 발전에 연관된 대단히

왜곡된 것으로 한계가 있으며 주변국 위주의 발전은 아니라는 것이다.

결론적으로 국가나 지역의 저개발의 원인은 중심국가나 중심지역이 주변국가나 주변지역을 정치적 혹은 경제적으로 종속관계에 두고 경제적 잉여를 착취하는데 있다. 만일 한 나라 안에서 산업구조나 유통구조 면에서 주변지역이 중심지역에 경제적 종속관계에 있다면 성장중심지이론이 주장하는 성장의 파급효과가 일어나기 보다는 오히려 경제적 잉여의 이전 등을 포함하는 역류효과가 발생하여 주변지역은 상대적으로 낙후하게 된다.

3) 박종화 외의 지역개발이론

박종화 외는 "지역개발론: 이론과 정책"(2016: 87-105)에서 지역발전이론을 지역성장이론으로 보고 지역성장이론의 전통적 시각과 비판적 시각으로 나누어 설명하고 있다. 지역성장이론의 전통적 시각으로는 수출기반이론과 신고전이론 및 불균형이론을 제시하고, 지역성장이론의 비판적 시각에는 중심과 주변관계론, 마르크스주의접근, 및 신개발론을 들고 있다.

(1) 지역성장이론의 전통적 시각

지역발전에 있어서 지역성장은 가장 중요한 목표의 하나이다. 지역성장의 정도에 따라 지역발전의 방향과 내용, 그리고 전략이 달라질 것이다. 이러한 지역성장이론의 전통적 시각에는 수출기반이론과 신고전이론 및 불균형이론를 들 수가 있다.

① 수출기반이론

이 이론은 케인즈류의 거기경제이론을 바탕을 둔 수요중시이론으로, 한 지역의 성장은 그 지역에서 다른 지역으로 무엇을 얼마나 수출하느냐에 달려있다는 것이다. 한 지역의 산업활동은 두 부문으로 나누어지는데, 하나는 그 지역외부로 재화나 서비스를 공급하는 수출부문 또는 기반부문이고, 다른 하나는 그 지역내부에 재화나 서비스를 공급하며 기반부문을 지원하는 역할을 하는 비기반부문 또는 지방부문이다. 여기서 기반활동은 지역성장활동이며, 비기반활동은 지역지원활동이다.

이 이론은 어떤 지역의 기반부문에서 생산되는 재화나 서비스에 대해 다른 지역에서 수요가 발생하면 우선 해당지역의 기반부문이 활성화되고 이어서 그 기반부문의 활동을 지원하는 비기반부문에까지 영향이 확대됨으로서 연쇄적으로 성장이 유도된다는 것이다. 기반산업은 제조업을 의미하는 것으로 인식되어 왔으나 관광과 위락산업 등 3차 산업도 포함된다.

② 신고전이론

이 이론은 수출기반이론과 대조적으로 공급측면을 강조하는 성장이론이다. 이 모형은 생산성 증대가 성장의 기초라는 생산함수에 이론적 기초를 두고 지역 간 생산요소의 이동을 지역성장요인으로 파악한다. 다시 말하면 지역성장의 지표인 지역생산은 그 지역의 생산능력의 문제이고, 생산능력이란 것은 생산요소의 공급에 의존한다는 것이다.

③ 불균형이론

이 이론은 앞의 균형성장이론과 대조적으로 Myrdal의 순환적이고 누적적인 인과원칙을 말한다. 공간경제상에 두 가지 대조적인 힘이 작용하지만, 시장에 방임하면 지역 간 균형으로 움직이는 것이 아니라 지역 간 격차를 확대시키는 방향으로 움직인다.

이 이론에 의하면 자유경제시장에서 재화와 생산요소의 자연스러운 흐름에 따라 저절로 균형이 이루어질 것이라는 가설에 대해 비판을 가하면서 시간이 흐름에 따라 격차가 줄어드는 것이 아니라 오히려 기존의 경제적 불균형은 심화되는데 성장지역은 부와 기술이 누적되어 성장이 지속되는가 하면 빈곤지역은 생산요소를 누적적으로 빼앗겨 계속적인 빈곤을 면하지 못할 것이라고 한다. 부유한 지역은 구매력이 높고 요소수익률이 높아서 더욱더 집적이 강화되고 부유해지며, 가난한 지역은 구매력도 낮고 소득수준도 낮음으로써 산업활동이 침체되고 새로운 산업의 유입은 말할 것도 없고 기존 산업시설의 기반까지 흔들림으로서 더욱더 가난하게 된다. 그리고 경제발전수준이 낮은 국가일수록 이와 같은 경향은 더욱 두드러진다. 부유한 지역의 성장이 가난한 지역의 산출에 긍정적 영향(확산효과, spread effect)을 미칠 수도 있지만, 동시에 가난한 지역으로부터 유능한 인력과 자본을 흡수해간다(역류효과, backwash effect). 가난한 지역은 그렇지 않아도 자본이 부족한 데, 유능한 경영자와 함께 자본이 부유한 지역으로 흡수됨으로서 더욱 침체를 겪게 된다.

(2) 지역성장이론의 비판적 시각

전통적인 경제성장 위주의 지역발전에 대해서는 여러 가지 시각에서 비판이 가해지고 있다. 가장 대표적인 비판시각으로는 마르크스주의를 비롯해서 최근에 환경을 중시하는 환경론적 시각에서의 비판 등으로 다양하다. 여기서는 지역성장이론의 비판적 시각으로 중심과 주변관계론, 마르크스주의접근 및 신개발론을 살펴본다.

① 중심과 주변관계론

이 이론은 지역발전에서 중심과 주변 간에 영향을 미치는 역학관계를 살펴보는 이론으로 확산이론과 종속이론이 포함된다. 우선 중심과 주변의 관계는 두 가지 차원으로 범주화 할 수 있는데, 하나는 미국이나 영국 등 선진국과 후진국과의 관계에 해당하는 국제적 차원이고, 다른 하나는 한 국가 내 도시지역과 주변 농촌지역과의 관계를 말하는 국내적 차원이다.

우선, 확산이론은 전통적 균형모형을 비판한다. 전통적 균형모형에 의하면 완전경쟁 하에서 공간구조가 결국 균형상태로 회복될 것이며 동시에 자원의 최적배분이 달성될 것이라고 한다. 공간의 균형회복은 노동과 자본의 균형회복으로서 노동은 저임금지역에서 고임금지역으로, 자본은 저생산성지역에서 고생산성지역으로 이동한다. 따라서 두 지역 간의 성장격차가 수렴될 것이라고 한다. 이러한 중심과 주변관계모형은 지역 간의 격차가 시장의 자율조정기능에 의해 자동적으로 수렴되지 않고 국가가 인위적으로 개입해야 한다는 국가개입의 필요성을 주장한다. 불균형성장론자들이라고도 불리는 확산론자들은 지역발전을 위해 하나의 성장거점을 선택하여 이를 중점적으로 개발하면 시장경제 속에서 상호작용을 통해 성장거점(중심)이 구심력을 행사하여 주변의 자원을 흡수하고, 또 성장과정을 통하여 기술혁신을 주변으로 확산시켜 주변의 성장을 유도한다. 비록 거점의 성장이 주변보다 빠르더라도 이것은 단순한 시차에 불과하며 장기적으로는 시장경제의 역할로 기술혁신을 받아들인 주변은 곧 중심에 버금가는 성장을 이룩하게 된다는 것이다.

다음으로, 종속이론은 중심과 주변의 불평등한 관계가 일시적 현상이 아니라 항구적인 현상이라는 점을 강조한다. 이들은 중심과 주변의 관계가 주변이 중심에 의존하고 있는 종속관계이며 이 관계가 지속되는 한 중심은 부를 축적하여 기술혁신이 지속적으로 일어나 성장을 계속하고, 반면에 주변은 중심에 계속적으로 생산요소를 착취당하여 한계지역으로 전락한다고 한다. 비록 중심에서 일어나 기술혁신이 주변으로 파급된다고 하더라도 이것은 중심을 위한 것이어서 주변은 더욱 의존도가 높아져 위성지역이 된다. 이러한 국제적 종속관계는 한 국가 내 지역 간의 관계에도 그대로 적용된다. 선진국의 기술혁신을 먼저 받아들인 대도시지역은 엘리트들의 활동무대이고, 따라서 기술혁신이 도시로 집중되고 이에 따라 자본과 노동이 같은 방향으로 이동한다. 따라서 한 국가 내 지역 간의 불균형을 시정하는 최선의 전략은 중심과 주변의 불균형적인 관계를 단절하는 것이다.

② 마르크스주의접근

이 접근은 지역개발과정에서 불평등과 대립 및 갈등의 양상에 초점을 맞추고 이를 자본논리로 설명한다. 이들의 기본명제는 도시개발이 단지 대규모 경제사회의 혼성물, 즉 생산양식의 단순한 반영에 불과하다고 한다. 도시지역의 개발은 그것이 의존하는 사회경제적 구조를 반영한다. 즉 도시지역은 그 사회의 생산양식을 반영한다. 따라서 도시지역문제나 생산양식을 분석함에 있어서는 사회에서 소유자(산업가, 재정가, 상업가, 지주)와 노동자로 범주화되는 계급관계가 중요하다. 소유자와 노동자의 이해와 태도 및 행태 등은 대칭되는 반대극을 이룬다. 자본소유자는 이윤극대화와 자본축적을 목적으로 하는 반면에, 노동자들은 수입이 노동의 대가인 임금으로 소비한다. 소유자는 이윤극대화를 목적으로 도시공간을 조직화하려고 한다. 이에 반대하는 노동자가 존재하여 대립이 일어난다. 이 과정에서 정부는 지역개발에서 근본적으로 소유자의 이익을 대변하는 자본의 시녀역할을 한다. 따라서 많은 지역계획들이나 교통개발계획 및 도시재개발 등은 자본가와 같은 소수계층에 유리하게 작용한다. 따라서 도시공간은 소유자의 이윤이 극대화되는 장소가 된다. 그리고 도시지역은 노동자에 의해 생산된 잉여가치의 기초위에 성장한다. 자본가들은 창출된 잉여가치를 더 많은 잉여가치의 생산을 위해 투자한다. 이러한 해석에 의하면 도시지역은 자본주의체제가 자신을 재생산하는 공간적 맥락이다. 자본주의사회에서의 도시계획은 자본주의국가체제의 한 부분이며, 자동적으로 노동자의 이익에 반하여 중산층과 자본가계급에 유리하게 적용된다.

③ 신개발론

이 이론은 전통적인 지역발전론을 재음미하며 대두한 이론이다. 전통적 지역발전이론에서의 발전은 경제에 초점을 맞추어 지역의 경제성장에 국한된 의미로 사용하였다. 이는 단순한 경제적 총량의 증가와 효율성의 증대를 의미하는 것이었다. 그러나 최근에는 발전을 단순한 양적 성장을 넘어선 질적 성장 내지 인간복지의 증진까지를 의미하는 넓은 의미로 사용하기 시작하였다. 여기에는 경제적 의미의 효율성과 부나 소득의 증가뿐 아니라 형평성, 소득분배, 안전, 건강한 생활, 환경보전 등을 포함한다. 진정한 의미의 발전은 경제적인 양적 성장에 더하여 정치, 사회, 문화, 환경 등 모든 균형적이고 종합적인 발전을 포함하는 것이다. 이는 궁극적으로 인간의 행복증진 내지 삶의 질 향상을 의미한다. 이러한 넓은 의미의 지역발전이론으로는 환경친화적 개발론과 주민중심적 개발론 등이 있다.

우선, 환경친화적 개발론은 경제적인 양적 성장과 경제외적인 사회와 문화 및 환경 등을 동시에 고려하는 개발이론이다. Nandy(1990)는 전통적인 개발이론에 반대하면서 몇 가지 대안을 제시하였다. 미래의 개발전략은 특히 빈곤층과 주변지역의 생존을 위한 필요에 대응해야 하고, 사회생활의 모든 측면에서 인간의 민주적 권리가 우선적으로 고려되어야 한다. 또한 지역개발은 단순히 경제적 관점에서만 파악해서는 않되고 정치적 의미가 동시에 고려되어야 하고, 전통적인 중앙과 지방의 관계가 재정립될 필요가 있으며, 정부가 개입함으로써 야기되는 인공적인 자기파괴성을 인식해야 한다.

다음으로, 주민중심적 개발론은 인간의 물질적 번영 뿐 아니라 정신적 복지까지 추구하는 것이다. 이는 전통적인 생산중심적 개발이론에서 나타난 비정의적인 관료제와 정부의 창의성 제약과 불평등 등을 비판한다. 특히 생산지향적 개발로 인한 자연자원의 파괴와 생태계의 파괴를 비판한다. 요컨대 전통적인 개발모형이 초래한 비인간화와 불평등성 및 환경파괴성 등을 비판하고 개발에 있어서 참여와 형평성 그리고 생태보존성 등의 원칙을 강조한다.

4) 이원종 외의 지역개발이론

이원종 외는 "지역발전정책론: 이론과 실제"(2015: 10-58)에서 지역발전이론을 경제성장의 공간적 현상을 설명하고 이를 달성할 수 있는 전략에 관련된 논리적 체계와 방법론으로 정의하고, 지역발전이론의 범주를 전통적 지역발전론과 대안적 지역발전으로 나누었다.

(1) 전통적 지역발전이론

전통적 지역발전이론은 안정된 기술과 대량생산 및 대량소비에 바탕을 둔 전통적 산업사회를 전제로 하는 것으로, 지역성장의 균형이론과 지역성장의 불균형이론으로 나눌 수가 있다.

① 지역성장의 균형이론

지역성장의 균형이론에는 고전적 균형성장이론과 신고전적 균형성장이론 및 수출기반모형이 포함된다. 첫째, 고전적 균형성장이론은 완전경쟁을 가정한 고전경제이론을 기초로 하여 만들은 공간경제모형이다. 고전경제이론에서 자본과 노동은 균등한 한계수익을 추구하고 공간적 이동에 장애가 없는 것으로 가정하므로 지역 간 불균형은 일시적이고 장기적으로는 균형상태에 수렴한다. 자유시장경제체제에서 노동과 자본의 지역 간 이동이 자유롭다면 자발적인 이동으로 지역 간 격차가 해소되어 지역 간 균형에 도달한다. 이와 같이 시간적 제약과 시장의 불완전성이 배제된 상황에서는 정부가 지역 간 격차문제에 직접 개입할 필요가 없고 다만 정부의 역할은 노동과 자본의 이동에 있어 시장의 불완전성을 제거하고 국가의 경제성장을 촉진하는데 치중해야 한다.

둘째, 신고전적 균형성장이론은 고전적 이론과 같이 완전경쟁과 생산요소의 자유로운 이동 및 개방적 지역경제체제를 바탕으로 한 경제성장모형으로, 경제성장의 동인으로 생산함수에서 생산요소의 공급과 지역 간 생산요소의 이동을 중시한다. 생산요소의 자유로운 이동은 지역 간 소득을 균형화시킨다는 기대를 갖고 있기 때문에 지역 간에 발생하는 소득격차는 일시적 현상이고 시간이 경과함에 따라 자본과 노동이 보다 높은 이자율과 임금을 따라 이동하게 되어 균형상태에 도달한다.

셋째, 수출기반이론은 두 지역경제체제에서 한 지역의 소득이 지역수출에 의해 결정된다는 이론이다. 지역경제는 지역 외 수요충족을 위한 수출부문 또는 기반부문과 지역 내 기업과 가계의 최종수요를 충족시키기 위한 서비스 부문 또는 비기반부문으로 구성되어 있다. 이모형은 지역성장에 있어 지역외의 외부수요와 지역경제의 개방성과 상호의존성을 강조한다.

② 지역성장의 불균형이론

지역불균성장이론에는 중심-주변부이론과 성장거점이론이 포함된다. 첫째, 중심-주변부이론은 선후진지역 간의 경제성장격차의 지속현상을 설명하려는 이론으로, Myrdal(1957)의 누적적 인과이론과 Hirschman(1958)의 지역 간 불균형성장모형이 이 범주에 속한다.

Myrdal(1957)은 선진지역과 후진지역 간의 관계를 누적적 인과과정으로 설명한다. 누적적 인과과정은 어떤 지역이 선도지역으로 성장해 오랫동안 지도력을 유지하는 자기강화과정을 말한다. 선도지역의 발생은 지역이 지닌 자연조건의 우위나 성장력이 높은 산업의 입지가 원인일 수 있으나, 일단 성장이 시작되면 누적적 효과를 지닌 규모의 경제 또는 지역화경제가 형성되어 다른 지역과의 격차가 발생한다. 성장지역은 다른 지역으로부터 노동과 자본을 끌어들이고 이 지역들의 제품이나 서비스는 다른 지역의 그것들에 비해 경쟁력을 가지기 때문에 다른 지역은 계속 뒤떨어지는데, 이를 역류효과라고 한다.

Hirschman(1958)은 뮈르달의 모형과 유사한 지역 간 소득불균형모형을 발전시켰는데, 지역불균형 발생에서 누적적 인과성 대신에 경제성장과정에서의 묵시적인 지리적 불균형을 강조하였다. 지역발전의 불균형은 선도지역에 유리한 전문화(특화)의 강력한 힘에 의해 강화된다.

이상의 뮈르달이나 허쉬만의 논의에서 공통적인 것은 지역 간 불균형이 장기적인 것으로 어떤 형태로든지 지역 간의 균형을 유지하기 위해 정부개입이 불가피하다고 한다.

둘째, 성장거점이론은 Boudeville이 Perroux의 성장거점개념을 발전시킨 것으로 선도산업과 집적경제 및 확산효과 등의 개념으로 구성되어 있다. 여기서 선도산업은 강력한 전후방 연계를 지닌 성장률이 높은 기업집합이고, 집적경제는 특정 성장거점에 자원이나 산업이 집중하는 것이고, 확산효과는 성장배후지에 대한 호의적 또는 비호의적인 파급효과를 말한다. 개발초기 한정된 자원을 성장거점에 집중하여 선도산업을 육성함으로써 지역성장을 추진하고, 이의 성장력을 주변지역에까지 확산시켜 지역발전을 도모하려고 한다.

이 이론은 산업화과정에서 야기된 낙후지역에 대한 국가주도의 지역발전 전략을 주로 채택하여 왔다.

(2) 대안적 지역발전이론

전통적 지역발전이론은 정보화와 세계화가 진행되면서 후기산업사회로 진입함에 따라 비판을 받으면서, 대안적 지역발전이론이 대두되었다. 이러한 대안적 지역발전이론의 주요 흐름은 기술변화와 지역발전이론(공간혁신모형), 지속가능한 지역발전론, 그리고 협력적 지역발전론 등으로 나타났다.

① 기술변화와 지역발전이론(공간혁신모형)

대안적 지역발전론의 주요 흐름 중의 하나는 기술변화와 혁신을 강조하는 이론들의 등장이다. 이 이론들은 기술변화와 혁신에 따른 신산업의 급속한 성장을 지역발전의 새로운 변화를 초래하는 요인으로 간주하고, 첨단산업의 입지와 혁신을 가능케 한 지역환경과 새로운 산업재구조화(industrial restructuring)에 관심을 가졌다. 제품주기이론과 유연생산체제와 신산업지구이론, 진화론적 혁신관과 지역혁신체제 및 산업클러스터 등이 대표적이다.

지역발전에서 혁신(innovation)의 중요성은 오래전부터 강조되어 왔다. 1950-60년대 성장거점이론이나 제품주기이론에서 혁신은 지역발전의 주요한 요인으로 간주되었으며, 1980년대 기술혁신과 첨단산업이 지역발전에 미치는 영향에 관심을 갖고 기술집적도시와 첨단산업단지의 조성정책을 추진하였다. 그러나 대안적 지역발전이론의 한 흐름으로 제기된 혁신 관련 지역발전이론은 슘페터의 혁신이론과 진화론적 경제이론에 입각한 상호작용적 혁신관에 근거하여 지역발전을 추진하는 것으로서, 과거의 선형적 혁신관과 차이를 보인다. 상호작용적 혁신관에서 강조하는 것은 혁신의 시스템적 성격으로 혁신이 상호작용과정을 통해 창출되어 전파되고 습득된다는 것이다.

혁신을 강조하는 지역발전전략들은 다양한 이론적 토대를 갖고 있다. 대표적 이론으로는 집적경제이론, 내생적 발전이론, 상호작용적 혁신이론, 진화론적 경제학, 네트워크이론, 거버넌스이론 등이 있으며, 이들 이론은 기초개념을 공유하고 있지만 강조점에는 차이가 있다. Moulaert & Sekia(2003)는 혁신을 강조하는 지역발전이론들을 공간혁신모형(territorial innovation model: TIM)으로 명명하고, 이론적 계보와 특징을 정리하였다. 공간혁신모형의 범주에는 혁신환경, 산업지구, 신산업공간, 지역생산체제, 지역혁신체제, 학습지역 등이 있는데, 이들 이론적 모형들은 혁신을 유발하는 능력, 제도(기관)의 역할에 대한 인식, 지역발전의 관점 등에서 차이를 보이고 있다〈표 2-3〉.

〈표 2-3〉 공간혁신모형의 특징과 비교

모형 / 혁신의 특징	혁신환경	산업지구	신산업공간	지역생산체계	지역혁신체제	학습지역
혁신동력	협력적 상호작용을 통해 혁신을 창출할 수 있는 역량	중소기업 상호간 협력과 보완성에 기초한 공동체 혁신역량	연구개발의 결과 및 적용: 신생산공정의 적용	산업지구모형과 동일	연구개발의 상호작용적, 누적적 과정으로서 혁신(경로의존적)	지역혁신체제 모형과 비슷하지만 기술과 제도의 동시적 발전강조
제도(기관)의 역할	연구과정에서 대학, 기업, 공공기관 등 기관의 지원역할 중요	제도는 곧 주체를 의미하여 사회적 규제를 가능하게 하고 혁신과 발전을 촉진하는 역할 수행	기업 간 거래에서 조정과 기업가적 활동을 위한 사회적 조절역할 수행	산업지구모형과 동일, 그렇지만 거버넌스의 역할을 강조	NIS와 같이 연구자들에 따라 제도의 정의가 다름. 그러나 모든 연구자들이 제도가 조직내부 및 조직외부 행동조정을 유도한다는데 동의	국가혁신체제와 비슷하지만 제도의 역할을 더욱 강조

지역발전 전략	협력적 환경 속에서 혁신을 이루는 주체인 기업 역량과 혁신적 환경 중요	지역 내 공간적 결속과 유연성증대	공간적으로 집적된 생산체계와 사회적 조절기능간 상호작용	확산적 산업화: 내부갈등 없이 진행되는 사회경제적 발전 추구	지역의 상호작용 및 조절기능 촉진을 통한 학습의 체계로 봄	이중적 역동성: 기술적, 기술조직적 역동성: 사회경제적, 제도적 역동성 강화
문화	신뢰 및 상호 호혜적 연계 문화	주체들 간의 가치공유, 신뢰와 상호호혜 문화	네트워킹 및 사회적 상호작용의 문화	발전에 있어서 지역의 사회문화적 구조의 역할	상호작용을 통한 혁신의 원천	국가혁신체제와 비슷하지만, 경제생활과 문화생활과의 상호작용을 더욱 강조
기관들간의 관계	지원공간의 역할은 기업, 기업협력자, 공급자 및 고객들 사이의 전략적 관계 촉진	네트워크는 사회적 조절양식이며 질서의 원천으로 협력과 경쟁의 공존을 가능하게 함	기업 간 거래	기업 간, 제도간 네트워크	네트워크가 상호작용적 학습의 원천이 됨	주체 간의 네트워크 체화
환경관의 관계유형	주변 환경변화에 따라 행동을 변화시키는 주체들의 역량이 중요	환경과 관계 속에서 제약도 있지만 새로운 창출이 됨. 반드시 환경변화에 대응할 수 있어야 함.	공동체 형성과 사회적 재생산의 역동성	혁신환경모형과 유사	내부 특수관계 및 환경제약 간에 균형을 강조	지역혁신체제 모형과 동일

자료: Moulaert & Seika(2003: 294). 이원종 외(2015:43).

② 지속가능한 지역발전론

1972년 지구자원의 고갈과 환경파괴의 심각성을 예측한 로마클럽이 '성장의 한계'를 발표한 이후 전 세계적으로 환경문제에 대한 관심이 등장하면서 지속가능한 발전(sustainable development)의 개념이 등장하였다.

지속가능한 발전은 경제성장위주의 발전전략으로 인해 환경자원이 고갈되면서 생태계가 파괴되고 그 피해가 점점 심화되고 있으며 이것이 인류의 생존기반을 위협하는 단계에 달했다는 인식에서 탄생한 친환경적 발전, 즉 환경용량을 고려한 발전방식을 의미한다. 이러한 지속가능한 발전의 핵심요소는 다음과 같다. 첫째, 빈곤의 추방과 기본적인 생활의 향상이다. 둘째, 빈곤을 궁극적으로 추방하기 위한 자원보전과 생활을 윤택하게 하는 자원의 사용가능성 확대이다. 셋째, 발전의 개념을 확대해 경제적 성장 외에 사회문화적 발전도 포함시킨다. 여기서 발전이란 소득의 공정한 분배와 교육 및 건강 등 복지증진과 함께 생태환경의 안정성과 균형의 유지 등 환경가치가 포함된 총체적인 삶의 질 개선을 의미한다. 넷째, 발전을 위한 정책결정에서 경제학과 생태학을 통합한다. 이처럼 지속가능한 발전은 성장과 환경 가치의 재인식과 형평성 추구 및 미래지향적 관점의 강조 등에서 성장위주의 전통적 지역발전론과 차별성을 갖는다.

지속가능한 발전이 지역발전전략으로 추진되면서, 지역발전정책 수립과정에서는 경제와 환경을 통합시키는 접근으로 이동하고 있다. 그리고 2000년대 이후에는 지속가능한 발전보다 진전된 개념으로 녹색성장(green growth)이 핵심전략으로 대두되었다. 양자 간의 개념적 유사성이 지적되기도 하지만 지속가능한 발전으로 가기 위한 실천전략이 바로 녹색성장이라고 할 수 있다. 녹색성장은 2000년 Economist에서 처음 거론되었으며, 다보스포럼과 유엔 아태경제이사회(UNESCAP) 등을 거치면서 국제사회로 확산된 개념이다. 2005년 제5차 아시아태평양 각료회의에서 지속가능한 발전을 위한 전략으로 녹색성장을 채택하였다. 녹색성장이란 현재의 화석연료에 의존하는 경제성장을 지속하여 지구온난화와 기후변화, 환경 및 경제적 피해, 그리고 빈곤문제를 심화시키는 악순환고리에서 벗어나서 지구온난화와 기후변화에의 대응을 통한 환경보전과 양질의 경제성장을 동시에 촉진하는 선순환 발전을 하는 것이다.

③ 협력적 지역발전론

세계화와 분권화 등 정책환경에 영향을 미칠 변수들이 새로이 등장하면서 정부의 정책추진체계가 크게 변화하였다. 거버넌스의 개념은 정부(government)와 동일한 의미로 사용되어 오다가, 정부주도의 추진체계를 시장에 위임하거나 정부와 시민사회가 파트너십이나 네트워크를 형성하는 정부보다 확대된 개념으로 이동하였다.

지역발전전략으로서의 지역거버넌스(regional governance)는 도시기능의 공간적 확산과 대도시권 형성 및 도시계층 간 기능적 연계와 네트워크화 등 신지역주의(new regionalism)현상으로 인하여 등장하였다. 신지역주의 대두는 기존의 단일 행정구역에 의한 대응을 어렵게 하고 인접지역 간의 협력의 필요성을 증대시켰다. 따라서 지역거버넌스에서 지역 간의 협력적 거버넌스는 중요하다.

지역 간 협력은 광역서비스공급을 위한 인접지역 간 협력 차원을 넘어 지역의 산업경쟁력과 기술혁신을 증진하는 역할로 확대되고 있다. 지역의 발전은 지역 간의 치열한 경쟁보다는 자원의 효율적 이용, 정보와 지식의 공유, 발전의 시너지 효과를 높일 수 있는 지역 간 협력과 네트워크에 의해 결정된다. 지역발전에서 네트워크는 지역 내 혁신과 학습역량의 증진을 위한 수단이라는 차원을 넘어 지역의 규모와 기능의 한계를 극복하는 수단으로서 중요성이 높아지고 있다. 이를테면 앞에서 살펴본 기술변화의 지역발전이론인 공간혁신모형들을 지역발전전략으로 추진하기 위해서는 지역 내와 지역 간의 다양한 행위자들 간의 네트워크나 협력거버넌스를 형성하여 실행하는 것이 요구된다.

지역 간 협력의 핵심개념은 복수의 지역, 공동의 목표 또는 이익, 역할 및 책임의 분담, 성과의 공유이다. 지역 간 협력에 관한 이론으로는 지역 간의 연계협력 필요성과 형태와 유형 등을 설명하는 이론적 모형들(정부 간 관계론, 파트너십모형, 교환모형, 협상모형, 공동생산모형, 활동공유모형, 지역 간 협력론)과 지역 간 협력의 선행조건과 효과 및 성공요인, 그리고 협력과정 등의 실천적 내용을 다룬 이론들이 있다(차미숙 외, 2014).

5) 이희연의 지역개발이론

이희연은 "경제지리학"(2014: 763-784)에서 지역발전이론을 지역성장격차이론이라는 차원에서 도시지역 간에 경제성장률이 다르게 나타나며 또 지역

간의 성장격차가 점점 줄어들어가는 지 아니면 더 증가되어가는 지에 대해 설명해주는 이론이라 하고, 지역성장격차이론의 범주를 지역성장격차의 정태적 이론과 지역성장격차의 동태적 이론 및 신경제지리학 등으로 나누고 있다.

(1) 지역성장격차의 정태적 이론

지역성장격차의 정태적 이론에는 신고전적 균형이론과 순환적인 누적적 성장이론 및 내생적 성장이론 등이 포함된다.

① 신고전적 균형이론

지역성장이론의 근원은 신고전적 균형모델에 기초를 두고 있으며, 지난 반세기동안 서구의 지역성장이론은 신고전경제이론의 영향을 받아 왔다. 이 이론은 국가경제의 성장모형을 지역성장에 적용한 것으로서 생산을 위한 투입요소의 공급 측면에서 지역성장을 설명한다.

신고전적 균형모형은 콥더글라스 생산함수를 이용한 것으로, 한 지역의 생산은 생산요소인 자본과 노동에 의해 결정되고 지역 간 성장격차가 일어나는 요인은 지역의 노동력과 자본에 의해 결정된다. 생산함수를 이용한 지역성장모형에서는 자본과 노동의 비율이 일정하기 때문에 지역 간 생산요소의 재배분은 일어나지 않으며 생산요소의 이동은 지역 간에서만 일어난다. 각 지역 간에 서로 다른 자본/노동력의 비율에 따라 한계생산과 생산요소들의 차이가 나타나게 되며 그 결과 한계생산이 낮은 지역에서 높은 지역으로 생산요소가 이동한다. 예컨대 노동력은 저임금지역에서 고임금지역으로 이동하며 자본은 그 반대방향으로 이동하므로 두 지역 간의 노동력과 자본비율이 동일해져서 노동력과 자본의 수익률이 같아질 때까지 생산요소의 이동이 이루어진다. 이러한 메카니즘에 따라 지역 간 생산요소의 불균형은 완화되고 임금과 이자율의 차이는 없어지게 되며 그 결과 지역 간 성장격차는 줄어들어 궁극적으로 균형을 이루게 된다.

신고전적 균형모형을 적용하여 분석한 결과는 지역 간 성장격차가 완화되어 균형을 이루어간다는 연구결과가 있다. Borts & Stein(1964)이 미국의 여러 주들을 분석한 결과는 1880년대 각 주당 1인당 소득은 점차 균형화되고 있다. 반면에, Gallaway et al(1967)과 Olsen(1968)의 분석결과는 신고전적 모형의 논리와 상반되게 나타나고 있다. 이들에 의하면 지역 간 임금격차가 균형화되는 경향을 찾아볼 수 없으며, 지역 간 노동력이동은 경제적 요인 뿐 아니라 비경제적 요인들에 의해 크게 영향을 받고 있다. 지역 간 자본이동패턴도 신고전모형과는 상반되는 결과를 보이고 있다. 지역 간 자본흐름은 보다 발전된 지역으로 자본의 집중화 경향을 보이고 있다. 이와 같은 이동패턴을 토대로 Richardson(1973)은 일단 지역 간에 투자자본의 이동이 이루어지게 되면 균형적인 성장은 불가능하다고 한다.

② 순환적인 누적적 성장이론

순환적인 누적적 인과이론은 Myrdal(1957)과 Hirschman(1958)에 의해 정립되었고, Pred(1965), Kaldor(1970) 및 Dixon & Thirlwall(1975) 등이 발전시켰다.

이 이론은 발전지역과 저개발지역 간에 경제적 불평등이 점차 증가하고 있다는 경험적 사실에 기초하여 순환적인 누적적 인과법칙을 통하여 지역 간 경제성장이 매우 불균형적 패턴을 이루게 된다고 한다. 여기서 누적적 인과원리란 한 요소의 변화가 그 변화를 강화시키는 방향으로 또 다른 요소들의 변화를 유인함으로써 최초의 변화와 같은 방향으로 그 체제가 더욱더 변화를 한다는 것이다. 모든 지역에서 동시에 경제성장이 이루어지는 것이 아니며, 경제력은 한 지역으로 집중한다. 한 지역에서의 초기성장은 점차 누적적인 발전을 이루게 되는데, 그 이유는 상호강화적인 승수효과와 연관효과 및 규모경제 등으로 인해서이다.

이러한 누적적 성장과정을 통한 지역불균형성장모형을 제시한 것이 Myrdal(1957)이다. 이 모형에 의하면 특정지역에 새로운 산업이 입지함으로써 관련 산업과의 연계효과를 가져오며 새로운 고용기회 창출로 인해 인구가 증가하고, 이에 따라 지역성장이 가속화된다.

Pred(1965)도 지역의 누적적 성장과정을 승수효과를 이용하여 설명하였다. 경제성장에 유리한 요인을 지닌 지역은 자생적인 성장추진력을 갖고 누적적으로 발전하게 된다. 특정지역에서 새로운 기업이나 기존 기업의 확장은 그 지역에 고용기회를 창출하고 구매력을 증대시키는 초기 승수효과를 가져오고, 이후 관련 산업의 육성과 서비스산업이 성장하면 전후방 연계효과를 통해 새로운 투자자본을 유인하고 인구성장과 산업구조의 다양화 및 경제활동의 확대라는 2차적 승수효과를 가져온다.

그리고 Kaldor(1970)는 이들의 견해를 바탕으로 왜 성장지역이 낙후된 지역에 비해 누적적으로 비교우위성을 누리게 되는가를 설명하였다. 그는 일례로 제조업이 특화된 지역과 토지를 기반으로 하는 산업이 특화된 지역을 비교하면 제조업이 특화된 지역이 보다 성장속도가 빠르고 생산성이 높다고 한다. Dixon & Thirlwall(1975)은 누적적 인과과정이 지역성장에 미치는 영향을 주목하면서 지역 간 성장격차에 대한 Kaldor의 견해를 정교화 하였다. 이들은 지역생산이 증가하면 노동생산성이 증가하고 지역수출을 증가시키어 지역경제를 성장시킨다고 한다.

③ 내생적 성장이론

최근 지식기반사회의 도래로 기존의 지역성장이론들은 한계를 보이게 되었다. 전통적으로 지역이 가지고 있는 자원은 지역성장의 원천이 되는 것으로 보았으나, 최근 지역성장에 영향을 주는 요인으로 물적 자원뿐 아니라 이전에 별로 주목받지 못했던 기술이나 인적 자원이 부각되고 있다.

지식기반경제에서 부를 창출하는 핵심적 역할을 하는 지식의 창출과 확산 및 활용이 중요해지고 있다. 이에 지역성장이론은 지역의 지식(기술혁신)이 어떻게 지역성장에 영향을 주는가에 초점을 두고 있다. 특히 인적 자본은 지역경제를 성장시키는 원동력으로 주목받고 있다. 인적 자본의 중요성과 역할은 Schultz(1961)가 교육을 통한 인적 자본 형성이 개인의 소득과 경제성장의 요인으로 기여할 수 있다는 이론에서 기원을 찾을 수 있고, Lucas(1988)는 인적 자본의 외부효과를 제시하였다.

1990년대에 접어들면서 Barro(1991)을 필두로 한 내생적 성장론자들은 신고전경제학이 제시한 콥더글라스 생산함수모델에서 외생변수로 취급되었던 것을 내생화된 내생변수로 보는 기술혁신개념을 도입함으로서 기술과 인적 자본이 한 국가나 지역의 내생적 경제성장을 주도하는 요인으로 주목받게 되었다. Rauch(1993)은 인적 자본의 외부효과에 대한 실증분석을 시도하였다. 뿐만 아니라 기술혁신이 경제주체들 간의 지식네트워크를 통해 이루어진다는 점이 부각되면서, 지역성장요인을 지식네트워크 관점에서 분석하려는 시도가 나타나고 있다. 이는 기술혁신과 지역발전을 연계하는 공간혁신모형으로 발전하였다.

(2) 지역성장격차의 동태적 이론

지역성장격차의 동태적 이론에는 핵심주변공간모형과 성장거점이론이 있다.

① 핵심-주변공간모형

이모형은 지리적 공간을 상호의존적 체제로 보고, 공간상에서 성장의 집중을 가져오는 핵심지역이 나머지 주변지역을 지배하는 핵심부와 주변부의 이중구조가 형성되어 성장과정이 본질적으로 불균형하게 된다고 한다.

핵심-주변모형은 처음 Meier & Baldwine(1957)에 의해 세계적 차원에서 핵심과 주변구조가 실제하고 있음을 제시한 후, Wallerstein(1974)이 세계를 핵심과 준주변 및 주변지역으로 구분하고 그들의 동태성을 분석한 결과 세계경제체제는 핵심과 주변의 양극화현상이 심화된다고 하였다. 이러한 모형은 세계적 차원에서 국가 내의 지역적 차원으로 적용범위가 확대되어 왔다. 이를테면 특정국가에서 가장 경제적으로 활성화된 핵심지역은 정치, 경제, 사회, 문화면에서 주변지역을 지배하게 된다.

Friedmann(1966)은 단순한 경제성장보다는 정치, 경제, 문화적 측면까지 포함하는 넓은 의미의 발전과정에 관심을 갖고, 혁신은 핵심지역에서 발생하여 핵심지역의 지배력을 더욱 강화하고 주변지역의 의존도를 높이게 한다. 이를테면 중심도시는 주변지역으로부터 유입된 자본과 노동을 토대로 성장을 한다. 그러나 혁신이나 인구이동 및 자본투자는 핵심지역에서 주변지역을 향해 외연적으로 이동하며 의사결정행태도 분산적으로 변화를 한다. 이처럼 혁신의 확산에 의해 공간경제가 통합되고 경제성장의 잠재력이 극대화되며 궁극적으로 지역 간 균형이 이루어진다.

그러나 Myrdal(1957)과 Hirschman(1958)의 누적적 인과모형에 의하면, 핵심지역과 주변지역의 성장격차는 심화되기도 하고 완화되기도 한다. 핵심지역과 주변지역 간의 상호의존성은 파급효과(spread or trickling - down effect)를 창출하여 주변지역이 성장하기도 하며, 반면에 역류효과(backwash or polarizing effect)를 가져와 주변지역이 침체되기도 한다.

Richardson(1976)은 파급효과와 역류효과가 시공간상에서 매우 비대칭적이며, 파급효과가 역류효과보다 커서 순 파급효과(net spillover effect)가 나타나기까지 오랜 시간이 걸린다고 보고, 주변지역의 개발을 위한 정부정책은 순 파급효과를 가져오는 촉진제 역할을 할 것이라고 보았다.

② 성장거점이론

이 이론은 Perroux(1950)가 유럽의 경제발전과정의 관찰로부터 귀납적으로 유도한 것으로, 성장이란 어느 지역에서나 동시에 나타나는 것이 아니고 본질적으로 불균형적 과정이라고 한다.

그는 Schumpeter의 주장처럼 기술혁신이 경제성장을 주도하는 요인으로 보고, 성장의 추진체가 되는 선도산업이 존재하는 지역을 성장거점(growth pole or growth center)이라고 한다. 여기서 선도산업은 비교적 규모가 크고 혁신가능성이 높으며 급성장하는 부문의 동태적 산업으로, 종속적인 다른 산업들과의 상호작용을 통해 종속산업의 성장자극을 유도하고 촉진시킬 수 있는 연계성과 외부효과가 큰 산업을 말한다. 그의 성장거점개념은 경제적이고 기능적인 측면에서 고려되었을 뿐, 공간적 측면에서는 언급되지 않았고 지역개발의 정책문제와 연결되지도 않았다.

성장거점개념을 지리적 공간에 적용하려고 시도한 Boudeville(1966)에 의하면, 성정거점이란 도시 내에 심화되는 산업들을 확대시키고 그의 영향권 내에서 경제활동을 발전 촉진시키는 하나의 지점이라고 정의하였다. 이러한 성장거점지역은 선도적 산업복합체를 갖고 있으며, 이 선도산업은 다른 산업과의 보완적 상호작용이라는 전후방 연계효과와 승수효과 및 집적경제를 토대로 누적적으로 더욱 성장하게 되고, 더 나아가 그 배후지역과의 상호작용을 통해 배후지역의 경제활동도 유도하게 된다.

이처럼 성정거점이론은 성장거점지역도 발전하고 그것의 주변지역도 성장을 유도하는 파급효과를 강조하나, 근본적으로 불균형성장이론에 속한다.

(3) 신경제지리학

신경제지리학은 1990년대 이후 기존의 전통적 지역발전이론에 대한 비판과 대안으로 발전된 지역발전이론이다. 이 학문은 1990년대 초 선구자인 Krugman이 연구를 시작한 것으로, 기존의 정치경제학적 접근에서 탈피하여 각 지역의 문화와 제도가 경제활동에 얼마나 지대한 영향을 주고 있는가에 초점을 두는 새로운 접근방법이다.

경제학자인 Krugman(1991)은 일반균형모형을 사용하여 불완전경쟁 하에서 수확체증과 금전적 외부효과의 개념을 통해 경제활동의 공간분포(집중과 분산)의 논리를 설명하였다. 불완전한 시장구조 하에서 재화와 생산요소의 지리적 이동성의 제약이 경제활동의 집적과 분산에 미치는 영향을 분석하고,

특히 외부효과에 대한 새로운 인식, 즉 기업과 산업의 형태 및 특화와 다양성의 논의 등을 통해 그것이 지역불균형발전과 경제발전경로 등에 미치는 효과에 대해 새롭게 성찰하는 계기를 마련하였다(정준호, 2000, 2008).

이러한 경제학자들의 경제지리학적 접근은 신경제지리학자들에 의해 비판을 받고 있다. 특히 영국의 Martin(1999)과 Scott(2004)는 경제학에서 바라보는 경제지리학의 한계점을 비판하면서, 지역의 경로의존성을 밝히고 역사적 관점에서 그 과정을 이해하기 위해서는 지역의 제도와 문화 및 사회구조 그리고 지역발전과정을 고려해야 함을 주장하고 있다.

신경제지리학이 등장하게 된 배경으로는 지식기반경제가 도래하고 경제의 세계화가 진전되면서 경쟁주체로 지역의 중요성이 커지게 되었고, 신산업지구와 같이 공간적으로 집적된 클러스터가 나타나면서 지식혁신의 창출과 확산 및 활용에 있어서 지역이 가지고 있는 환경과 제도 및 문화와 같은 요인들이 중요해졌고, 또한 이러한 요인들은 일시적으로 구축되는 것이 아니라 그 사회에 깊게 뿌리내려 있다고 한다.

이렇게 등장한 신경제지리학의 특징은 크게 제도주의접근과 진화경제학적 접근으로 구분할 수 있다. 우선, 제도주의 접근(institutional approach)는 제도가 경제행위자들의 행태를 형성하고 경제활동을 하는데 어떻게 영향을 주는가를 연구하는 것이다. 제도주의 경제지리학은 경제활동이 전개되는 지역마다의 고유한 제도적 기반에 따라 경제활동의 행태가 어떻게 달라지고 있는가에 초점을 두고 있다. 특히 시장, 기업, 정부, 노조 등과 같은 각 지역의 독특한 제도적 배열에 의해 어떻게 경제가 발전하는가를 파악하려고 한다. 따라서 지방정부, 개발청, 기업, 상공회의소, 노동조합, 정치가그룹들이 지역경제를 발전시키기 위해 어떻게 제도를 구축하고 있으며, 변화시켜 나가는가를 분석한다. 또한 지역발전에 영향을 주는 제도적 환경의 차이를 분석하기 위해 사회적 착근성과 거버넌스 및 사회적 네트워크 등의 개념을 도입하고 있다.

다음으로, 진화경제지리학은 진화경제학의 핵심이 되는 진화론적 개념과 방법론을 도입하여 특정지역에서의 경제성장과 지역격차가 어떻게 역사적으로 발전되고 변화되어 나가는가를 보려는 접근이다. 따라서 진화론적 접근에서 널리 사용하는 개념은 경로의존성(path dependency)과 수확체증 및 잠금(lock-in)현상이다. 여기서 경로의존성은 특정지역이 다른 지역과의 차별화될 수 있는 제도를 유지하면서 지리적 관성을 나타내는 경우이다. Arthur(1989)는 경로의존성을 규모에 대한 수확체증으로 나타나는 (+)의 피드백과정과 오히려 (-)피드백이 나타나는 잠금현상이 나타날 수 있음을 밝혔다. 경로의존성에 초점을 둔 연구에서는 다양한 형태의 제도적 거버넌스와 연계시키려는 시도가 이루어지고 있으며, 경제행위주체가 새로운 변화를 요구하는 경제환경에 직면할수록 대안적 발전경로를 탐색해가는 과정에서 지역주체들 간의 거버넌스가 어떻게 작동되는가에 관심을 두고 있다.

이상에서 살펴본바와 같이, 신경제지리학은 경제학이나 사회학 및 정치학과 같은 다른 학문분야의 접근방법을 도입하면서 새로운 지평을 열어가고 있지만, 이론정립이 완결된 것이 아니며 다른 학문들과의 교류를 통해 지속적으로 발전시켜 나가야 한다.

2. 지역발전의 이론논의와 정책연계

1) 국내학자들의 지역발전의 이론한계

위에서 국내 학자들의 지역발전이론에 대한 논의를 소개하였는데, 이들 지역발전이론들을 거버넌스 범주인 시장거버넌스와 국가(정부)거버넌스 및 네트워크거버넌스 차원에서 종합하면 다음 표와 같다.

〈표 2-4〉 거버넌스 차원의 지역발전 이론종합

거버넌스 범주	학자들의 분류
시장거버넌스의 지역발전이론	0 홍기용- 경제기반이론과 케인즈이론, 신고전이론 0 황명찬- 수출기반이론, 신고전이론, 불균형이론 0 박종화 외- 지역균형성장이론(케인즈의 수요중시이론: 수출기반이론, 신고전파의 공급중시이론), 지역불균형성장이론(Myrdal의 불균형이론) 0 이원종 외- 지역성장의 균형이론(고전주의 균형성장이론, 신고전주의 균형성장이론, 수출기반모형), 지역성장의 불균형이론(중심-주변모형) 0 이희연- 지역성장격차의 정태적이론(신고전적 균형이론, 순환적 누적적 성장이론, 내생적 성장이론), 지역성장격차의 동태적이론(핵심-주변공간모형)
국가(정부) 거버넌스의 지역발전이론	0 홍기용- 성장거점이론 0 황명찬- 산업구조론, 종속이론과 지역발전 0 박종화 외- 지역성장이론의 비판적 시각(마르크스주의접근) 0 이원종 외- 지역성장의 불균형이론(성장거점이론) 0 이희연- 지역성장격차의 동태적이론(성장거점이론)
네트워크거버넌스의 지역발전이론	0 황명찬- 첨단산업과 지역발전이론 0 박종화 외- 신개발론(환경친화적 개발론, 주민중심적 개발론) 0 이원종 외- 대안적 지역발전이론(기술변화와 지역발전이론: 공간혁신모형, 지속가능한 지역발전론, 협력적 지역발전론) 0 이희연- 신경제지리학(지역발전의 제도주의접근, 진화경제학)

위의 표에서 보는 바와 같이, 우리나라의 지역경제론이나 지역개발론 및 경제지리학 등과 같은 여러 학문분야에서는 지역발전이론을 주로 지역경제성장 측면에서 접근하고 있는데, 세 가지 범주 차원에서 정리할 수가 있다.

첫째, 시장거버넌스의 지역발전이론에서는 수요를 중시하는 지역성장이론인 경제기반이론(수출기반이론) 및 케인즈이론과 공급을 중시하는 지역성장이론인 고전파이론이나 신고전파이론이 포함된다. 이들 수요중시와 공급중시의 지역성장이론들은 지역성장의 균형을 강조하는 균형이론이다. 반면에 지역성장의 불균형이론으로 중심-주변모형(핵심-주변공간모형, 불균형이론)이 존재한다. 이러한 여러 지역성장이론들은 시장자유적 접근으로 지역성장에서 시장의 역할을 강조하고 정부개입의 최소화를 주장한다.

둘째, 국가(정부)거버넌스의 지역발전이론은 성장거점이론과 종속이론 및 마르크스주의접근 그리고 산업구조론이 포함된다. 이들 이론은 시장자유적 접근의 한계를 비판하면서 대두한 것으로, 지역성장과정에서 시장이 기능하여 만들어내는 시장실패를 보완하기 위하여 정부개입을 주장한다.

셋째, 네트워크거버넌스의 지역발전이론은 시장거버넌스와 국가거버넌스의 지역발전론에서 나타나는 한계를 보완하기 위하여 국가와 사회(시장)의 연계를 통하여 지역성장을 추진해야 한다는 대안적 지역발전이론이다. 학자들은 대안적 지역발전이론의 범주에 대하여 다양한 유형을 제시하는데, 이들 흐름을 크게 기술변화와 지역발전이론, 지속가능한 지역발전이론, 협력적 지역발전론, 그리고 신경제지리학이 주장하는 지역발전의 제도주의접근과 진화경제학으로 정리할 수 있다. 이들 여러 이론들은 전통적인 지역발전이론들의 한계를 보완하고 새롭게 등장하는 지식기반사회와 세계화라는 환경에서 지역이 생존하고 발전하기 위하여 필요한 새로운 요인들을 발견하고 이를 통합하여 지역발전현상을 설명하려는 것이다.

그러나 국내학자들의 지역발전이론에 대한 논의를 보면, 외국에서 발전하여 온 지역발전이론에 대한 단순한 소개에 불과하고 이론과 정책의 연계에 대한 설명은 전무하거나 매우 미약하다고 할 수 있다. 지역발전이론의 목표는 실제(현실)에 적용하여 현상을 설명하고 이해하며 처방책을 제시하는데 있다. 학자들이 제시하는 지역발전이론은 학문적 발전 차원에서 설명을 위한 목적도 있지만, 실제 각 국가의 지역발전정책에 적용하여 경험적 검증을 받아야 의미가 있다고 볼 수가 있다. 이처럼 지역발전이론을 현실정책에 적용시키려는 논의가 필요한데, 지역발전의 이론과 정책을 연계시키려는 논의는 Pike et al(2017)의 지역발전의 이론과 공간정책에 잘 설명되어 있다.

2) 지역발전의 이론과 정책 연계

- Pike et al의 지역발전의 이론과 정책 -

Pike et al(2017: 59-150)의 지역발전의 이론과 정책 논의에서는 이론과 정책의 연계 차원에서 설명을 하고 있다. 이들 논의에서는 지역발전을 분석하고 처방하는데 관련되는 이론과 쟁점, 그리고 제도와 정책 등에 대한 것들을 종합하여 제시하고 있다.

〈표 2-5〉 거버넌스 범주와 Pike et al의 지역발전의 이론과 정책

거버넌스 범주	지역발전의 이론과 정책
시장거버넌스의 지역발전이론	0 신고전적 접근 - 신고전적인 공간정책
국가(정부)거버넌스의 지역발전이론	0 케인지안 접근 - 케인지안의 공간정책 0 맑시스트와 급진적 정치경제이론 - 맑시스트와 급진적 정치경제이론의 공간정책
네트워크거버넌스의 지역발전이론	0 진화론적 접근 - 진화론적 접근의 공간정책 0 혁신, 지식, 학습 그리고 창조이론(공간혁신모형) - 공간적 혁신모형의 공간정책 0 경쟁우위와 클러스터이론 - 경쟁우위와 클러스터이론의 공간정책 0 신경제지리학(제도주의접근) -신경제지리학(제도주의접근)의 공간정책

(1) 시장거버넌스의 지역발전이론

- 신고전적인 접근의 공간정책 -

신고전경제학은 경제체제 내의 정적 균형과 동적 균형을 시험하기 위해 발달한 미시경제이론으로, 이러한 이론을 지역발전에 적용하면 다음 표와 같다.

<표 2-6> 신고전파의 지역발전 이론과 정책

구 분	특 성
경제이론	신고전 (외생적)성장이론
지역쟁점	경제성장과 소득의 공간불평등
인과행위자	개인, 기업, 정부
인과설명	요소시장에서 본질적인 요소부존과 질, 비신축성, 그리고 비이동성
관계, 기제 그리고 과정	균형과 수렴으로 요소시장의 조정회귀는 공간불평등을 감소시킨다.
정책이유	개선하는 요소시장 효율성과 신축성 그리고 이동성
정책도구	지역선택적 보조, 기업보조금
제도적 조직	집권화된, 국가적
지리적 초점과 영역	지역(지방)과 도시
정치적, 경제적 이념	신우익, 신자유주의

자료: Pike et al(2017: 69).

신고전경제이론은 다음과 같은 일련의 가정과 개념을 토대로 전개한다.

첫째, 경제적 합리성을 가정한다. 경제적 합리성은 개인을 합리적인 행위자, 즉 그들 자신의 이익을 추구하는 경제인으로 본다.

둘째, 감소하는 수익은 노동이나 자본과 같은 고정생산요소를 가진 단기에서 가정된다. 이것은 가변적인 생산요소의 투입증가 때문이다. 노동을 예로 들면 일정한 시점까지는 덜 생산적이고 한계적인(부가적인) 생산에서 감소를 초래한다.

셋째, 요소시장 내의 수요공급과 생산함수의 효율적인 이용이라는 토대위에서, 희소한 생산요소(토지, 노동, 자본)의 배분에 초점을 둔다. 예를 들면 비고용은 노동시장에서 초과공급의 원인이 되고 가격(임금)하락을 가져온다.

넷째, 시장참여자가 가지는 가격과 양에 대한 완전정보, 다수의 공급자와 수요자 간의 완전경쟁, 그리고 시간과 공간을 초월한 생산요소의 완전이동을 가정한다.

마지막으로, 장기에서 시장과 경제체제의 균형을 강조한다. 합리적 경제행위자들은 시장에서 수요와 공급의 균등화를 통하여 균형을 달성할 수 있는 조정기제를 작동한다.

결국 신고전모형은 총수요가 총산출을 균등화한다는 가정하의 공급주도적(supply-led)이론으로서 경제의 공급측면의 잠재적 산출확장에 초점을 둔다. 지역수준에서 경제성장의 불평등은 신고전적 접근의 지역발전에 대한 전통적 관심사이다(Borts & Stein, 1964; Williamson, 1965). 지역경제성장은 지역의 경제소득과 사회복지를 결정한다. 지역발전은 경제적 산출과 1인당 소득에서 지역 간의 공간적 불평등의 감소로 정의할 수 있다(Armstrong & Taylor, 2000). 이 이론에서 인과적 메카니즘은 그런 공간적 불평등을 어떻게 감소시키고 장기의 최적균형으로 수렴시킬 것인가를 설명한다. 또한 동 이론은 그러한 수렴이 왜 발생하지 않고 불평등이 왜 계속 증대되고 있는가를 설명하려고 시도하였다(McCann, 2013). 지역(regions)은 신고전이론의 주요한 지리적 초점을 구성하는 것으로 국가하위의 영역이다.

신고전이론에서 지역경제성장(산출성장)은 지역 내의 생산능력의 확장이고, 지역의 중요한 생산요소인 자본과 노동을 유인하는 정도에 의해 좌우된다. 이러한 수단은 다른 지역과 비교하여 특정지역의 상대적 경쟁력에 관련된다. 산출성장은 지역의 인구성장에 관련되고 이는 지역에서 경제성장과 사회복지의 상대적 수준이 입증한다. 요컨대 신고전모형에서 지역산출성장은 생산요소들- 자본스톡, 노동력, 그리고 기술- 의 성장에 의해 설명된다. 혁신을 통한 기술진보는 성장에 대한 주요한 기여요인으로 인식한다. 이에 이 이론은 산출에 영향을 주는 생산요소들이 주어지거나 외부에 존재하는 것으로 보아 외생적 성장이론으로 명명되고 있다.

지역성장 불평등은 주요 생산요소성장과 기술진보 그리고 자본과 노동관계(자본/노동비율)의 변이에 의해 설명한다. 신고전이론은 생산요소공급에 초점을 두고 지역 간 생산요소의 완전이동을 가정한다. 자본과 노동의 완전이동은 가장 높은 상대적 수익률을 제공하는 지역으로 이동함을 의미한다. 기업은 가장 수익이 높은 지역을 찾고 노동은 가장 높은 임금을 추구한다. 조정기제는 높은 자본/노동비율을 가진 지역에서 높은 임금과 투자의 낮은 수익을 가지고 있고 반대로 낮은 자본/노동비율을 가진 지역에서 낮은 임금과 투자의 높은 수익을 가지기 때문에 작동한다. 그러므로 자본과 노동은 반대방향으로 이동한다. 저임금지역은 노동을 잃고 자본을 유인한다. 이러한 시장기제는 자본/노동비율과 지역성장에서 지역불평등을 감소시키도록 장기에 걸쳐 작동한다(Capello, 2011). 완전하게 기능하는 시장은 장기적으로 경제적, 사회적 조건의 공간적 불평등을 감소시킬 수 있는 것으로 보고 있다.

따라서 신고전이론에서 지역불평등은 오로지 일시적이다. 불평등은 가격과 임금 그리고 노동의 자기보정운동으로 완화되어 지역 간의 경제적, 사회적 조건의 수렴을 가져온다. 지역 간의 산출성장의 수렴이 발생하여 균형적 지위는 달성된다는 것이다. 신고전이론은 상이한 지역수렴유형을 제시하고 있다. 조건적 수렴(conditional convergence)은 지역 간의 일정한 1인당 소득과 소비수준 그리고 자본노동비율에서 정체된 성장률(steady-state growth rate)로 이동을 말한다. 그것은 지역성장에 영향을 주는 저축이나 인구성장률 때문에 조건적이다. 그것은 반드시 지역 간에 1인당 소득이 균등한 것이 아니라 지역 간의 성장률 격차에서 수렴과 감소를 의미한다. 절대적 수렴(absolute convergence)은 성장모형파라미터가 균등할 때 발생한다. 부유한 지역은 가난한 지역보다 느리게 성장할 수 있다. 그것은 시간흐름에 따라 1인당 소득이 지역 간에 균등화될 것이라는 것을 제시한다. 그런데 신고전이론의 경험적 연구는 지역수렴이 느리고 불연속적 과정이라는 것을 발견하고 있다(Martin & Sunley, 1998). 그리고 EU에서 지역정책은 신고전이론의 영향력을 입증한다.

그러나 신고전이론은 비판을 받고 있다. 첫째, 그것의 주요 가정이 비현실적이라는 것이다. 경제적 합리성은 인간행동에 영향을 주는 복잡한 일련의 이익과 우선순위에 기인하여 개인과 기업에서 반드시 입증되는 것이 아니다(Sen, 1977). 요소이동성은 완전하기보다 불완전하다(MaCann, 2013). 노동과 자본의 이동가능성은 지리적으로 불균등하다. 또한 투자자와 노동자는 완전하게 정보를 가지고 있지 않으며 가격신호에 합리적으로 반응하지 않는다. 둘째, 신고전모형은 기술과 노동의 외생변수 취급이 약점이다. 기술진보는 지리적으로 불균등하고 공간과 시간을 초월한 기술확산은 강한 거리감소효과를 가지고 있다(McCann, 2013).

(2) 정부거버넌스의 지역발전이론

① 케인지안접근의 공간정책

케인지안 경제학은 1930년대 대공황기에 신고전적 접근의 비판으로 발달되었고, 경제가 어떻게 작동되어야 하는가에 대한 대안적인 거시적 차원의 경제개념과 경제이론을 말하는 것으로, 이러한 측면을 지역발전에 적용하면 다음과 같다.

〈표 2-7〉 Keynesian의 지역발전 이론과 정책

구 분	특 성
경제이론	케인지안 (내생적)성장이론
지역쟁점	경제성장의 공간불평등
인과행위자	개인, 기업, 정부
인과설명	낮은 총수요와 투자, 구조적 약
관계, 기제 그리고 과정	공간적 불평등은 순환적이고 누적적 인과과정, 승수효과, 확산과 역류효과를 통하여 지속한다.
정책이유	경제적 효율성, 및 공간적, 사회적 형평성과 균형을 위한 재분배
정책도구	자동적인 자본과 노동보조금, 산업발전통제, 기반시설투자
제도적 조직	집권화된, 국가적
지리적 초점과 영역	지역
정치적, 경제적 이념	신좌익, 사회민주적

자료: Pike et al(2017: 80).

위의 표에서와 같이, 케인지안 접근은 신고전이론과 다른 개념들을 포함한다.

첫째, 신고전적 공급중심이론보다는 수요중심적 성장에 초점을 둔다.

둘째, 신고전이론이 외생적으로 고려하는 인적자본, 자원부족, 그리고 기술변화와 같은 것을 내생적 요인으로 인식한다.

셋째, 신고전이론과 대비하여 정보 불완전성과 생산요소의 이동성 및 경쟁을 강조한다. 경제행위자들은 불완전한 정보를 가지고 있고, 생산요소는 시공간에서 불완전하게 이동하고, 그리고 시장경쟁은 상이한 시장에서 수요자와 공급자 간의 불완전균형에 의해 형성된다.

넷째, 신고전접근은 불변하는 또는 감소하는 규모수익보다는 규모수익 증가를 강조한다.

다섯째, 경제성장은 순환적이고 집적적이고 자기강화적인 것으로 이해한다. 이것은 케인지안 성장모형 내의 승수효과와 규모수익 증가와 같은 긍정적 또는 부정적 환류기제에 기인한다.

여섯째, 신고전이론의 단기보다는 중장기에 초점을 둔다.

마지막으로, 정책과 관련하여 신고전접근의 시장주도의 부정적 경제효과를 개선하고 고용증진을 위하여 총수요를 관리하는데 국가(정부)의 중요한 역할을 강조한다. 이러한 정부의 역할인식은 신고전적 관점이 정부를 시장의 자연적 작동을 방해하는 것으로 보는 것과 대비된다.

케인즈가 국가경제에 초점을 두고 있지만, 케인지안사고는 지역경제를 이해하는 데로 확대되어 왔다. 케인즈이론은 지역발전에서 지역성장 불평등의 개선과 축소에 초점을 둔다. 신고전이론과 대비하여, 지역다양성(regional divergence)을 이해하고 설명하는 것이다. 지역성장 불평등은 왜 지속되고 시간흐름에서 재생산되는가? 이러한 초점의 핵심은 자본주의경제에서 케인지안의 불균형과 불안전성 개념이다. 이러한 관점에서 시장은 경제적, 사회적 조건에서 공간적 불평등을 개선하거나 감소시키기 보다는 약화시키거나 증가시킬 수 있다. 시장력은 공간적 불균형을 가져온다. 규모와 집적의 경제는 다른 지역의 비용 하에 어떤 지역에 자본과 노동 및 산출의 누적적 집중을 유도한다. 불균등한 지역발전은 자기수정적이기 보다는 자기강화적이다(Martin & Sunley, 1998: 201). 따라서 케인지안접근은 신고전접근과 유사하게, 지역발전은 지역불평등을 완화(감소)시키는 것이고 그리고 지역은 지리적 초점과 영역의 핵심에 있다.

케인지안의 지역경제개념은 소득방정식에 기반한다. 이것은 Y = C + I + G + (X-M)으로 표현되고, Y= 지역총소득, C= 지역소비, I= 지역투자, G= 지역순정부지출, 그리고 (X-M)= 지역순무역이다. 그러므로 케인지안접근은 신고전이론의 자본저량에 대한 강조에서 소비, 정부지출, 그리고 무역을 포함하는 것으로 확대한다. 케인지안사고의 중심은 승수효과(multiplier)이다. 승수효과는 행위자들 간의 투입-산출관계를 통하여 누적적 방법으로 지역경제 내 경제활동의 방아쇠가 된다. 승수효과는 직접적(지역의 소득과 산출 및 고용 증가), 간접적(지역의 상품과 서비스에 대한 증가된 수요) 그리고 유인적(초기 경제주입에 의해 증가된 수요) 효과 등으로 구성된다.

수출기반이론(Export-base Theory)은 케인즈의 수요 강조를 입증한다. 케인지안 소득방정식에 근거하여, 지역성장의 차이는 지역수출(지역외부에 파는 상품과 서비스)성장에서의 지역변이에 의해 설명된다. 지역산출에 대한 외부수요는 지역성장률을 결정한다. 외부수요는 지역의 기반 또는 수출부문을 자극한다. 기반부문은 제조업과 같은 것을 말하고, 비기반부문은 식품이나 지방은행 그리고 소매상과 같은 영역을 포함한다. 이 이론은 지역의 성장을 위해 지역생산품에 대한 외부수요의 영향을 강조한다. 수요는 지역의 수출가격과 다른 지역의 소득수준 그리고 외부시장에서 대체재의 가격에 의해 결정된다.

신고전적 접근을 명백하게 부인하는 것은 Kaldor(1970, 81)의 경제성장이론인데, 그는 규모의 경제를 전문화하고 이용하는 지역능력을 통하여 지역성장을 설명하였다. 제조업은 그것을 전문화하는 지역의 혁신을 부양하고 중요한 생산편익과 성장을 산출할 수 있는 성장의 견인차로 해석되고 있다. 그는 생산비용이 산출변화에 일정불변한다는 신고전가정에 의문을 던지고, 투입증가는 불비례적으로 산출량의 큰 증가를 가져온다고 한다. 규모수익증가에서 발견되는 성장과정은 빠른 성장지역이 다른 지역의 과실을 훔침으로써 순환적이고 누적적이다. 그러한 규모수익은 '신경제지리학'과 '도시경제학'의 중심에 있다. 이처럼 지리적으로 불균등한 성장과정의 설명을 통하여 국가경제 내의 성장을 재분배하는 자동안전정치의 부분으로서 지역정책의 중요성을 강조한다.

경제성장과정이 그 자체로 환류되고 불안정한 지역성장을 초래하는 방법은 Myrdal(1957)의 순환적이고 누적적 인과이론의 중심에 있다. 케인지안의 불균형과 불안정성이론 위에서 설계된 뮈르달의 불균형성장이론의 내용은 다음과 같다. 시스템은 힘들(forces) 간에 균형으로 이동하는 것이 아니라 불균형으로 이동한다. 사회적 과정으로서 그러한 순환적 인과관계는 누적적이고 가속화되기 때문에 시장에서 힘들의 역할은 지역들 간의 불균형을 감소시키기보다 증가시키는 경향이 있다. 이러한 순환적이고 누적적 인과관계이론은 규모수익 증가와 집적 또는 외부경제 그리고 처음 산업화된 지역에 대한 긍정적 성장을 강조한다. 새로운 공장이나 사무실 또는 기반시설에 민간 또는 공공투자와 같은 초기 경제자극은 지역경제를 성장시키는 방법으로 긍정적 편익과 승수효과를 산출한다.

그리고 생산요소들 간의 긍정적 상호작용은 종종 낙후지역의 비용 하에 발전된 지역의 성장을 자극한다. 발전지역의 성장은 기술확산과 상품수출시장을 포함한 확산(spread)효과로 인하여 낙후지역에 편익을 줄 수 있다(Hirschman, 1958). 그러나 비록 저발전된 또는 낙후지역이 낮은 임금노동력을 제공한다고 할지라도 이들의 잠재적 편익은 발전된 또는 핵심지역으로 생산요소를 유인하기보다 강력한 집적경제에 의해 상쇄된다. 그러한 역류(backwash)효과는 점점 더 낙후지역으로부터 발전지역으로 자본과 노동 흐름을 통해 지역불평등을 강화시킨다. 그러므로 케인지안 관점에서 시장가격에 합리적 적응은 지역불평등을 감소시키기보다 강화시킨다. 점점 더 자유무역은 낙후지역의 비용 하에 발전지역의 성장을 촉진시키는 것에 의해 중심과 주변지역의 분극화된 발전을 강화시킨다.

이처럼 불균형적 지역성장과 다양성은 케인지안 지역발전이론의 중심에 있다. 케인지안모형에 토대를 둔 지역발전이론에는 수출기반이론과 Kaldor의 누적적 인과모형, 그리고 Myrdal의 누적적인 인과이론(불균형성장이론) 등이 있다. 신고전이론과 공통되게, 케인지안의 지역발전이론은 지역발전정책에 강한 영향을 주어 왔다. 지역불평등을 강화시키는 시장잠재력은 특히 국가수준에서 정부의 역할과 정책개입을 확립하였다(McCrone, 1969; Kaldor, 1970). 신고전이론의 자유시장적 지역정책과 대조적으로, 케인지안 정부개입주의의 오랜 역사는 중심으로부터 주변지역으로 성장의 재분배를 목표로 하는 증거가 되고 있다. 이러한 케인지안의 공간재분배정책은 공간케인지안이념의 핵심이다. 이 정책의 목표는 국가영역에서 경제역량과 기반시설의 균형된 공간분포를 통하여 국가적인 경제산출과 소득을 극대화하는 것이다(Brenner, 2004). 이것은 부자지역과 빈곤지역의 성장을 재분배하는 자동안전장치, 국가공간계획, 국가산업, 신도시와 도시관리주의를 포함하는 케인지안 복지주의의 다른 측면을 보충하거나 강화시키는 지역정책도구의 범주에 관련된다(Harvey, 1989). 지역정책도구는 자본과 노동 보조금, 수출 기반자극과 제도적 혁신과 같은 공간적으로 목표화된 보충수단을 포함한다(McCann, 2013). 케인지안 정부개입정책은 1930년대 미국의 뉴딜정책에서 테네시계곡 개발을 통하여 이루어졌고, Perroux에 의한 성장거점실험은 1960년대의 지역발전정책 증거가 된다. 이러한 특정부문과 공간집적의 전향적인 성장효과의 강조는 신경제지리학과 도시경제적 접근에서 정박을 하고 있다.

그러나 케인지안이론은 비판을 받고 있다. 정부지출의 상대적으로 높은 수준은 부채에 의존하고 재정확장을 통한 인플레이션과 높은 이자 그리고 공공재정의 적자와 불균형을 초래한다. 정부의 크기와 영역 확대는 민간부문을 구축하는(밀어내기 효과, crowding out) 혼합경제의 효과적 관리를 요구하고, 그리고 '고과세와 고지출(high-tax, high-spend)' 레짐을 확대시킨다. 그리고 세계화는 성장을 정부에 의해 지역 간에 유도한다는 지역경제의 가정을 약화시킨다(Chisholm, 1987).

② 맑시스트와 급진적 정치경제이론의 공간정책

1960년대 후반부터 1970년대와 80년대에 이르기까지 자본주의의 구조적 변이와 관련한 발전주의(developmentalism)의 기간 동안 글로벌 북과 남에서 경제적, 지리적, 사회적, 그리고 정치적 불평등에 대한 불만은 Marxist와 급진적 접근에 대한 관심을 자극하였다.

맑시스트 정치경제이론은 급진적 정치경제접근의 중심 개념과 관계 그리고 과정의 토대가 되었다. 이들 이론은 자본주의를 자연을 이용대상으로 변형, 잉여생산, 상품교환, 참여자들 간의 잉여분배, 축적과 재생산을 위한 잉여저장, 기술노하우 증진 등의 특성을 가지는 사회조직의 특별한 형태로 이해한다(Sheppard, 2011: 321).

신고전파와 케인즈적 접근에서의 방법론적 개인주의와 사회적 관계의 관심부족과 대조적으로, 자본가의 이익에 편향적인 국가에 의해 규제되는 자본가계급과 노동자계급의 사회적 관계는 맑시스트와 급진적 경제접근의 중심에 있다(Dunford, 2010). 중심적인 인과관계 행위자로서 이윤을 추구하는 기업과 같은 자본과 임금을 요구하는 노동자와 같은 노동은 일시적으로 제도적 구조를 수용하지만 잉여가치의 분배를 둘러싸고 지속적으로 투쟁한다. 그러한 사회적 관계는 지리(geography)가 경제에 외생적인 것이 아니라 경제적 가능성의 제약요인 또는 결정요인이라는 공간적 의미가 있다. 이들 접근은 진화하는 사회적 구조의 세계를 이해하고, 복잡하고 다층적이며 동적인 경제상황을 설명하기 위하여 지역의 대외적인 사회적 · 공간적 관계, 사회적 · 제도적 기관, 자본축적, 위기경향, 그리고 지리적으로 결합된 불균등한 발전을 강조한다(Goodin, 2004; Jones, 2008; Harvey, 2011; Sheppard, 2011).

맑시스트와 급진적 정치경제접근은 지역성장과 소득의 집적 및 분산으로부터 지역발전문제의 초점을 이동시켰다. 예를 들면 저개발과 의존이론은 식민주의와 제국주의 그리고 세계체제의 이념에 주목하였다(Mohan, 2011). 상대적인 저개발의 설명은 그러한 국가의 내부조건보다는 발전된 경제에의 의존관계에 초점을 두었다. 이러한 측면에서 계급분리와 불균등한 교환은 독립적이고 내생적 발전을 방해하면서 지배적이고 중심적인 그리고 메트로폴리탄 경제의 이익에 의존적이고 주변적인 국가로 종속하는 중심-주변관계를 창출하였다. 이러한 이론들은 글로벌 남쪽의 발전하는 국가에서 특히 중요하다. 이들 국가들은 선진경제시장을 위한 저부가가치적이고 저생산적이며 저임금 수출전문화의 함정에 빠져 있다. 이처럼 이들 접근은 주기적인 산업재구성과 변화하는 노동의 공간적 분리, 자본과 노동 그리고 국가 간의 지리적으로 구성되고 차별화된 조직을 설명하는데 영향력이 있어 왔다.

신고전적 접근의 비판 위에서 맑시스트와 급진적 정치경제접근은 지역성장을 집적과 분산의 역사적 기간에 주기적으로 발생하는 것으로 본다(Martin & Sunley, 1998). 지역산업 전문화의 불균등한 지리적 분절은 중심과 주변지역 간에 기업기능과 그들과 관련된 직업의 공간적 분리를 산출한다. 핵심지역은 높은 수준의 행정과 생산기능을 수행하고, 주변지역은 낮은 수준의 행정과 생산을 공급한다. 기능전이는 노동의 공간적 분리 내에서 지역의 변화하는 지위와 역할에 의해 발생한다.

자본주의국가의 주요한 대안적 이론으로서 맑시스트와 급진적 정치경제접근의 지역발전을 위한 국가정책에 대한 영향력은 글로벌 북쪽의 역사적으로 발전된 국가에서는 상대적으로 제한적이었다. 그러나 그러한 사고는 1990년대 초반까지 동유럽의 중앙계획경제에서 국가사회주의의 현대적 계획에 영향을 주었다. 대안적인 경제전략과 모형 그리고 제도는 보다 강한 개입주의의 발전을 시도한 지역이나 도시에서 증거가 되어 왔다.

맑시스트와 정치경제접근의 공간정책의 주요한 측면에 대한 특성은 아래의 표에 요약되어 있다.

<표 2-8> 맑시스트와 급진적 정치경제접근의 지역발전 이론과 정책

구 분	특 성
경제이론	맑시스트, 급진적 정치경제/ 의존성, 불균등 교환, 식민주의, 제국주의, 그리고 세계체제
지역쟁점	사회적, 공간적 불균등성과 분리
인과행위자	자본, 노동, 자본주의국가
인과설명	자본축적, 위기경향과 경제잉여에 대한 계급특징
관계, 기제 그리고 과정	자본축적동학은 노동의 공간적 분리와 불균등한 지역발전을 가져온다.
정책이유	사회적, 공간적 번영과 형평성, 반자본주의를 위한 개입, 소유권 그리고 재분배
정책도구	공공/국가 소유, 대안적 경제전략과 모형 그리고 개입
제도적 조직	집권화된, 국가적, 그리고/또는 분권화된 지역과 도시
지리적 초점과 영역	지역, 도시, 공동체, 동네
정치적, 경제적 이념	공산주의, 사회주의, 사회민주주의, 혁명적 반자본주의

자료: Pike et al(2017: 90).

그러나 이러한 맑시스트와 급진적 정치경제접근에 대한 비판도 존재한다. 비판의 쟁점은 구조주의, 인간과 기관의 결정주의, 그리고 경제사회계급에 초점을 두는 것이다. 예컨대, 구조와 사회기관의 역할을 강조하지만 좁은 국가중심적 개념이다.

(3) 네트워크거버넌스의 지역발전이론

① 진화론적 접근의 공간정책

진화론적 접근은 주류의 정통 신고전적 연구보다는 진화경제학의 이론과 개념을 지역발전에 적용한 이론으로 다음과 같은 내용과 특징을 가지고 있다.

<표 2-9> 진화론적 접근의 지역발전 이론과 정책

구 분	특 성
경제이론	진화(적) 그리고 제도(적) 경제학
지역쟁점	경제상황에 지리적으로 차별화된 변화
인과행위자	제도(공식적, 비공식적)
인과설명	불균등한 역사적, 지리적 진화, 그리고 행위자, 자산, 역량의 적응
관계, 기제 그리고 과정	경로창조, 의존 그리고 파괴, 적응과 융통성, 잠김과 잠김해제, (비)관련 다양성
정책이유	장소기반, 적응적, 경로초점
정책도구	지리적으로 관련된 다양화, 기술기반발달, 분포된 지식네트워크
제도적 조직	집권화된, 국가적
지리적 초점과 영역	지방, 도시
정치적, 경제적 이념	중도주의(centrist), 제3의 길

자료: Pike et al(2017: 109).

지역발전의 진화론적 접근의 중심 쟁점과 목표는 경제상황(지도)에서 지속성과 변화를 이해하고 설명하는 것이다. 이를 위한 지역발전에서의 중요한 개념범주로는 인과행위자로서의 개인이나 기업 및 정부 등의 제도와 이들이 만드는 경로창조와 의존 및 파괴, 잠김과 잠김해제, 그리고 다양성 등이 있다. 우선, 경로창조(path creation)는 혁신에서 기업가정신과 기업 및 다른 제도들과 그리고 새로운 지식창조와 경제활동에 관련되는 새로운 발전궤적의 출현을 말한다(Dawley, 2014). 이것은 지역경제에 중심적인 신성장경로의 확립에 관련된다(Hassink & Klaerding, 2018). 경로의존(path dependence)은 그 자신의 역사 속의 내용과 성질에서 형성된 체제나 과정의 특성을 말한다(Martin & Sunley, 2006). 지역경제에서 역사적 사건과 경로가 어떻게 그들의 미래궤적을 형성하는가를 강조한다. 역사적인 산업전문화와 노동기술 및 제도는 그 다음의 지역경제의 발전기회와 잠재성을 위해 이용할 수 있는 자산과 자원을 제약한다. 또한 경로파괴(path destruction)란 급속한 기술이나 시장 이동과 같은 외부충격에 대한 반응으로 급격하거나 느린 경로중단이다. 이것은 지역경제에서 지속되어 온 발전경로의 급격한 해체(break-up)나 느린 붕괴(dissolution)를 말한다. 따라서 개인과 기업 및 정부 그리고 다른 제도와 같은 행위자들에 의해 형성되는 지역경제는 상승된, 정체된 또는 중립적인, 그리고 축소된 것과 같은 상이한 경로유형을 경험할 수 있다(Martin, 2010). 지역경제는 또한 제도적인 정부개입을 통하여 새로운 발전경로로 도약을 할 수 있다.

다음으로 지역발전에서 지속성에 초점을 둘 때, 잠김(lock-in)은 경제행위자들이 확립된 관행에 묶여 있는 습관, 관행, 그리고 전통 등과 같은 지속성을 물려받는 관계와 제도를 말한다(Grabher, 1993). 잠김으로는 인지적(사고방법), 기능적(수직적, 수평적 경제관계), 그리고 정치적(기득권) 등의 다양한 종류가 있다. 지역경제에서 잠김은 예를 들면 기술과 경쟁 그리고 제도에서 변화하는 조건과 맥락에 적응하는 행위자들의 능력을 제약한다(Grabher, 1993). 이런 잠김은 영원한 특징이 아니다. 잠김해제(delocking)는 출현하는 기술을 이용한 새로운 길의 창조, 다양성과 새로움, 그리고 혁신을 부양하는 행위자들(개인, 기업, 제도, 그리고 네트워크)의 이질적인 혼합, 새로운 개인, 기업, 산업, 그리고 기술의 체화와 확산을 통한 이식과 고부가가치경제로 상승, 그리고 지역경제가 진화할 수 있는 관련된 경제활동의 다양화 등을 포함하는 다양한 메카니즘을 통하여 발생할 수 있다(Martin & Sunley, 2006; Dawley et al, 2015).

진화적 개념으로서 지역경제의 다양성(variety)은 경제활동의 다변화나 전문화의 정도와 본질을 말한다. 관계다양성(related variety)은 지역경제활동이 고도로 전문화되거나 다양화되어 있지 않고 관련된 그리고 보충적인 역량과 지식 및 기술에 기반 할 때 일어난다(Boschma, 2009). 이러한 관계다양성은 신성장경로 중 새로움과 혁신 및 경제활동의 분화를 산출하는데 도움을 주는 상호작용과 학습 그리고 지식파급효과를 부양한다(Boschma & Lammarino, 2009). 예를 들면 경제활동의 분화(branching)는 기업다양성(신상품과 서비스, 합병 등), 기업가정신(상업화, spin-offs, start-ups), 노동이동(기업과 부문 간), 그리고 사회네트워크(전문가협회)를 통하여 일어난다(Boschma & Frenken, 2010). 한편, 비관계다양성(unrelated variety)은 변화하는 환경맥락에서 신성장경로의 혁신과 자극을 주는 상호작용과 학습 및 지식파급효과의 잠재적 기회를 제한하기 때문에 지역경제에 부정적이다(Neffke et al, 2011).

이상에서 논한 진화적 접근은 경로창조와 의존, 잠김, 그리고 다양성 등의 개념을 통하여 관성과 적응 및 흡수능력의 연구에 영향을 주어왔다. 그리고 진화적 접근은 지역발전정책에 영향을 주기 시작하였다(Hassink & Klaerding, 2012). 진화적 개념을 정책에 이용하는데 중요한 점은 지리적 맥락(geographical context)에 민감성이 있어야 한다는 점이다. 정책개입의 정도와 성질은 그들의 역사가 상이한 지역에서 차별화가 있어야 하고 그리고 그것은 지역의 제도적 역사에 기반을 두어야 하고, 개입유형은 지역상황에 적합해야 한다(Boschma, 2009: 19).

그러나 이러한 진화론적 접근도 비판을 받고 있다. 첫째, 이 관점은 기관과 통치기제가 어디서, 왜, 그리고 어떻게 실질적으로 진화하는가에 상이한 견해를 가지고 있다. 둘째, 진화적 개념은 은유적 방법으로 사용되고 있다. 셋째, 지리적 맥락에서 경제적 상황의 진화를 어떻게 표현할 것인가의 문제이다. 넷째, 진화적 연구는 비교연구가 부족하다. 다섯째, 진화적 접근이 정치나 정책과 어떻게 관련되는가에 대한 명백한 이론이 부족하다.

② 혁신, 지식, 학습 그리고 창조이론(공간혁신모형)의 공간정책

혁신, 지식, 학습, 그리고 창조이론은 현대 지역발전을 이해하고 설명하는 중심이론으로서 다음과 같은 내용과 특징을 가지고 있다.

〈표 2-10〉 혁신, 지식, 학습 그리고 창조접근(공간혁신모형)의 지역발전 이론과 정책

구 분	특 성
경제이론	혁신과 기술변화, 지식과 학습경제
지역쟁점	혁신, 지식, 학습, 그리고 창조에서 지리적 불균등
인과행위자	개인, 기업, 중개, 그리고 거버넌스 제도들
인과설명	혁신, 지식창조와 흡수, 학습과 창조를 위한 자산과 능력
관계, 기제 그리고 과정	선도적 그리고 느린(정체된) 개인과 기업 및 장소, 외부성과 파급효과
정책이유	(혁신, 지식창조와 흡수, 학습과 창조를 위한) 자산과 역량 증진
정책도구	혁신전략, 구역과 네트워크, 과학공원, technopoles
제도적 조직	국가, 기업, 그리고 또는 혼합중개조직
지리적 초점과 영역	지역과 도시수준
정치적, 경제적 이념	제3의 길, technocratic, 지식경제

자료: Pike et al(2017: 117).

지역발전의 혁신접근은 정적인 비용우위와 기술진보를 블랙박스로 취급하는 신고전이론의 초점을 넘어서 혁신, 지식, 학습, 그리고 창조의 이론들을 결합하려고 한다(Morgan, 1997; Lundvall & Maskell, 2000; Power & Scott, 2012). 이들 접근에서 발전(development)은 학습과 창조과정을 통하여 혁신과 지식을 생산 · 흡수 · 활용하도록 지역에서 행위자들의 역량(능력)강화로 넓게 해석하고 있다. 그리고 혁신(innovation)은 상품과 서비스, 과정, 기술, 그리고 조직에서 새로운 개발의 소개를 의미한다.

혁신접근은 혁신을 이해하는데 선형모델로부터 상호작용모델로 이동을 하여 왔다(Lundvall, 1992). 선형모형은 공사조직의 이념과 지식이 기본연구와 초기사고 그리고 발명으로부터 응용연구와 생산개발의 단계까지 한 방향으로 연속적인 흐름을 강조한다. 그러나 혁신의 보다 복잡하고 공간적 성질을 파악하기 위해, 상호작용모형은 혁신과정에 관련되는 단계에서 제도들 간의 상호작용을 조명한다. 이 모형은 혁신을 지리적으로 차별화된 제도적 환경에서 일어나는 사회적이고 공간적인 과정으로 본다. 그러므로 지역의 제도적

맥락은 혁신의 잠재성과 성과를 설명하는게 중요하다. 이 모형은 신경제지리학과 공통되게, 지역경제동학의 상이한 수준이 반영되어 어떤 지역은 다른 지역보다 혁신적이라고 한다(Malecki, 1997; Armstrong & Tayler, 2000).

이들 접근은 혁신의 지리적 불균등성과 그것의 지역발전함의를 이해하고 설명하기 위해 발전되어 왔는데, 다양한 공간혁신이론(모형)(territorial innovation model)을 개발하여 왔다. 이를테면 공간혁신모형의 범주로는 산업지구(Pyke & Sengenberger, 1992), 혁신환경(Camagni, 1996), 신산업공간(Scott, 1988), 지역혁신체제(Braczyk et al, 2004), 지역생산체제(Storper, 1997), 그리고 학습지역(Morgan, 1997) 등이 포함된다. 이들 모형은 지역혁신을 설명하는데 어떤 공통관심사를 가지고 있는데 이들의 특징을 비교하면 다음과 같다.

〈표 2-11〉 공간혁신모형

모형 / 혁신의 특징	혁신환경	산업지구	신산업공간	지역생산체계	지역혁신체제	학습지역
혁신동력	협력적 상호작용을 통해 혁신을 창출할 수 있는 역량	중소기업 상호간 협력과 보완성에 기초한 공동체 혁신역량	연구개발의 결과 및 적용: 신생산공정의 적용	산업지구모형과 동일	연구개발의 상호작용적, 누적적 과정으로서 혁신(경로의존적)	지역혁신체제모형과 비슷하지만 기술과 제도의 동시적 발전 강조
제도(기관)의 역할	연구과정에서 대학, 기업, 공공기관 등 기관의 지원역할 중요	제도는 곧 주체를 의미하여 사회적 규제를 가능하게 하고 혁신과 발전을 촉진하는 역할 수행	기업 간 거래에서 조정과 기업가적 활동을 위한 사회적 조절역할 수행	산업지구모형과 동일, 그렇지만 거버넌스의 역할을 강조	NIS와 같이 연구자들에 따라 제도의 정의가 다름. 그러나 모든 연구자들이 제도가 조직내부 및 조직외부 행동조정을 유도한다는데 동의	국가혁신체제와 비슷하지만 제도의 역할을 더욱 강조
지역발전 전략	협력적 환경 속에서 혁신을 이루는 주체인 기업역량과 혁신적 환경 중요	지역 내 공간적 결속과 유연성증대	공간적으로 집적된 생산체계와 사회적 조절기능간 상호작용	확산적 산업화: 내부갈등없이 진행되는 사회경제적 발전 추구	지역의 상호작용 및 조정기능 촉진을 통한 학습의 체계로 봄	이중적 역동성: 기술적, 기술조직적 역동성; 사회경제적, 제도적 역동성 강화

문화	신뢰 및 상호 호혜적 연계문화	주체들 간의 가치공유, 신뢰와 상호호혜문화	네트워킹 및 사회적 상호작용의 문화	발전에 있어서 지역의 사회문화적 구조의 역할	상호작용을 통한 혁신의 원천	국가혁신체제와 비슷하지만, 경제생활과 문화생활과의 강호작용을 더욱 강조
기관들간의 관계	지원공간의 역할은 기업, 기업협력자, 공급자 및 고객들 사이의 전략적 관계 촉진	네트워크는 사회적 조절양식이며 질서의 원천으로 협력과 경쟁의 공존을 가능하게 함	기업 간 거래	기업 간, 제도 간 네트워크	네트워크가 상호작용적 학습의 원천이 됨	주체 간의 네트워크 체화
환경관의 관계유형	주변 환경변화에 따라 행동을 변화시키는 주체들의 역량이 중요	환경과 관계 속에서 제약도 있지만 새로운 창출이 됨. 반드시 환경변화에 대응할 수 있어야 함.	공동체 형성과 사회적 재생산의 역동성	혁신환경모형과 유사	내부 특수관계 및 환경제약 간에 균형을 강조	지역혁신체제모형과 동일

자료: Moulaert & Seika(2003: 294), 이원종 외(2015:43), Pike et al(2017: 112-113).

공간혁신모형에 의한 기존의 연구들은 지역 내에 초점을 두었다면, 차츰 지역 외 관계와 네트워크 뿐 아니라 국제적 수준의 관계까지 연구영역을 확대하고 있다, 여기서 중심 쟁점으로는 첫째 혁신을 지원하는 근접성의 상이한 형태 -인지적, 조직적, 사회적, 제도적- 의 인정(Boschma, 2005), 둘째 혁신과 지식의 글로벌 네트워크의 중요한 행위자로 TNC의 강조(Bunnell & Coe, 2001), 셋째 local buzz와 global piplelines를 연결하는 다양한 범주의 네트워크강조이다.

지역발전을 위한 경제에서 지식의 중요성에 대한 강조는 혁신의 연구와 관계된다. 지식(knowledge)은 공통적으로 자료, 사실, 경험, 그리고 기술의 형태로 개인이나 사회집단에 의해 발견된 정보를 말한다. 지식의 형태는 직접적 표현이 없는 암묵적(tacit) 또는 추론적(inferred) 지식과 하나의 시스템이나 암호(부호)로 조직화되거나 수집된 명시적(codified) 지식이 있다. 암묵적 지식은 개인에 내재화되거나 사회적, 제도적 맥락에 구체화되므로 덜 쉽게 이동하여 장소에 체화된다. 그것은 면대면의 사회적 상호작용과 폐쇄적인 지리적 근접성의 형태를 요구한다(Boschma, 2005). 대조적으로 명시적 지식의 보다 추상적이고 보편적 특성은 정보통신기술에 의해 촉진되는 이동성과 보다 지리적으로 분산된 관계근접성을 지지한다(Vale, 2012).

또한 지역발전의 중심적 개념은 행위자의 학습능력이다(Lundvall, 1992). 학습(learning)은 지식과 기술을 획득하는 행동을 말한다. 위의 혁신정의에 비추어 학습은 개인이나 제도의 역량과 이해에서 변화에 영향을 주는 사회적, 공간적 과정으로 해석된다(Cooke & Morgan, 1998). 학습은 변화하는 맥락에서 필요한 지속적인 혁신에 중심적인 것으로 고려된다.

이상에서 논의한 혁신과 지식, 학습과 창조 등에 대한 연구흐름과 특히 도시성장과 도시집적을 위한 그것의 발전잠재력은 최근에 많은 주목을 끌어 왔다(Power & Scott, 2012). 오늘날의 지역발전을 설명하는 이론으로서 혁신, 지식, 학습, 그리고 창조이론은 지역발전정책의 중심역할을 하여 왔다. 무수한 노력들은 현존하는 그리고 새로운 정책접근에 새로운 개념들을 통합하려고 하였다(Todtling & Trippl, 2005; Vale, 2012).

정책행위자들은 특정한 지리적 맥락에 맞추어진 장소기반접근을 개발하고 하드기반시설과 소프트지원을 결합하고 효과적인 제도혁신을 추진하고 실험주의를 격려하며 그리고 지역발전정책결정에서 상호작용적 형태로 설계를 시도하고 있다(Barca et al, 2012; Pike, 2004; Storper, 1997). 정책(polities)은 지역행위자들의 확대된 자문을 통하여 특정한 장소를 위해 설계되고 개발되어 왔다. 중요한 하드기반시설은 고속광역텔레커뮤니케이션 연결, 과학기술공원, 그리고 소통네트워크와 같은 것에 우선순위를 두었고, 소프트기반시설은 혁신역량을 건설하는 네트워킹과 지식이전을 지원하고, 그리고 집합적 혁신, 창조, 적응, 학습을 부양하도록 종종 전문화된 제도들에 의해 추진되어 왔다(Morgan, 1997; Storper, 1997). 대학이나 병원과 같은 제도는 지역과 도시의 발전전략에서 특히 혁신적인 민간/기업부문이 부족한 약한 지역맥락에서 중요한 행위자가 되고 있다(Goddard & Vallance, 2013; Katz & Wagner, 2014). 이러한 정책사례로는 EU의 지역혁신정책을 들 수 있다.

그러나 이러한 공간혁신모형도 비판을 받고 있는데, 첫째, 중심 이념에 대한 것이 약하고 애매한 개념적 토대는 명확한 사고와 이론형성을 제약하고 있다. 둘째, 중요한 과정의 인과관계와 설명력은 이론적 발달과 논쟁의 대상으로 남아 있다. 예컨대 경제성장의 기본요인으로서 혁신과정의 상대적 중요성, 행위자들 사이의 네트워크와 상대적인 권력관계, 다양한 지리적 영역에서 국가와 다른 제도들의 역할 등이다. 셋째, 혁신, 지식, 학습, 그리고 창조성에 대한 많은 연구들의 경험적 증거는 특정한 장소나 국지화된 부문집적이라는 제한된 성공이야기에 기반하고 있다. 넷째, 초점이 좁은 경제적 측면으로 한정되어 있다. 마지막으로, 지역개발정책을 위한 이론과 개념의 적실성과 효과성은 의문으로 남아 있다.

③ 경쟁우위와 클러스터접근의 공간정책

Porter는 지역과 국가의 경쟁우위를 설명하는 이론으로 클러스터를 제시하고 있는데, 그것의 이론적 내용은 다음과 같다.

〈표 2-12〉 경쟁우위와 클러스터접근의 지역발전 이론과 정책

구 분	특 성
경제이론	경쟁우위, 클러스터이론
지역쟁점	산업의 지리적 집중(군집화, clustering)
인과행위자	기업, 산업, 중개제도, 정부
인과설명	생산성 향상과 국제거래 경쟁력의 토대가 되는 국지화의 외부경제
관계, 기제 그리고 과정	구축된 경쟁우위, 외부국지화경제, 경쟁 그리고 협력
정책이유	산업클러스터 창조, 발달 그리고 개선, 공공재 공급(기반시설 등)
정책도구	기업 start-up지원과 창업보육센터, 집합서비스, 인적 자본 개발, 혁신지원
제도적 조직	분권화된, 국가적
지리적 초점과 영역	지역, 도시
정치적, 경제적 이념	Centre-left to Centre-right

자료: Pike et al(2017: 136).

Porter(1990, 1996, 2000)의 경쟁우위이론의 목표는 국가경제에서 산업의 지리적 집중 또는 군집화(clustering)의 역할과 동학 그리고 그것의 생산성 성과와 거래경쟁력에의 기여를 설명하는 것이다. 이 이론에서 지역발전은 국제시장에서 기업, 클러스터, 그리고 국가경제의 강화된 경쟁우위로 이해한다. 신경제지리학과 동일하게, 포터(1995)의 초기 미시경제분석은 경쟁우위가 기업활동의 전략적 관리와 개선이나 가치사슬(value chain)을 통하여 적극적으로 창조될 수 있다고 주장하였다. 이 연구는 주어진 산업부문에서 많은 성공기업들이 소수지역에 집중되어 있다고 한다(Porter, 2000: 254). 그러한 지리적 집중 또는 클러스터는 각국의 국제적으로 경쟁력 있는 산업들을 포함하고 있다. 그러므로 클러스터(cluster)는 Porter이론의 중심에 있다.

그는 클러스터를 경쟁적이지만 협동하는 특정분야에서 관련 산업의 기업과 전문화된 공급자나 서비스공급자 그리고 대학, 표준기관, 협회 등의 관련 제도들의 지리적 집중으로 정의한다(Porter, 2000: 253). 클러스터 내의 공통성

과 보충성은 클러스터 참여자들의 경쟁우위와 거래성과에 긍정적 기여를 만드는 국지화된 외부성과 파급효과를 제공하는 것으로 본다(Porter, 2003). 선도하는 기업과 산업의 경쟁우위는 그들의 지리적 집중에 의해 강화될 수 있다. 경쟁의 지역입지효과는 정부의 도움을 받는 네 가지 요소들- 요소조건, 수요조건, 관련된 그리고 지원하는 산업, 기업의 전략과 구조 및 경쟁- 등을 가지고 있다. 이는 경쟁우위를 결정하는 요인들로 다이아몬드모델(diamond model)이라고 한다.

기업과 산업의 경쟁우위를 결정하는 클러스터는 경쟁력과 지역화된 발전을 위해 다수의 편익을 제공한다. 첫째, 생산성 향상은 전문화된 투입과 노동, 정보와 지식, 제도, 그리고 공공재에 대한 접근뿐 아니라 성과강화를 위한 국지화된 보충성과 유인에 의해 이루어진다. 둘째, 클러스터는 구매와 욕구의 명료하고 신속한 인지를 통한 혁신을 촉진하고 지속적인 경쟁력을 통하여 진화하는 산업경향이나 기술 및 다른 지식에 대한 학습을 촉진한다. 셋째, 클러스터는 진입을 위한 유인과 낮은 장벽을 통하여 새로운 기업형성과 혁신적인 조직 간 형태 및 협력과 파트너에서 새로운 실험을 촉진한다.

Porter의 연구는 초기에 국가수준에 초점을 두다가 지역수준으로 확대되었다(Porter, 1990, 2003). 클러스터는 지리적 영역에서 하나의 도시나 주로부터 하나의 국가나 인근 국가로까지 범주화할 수 있다(Enright, 1993). 이러한 포터의 연구는 이후에 논의할 경제지리학에서 Marshall의 산업집적이론과 거래비용접근, 산업지구, 혁신환경과 같은 산업집적접근과 공통된 지적 유산을 가지고 있다.

클러스터는 지역발전정책에 높은 영향력을 가져 왔다, 포터의 학문연구에 의해 고무된 클러스터정책은 상당한 학문적 주의를 받아 왔다(Markusen, 1996b; Martin & Sunley, 2003). OECD는 클러스터를 국제적으로 경쟁력 있는 지역적 또는 국가적 혁신체제에 기여할 것으로 보았다(OECD, 2007, 2009). 글로벌 북과 남에서 국가적, 지역적 제도들은 클러스터기반 발전정책에 관여하고 있다. 클러스터정책은 기업과 산업의 생산성 향상과 혁신을 위한 긍정적 편익의 잠재적 원천으로 주목을 받고 있다. 그것은 클러스터의 창조와 발달 그리고 진화를 지원하기 위해 국가적, 지역적 제도들의 정책개입근거를 제공한다. 지역경제개발정책은 잠재적인 클러스터를 발달시키는 것이고 그리고 국가와 지역의 산업경쟁력에 기여하는 것이다.

그러나 Porter의 경쟁우위와 클러스터이론은 다음과 같은 비판을 받고 있다. 첫째, 클러스터의 개념적 명료성문제이다. Martin & Sunley(2003)은 클러스터를 혼란스런 개념으로 묘사한다. Duranton(2011)은 그것이 이론적으로 애매하고 그리고 클러스터정책을 설계하게 한 조정문제와 시장실패에 대한 명료한 이해와 충분한 지식을 제공하는지의 문제로 본다. 둘째, 포터의 경쟁과 경쟁력을 위한 기업과 산업지향의 강조는 지역발전과의 관계에서 의문을 받아 왔다(Markusen, 1996b). 그것은 경쟁력이 영역적이고 지역 또는 국가 차원에서 정의할 수 있는지가 불명료하다. 셋째, 클러스터가 형성되고 작동되며 확정되는 규모와 수준은 명백하게 구체화되어 있지 않다. 입지와 거리, 규모, 영역, 관계네트워크, 그리고 장소 등의 지리적 개념들은 포터이론적 관점에서 개발되지 않은 채 남아 있다. 넷째, 포터이론은 클러스터 형성과 동학의 사회적 차원에 한정된 주목을 하였다(Martin & Sunley, 2003).

④ 신경제지리학(제도주의접근)의 공간정책

신경제지리학은 공간에서 경제활동의 불균등한 분포를 이해하고 설명하는 이론으로 이를 지역발전에 적용하면 다음과 같은 내용으로 구성된다.

<표 2-13> 신경제지리학의 지역발전 이론과 정책

구 분	특 성
경제이론	신 (내생적)성장이론
지역쟁점	경제성장의 공간적 불균등
인과행위자	개인, 기업, 정부
인과설명	생산성과 혁신을 산출하는 요소부존, 긍정적 외부성, 그리고 규모수익
관계, 기제 그리고 과정	집적의 외부경제와 파급효과, 국가성장, 그리고 공간적 불균등 완화
정책이유	사람기반, 시장실패, 또는 형평성
정책도구	혁신과 R&D보조금 그리고 조세유인, 전략부문 목표설정(targeting), 벤처자본기금
제도적 조직	분권화된, 국가하위, 지역, 도시
지리적 초점과 영역	도시지역(city-regional), 지역(regional), 거대지역(mega-regional)
정치적, 경제적 이념	제3의길, 신자유주의

자료: Pike et al(2017: 127).

신고전경제학과 비교하여, 신경제지리학은 그것을 초월하여 새로운 요소를 소개하므로 신(new)라고 주장한다(Krugman, 1998).

첫째, 국가하위지역의 공간은 경제활동의 불균등한 지리적 분포를 전제한다.

둘째, 기술은 신고전파나 케인지안이 불변하고 동질적인 것으로 보는 대신에 공간에 따라 다양하고 이질적이라고 한다. 어떤 공간은 다른 공간보다 부유한 기술적 자산과 능력을 가지고 있다. 기술변화와 혁신은 외생요인이라기 보다는 내생적 요소로 인식한다. 혁신과 기술은 공간에서 균등하기 보다는 불균등하게 확산된다. 어떤 공간에서 행위자들은 다른 지역보다 새로운 혁신과 기술진보를 할 수 있는 능력과 의지를 가지고 있다.

셋째, NEG는 규모의 경제와 그것이 산출하는 외부성이나 파급효과의 편익과 비용이라는 개념과 이론을 통하여 구성된다. 규모의 외부경제는 단위당 평균비용이 전체산업수준에서 산출증가에 의해 감소할 때 발생한다. 순수한 또는 기술적 외부경제는 산업의 산출이 증가함에 따라 각 기업의 생산함수에서 투입과 산출 간의 관계를 변경시킨다. Marshall의 산업지구와 혁신이론에서 확인된 것처럼, 증가된 산업산출은 각 기업을 위한 긍정적 정보외부성이나 파급효과에 의해 지식스톡을 증가시킨다. 그리고 금전적 외부경제는 기업의 산출결정에 영향을 주는 자본과 노동과 같은 생산요소들의 가격에 의한 시장거래를 통하여 이루어진다. 많은 NEG연구들은 기업과 노동자에 대한 편익을 산출하는 외부경제에 의한 긍정적 외부성 또는 파급효과이지만, 외부성은 또한 그들이 비용을 산출할 때 부정적 효과를 가질 수 있다. 예컨대 산출증가는 혼잡과 오염 그리고 경쟁을 통해 기업이나 산업에 대한 단위당 비용을 증가시킬 수 있다.

국지화된 외부경제는 경제성장의 집적적이고 자기강화적인 성질의 토대가 되는 규모수익과 공간적으로 검증된 성장파급효과의 중심에 있다. 강한 집적적 또는 중심적인 힘은 경제활동의 지역화를 추진하게 한다. 외부성은 기업들이 그들에 영향을 주는 다른 조직들과 공간적으로 근접할 필요가 있음(지리적 근접성)을 의미한다(Brakman et al, 2009). 동일산업에서 지리적 근접성은 전문화된 이념과 혁신을 확산시킬 수 있다. 이들은 상품과 서비스 및 과정의 혁신과 시장에 대한 기업 간 또는 기업과 고용인 간의 지식이전과 학습을 포함한다. 상이한 산업에 속하는 기업들의 공동입지는 경제활동의 다양성과 혁신의 산출 및 확산을 부양한다.

넷째, NEG는 실질적 방법으로 지리학에 경제이론을 통합하려고 한다. 중심모형은 경제행위자들 간의 거리로 인식하는 공간이 어떻게 개별 생산자와 소비자의 결정차이를 만들고 경제활동의 불균등한 분포를 형성하는가를 입증하려고 한다(Brakman et al, 2009).

이상에서 논의한 개념들은 경제활동의 불균등한 공간분포를 설명하기 위한 NEG의 이론적 틀을 제공한다. 기본적으로 경제환경과 지속적인 경제발전은 집적과 그것의 중심력(구심점)의 논리에 의해 형성되는 것으로 해석한다. 여기서 발전(development)은 높은 수준의 생산성과 경제성장 그리고 낮은 거래와 수송비용으로 이해한다. 기업의 크기와 노동이동 그리고 수송비용은 중심 역할을 한다. 이모형에서 공간적 불균등성은 위에서 설명한 중요한 요인들, 특히 기술차이와 외부경제 그리고 수송비용 간의 상호관계 측면에서 설명한다.

산업지구와 클러스터와 관련하여 논의한 집적과 국지화경제와 유사하게, 집적과 중심력 논리는 특정한 공간환경에서 경제활동의 지리적 집중과 그들의 외부경제를 통하여 긍정적 환류가 되는 것으로 본다. 위에서 설명한 바와 같이, 혁신과 지식의 파급효과, 숙련된 노동시장, 시장크기효과, 그리고 관련되는 상품과 서비스의 밀접한 연계는 높은 생산성과 경제성장 및 혁신 그리고 소득의 토대가 된다. 이런 현상은 자본과 노동의 장소매력을 강화시키고 자기강화적 방법으로 긍정적 환류를 가져온다. 그러한 과정을 통하여 핵심지역에 집적이 이루어지므로 경제활동의 지도는 공간 간의 평등한 분포보다는 불균등한 분포를 가져올 수 있다.

이러한 신경제지리학적 사고는 지역발전정책의 초점과 강조에서 재분배, 물질적/hard 기반 및 장소기반형태로부터 성장, soft/사람지향, 및 공간적으로 중립적 시각으로 다양한 이동에 영향을 주었다. 공간적으로 중립적 시각은 공간을 초월하여 일반화할 수 있는 경제메카니즘을 강조하고 명시적인 공간의 고려가 없는 정책을 설계하고 사람에 초점을 둔다(World Bank, 2009). 이들은 맥락 및 역사와 경로의존을 강조하고 명시적인 공간과 맥락을 고려하는 정책을 설계하고 장소지향적인 접근을 하는 것과 대조된다(Barca et al, 2012).

NEG 시각에서 성장지역으로부터 정체지역까지 성장재분배를 추진하는 전통적인 정책형태를 추구하는 접근, 특히 케인지안 뿐 아니라 신고전경제의 경제적 토대에 의문을 제기하여 왔다. 대조적으로 NEG의 성장지향정책은 국가경제에서 모든 지역을 강조하므로 보다 수평적이고 공간적으로 중립적이다(Fothergill, 2004). 예를 들면 차라리 정체된 지역보다는 1990년대 후반에 영국의 모든 지역에서 RDA의 실적이 이를 입증한다.

3) 본 연구의 지역발전 접근방법

- 신경제지리학과 역사적 제도주의모형 -

위에서 기술한바와 같이, Pike et el의 지역발전의 이론과 정책에 대한 논의에서는 그 동안 역사적으로 논의되어 온 지역발전의 여러 이론들을 정책과 연결하여 종합적으로 논의하고 정리를 하고 있다. 이를테면 시장거버넌스 차원과 정부거버넌스 차원 그리고 네크워크거버넌스 차원의 지역발전의 이론과 정책을 소개하고 있다. 따라서 우리나라에서 역사적으로 전개되어 온 특정시기의 지역발전이 어떠한 이론과 정책을 토대로 하고 있는가에 대한 이해와 설명을 하는데 도움을 줄 수 있다고 본다. 그러나 지역발전의 역사적 논의를 시계열적으로 비교분석하는 데는 한계가 있으므로 역사적 맥락 속에서 형성되고 진화되어 온 지역발전의 제도와 정책을 연계하는 설명을 하려면 지역발전의 제도주의접근이 필요하다.

본 연구에서는 우리나라 지역발전의 역사적 맥락과 제도 및 정책의 변화논리를 분석하는데 위에서 논의한 지역발전이론 중 대안적 지역발전이론으로 등장한 신경제지리학과 일맥상통하는 정치학에서 발전한 역사적 제도주의접근을 적용하고자 한다. 그 이유는 우리나라 지역발전의 역사적 진화과정을 보면 정권이 바뀔 때마다 변화를 하여 왔다고 볼 수가 있는데, 특히 정부패러다임의 정부관료제모형이 지배하던 시기와 거버넌스패러다임의 거버넌스모형이 지배하던 시기는 상이하다고 가정할 수 있기 때문이다. 이에 본 연구에서는 정권교체라는 역사적 맥락이 변화함에 따라 지역발전의 제도와 정책은 어떻게 형성되고 변화를 하여 왔는가를 분석하고 설명하는 것을 연구과제로 제시한 것이다

제3절 지역발전의 분석모형

1. 신경제지리학과 역사적 제도주의

전통적 지역발전이론을 비판하면서 대안적 지역발전이론으로 1990년대 이후 등장한 신경제지리학(New Economic Geography)은 각 지역의 환경맥락에서 형성되는 제도가 경제활동에 어떠한 영향을 주고 있는가를 분석하는 새로운 접근방법으로서, 역사적 관점에서 추진되는 지역발전과정에서 지역의 환경과 제도를 동태적으로 분석하여 지역발전의 경로의존성을 분석하고자 한다. 특히 역사적 맥락에서 변화하는 경제활동의 주체가 되는 개인이나 조직 등과 같은 다양한 행위자들이 지역마다 서로 다른 제도적 기반위에서 어떻게 공식적 또는 비공식적 관계를 구축하고 경제성장이나 지역발전을 추진하는가에 초점을 두고 있다.

이러한 신경제지리학의 이론적 모형은 사회학이나 경제학에서 발전되어 온 제도주의접근과 진화경제접근을 결합한 것이라고 할 수 있다. 제도주의접근은 제도가 지역경제활동에서 경제행위자들의 행태를 형성하고 변화시키는 현상을 연구하는 것이다(Boschma, 2009). 이 접근에서는 제도를 중요한 연구대상으로 보고, 공간에서 경제적 행위의 차이를 제도의 차이와 관련이 있다고 한다. 즉 기업의 조직관행이나 문화의 차이, 지역 간의 법적 토대, 비공식규칙과 규범, 정책 등의 차이가 지역의 경제적 성과의 차이를 가져온다는 것이다(박삼옥, 2008: 18). 이를테면 경제활동이 전개되는 지역마다의 고유한 제도적 기반 하에서 행위자들의 행위가 어떻게 달라지는가에 초점을 둔다. 특히 기업, 시장, 노동조합, 지자체 등과 같은 각 지역의 독특한 제도적 배열에 의해 어떻게 경제가 발전하는가를 파악하려고 한다. 따라서 중앙정부, 지자체, 기업, 노동조합 등 행위자들이 지역경제를 발전시키기 위하여 어떻게 제도를 형성하고 있고 변화시켜 나가는가를 분석한다(이희연, 2014: 39). 또한 진화경제접근은 진화론적 개념과 방법론을 도입하여 지역경제활동이 어떻게 역사적으로 형성되고 변화되는가를 분석하는 접근이다(Boschma & Martin, 2007; Essletzbichler & Rigby, 2007; Frenken & Boschma, 2007). 이 접근에서 사용하는 핵심개념은 경로의존성과 경로파괴 또는 잠김(lock-in)과 잠김해제(delocking) 현상이다. 경로의존성은 경제행위자가 새로운 변화를 요구하는 상황에 직면할 경우 기존의 경로를 지속하는지 아니면 대안적 발전경로를 탐색해 가는지에 관심을 두고 있다.

이상에서 논의한 신경제지리학의 이론적 모형과 일맥상통하는 이론이 정치학에서 발전된 신제도주의접근의 역사적 제도주이이론이다. 역사적 제도주의는 제도주의접근에서 말하는 제도가 인간이나 조직의 행태에 미치는 영향뿐 아니라 제도와 정책의 관계, 그리고 제도와 정책을 형성하거나 변화시키는 동인으로서의 역사적 맥락을 진화경제접근에서 사용한 경로의존성 외에 단절적 균형 등을 통하여 분석하고자하기 때문이다. 따라서 본 연구는 지역발전을 분석하는 새로운 이론인 신경제지리학과 연결되는 역사적 제도주의이론에 의하여 접근하고자 한다.

2. 역사적 제도주의와 지역발전연구

1) 제도주의이론과 공공정책연구

지역발전과 같은 공공정책연구는 사회에서 인간의 가장 기본적인 문제를 해결하려는 것이므로 문제해결에 이론이 필요하다(Lasswell & Lerner, 1951). Goodin(1982: 4)에 의하면, 이러한 사회문제해결의 열망은 이것에 대한 정책을 형성하는 제도의 이해와 설명을 요구한다. 모든 정책결정은 전통적으로 정부관료제에 의존하여 왔지만, 오늘날 다른 사회행위자들에게도 이전되는 거버넌스에 의해 이루어지고 있다. 따라서 정책분석분야는 제도이론의 도움이 필요하다고 볼 수 있다.

제도주의이론은 정책연구자들이 정책분석분야를 이해하고 설명하는데 다음의 네 가지 측면에서 도움을 준다. 첫째, 제도주의는 정책결과에서 변이를 설명하는데 도움을 준다. 둘째, 제도이론은 정책네트워크의 형성과 기능 그리고 효과를 설명하는데 도움을 준다. 셋째, 제도접근은 정책체제의 암상자(Black box)를 해부하여 보려는 노력에 기여한다. 넷째, 제도접근은 보다 체계적인 방법으로 정책결정의 구조와 결과에 대한 사고를 할 수 있게 한다.

대부분의 정책학자들은 정책을 그 과정 측면에서 연구한다. 그들은 정책을 정부계획이나 정책결정의 산출로 본다. 정책은 복잡한 흐름이나 단계를 통하여 통치된다. 정책결정과정은 결과에 그들의 선호를 반영하려고 시도하는 다양한 행위자들과 관련된다. 분석적 목적을 위해 정책학자들은 정책과정을 일정한 단계들로 구분한다. 다양한 단계의 연구들은 그들 자신의 하위학문분야가 되고 있다. 이들 하위학문분야는 복지정책이나 경제정책, 산업정책, 지역발전정책 등과 같은 특정정책영역으로 분화되고 있다(Boin & Kuipers, 2008: 42-43).

이들 정책영역에서 제도주의이론의 잠재성을 논의하기 위해서는 정책결정과 정책집행 그리고 정책변화에 대한 핵심질문들을 제시하여야 한다. 제도주의의 다양한 형태는 정책영역에서 이들 핵심질문들에 적용되어 왔다. 예컨대 과거 형태주의 학자들은 정책결정과정에서 정치가나 정책결정자의 선호에 초점을 두고, 그들의 결정을 만드는 제도적 환경에 대해서는 덜 주목을 하여 왔다. 이것은 제도이론이 도움을 줄 수 있는 영역이다.

역사적 제도주의의 국내외 이론적 논의에서 발견되는 명제는 정책이 단순히 행위자들의 이익을 기반으로 한 선호가 결집되어 결정되는 것이 아니라, 역사적 맥락을 통해 형성되는 다층적인 공공부문과 민간부문 제도의 영향을 받는다는 것이다(장지호, 2009: 228). 제도는 정치와 사회적 생활을 구성하는 건설벽돌로서 정치와 정책결정에서 중요한 역할을 수행한다. 즉 어떤 시점에서 정책결정자들에게 주어지는 이용 가능한 정책대안들은 주어진 제도적 역량의 함수이다. 이것은 제도들이 문제에 대한 해석과 가능한 해결방안들을 형성함으로써 그것에 대한 선택과 집행방법 등의 행동에 영향을 준다는 것을 의미한다(노화준, 2012: 155). Thelen & Steinmo(1992: 2-31)에 의하면, 제도는 정책과정의 행위자를 정의하고, 행위자의 목표와 전략 및 상호작용 등 정책과정 전반의 특성에 영향을 준다. 그러므로 정책결과를 설명하기 위해서는 이를 결정하는 제도가 중요하다는 것이다.

또한 역사적 제도주의자들은 제도적 결정론에 의하여 정책은 경로의존적이라고 한다. 제도적 환경은 초기 선택을 결정할 뿐 아니라 정책자체의 지속과 제도화된 이후의 정책선택에도 관성으로 작용한다. 이들 접근은 복지국가 프로그램에서 정책관성을 잘 설명하지만, 정책결정의 동학적 본질을 정당화하지는 않으므로 정책변화는 간헐적으로 발생한다는 것이다. 그러나 최근에 학자들은 정치제도와 그들의 역사적 맥락 사이의 동태적 상호작용을 강조하는 것에 의해 이 접근의 결정주의적 본질을 완화시키려고 하고 있다. 그들은 이러한 맥락과 제도의 상호작용이 정책의 안정성과 변화를 설명하는데 도움을 준다고 주장한다.

요컨대, 역사적 제도주의는 특정한 시점에서 구조(제도)와 정책에 대한 최초의 선택이 이후의 후속적인 결정(선택)에 영향을 미친다고 보아 제도와 정책의 경로의존성을 주장한다(Peters, 2005: 85). 그러나 어떤 정책문제이든지 단 하나의 해결방안이 아니라 다양한 해결방안이 있다고 생각하므로, 특정시기의 제도적 특성에 따라 적합한 행동방안을 선택할 수 있다고 보기 때문에 제도와 정책의 다원적 경로(multiple paths)를 인정한다(남궁근, 2012: 200-201). 그러므로 제도주의에서는 시간흐름 속에서 형성되고 변화하는 제도와 정책은 중요한 연구문제인데, 최초의 설계보다는 기존 제도나 정책의 재편성이나 폐지 및 신설 등에 관심을 가지게 된다. 정책학자들은 이러한 역사적 제도주의이론을 포용하기 시작하였다(Boin & Kuipers, 2008: 44-46).

2) 역사적 제도주의이론의 대두와 발전, 그리고 내용과 방법론

제도주의이론은 정치와 경제 및 사회현상을 바라보는(기술, 이해, 설명) 데 있어서 제도를 중심개념으로 하는 학문적 흐름을 포괄적으로 말하는 것으로, 정치학 · 경제학 · 사회학 등 다양한 학문분파가 있다. 이들 여러 학문의 제도주의는 구제도주의와 신제도주의로 구분된다. 이러한 제도를 중시하는 접근방법은 1970년대 이후 정치학, 사회학, 경제학, 지역개발학, 경제지리학 등 사회과학의 모든 학문에서 부활하여 신제도주의라는 이름아래 제도의 개념과 구성요소 및 제도와 정책의 형성과 변화 그리고 맥락과 제도 및 정책의 관계 등에 대한 다양한 논의가 이루어지고 있다.

신제도주의의 학파 또는 범주에는 정치학의 역사적 제도주의, 사회학의 사회학적 제도주의, 경제학의 합리적 선택제도주의, 그리고 본 연구와 관련이 있는 지역개발학이나 경제지리학의 지역발전에 대한 제도주의접근과 진화경제적 접근 등을 들 수가 있다. 여기서는 신제도주의접근 가운데 본 연구대상인 지역발전의 역사적 맥락과 제도 및 정책에 밀접한 관련성을 가지는 역사적 제도주의의 대두와 발전, 그리고 내용과 방법론을 살펴본다.

(1) 역사적 제도주의이론의 대두

① 구제도주의와 한계

역사적 제도주의는 구제도주의의 한계를 보완하고 행태주의를 비판하면서 대두한 것이다. 고대 정치생활의 첫 번째 사고로 거슬러 올라갈 때, 학자들의 기본질문은 좋은 목적을 위하여 통치자와 피통치자라는 개인의 행동을 구조화하는 정치제도의 본질에 대한 것이다.

우선, 아리스토텔레스와 같은 정치철학자들은 정치적 목적을 달성하기 위한 정치제도를 분석하기 시작하였다. 이러한 분석은 제도와 그것의 사회에 대한 영향을 체계적으로 사고함으로써 정치학의 시작을 열었다. 세월이 흘러 19세기 후반부터는 정치학이 독자적인 학문으로 태동하는 시기였다. 정치학은 정부의 공식적 측면에 대한 것이었고, 주된 관심은 정치체제, 즉 국가의 기구들이었다. 그것의 목표는 어떤 제도가 정치체제의 목표를 위해 최상으로 작동할 것인가 하는 규범적 측면을 강조하였다. 대륙계 정치전통이 정치제도로 국가의 역할에 초점을 두었다면, 앵글로-아메리칸 정치전통은 국가에 덜 중요한 역할을 부여하였다. 그러나 미국 제도주의자들은 정부의 공식제도에 관심을 갖고 연구를 하였다. 예컨대 1880년대 미국 정치학회장이었고 이후 대통령과 프린스턴대학교 총장이 되었던 Wilson은 미국에서 제도의 역할에 연구초점을 두었다. 실무가로서 그는 진보주의운동을 전개하여 미국 정부제도를 독립규제위원회, 비당파적 선거, 그리고 전문적 공공관리 등을 통하여 개혁하려는 노력을 하였다. 이러한 진보적 전통은 시카고대학교의 정치학자들인 Merriam, Brownlow, White, 그리고 Simon 등에게 영향을 주었고, 진보주의 개혁이념의 확산에 중요한 역할을 하였다. 비록 미국의 정치적인 사고와 실제가 유럽대륙보다 덜 국가중심적이었다고 할지라도, 미국 구제도주의의 중요한 업적은 국가에 대한 연구였다. 예컨대 Wilson(1898), 'Elements of Historical and Practical Politics: A Sketch of Institutional History and Administration', Woolsey(1893), 'Political Science or The State Theoretically and Practically Considered'와 같은 저술에서는 명료하게 정치학의 학문적 특성을 국가의 연구와 공식적-법적 분석으로 보고 있다. 국가는 정부의 법과 제도가 구체화된 추상적인 실체라고 할 수 있다. 국가는 유기체적으로 사회와 연결되고 그리고 사회는 국가의 본질에 의하여 영향을 받는다. 이러한 구제도주의는 19세기 후반부터 20세기 중반까지 정치학의 주된 이론을 형성하였다(Peters, 1999, 2005: 3-6).

따라서 전통적인 제도주의(구제도주의)는 1880년대 이후 1950년대까지 발전된 것으로, 정치의 여러 가지 제도 중 국가 또한 정부를 가장 중심적인 제도로 보고 공식적인 정부제도 즉, 국가기구를 주된 연구대상으로 정부의 통치현상을 바라보는(주로 기술) 이론이다. 이를테면 Rhodes(1997: 68)는 제도주의

접근이 정치학 분야 연구의 '역사적 심장부'를 이루고 있으며, 모든 정치학자들이 사용했던 분석도구라고 하면서 주요 주제는 공식적인 정부조직과 규칙이라고 한다.

Peters(1999, 2005: 6-11)는 전통적 제도주의의 원형이론이 가지고 있는 특징을 다섯 가지로 정리하였다. 첫째, 법률주의(legalism)- 구제도주의의 정의적 특징은 통치에서 법의 중심적 역할에 관심을 갖고 있다. 법률은 대부분의 대륙계 국가에서 거버넌스의 기본요소이고, 앵글로-아메리칸 국가에서도 공공부문에서 중요한 역할을 하고 있다. 법은 공공부문의 제도적 틀로서 정부가 시민의 행동에 영향을 미치는 주요한 방법이다. 그러므로 정치제도에 관심을 갖는 것은 법에 관심을 갖는 것과 같은 것이라고 할 수 있다. 법은 구제도주의의 설명에서 핵심요소이고 정부의 초기이론의 토대가 되었다.

둘째, 구조주의(structuralism)- 구제도주의는 공식구조(제도)에 관심을 갖고 구조가 개인이나 조직의 행태를 결정한다는 것이다. 이 접근은 구조를 통하여 시스템의 행동을 예측할 수 있다고 보고, 대통령제나 의원내각제, 연방제나 단일제 등과 같은 정치제도의 주요한 특징을 분석대상으로 하고 있다. 이들의 용어정의는 법적이고 공식적이다. 조합주의나 협의주의와 같은 시스템의 다른 구조적 측면을 고려하는 개념들은 발달시키려고 하지 않는다.

셋째, 총체주의(holism)- 구제도주의의 총체주의적 접근은 법과 공식구조에 관심을 가질 때 당연한 것이다. 이 접근은 입법부와 같은 개별제도들을 기술하기 보다는 전체시스템을 기술하고 비교하려고 한다. 이 전략은 입법부나 관료제 등 시스템 내의 구성제도들을 비교하고 기술하려는 현대적 경향과 대조된다. 모든 이들 시스템의 구성부분은 전체시스템을 이해할 수 있도록 함께 결합되어야 한다. 따라서 구제도주의자들은 비교주의자들, 또는 최소한 일종의 비교주의자들이라고 할 수 있다. 그들의 공식적인 법과 제도의 강조는 어떤 변이를 발견하기 위하여 다른 시스템을 비교하는 것이 요구된다.

넷째, 역사주의(historicism)- 구제도주의는 역사적 접근을 사용한다. 그들의 분석은 정치제도가 그것의 역사적 발달 뿐 아니라 사회경제적, 문화적 환경에 어떻게 체화되어 있는가에 관심을 갖는다. 따라서 정치가 특정국가에서 실행되는 방법을 이해하기 위해서는 정치시스템을 만들어 온 역사적 발달패턴을 분석해야 한다는 것이다.

다섯째, 규범적 분석(normative analysis)- 구제도주의는 강하게 규범적 분석을 하는 경향이 있다. 정치학은 규범적 뿌리로부터 출발하였고, 그리고 구제도주의는 정치를 좋은 정부(good government)와 연결하여 기술하려고 하였다. 이것은 좋은 정부운동을 추진한 미국 진보주의에서 명료하게 볼 수 있고, 또한 대부분의 구제도주의자들의 특징으로 나타나고 있다. 예컨대 이러한 규범적 요소는 가치와 사실의 실증주의적 분리를 주장하는 개혁주의자들의 목표였다.

이러한 전통적 제도주의에 대한 비판론자들은 그 접근방법이 연구범위와 연구방법의 측면에 제약이 있다고 한다. 첫째, 연구범위에서 정부의 제도에 관심을 가졌지만 그 주제에 관한 제한된 이해의 범위 내에서 연구가 이루어졌다. 그 초점은 공식적인 조직과 규칙이었으며 비공식적 차원을 소홀히 하였다. 즉 정부의 공식적 구조에만 관심을 가졌을 뿐, 보다 넓은 범위에서 거버넌스(governance)에 관한 제도적 제약조건을 다루지 않았다.

둘째, 연구방법에서 주로 상이한 행정구조와 입법구조를 포함한 정치구조에 관한 병렬적 기술에 그쳤기 때문에 실질적 비교분석을 촉진하고 설명이론을 할 수 있는 범주와 개념을 개발하지 못하였다(Lowndes, 2002: 남궁근, 2017: 165).

1950년대 이후 행태주의 혁명으로 인하여 전통적 제도주의이론은 공식적 제도 외의 다른 현상을 분석에서 제외하고, 그것에 대한 서술적 경향과 비교한계로 인하여 강한 비판을 받았다. 행태주의학자들은 제도적 접근이 통치현상의 기본적 골격을 기술할 뿐, 통치과정에서 일어나는 동적 현상과 변화를 간과하고 있기 때문에 이를 이해하고 설명하는데 적절하지 못하다는 것이다(Bill & Hardgrave, 1973: 2-10; 안병만, 2008: 38).

② 행태주의와 한계

1950년대와 1960년대 정치학에서 주류 패러다임이론은 구제도주의를 비판하면서, 행태주의혁명을 통하여 등장한 행태주의이론이다. 행태주의혁명의 가장 중요한 특징은 이론개발에 대한 명백한 관심이었다. 만일 정치학이 진정한 과학이 되려면 그것은 이론을 발달시켜야 한다. 즉 정치학은 다양한 환경에서 현상을 설명할 수 있는 일반적이고 내적으로 일관된 언명(명제)들을 개발해야 한다. 더 이상 여러 국가에서의 정치를 기술하고 이들 시스템의 해석에 관심을 갖는 것은 충분하지 않으며, 보다 일반이론에 중점을 두어야 한다.

행태주의혁명이 진행됨에 따라, 정치의 일반이론을 위한 다수의 후보군들이 개발되고 검증되었다. 구제도주의에 가장 유사한 영역인 비교정치에서 구조기능주의(structural functionalism)(Almond & Coleman, 1960; Almond & Powell, 1967)는 주요한 후보이론이었다. 이 접근은 모든 정치시스템이 어떤 필요한 기능을 수행해야 하는가에 관심을 갖고, 비교대상은 여러 국가에서 구조가 과업을 수행하는 것을 관찰하는 것이었다. 또한, 정치적 행동에 대한 이론개발은 정치의 합리적 선택접근(the rational choice approach to politics)에 의해 이루어졌다. 이 접근에서 정치적 행동은 정치적 동기와 이익계산의 기능으로 보고 있다. 보다 구체적으로 정치행위자와 정치집단은 극대화의 합리적 효용을 추구하는 것으로 가정하였다. 예를 들면 이 접근의 초기학자인 Downs(1957)는 정치가가 재선이라는 효용의 극대화를 목표로 한다고 가정하였다. 이런 관점에서 정당정강이나 정부정책은 정치 자체의 목적이라기보다는 재선이라는 목적의 수단이 된다(Fiorina, 1982).

이렇게 발달하여 온 행태주의이론은 다음과 같은 특징을 가지고 있다(Peters, 1999, 2005: 12-15), 첫째, 반규범적 편견(anti-normative bias)- 정치학연구에서 규범적 요소를 배제하려는 소망은 행태주의 정치학에서 이론발달을 강조하면서 부터이다. 구제도주의는 정부성과를 보다 좋게 만드는 제도라는 규범적 요인에 관심을 가졌다. 그들의 비교 관심은 다른 정부들이 어떻게 일을 하고 있는가에 대한 학습을 통하여 그들 자신의 정부기능을 보다 좋게 개선하는 교훈을 얻으려는데 있었다. 예컨대, Wilson은 독일제국의 관료제를 검토하면서 효율성을 정부가 추구해야 할 중심 가치라고 하였다. 구제도주의의 규범적 관심에 대한 비판은 정부에 대한 규범적 함의가 덜 명료하다는 것과 좋은 정부에 대한 관심이 실증적이 아니라는 것이다. 특히 비판가들은 정부가 어떻게 작동해야 하는가에 대한 실제모형으로서 서구 민주주의국가에 대한 강한 편견이 있다고 한다. 어떤 의미에서 공식적-법적 제도의 강조는 덜 공식적인 제도를 가진 국가들을 배제할 수 있다는 것이다.

둘째, 방법론적 개체주의(methodological individualism)- 행태주의접근의 가장 기본적인 신조의 하나는 방법론적 개인주의이다. 이 방법론은 정치환경에서의 행위자는 개인이므로 정치학연구의 적절한 초점(분석단위)은 공식적인 제도가 아니라 개인과 그들의 행태라고 한다. 예컨대, 정치적 탐구의 분석단위는 투표자나 여론주도자, 또는 정치엘리트와 같은 개인들이다. 이 접근은 개인들이 사회적, 정치적 분석을 위한 주된 초점이라고 한다. 정당이나 이익집단 및 입법부와 같은 사회적 집합체들이 결정을 만드는 것이 아니다. 이들 집합체 내의 개인들은 결정을 만들고, 이들은 개인행동의 집합을 허용하는 규칙 속에서 행동을 한다. 그러나 제도주의자들은 동일한 구성원들이 그들을 제약하는 제도의 본질에 의하여 상이한 선택을 만들 수 있다고 한다. 개인들은 직장에서는 효용극대화방법으로 행동할 수 있지만, 그러나 주말에 교회나 동아리와 같은 집단에서는 보다 이타적인 방법으로 활동할 수 있다. 만일 이것이 사실이라면 개인인가 아니면 제도적 환경인가의 문제가 대두된다.

셋째, 투입주의(inputism)- 전통적 제도주의는 정부의 공식제도와 이들 구조를 만드는 법에 초점을 두고 있다. 그러나 정치학에서 행태주의혁명은 완전히 이러한 주장을 뒤엎게 되었고, 정치시스템에 대한 사회로부터의 투입에 초점을 두고 있다(Easton, 1953). 이러한 접근에서 정치의 관심대상은 산출로 진행되는 과정으로서, 투표나 이익집단활동 및 덜 법적인 이익표출형태 등이다. 정치시스템에서 정부의 공식제도는 투입을 산출로 전환시키는 암상자로 인식하였다. 이 시기에 이러한 정치학의 특징은 다수의 공공정책연구에서 매우 명료하게 인식되었다. 이들 연구들은 정치, 특히 공식제도 내에서 일어나는 정치는 정책선택 뿐 아니라 사회경제적 환경의 지표들을 설명할 수 없다는 것이다(Dye, 1966; Sharkansky, 1968; Peters, 1972). 이러한 발견은 그 시기의 Easton의 정치체제이론에서 주장하는 투입주의에 의해 영향을 받았다. 이 접근은 정치의 잠재적인 영향을 확인하는 주요한 지표로 투입요인을 강조하였다. 요컨대, Easton의 정치체제론에서는 산출된 정책에 영향을 미치는 요인으로 투표와 이익집단의 활동 또는 자원의 지원과 같은 투입요소를 중시한다. 여기서 정부의 공식제도는 투입을 산출로 전환시키는 검은 상자(black box)로 인식한다. 정부는 정부정책에 영향을 미치지 못한다는 것이다. 구제도주의가 정치적 행동의 투입요인을 배제하는 것처럼, 행태주의이론은 다른 극단에 위치한다. 이 이론은 정부제도 내의 개인행동에 초점을 두므로 정부의 산출을 결정하는데 공식제도의 중요성을 부인하고 있다. 더욱이, 인과관계의 방향은 전적으로 일방향적인 것으로 '경제와 사회는 정치와 정치제도에 영향을 준다'고 보았다. 그러나 구제도주의나 신제도주의는 인과관계의 방향이 양방향적일 수 있다고 하여 '제도는 사회적, 경제적 질서를 형성하고 변화시킨다'고 주장하였다.

지금까지의 논의를 종합하면, 행태주의이론은 2차 세계대전 이후 미국을 중심으로 서구의 사회과학을 주도하였다. 이 접근은 정치현상을 사회를 구성하고 있는 개인이나 집단의 상호작용의 결과로서 보는 사회적 접근에 뿌리를 두고 있다. Krasner(1978)에 의하면, 베버리안계통의 다원주의나 맑시즘의 계급이론은 모두 사회적 변수를 갖고 국가정책을 설명하려고 한다. 따라서 정치제도나 국가적 변수는 정치현상을 설명하는데 언제나 무시되어 왔고 단순히 개별행위주체들의 상호작용의 결과로 정치현상이 나타난다고 한다(염재호, 1994: 12).

그러나 행태주의이론은 또한 비판을 받게 된다. 신제도주의의 초기 주창자들인 March & Olsen(1984)은 경험적 정치이론을 만들기 위해서는 보다 심층적인 언명을 만들어야 한다고 하면서, 행태주의접근은 맥락주의, 환원주의, 공리주의, 기능주의, 그리고 도구주의라는 다섯 가지 전제(가정)를 가지는 한계가 있다고 보았다(Peters,1999, 2005: 15-17).

첫째, 맥락주의(contextualism)는 위에서 진술한 행태주의접근의 투입주의 사고와 유사하다. 이 관점은 정치현상을 경제성장, 계급구조, 그리고 사회경제적 환경과 같은 맥락적 현상에 종속하는 것으로 보았다. 즉 정치는 사회의 통합된 부분으로서 외재적 힘(요인)에 의하여 영향을 받는다고 보아 사회와 정치의 인과적 연결을 강조한다. 구제도주의사고에서 국가에게 할당된 중심역할과 달리, 정치는 사회에 의존한다는 것이다.

둘째, 환원주의(reductionism)는 미시적 행동에 의하여 거시적 결과가 도출된다는 것으로서 정치현상을 개인행동의 집합적 결과로 본다. 이 접근은 정치현상을 분석하는데 집합적 행동을 개인적 행동으로 치환한다. 더욱이, 어떤 집합체의 특징은 개인의 특성으로부터 파생되는 것이라고 한다. 집합적 수준의 결과는 개인행위자들 사이의 상호작용의 결합물이다. 예컨대, 조직의 행동은 기대와 선호를 가지는 개인이나 하위단위의 상호 연결된 선택의 결과이다. 시장의 행동은 개인이나 기업의 상호 연결된 교환의 결과이다(Stigler, 1952). 또한 의사결정의 집합적 행동은 문제, 해결책, 의사결정자, 그리고 선택기회라는 독립적인 흐름들이 혼합된 결과이다(Cohen, March & Olsen, 1972). 따라서 시장을 이해하기 위해서는 개인소비자, 정치를 이해하기 위해서는 투표자와 정치인, 그리고 관료제를 이해하기 위해서는 관료에 대한 분석이 요구된다. 그러므로 정치에서 보다 큰 구조와 제도의 영향을 인정할 여지가 없다고 한다.

셋째, 공리주의(utilitarianism)는 어떤 행동을 계산된 자기이익으로부터 나타나는 것으로 보아 개인을 위한 가치결정을 강조한다. 이러한 관점은 합리적 선택의 기본가정으로서, 사람들은 자기 자신의 이익을 극대화하기 위하여 행동을 한다는 것이다. 따라서 정치적 사건은 개인의 계산된 결과로 인식한다. 인간행동이란 선택의 산출물이기 때문이다.

넷째, 기능주의(functionalism)는 행태주의접근이 역사를 다루는 방법을 비판한다. 이 관점은 역사의 효율성을 강조하여 역사를 어떤 균형으로 이동하는 효율적 과정으로 가정한다. 예컨대 시장의 경제이론이나 경쟁의 생태이론은 균형의 특성에 관심을 갖고 있다. 비슷하게, 정당연구자들인 Downs(1957)나 Laver & Hunt(1992)에 의하면 정당은 정치시장의 요구에 의식적인 조정을 통하여 일정한 경쟁적 균형으로 이동한다. 즉 정당의 정향이나 조직은 경쟁적인 정치환경에서 생존을 위하여 균형적 해결을 시도한다. 반면에 제도주의자들은 역사에서 기능에 대하여 덜 주의를 기울인다.

다섯째, 도구주의(instrumentalism)는 결과의 우월성, 즉 과정이나 정체성 그리고 다른 중요한 사회경제적 가치에 대해 결과가 지배를 하는 것을 말한다. 정치생활은 정치과정의 상징이나 가치 및 감정적 측면의 복잡한 상호작용이라기보다는 공공부문을 통하여 어떤 과업을 수행하는 것으로 본다. 이 관점은 정책결정이나 자원배분에서 입법가나 관료는 자신의 목표를 달성하기 위하여 행동한다는 것이다.

March & Olsen은 행태주의접근에 대한 다섯 가지 가정에 대한 비판의 토대위에서 신제도주의의 등장을 설명하고 있다. 이들이 기존의 행태주의이론의 한계를 논의하면서 강조하는 것은 대부분의 정치현상에 대한 기존 설명은 제도나 구조 또는 조직에 대한 이해가 소홀히 다루어져 왔다는 것이고, 여기서 정치현상이나 정책현상에 대한 분석에서 그것을 둘러싼 제도나 구조가 중요하다는 신제도주의를 주창하고 있다. 신제도주의의 특징은 행태주의접근의 다섯 가지 가정을 대부분 교체하는 것으로 보았다. 신제도주의는 제도현상에 대한 다양한 상이한 접근들을 포함하고 있다.

(2) 역사적 제도주의이론의 발전

그러면 신제도주의이론 중의 하나의 분파인 정치학의 역사적 제도주의는 어떻게 등장하여 발전하여 왔는가? 역사적 제도주의는 1970년대 초반의 석유위기 이후 미국의 헤게모니가 쇠퇴하고 무역마찰 등 국제관계가 심화되면서 지배적인 정치이론의 불신과 함께 논의되기 시작하였다(Thelen & Steinmo, 1992: 5).

1960년대까지 지배적인 정치학의 패러다임이었던 행태주의는 정치현상에 대한 개별국가의 특수성보다는 보편성과 객관성을 갖는 일반적 이론을 추구하는 것으로서 국가별 또는 시기별 정책의 차이나 다양성을 설명하지 못하는 한계가 있다. 이를테면 미국에서 행태주의접근에서 연구되었던 비교행정이나 비교정치에서는 행정현상과 정치현상의 보편성과 객관성을 강조하는 일반법칙을 발견하는데 주력하였다. 따라서 비교정치의 많은 이론들은 국가 간의 특성을 확인하는 작업보다 서구의 정치제도와 정책과정의 보편적 특성을 일반화하기 위한 연구에 치중하였다(염재호, 1994: 17).

이러한 행태주의 문제점은 1970년대 초반의 석유위기 이후 제기된 여러 가지 국내외 정책문제들에 대해 선진 산업국가들이 독자적으로 대응하면서 분명하게 나타나기 시작하였다. 이에 따라 산업화된 서구국가들은 왜 각국이 서로 다른 정책을 채택하는지에 의문을 갖게 되었는데, 그것을 설명하는 요인으로 각국의 제도적 특성의 차이에 주목을 하였다. 그리하여 독립변수로서의 제도가 종속변수인 정책에 영향을 준다는 역사적 제도주의가 정치학에서 새로운 패러다임으로 1970년대 후반 이후 나타났다.

요컨대 역사적 제도주의자들의 제도적 변수에 대한 새로운 관심은 1950년대와 1960년대 미국의 행태주의이론과 비교정치의 비판으로부터 성장을 하였다. 비교정치와 비교정치경제에서 흥미 있는 새로운 연구주제는 제도의 재발견이었다. 선진자본주의 정치경제에 대한 다양한 주제를 연구하는 여러 학문들은 그들 개별분야에서 결과를 설명하는데 제도적 변수의 중요성에 초점을 두었다. 비교정치에서 역사적 제도주의는 Katzenstein, March & Olsen, Berger, Hall, Skocpol, Ikenberry, Telen & Steinmo 등의 비교정치경제의 학자들과 관련되었다. 이들 학자들은 기존의 정치학이론에서 소홀한 측면이었던 상이한 맥락에서 독특한 방법으로 행동에 영향을 주는 사회경제적, 정치적 구조에 관심을 갖게 된 것이다. Berger, Skocpol, 그리고 Asford와 같은 학자들은 제도적 측면에서 이익집단 행동과 국가 그리고 공공정책형성의 연구를 다시 시작한 학자들이다. 다른 제도학자들인 Katzenstein, March & Olsen, Hall, Ikenberry, 그리고 Skowronek 등은 제도적 접근에서 제도의 개념정의와 제도의 정치나 정책에 대한 영향 및 제도와 정책의 변화에 대한 분석을 통하여 역사적 제도주의를 발전시키는데 노력하였다(Thelen & Steinmo, 1992: 1: 6).

따라서 정치학에서 제도와 정책에 대한 새로운 접근을 '역사적 제도주의(Historical Institutionalism)라고 부르고 있다. 역사적 제도주의는 정치학에서 출현한 신제도주의의 첫 번째 관점이다. 역사적 제도주의는 1960년대와 70년대에 지배적이었던 행태주의이론의 가정을 비판하고 정치현상을 분석하는데 제도의 역할을 강조한 March & Olsen(1984)의 연구가 초기 역사적 제도주의 차원의 정치학연구의 본격적인 시작이라고 할 수 있고, 그동안 제기된 중요한 쟁점은 다음의 두 가지로 범주화할 수 있다. 첫째, 역사적 제도주의분석에서 가장 중심적인 문제는 제도란 무엇인가? 하는 제도의 개념과 연관된다. 여러 역사적 제도주의자들은 제도를 다양한 차원에서 바라보고 개념정의를 하고 있다. 둘째, 역사적 제도주의분석은 정치현상이나 정책현상에서 제도의 역할에 관심을 갖고, 제도와 정책과의 관계, 제도의 형성과 변화, 그리고 이를 통한 정책의 형성과 변화, 제도와 정책을 형성하거나 변화시키는 역사적 맥락에 대한 논의로 세분화되어 왔다.

가장 넓은 의미의 역사적 제도주의는 정치적 행동이 제도적 환경에서 어떻게 작동하는가를 분석하는 것이었다. 일반적으로 역사적 제도주의자들은 정치행동을 구조화하는 공식조직과 비공식적 규칙 및 절차를 포함하는 제도의 정의와 함께 논의를 시작하였다. 즉 어떻게 정치적 행위자들이 그들의 이익을 정의하고 그들이 다른 집단들과 권력관계를 형성하는 넓은 범위의 국가와 사회제도에 관심을 갖고 있다, 따라서 분석대상에 포함되는 변수들은 선거경쟁의 규칙, 정당시스템구조, 여러 정부조직들 간의 관계, 그리고 협회와 같은 경제행위자들의 구조와 조직 등의 제도적 맥락의 특성이 포함된다. 또한 분석대상의 범주에 이러한 제도적 변수 외에 규범으로부터 계급구조까지의 다른 요인들을 포함시키는 것에 대하여 동의할 수도 있고 거부할 수도 있다. Hall과 Ikenberry의 제도개념은 정부제도의 구체적인 특성으로부터 국가구조와 국가의 규범적 사회질서까지 포함시키고 있다(Thelen & Steinmo, 1992: 2).

역사적 제도주의의 주요한 논점은 제도가 정치나 정책을 제약하지만, 그러나 그것이 결과의 유일한 원인은 아니라는 것이다. 제도분석은 다양한 정치이론에서 주장하는 넓은 정치적 힘들(요인들), 즉 맑시즘의 계급구조나 다원주의의 집단동학 등을 부인하는 것은 아니다, 대신에, 역사적 제도주의자들은 제도가 이들 정치적 투쟁을 구조화하고 이렇게 하는 것에 의해 그들의 결과에 영향을 준다는 것이다(Thelen & Steinmo, 1992: 3).

역사적 제도주의의 초기 연구자 중의 한사람인 Hall(1986)은 프랑스와 영국의 경제정책 발달분석에서 역사적 제도주의를 언급하지는 않았지만, 시간흐름 속에서 정책을 형성하는데 제도의 중요성을 강조하였다. 그의 제도의 정책에 대한 영향분석은 역사적 제도주의의 모든 기본구성요소들을 포함하고 있다. 이러한 두 국가에서 만들어진 경제정책선택을 이해하기 위해서는 그들의 정치적, 정책적 역사를 이해할 필요가 있다. 1970년대와 1980년대 동안 만들어진 정책선택은 두 국가에서 경제정책결정의 장기적으로 확정되는 패턴을 반영하였다. Hall에 의하면 어떤 시기의 정책은 초기에 만들어진 정책선택에 의하여 영향을 받는다고 하였지만, 이들 정책의 제도적 본질에 대하여는 언급을 하지 않았다. 그러나 Hall의 이후 저술(1986, 1989)에서는 제도의 개념을 정의하고 이념(idea)이 정책을 형성하는데 중요한 역할을 한다고 하였다. 이러한 제도의 개념과 이념의 독립적 역할은 역사적 제도주의의 주요한 부분이 되었다. 그는 제도가 정책결정과 정치의 분석에 어떻게 적용되는가 하는 문제를 다루었고, 제도가 정치행위자들이 추구하는 목표와 그들 사이의 권력관계를 구조화하는 방법을 강조하였다. 여기서 부각되는 하나의 특성은 제도의 '관계적 특성'이다. 국가나 사회의 공식적 특성보다 중요한 것은 어떤 주어진 제도적 배열이 정치적 상호작용을 형성하는 가이다.

Hall의 연구뿐 아니라 다수의 사회경제정책영역에서 정책연구에 대한 증거축적에 기반하여, 역사적 제도주의접근의 보다 명료한 언명(진술)이 나타났다. 이미 언급한 바와 같이, 역사적 제도주의의 주요한 언명은 다양한 제도적 요인들이 정책선택과 정부성과에 영향을 준다는 것이다. 정부가 어떤 정책영역에서 초기의 제도와 정책 선택을 한다면, 프로그램의 초기에 만들어진 관성을 극복하기 위하여 충분한 어떤 외부적 힘이 개입되지 않는 한 창조된 패턴은 지속적이라는 것이다. 이것은 '경로의존(path dependency)'으로 언급되고 있다. 공공조직이 그들의 활동을 정형화하고 표준운영절차를 만들면 관성의 힘은 정부에서 실제적으로 작동될 수 있다.

역사적 제도주의의 가장 흥미 있는 확장된 논점의 하나는 경로의존성이 위에서 기술한 바와 같이, 단순한 방법으로 발생하지 않는다는 것이다. 만일 어떤 제도나 정책에 대한 초기선택이 부적절하다면, 제도는 어떤 적응수단을 발견하거나 선택을 중단할 수 있다(Genschel, 1997: 43). 이런 관점에서 역사적 제도주의는 초기패턴의 완전한 추종이라기보다는 '진화과정(a course of evolution)'을 암시한다. 이 시각에서 경로의존은 제도와 정책에 대한 영구적인 제약이 아니라 차라리 그것은 따라야 할 경로인 것이다. 제도나 정책은 변화와 진화를 할 수가 있고, 다만 그런 발달의 가능성은 그들의 초기형성기에 의해 제약을 받는 것이다. 이러한 의문점은 제도와 정책의 균형에서 단절이 이들 선택에 의해 제약되는지 여부이다. 이것은 '단절된 균형(punctuated equilibrium)'으로 언급된다(Peters, 1999, 2005: 63-65).

이후에 역사적 제도주의자들은 제도와 정책의 변화가 점진적이냐 아니면 급진적이냐의 문제뿐 아니라 이러한 제도와 정책을 형성하거나 변화시키는 요인에 대한 논의까지 연구쟁점을 확대하고 있다. 제도변화를 유형화한 학자로는 Streeck & Thelen(2005)의 제도변화의 유형과 Mahoney & Thelen(2010)의 점진적 제도변화의 유형분류가 있다. 그리고 제도와 정책의 형성과 변화를 분석하는 이론에서 이들의 변화요인을 역사적 맥락과 연결하여 논의를 하고 있다.

이상에서 논의한 바와 같이, 역사적 제도주의학문은 다양하다고 할 수 있다. 이 접근은 특정한 시기의 경험적 상황에 적용되어 왔다. 그러한 경험적 연구에서 이 접근을 매력적으로 만든 것은 한 국가 내에서 시간흐름에 따른 제도와 정책의 연속성과 국가들 사이의 제도와 정책의 변이를 이해하고 설명하기 위한 이론적 틀이다. 특히 중범위이론 수준에서 역사적 제도주의의 분석모형은 국가중심적시각과 사회중심적시각의 관계를 구조화하는 제도적 배열을 통하여 정치나 정책을 분석할 수 있게 한다. 이러한 분석적 연결 외에 역사적 제도주의분석은 분석대상으로 정치적 행위자들의 사이의 관계를 검증할 수 있다. 역사적 제도주의의 분석중심에 있는 제도들, 즉 정부조직 외에 정당조직부터 기업협회와 같은 경제이익구조들은 정치적 전략이나 정책갈등 그리고 정책선택의 결과를 형성하고 제약할 수 있다. 이러한 정치생활의 제도적 특성에 초점을 두는 것에 의해 역사를 만드는 사람(men)과 그들이 그렇게 할 수 있는 환경(environment) 간의 이론적 연결을 제공한다(Thelen & Steinmo, 1992: 10).

(3) 역사적 제도주의이론의 내용과 방법론

위에서 기술한 역사적 제도주의이론의 대두와 발전과정에서 역사적 제도주의이론이란 무엇인가? 를 추론할 수 있다. 역사적 제도주의와 같은 신제도주의이론이 나타나기 이전에도 구제도주의관점에서는 정치현상을 공식적 제도에 초점을 두고 연구하였다. 그러나 역사적 제도주의관점은 제도 자체 뿐 아니라 제도와 정책 간의 역동적 관계 및 제도와 정책의 변화요인에 대한 논의까지 확대를 하고 있음을 알 수가 있다.

따라서 역사적 제도주의이론은 1970년대 후반 이후 서구의 비교정치경제 학자들이 역사적 맥락에서 형성되고 발전하는 공식적 정부조직과 규범 외에 비공식적 정부조직과 규범을 포함하는 다차원의 제도(multi-level institution)를 통하여 정부의 통치현상(정치현상이나 정책현상)을 바라보는(기술, 이해, 설명) 이론으로 정리할 수 있다. 이러한 역사적 제도주의는 다음의 세 가지 특징을 가지고 있다(Peters, 1999, 2005: 18). 첫째, 제도의 가장 중요한 요소는 사회나 정치조직체의 구조적 특성이라고 한다, 이러한 구조는 공식적(입법부, 공공관료제의 기관, 또는 법적 틀)이거나 비공식적(정당, 협회, 상호작용한 조직들의 네트워크 또는 공유된 규범들)일 수 있다. 이와 같이 제도는 행위자들의 구체적인 상호관계에 토대를 둔 일종의 정형화된 상호작용에서 개인들의 집단에 관련된다. 둘째, 제도는 시간흐름 속에서 안정성 위에 존재한다. 제도의 어떤 특징들은 매우 안정적이고 이런 기반 위에서 시스템의 행동을 예측할 수 있다. 그러나 제도는 또한 변화할 수 있다. 셋째, 제도는 개인의 행동에 영향을 준다. 제도는 그것의 구성원들의 행동을 제약한다. 그 제약은 공식적이거나 비공식적일 수 있다.

이러한 특징을 가지는 역사적 제도주의는 정치현상이나 정책현상을 분석하기 위하여 구제도주의보다 제도개념의 외연을 확대하고 있다. 이 접근에서는 제도를 보는 개념 또는 범주가 거시적 수준에서 미시적 수준까지 다양하게 제시되고 있다.

학자들의 제도의 개념정의는 다양하게 나타나는데, Hall의 정의가 대표적이다. 그는 1986년 책(P19)에서 제도에 대한 포괄적인 개념으로 정치와 경제의 다양한 단위에서 개인들 사이의 관계를 구조화하는 공식규칙, 순응절차, 그리고 표준운영절차를 포함하는 것으로 정의하였고, 이후의 1992년 논문

(P92-93)에서는 제도의 개념적 요소를 세 가지 수준으로 나누었다. 가장 포괄적인 수준의 제도는 민주주의 및 자본주의와 관련된 조직구조이다. 이러한 제도의 예로는 선거에 관한 헌법규정과 생산수단의 사유화를 규정하는 경제제도 등을 포함하는 것으로, 정책의 방향을 포괄적으로 제약하는 구조적 틀이다. 중범위수준의 제도는 국가와 사회의 기본조직구조와 관련된 틀로서 사회집단 간의 세력관계와 정책의 형성과 집행에 영향을 미치는 조직적 특성이다. 이 수준의 제도는 노동조직의 구조, 자본조직의 구조, 그리고 정당체계의 특성, 관료제의 조직형태 등의 국가구조를 포함하는데, 국가간 정책의 상이성을 설명할 수 있다. 가장 협의적 제도는 조직의 운영절차와 관행 및 규정 등을 말한다.

이와 유사하게 Ikenberry(1988: 226)는 제도의 범주에 정부제도의 구체적인 특징으로부터 국가구조와 국가의 규범적 사회질서까지를 포함시킨다. Thelen & Steinmo(1992: 2-4)는 Hall과 IKenberry의 제도 개념을 논의하면서, 제도의 개념과 범주에 정치행위자들의 행동을 구조화하는 국가제도와 사회제도들, 즉 공식적 조직들과 공식 · 비공식적인 규칙과 절차를 의미하는 것으로 보고, 다양한 정부조직과 정당구조 및 이익집단과 같은 경제행위자들의 조직, 그리고 선거경쟁규칙이나 규범 등을 포함시키고 있다.

이처럼 제도는 다의적으로 정의되고 있지만, 정치현상을 분석하는 데는 제도적 배열, 제도적 구조, 거버넌스구조, 정책구조 등으로 구체화되고 있다. 따라서 이 접근은 제도의 범위에 구제도주의의 제도개념인 대통령 · 의회 · 행정부 · 법원 등 정치조직이나 정치제도 외에 기업이나 협회 · 노동조합 · 자본가집단 등의 다양한 기구들을 포함시키고, 이러한 제도들의 동태적 관계, 이를테면 정부부문의 제도들과 민간부문의 제도들의 역동적 관계라는 네트워크를 포함시키고 있다(Skocpol, 1995: 103-105). 요컨대 제도란 국가를 구성하는 구조적 틀, 즉 국가와 사회를 구성하는 조직단위들과 이들 사이의 관계, 이를테면 개별적인 통치제도인 국가행위자 뿐 아니라 민간부문행위자 그리고 이들 간의 다차원적인 조직간 관계와 같은 다층수준 거버넌스(multi-level governance)를 포함한다(배응환, 2001: 107).

오늘날 제도나 정책을 둘러싼 환경을 보면, 국가와 사회의 경계가 애매모호해지고 혼합되는 측면이 증대하고 있는 상황이다. 이는 국가와 사회가 어떻게 상호의존관계에 있는가를 규명하는 작업이 정치행정현상의 설명에 요구된다는 것을 의미한다. 이처럼 제도와 정책을 둘러싼 환경에서 일어나고 있는 국가와 사회가 상호 침투하는 영역을 국가와 사회의 관계를 구조화하는 제도적 배열을 관찰하는 것을 통하여 정치행정현상을 설명하려는 이론이 역사적 제도주의이다. 이 접근은 제도를 외생변수로 보는 행태주의관점과 달리, 제도를 내생변수로 보는 것이므로 제도 안의 내용이 좋은 설명변수가 될 수 있다는 것으로, 제도가 어떻게 구성되어 있고 어떻게 작동하고 있는가를 확인해 보면 정책현상을 설명할 수 있다고 한다(배응환, 2001: 106-107).

따라서 역사적 제도주의 접근은 시간과 환경 흐름이라는 역사적 맥락에서 왜 정부나 기업 및 정당이나 협회 등과 같은 정치적 · 경제적 · 사회적 기관들이 존재하는가와 이들 제도적 구조들이 정책결정에 제약을 가함과 동시에 기회를 제공하는데 어떠한 영향을 미치는가를 설명하려고 하는 것으로서 핵심개념은 역사적 맥락과 제도 및 정책이라고 할 수 있는데, 그것의 특징은 다음과 같다. 첫째, 제도를 역사적 산물로 파악한다. 특정시점의 역사적 맥락에서 형성되는 제도가 상당기간 지속되어 그 이후의 정치나 정책현상에 대해서 영향을 미친다고 한다. 따라서 특정시점에서의 제도적 맥락을 이해하기 위해서는 그 맥락의 배경이 되는 역사적 과정에 주목해야 한다. 이 접근에서는 역사적 맥락에 대한 이해 없이 제도와 정책을 설명하기란 불가능하며, 이러한 맥락을 형성하는 것이 다름 아닌 역사라는 것이다. 둘째, 제도, 구체적으로는 제도적 틀인 제도의 형태와 배열을 통하여 정치나 정책현상을 설명하려고 한다. 또한 제도의 구체적인 모습이 달라짐에 따라 정책이 어떻게 달라지는가를 분석한다. 셋째, 정책은 역사적 맥락에서 형성되거나 변화하는 제도의 산출물이다.

이 접근은 역사적인 맥락에서 형성되는 제도 또는 제도적 배열이 동일시점의 국가 간 또는 국가 내의 상이한 시점에서 정책결과를 설명할 수 있는 요인이라고 주장한다(Hall & Tayler, 1996). 결국 동일한 또는 유사한 정책문제에도 불구하고 국가 간의 정책차이나 국가 내의 정책의 차이나 유사성을 발견하려는데 문제의식을 던지고 있다. 역사적 제도주의는 시간흐름이라는 역사적 맥락에서 형성되는 제도적 구조 또는 제도가 어떻게 정치적 전략을 형성하고 정치적 결과인 정책에 영향을 미치는가를 분석하고 설명하려는 것이다. 이러한 역사적 맥락과 제도 및 정책의 인과관계와 그 변화동학을 분석하는데 학자들의 관심이 증가하고 있다. 이러한 분석을 위하여 역사적 제도주의는 다음과 같은 연구방법론을 적용하고 있다.

첫째, 구조주의(structuralism)- 역사적 제도주의는 구제도주의처럼 구조, 즉 제도에 관심을 갖고 구조(제도)가 정치나 정책의 행태를 결정한다는 것이다. 정치나 정책현상을 분석하는데 구제도주의가 공식적인 제도와 법에 초점을 두는데 비하여, 역사적 제도주의는 공식적이거나 비공식적인 구조와 규칙 그리고 제도의 관계적 특성이나 동학 등 다양한 제도적 맥락에 초점을 두므로 제도의 외연이 확대된다.

그러므로 역사적 제도주의의 분석수준(분석단위)은 제도가 중심이 되지만, 이와 연관되는 정책과 맥락을 포함한다. 제도의 분석수준은 포괄적이다. 이는 제도주의학자들이 정의하는 제도개념의 외연확대에 기인한다. 예컨대, Hall(1992: 92-93)은 제도의 범주를 민주주의정치체제나 자본주의경제체제와 같이 거시적 요소와 노동조합, 자본시장, 정치제도, 국가구조 등과 같이 국가와 사회를 구성하는 기본조직단위와 그리고 조직 내의 표준운영절차나 관행 등을 포함하고 있다. 이러한 제도개념을 분석수준으로 범주화하면 거시적 차원의 국가나 사회의 체제적 수준(state or societal level)과 중범위 차원의 조직간의 제도적 틀을 대상으로 하는 제도적 수준(institutional level), 그리고 미시적 차원의 개별조직수준(organizational level)이 포함된다.

또한, 정책의 분석수준은 정책영역에 따라서 다양하게 나타날 수 있다. 이를테면 경제정책, 산업정책. 과학기술정책, 복지정책, 노동정책, 국방정책 등이 그들이다.

그리고 맥락의 분석수준은 일정시점에서의 분석단위들의 특성을 관찰할 것인가 또는 둘 이상의 시점에서 분석단위의 특성을 파악할 것인가를 결정해야 한다. 연구는 이러한 시간적 범위에 따라서 횡단적 연구와 종단적(시계열적) 연구로 나눌 수 있다(남궁근, 2011: 103). 횡단적 연구는 일정시점에서 다수의 분석단위들, 예컨대 사람이나 상황의 현상을 관찰하는 것이고, 종단적 연구는 둘 이상의 시점에서 동일한 또는 상이한 분석단위를 관찰하는 것이다.

둘째, 총체주의(holism)- 역사적 제도주의의 방법론적 특성은 개체주의(individualism)보다는 총체주의(holism)입장에 기울어져 있다. March & Olsen(1984)에 의하면, 행태주의접근으로 대표되는 기존의 많은 정치학이론들은 환원주의(reductionism)에 빠져있다고 한다. 거시적인 정치현상을 미시적인 개인의 동기나 행위의 결과로서만 설명한다는 것이다. 이른바 방법론적 개체주의관점에서 접근하는 이러한 입장은 정치현상을 개별행위나 사건의 합으로 설명할 수 있다고 보고, 집단적 행위의 결과도 그보다 낮은 분석수준인 개별행위의 합으로 설명할 수 있다고 한다. 이러한 접근에서는 구조나 제도와 같은 현상들이 모두 개별적 행위로 치환이 가능하기 때문에 제도의 특성을 무시한다.

그러나 총체주의입장은 정치현상을 개별행위의 합으로서만 설명하기에는 한계가 있고, 개별행위의 합을 초월하는 실체로서 파악해야 한다는 것이다. 따라서 정책을 정책과정에 참여하는 개별행위주체들의 전략적 행위의 합으로서 이해하는 것이 아니라 정치참여자를 둘러싸고 있는 제도적 틀의 산물로서 보게 되는 것이다. 이러한 입장에서는 정책이라는 종속변수를 설명하는 독립변수가 분석수준이 미시적인 개별행위자가 아니라 거시적, 중범위적, 또는 미시적인 제도가 되는 것이다(염재호, 1994: 14: 22).

셋째, 역사주의(historicism)와 맥락주의(contextualism)- 역사적 제도주의는 구제도주의처럼 역사적 접근과 행태주의접근의 맥락주의를 수용한다. 그들의 분석은 통치제도가 그것의 역사적 발달뿐 아니라 사회경제적 · 문화적 환경에 어떻게 체화되어 있는가에 관심을 갖는다. 따라서 정치가 특정국가에서 실행되는 방법을 이해하기 위해서는 통치제도를 만들어 온 역사적 발달패턴과 환경맥락을 분석해야 한다는 것이다. 특히 역사적 제도주의는 역사적 맥락(시간과 환경)에서 형성되고 변화하는 제도와 정책의 연구에 초점을 두므로 역사적 분석과 비교분석을 주로 채택하고 있다(Skocpol, 2003).

여기서 역사적 분석이란 어떤 정치나 정책현상을 어느 한 시점에서 평면적으로 분석하는 것이 아니라 그것의 발달패턴에 관심을 갖고 시계열적으로 둘 이상의 시점에서 연구하는 것(배응환, 2000: 12), 즉 제도가 형성되고 변화하는 과정의 특수한 상황을 이해하고 이를 역사적 맥락 하에 인식하는 것으로, 장기간에 걸쳐 역사적 맥락 하에 형성된 구조(제도)적 틀을 정치현상을 설명하기 위한 하나의 변수로 파악하는 것이다. 이러한 역사적 방법론은 기존의 이론들이 역사적으로 형성된 제도적 특성에 의해 정치현상이 나타난다는 사실을 간과한 것에 도전하여, 현존하는 제도가 그 사회의 역사적, 문화적 산물로서 형성되어 일정기간 변하지 않고 정책결정에 영향을 미치는 중요한 변수로 작용한다면 그와 같은 제도가 형성된 역사적 맥락을 이해함으로써 현상을 보다 정확히 분석할 수 있다는 것이다.

특히 Ashford(1992: 29-35)는 역사적 접근이 네 가지 측면에서 의미 있는 접근방법이 될 수 있다고 한다. 첫째, 역사적 접근은 행태주의에서 할 수 없었던 제도적 연속성이나 정책과정에 대한 설명을 가능하게 해준다. 즉 시기적으로 장기간에 걸쳐 형성된 제도적 틀에 의해 미시적 수준의 행위가 제도에 의해 영향을 받는 것을 설명할 수 있다. 둘째, 역사적 접근은 통치능력, 제도적 제약, 국가형성 등과 같은 새로운 맥락적 개념을 도입함으로써 기존에

간과되었던 정치나 정책현상을 보다 명확히 분석하여 준다. 예컨대 Skrownek(1982)의 연구처럼, 행정이나 조직의 역사적 접근을 통해 정치현상에 대한 보다 구체적인 이해가 가능하다. 셋째, 정부 내의 정책결정을 단순히 행태주의현상으로만 보는 것이 아니라 역사적 맥락과 연결시킴으로써 새로운 가설과 이론적 일반화를 가능하게 해준다. 따라서 역사적 접근을 통해 미시적 수준의 객관적 사실을 제공하는 것만이 아니라 이를 거시수준의 보편적 법칙으로 확장시켜 이론으로 승화시킨다. 넷째, 비록 지나치게 의욕적이기는 하지만 역사적 접근을 통하여 도출된 이론적 틀을 미시적 수준의 현상에 대해 인과의 논리로 추론한다(Thelen & Steinmo, 1992: 7-10; 염재호, 1994: 23-25).

그리고 역사적 분석은 비교연구와 결합되어야 적실성이 있다. 비교연구란 일반적인 경험적 명제들을 확립하는 연구방법의 하나로 둘 또는 그 이상의 연구대상에 대해 서로를 비교하는 방법이다(배응환, 2000: 12). 역사적 제도주의의 제도적 틀은 개별국가의 특성과 연결되기 때문에 비교론적 방법을 활용하기 않으면 결정론적 함정에 빠지게 된다. A라는 국가의 제도적 특성이 X1이라는 정책을 형성한다고 할 때, 이것이 B라는 국가의 특성과 비교되어 설명되지 않으면 인과관계의 설명으로서의 의미를 갖지 못한다. 예컨대, Zysman(1983)처럼 선진국의 경제정책의 특성을 분석하기 위해 금융제도들의 특성을 분석적 개념으로 치환하여 비교론적으로 고찰할 때에 각국의 정책적 특성을 이해할 수 있다(염재호, 1994: 23). 따라서 역사적 접근방법을 채택한다는 것은 국가 간의 제도적 특성 비교만이 아니라 한 국가 내에서 시대별로 나타나는 제도적 특성을 파악한다는 것이므로 국가 간 또는 한 국가 내에서 상이한 시기의 제도적 특성을 설명하여야 정책특성의 변화동학을 설명할 수 있게 된다. 이러한 제도와 정책의 형성과 변화의 논리는 경로의존성이나 단절적 균형 등의 이론을 적용하여 설명을 한다.

그러므로 역사적 제도주의는 역사적 맥락에서 형성된 제도 또는 제도적 틀을 통하여 국가정책을 설명하는데 목적을 가지고 있다. 각 국가에 고유한 제도의 모습에 초점을 맞춤으로써 국가 간의 정책패턴과 정책결과의 공통점과 차이점이나 또는 한 국가 내에서 시계열적으로 변화하는 제도와 정책의 관계를 이해하고 설명하고자 한다. 이러한 역사적 제도주의의 특징은 비교정책학(comparative public policy)이나 비교정치경제학(comparative political economy)과 이론적, 방법론적 시각을 공유하고 있다고 할 수 있다(하연섭, 2003: 27).

넷째, 실증적 분석- 역사적 제도주의에서는 구제도주의의 규범적 분석에서 탈피하여 사실(사례)에 대한 실증적, 경험적 분석을 시도한다. 이 접근의 주요한 분석변수는 역사적 맥락, 제도, 그리고 정책 등으로서, 이들 간의 인과관계에 대한 비교역사분석을 한다. 비교역사분석에서는 어떤 일이 생겼는지를 자세하게 묘사하는 수준을 넘어, 어떤 사실이 왜 발생했으며 그리고 어떻게 전개되었는지에 관련된 인과관계의 분석이 가능하다고 보고, 이러한 분석을 통해 발견한 인과관계의 규칙성을 유사한 사례를 설명하는 데도 적용할 수 있다고 한다(하연섭, 2003: 205-206).

따라서 정치현상이나 정책현상을 설명하는 데는 개별변수들의 영향력뿐 아니라 변수들 간의 결합이 인과관계를 설명하는데 중요하다고 보고 있으며, 또한 동일한 변수들의 결합이라고 할지라도 이들 요인들이 결합되는 역사적 시점(timing)과 상황(circumstance)에 따라 결과가 다르게 나타날 수 있다는 것이다. 역사는 중대한 사건이 발생함에 따라 그 전개과정을 달리할 수 있으므로, 경로의존과 시간에 초점을 둘 경우 시간흐름에 따라 변수들이 어떻게 상호작용을 하고 결합하는가 하는 동태성을 분석하는 것이 중요하다고 할 수 있다.

이러한 측면에서 역사적 제도주의는 정치현상이나 정책현상을 이해하고 설명하는데 개별변수 자체의 특성에 맞춘 선형적 인과관계뿐 아니라 인과관계의 맥락성과 복잡성을 표현하는 다중복합적 인과관계를 통하여 접근하고 있다.

지금까지 논의한 정치학 관점의 구제도주의와 신제도주의를 종합하면 다음과 같다.

〈표 2-14〉 정치학 관점의 구제도주의와 신제도주의

구 분	구제도주의	신제도주의
0 발달	1880년 이후- 1950년 이전	1970년 이후-
0 분파	전통적 제도주의	역사적 제도주의
0 연구대상		
- 제도의 개념	제도 = 공식적 제도 = government(정부) = 통치규범틀(공식규칙)	제도 = 공식적, 비공식적 제도 = multi-level governance (여러 수준의 행위자들이 관여하는 거버넌스) = 통치규범틀(공식, 비공식 게임규칙)
조직측면의 제도	국가, 즉 정치조직(공식적 정부조직)	공식적 정부조직, 비공식적 정부조직, 그리고 이들 간의 관계(네트워크)
규범측면의 제도	공식적인 법과 규칙	공식적, 비공식적인 법과 규칙 및 관습(관행)
- 제도와 정책의 형성과 변화	특정한 제도(정부)와 정책의 모습이 어떻게 형성되었는가를 기술하는 수준에 머물렀고, 제도와 정책의 변화에 대해서는 관심을 두지 않았다.	특정한 제도와 정책의 형성과 변화를 기술하고 설명하려고 한다. - 제도와 정책은 역사적 맥락 속에서 형성되고 변화한다. - 제도와 정책의 형성과 변화는 경로의존성이나 단절적 균형 등에 의해 설명을 한다.
제도와 정책의 형성	무관심	약한 관심. 기술, 설명
제도와 정책의 변화	무관심	관심. 기술, 설명
0 연구방법		
- 기술, 설명방법	정태적 기술	정태적, 동태적 기술 · 설명
- 분석방법	약한 역사적, 비교연구	강한 역사적, 비교연구

3. 역사적 제도주의의 연구분석틀과 분석변수

1) 역사적 제도주의의 연구분석틀

위에서 논의한 바와 같이, 신제도주의 범주의 역사적 제도주의는 특정국가에서 역사적 맥락에 의해 형성된 제도(제도적 구조)가 정책을 제약한다고 보므로, 역사적 맥락이 변화하면 제도변화가 이루어지고 이에 따라 정책도 변화를 하게 된다고 한다. 이를테면 역사적 제도주의의 초기 연구에서는 역사적 맥락이 제도형성에 미치는 영향, 그리고 제도가 정책선택에 미치는 영향에 관심을 가졌다면, 그 이후의 연구에서는 이러한 제도가 정책성과에 미치는 영향과 그리고 역사적 맥락의 변화에 따른 제도와 정책의 변화로 연구 지평이 확대를 하여 왔다.

〈그림 2-1〉 역사적 맥락과 제도 및 정책의 인과모형

위의 그림에 의하면, 역사적 제도주의는 제도가 다른 인과적 변수들과 어떻게 상호작용하는가에 관심을 가지며, 변수간의 인과관계는 맥락(contextuality) 속에서 형성됨을 강조한다. 제도주의이론의 일반적 가정은 제도를 독립변수로 정책을 종속변수로 본다. 제도는 정치나 정책결정을 제약하여 정책결과에 영향을 준다(Thelen & Steinmo, 1992: 2-3). 이 접근의 경험적 연구에서는 제도의 차이가 정책차이를 산출한다는 것이다(Weaver & Rockman, 1993). 그리고 정치생활에서 제도의 사고와 관련하여 맥락으로서의 정치적 환경과 제도의 관계를 개념화할 필요가 있다고 한다(Pierre, Peters & Stoker, 2008: 15-16). 특정국가에서 역사적 맥락이 어떻게 형성되고 변화를 하는가에 따라 제도와 정책은 다르게 나타날 수 있는 것이다. 따라서 특정국가에서 지역발전정책과 같은 특정한 정책분야를 분석하는데, 역사적 맥락과 제도 및 정책의 동태적 인과모형을 설계할 수가 있다.

이렇게 역사적 맥락에 의해 형성되고 정책을 제약하는 제도는 어떤 기능을 수행하는가? 가 문제된다. 이는 "제도와 행위"의 관계문제이다. 역사적 제

도주의자들은 제도가 행위자의 행위에 영향을 미치는 독립변수로 인식하여 "제도가 정치나 정책결정을 제약한다"는 명제를 제시한다. 요컨대 제도가 정치와 정책을 결정하는데 중요한 역할을 한다고 본다(Thelen & Steinmo, 1992: 7). 정치나 정책행위자의 선호나 목표 및 전략이 주어진 것으로 보지 않고 설명되어야 할 대상으로 인식함으로써 이러한 행위자의 선호나 목표 및 제약은 제도에 의해 제약을 받거나 형성된다. 또한 제도는 행위자들의 전략을 형성할 뿐 아니라 그들 사이의 협력이나 갈등관계에 개입함으로써 정치상황을 구조화하고 정치적 결과에 영향을 준다. 이에 정치행위자들 간의 제도를 둘러싼 경쟁은 매우 격심하다. 이러한 제도적 틀에서 행위자들의 정치나 정책결정의 산출물이 정책이라고 할 수가 있다. 제도를 독립변수로 본다면 정책은 종속변수라고 할 수 있으므로, "제도가 정책에 영향을 미친다"는 명제가 성립된다. 그리고 제도는 우연한 산물인가? 아니면 인위적인 산물인가?가 문제되는데, 역사적 제도주의자들은 제도는 특정한 시기의 역사적인 맥락 속에서 형성되는 것으로 인식하고 있다. 이는 제도의 형성요인에 연결되는 문제이다. 역사적 흐름 속에서 제도는 형성된다. 여기서 선행변수(역사적 맥락) ⇒ 독립변수(제도) ⇒ 종속변수(정책)의 인과관계가 성립한다. 첫째, 역사적 맥락은 제도와 정책에 영향을 주는 선행요인으로 기능한다. 둘째, 제도는 맥락에 의해 제약을 받으면서 정책에 영향을 주는 독립변수이다. 셋째, 종속변수인 정책은 맥락 속에 형성된 제도에 의해 선택된 산출물이다. 그리고 정책성과는 산출물인 정책을 환경에 적용하여 초래된 결과(성과, 영향)를 말한다.

이처럼 역사적 맥락이 제도에, 그리고 제도가 정책에 영향을 준다는 명제가 성립한다면, "역사적 맥락이 변화하면 제도변화가 이루어지고, 이는 정책변화에 영향을 준다"는 인과관계도 성립할 수가 있다. 따라서 선행변수(역사적 맥락변화) ⇒ 독립변수(제도변화) ⇒ 종속변수(정책변화)라는 역사적 제도주의의 개념적 모형 또는 분석틀을 형성할 수 있다.

<그림 2-2> 역사적 제도주의의 연구분석틀

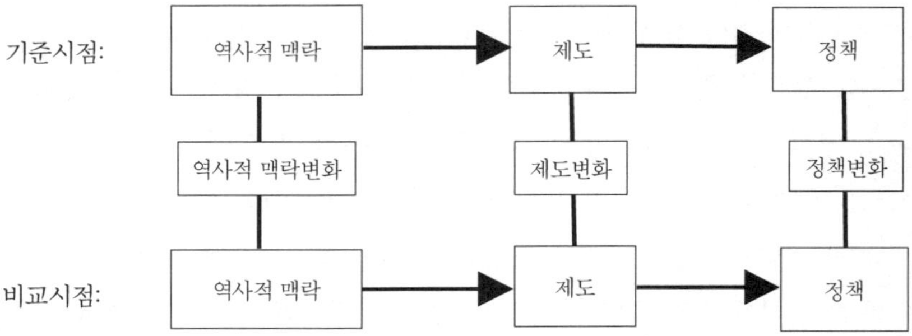

기준시점: t0시점, 비교시점: t1, t2, t3,

2) 연구분석틀의 분석변수

위의 그림에서 보는 바와 같이, 본 연구에서 사용할 역사적 제도주의의 연구분석틀의 분석변수들을 보다 구체적으로 설명하면 다음과 같다.

(1) 선행변수: 역사적 맥락변화

첫째, 선행변수로서의 역사적 맥락변화는 제도나 정책을 형성하고 변화시키는 외부적 요인이나 내부적 요인이 과거와 다르게 나타나는 것을 말한다. 역사적 제도주의에서는 새로운 제도와 정책의 도입이 역사적 맥락과 적합해야 한다는 점을 강조한다. 이를테면 새로운 제도와 정책을 도입하여 실패하면 제약요소로서의 역사와 맥락은 그 원인으로서 설명력이 있다. 제도주의자들이 말하는 역사적 맥락은 제도와 정책의 외적 요인과 내적 요인을 모두 포함한다. 새로운 제도와 정책의 도입에는 여러 가지 다양한 요인들이 영향을 미친다. 역사적 맥락은 너무나 많은 요인들을 포함하고 있으므로 이를 분해하여 핵심요인을 분석하는 것이 중요하다(정정길, 2005: 213-214). 이러한 제도와 정책 변화의 여러 요인들에 대한 논의는 아래에서 상술한다.

이처럼 제도나 정책을 분석하는데 맥락의 중요성을 강조하는 것은 정책학의 창시자인 Lasswell(1971)이다. 그는 정책학의 패러다임으로 맥락지향성

(contexuality), 문제지향성(problem-orientation), 그리고 연합방법지향성(multi-method) 등을 제시하고 있다(허범, 2002: 299-302: 이명석, 2004: 202-204). 첫째, 맥락지향성은 사회문제를 단절된 것으로 파악하지 않고, 그 문제를 둘러싼 전체적인 맥락에 주목하여 사회문제의 맥락에 대한 분석에서의 시간과 장소적인 제약의 초월을 강조한다. 즉 정책현상을 분석하는데 한 시점과 장소에 대한 협소한 시각을 극복하기 위하여 시간과 공간 차원에서의 역사적 경향(historical trend)과 세계적 안목(global perspective)의 맥락을 동시에 고려해야 한다는 것이다. 보다 구체적으로 Lasswell이 가장 중점을 두고 연구한 사회과정모형(social process model)의 기본가정은 역사적으로 형성되는 특정정책이나 사회문제를 전체 정책과정이나 사회과정으로 인식하고 다양한 형태의 정부제도와 정책과정에 대한 탐색을 강조하고 있다. 사회과정모형의 구성요소에는 참여자(개인이나 집단), 참여자들의 관점, 상호작용이 발생하는 상황, 변화를 가져오기 위하여 사용가능한 가치나 능력, 사용되는 전략, 결과, 그리고 영향 등을 들 수가 있다. 따라서 맥락지향성은 문제지향성과 연결된다. 역사적으로나 사회적으로는 어떤 맥락 속에서 문제가 발생하였는가를 고려해야 한다. 문제지향성은 실질적인 정책문제를 해결하기 위하여 목표의 명시, 추세의 파악, 조건의 분석, 미래발전방향의 예측, 및 대안의 발견과 평가 및 선택 등의 지적작업을 수행하는 것을 말하는데, 이러한 연구를 수행하는데 다양한 방법론적, 분석적 도구를 사용해야 한다. 이들 구성요소간의 관계는 상호의존적인 것이므로, 참여자들은 제도를 통하여 정책을 산출하고 환경에 영향을 준다. 따라서 Lasswell이 제시한 정책학의 세 가지 패러다임인 맥락지향성과, 문제지향성, 및 연합방법지향성은 신제도주의이론 중 역사적 제도주의의 주장과 공통되는 점이 많이 있다.

(2) 독립변수: 제도변화

둘째, 독립변수로서의 제도변화는 제도가 역사적 맥락의 변화에 의하여 기존의 경로를 지속하거나 이를 보완하거나 또는 새로운 형태로 변경이 이루어지는 것을 말한다. 역사적 제도주의는 제도변화의 문제에 대해 고민을 하여 왔다. 그러나 역사적 제도주의에서 제도형성의 문제가 중요한 것은 제도의 창조시기의 정의 때문이다. 미래의 발달을 계산하기 위한 기준시점의 선택은 이들 초기패턴이 이후의 제도나 정책을 지속하거나 형성하는 사례를 결정하는데 중요하기 때문이다. 역사적 제도주의에서 제도의 기원이 명확하지 않은 것은 거의 제도설계에 침묵하는 것과 같은 이치이다. 이 관점은 구조(제도)와 정책의 초기선택이 제도 내의 후속적인 결정에 영향을 준다고 가정하므로, 초기 제도선택은 제도형성시기에 주도적인 역할을 하는 정치적 힘을 반영하는 것으로 보고 있다. 그것은 의식적인 정책의 설계나 정부제도의 설계라기보다는 정책의 산물이라고 한다. 역사적 제도주의에서 보다 주요한 논점은 초기 제도설계보다는 제도의 지속성이나 재설계되는 제도적 틀이다(Peters, 199, 2005: 68: 72).

역사적 제도주의 접근은 제도의 형성보다는 그것이 형성된 후의 지속성에 초점을 두고 있다. 이 관점의 전체적인 분석틀은 초기에 만들어진 제도적, 그리고 정책적 선택의 지속적인 효과를 전제한다. March & Olsen(1984, 1989)의 제도이론에서는 현재의 제도를 과거의 역사적 요인의 산물로 보고, 과거의 선택이 역사발전의 경로를 제약한다는 경로의존성(path dependence)을 주장하였다(하연섭. 2003: 23). Ikenberry(1988: 223-224)는 제도의 지속성에 영향을 주는 요인으로 네 가지를 들고 있다. 첫째, 이미 형성된 제도는 특정한 개인이나 집단에게 특권적 권한이나 지위를 주게 되어 현존제도를 지속시키려고 한다. 둘째, 조직구성원은 자신이 일을 하는 조직환경이 변화하였다고 할지라도, 자신의 과업을 유지하기 위해 제도를 유지하려고 한다. 셋째, 제도개혁은 현존하는 조직과 제도 속에서 진행되므로 새로운 제도도입에 저항을 할 수 있다. 넷째, 새로운 제도가 대부분의 개인이나 집단에게 편익을 제공할지라도, 제도변화에 소요되는 비용과 불확실성은 기존제도의 유지를 가능하게 한다. 이처럼 경로의존모형에 토대를 둔 대부분의 경험적 연구는 시간흐름 속에서 특정한 제도적 패턴이나 그 결과의 지속성을 설명하는데 초점을 두어 왔다. 이들 학자들은 제도가 역사적 투쟁의 정치적 유산이라고 하고, 일단 형성된 제도는 환경변화에도 그 자체가 지속되는 제도적 결정주의 경향을 가진다고 한다.

역사적 제도주의는 제도변화를 설명할 때, '단절적 균형(punctuated equilibrium)'이나 '중대한 전환점'(critical juncture)을 제시한다. Krasner(1984, 1988)의 단절적 균형은 역사적으로 형성된 제도의 모습이 외적 충격이라는 중대한 전환점과 이를 통하여 형성된 새로운 제도가 새로운 경로를 지속하는 것을 말한다. 또한, Ikenberry(1988)와 Hall(1992)은 제도의 모습이 근본적으로 변화하는 시기, 즉 중대한 전환점을 Kuhn의 패러다임이 변화하는 시기로 보고 있다. Katznelson(2003)에 의하면, 제도는 안정적인 정치시기에 대부분 제약을 받는 것으로 보고, 중대한 전환점은 발전경로를 변경하도록 역사적으로 기관에게 기회를 열어준다. 다른 말로는 지속적인 역사적 경로가 기관의 선택의 순간에 의해 일어나 간헐적으로 되는 불연속적인 변화를 할 수 있다는 것이다 (Mahoney & Thelen, 2010: 6-7).

초기 역사적 제도주의의 제도변화에 대한 학문에서는 제도의 관성이나 지속성에 초점을 두어 제도변화의 근본요인으로 정치경제적 위기와 같은 외적 충격이 있어야만 제도가 변화할 수 있다고 보았다. 이처럼 초기 제도주의 학자들은 급진적인 제도의 재배열을 초래하는 외부적 충격을 강조하지만, 흔히 점진적으로 전개되는 내생적 요인에 토대를 둔 변화를 간과하고 있다.

그러나 점진적 제도변화를 이해하기 위한 이론은 이러한 경로의존이론으로부터 성장하여 왔다(Krasner, 1984; North, 1990; Collier & Collier, 1991; Clemens & Cook, 1999; Mahoney, 2000; Pierson, 2004; Thelen, 1999, 2003). 이들 연구는 제도가 그것이 존재하는 환경에서 자기강화적인 잠김(lock-in)이 아니라고 한다. 이들 연구의 중요한 흐름은 경로의존적인 잠김은 드문 현상이고 제도는 보다 점진적인 방법으로 진화할 가능성을 열어놓고 있다. 과거에 형성된 제도는 종종 시간흐름에 따라 급격하고 대규모적 변화보다는 느리고 점진적인 변화를 하기도 한다. 이를테면 외적 충격에 의해 제도변화가 이루어진다는 것을 비판하는 제도주의자들은 제도변화의 요인으로 '제도의 모순과 균열'이라는 개념을 통하여 제도의 점진적 변화를 주장한다. 이들은 모든 제도가 복수의 요소들로 구성되어 있고 제도의 구성요소가 내적 모순으로 제도변화가 일어난다. 따라서 제도변화는 어떤 특정한 질서로부터 완전히 다른 질서로 전환하는 것이 아니라 제도를 구성하는 다양한 요소들이 결합되는 방식이 달라질 뿐이라고 한다. 다시 말해서, 새로운 구성요소가 도입됨으로써 이들이 이미 존재하고 있던 제도의 요소들과 새로운 방식으로 결합되고 재배치되는 형태를 취한다. 예컨대, Stark(1992: 22)의 주장처럼, 제도변화는 새로운 제도가 기존제도를 '대체(replacement)'하는 것이 아니라, 제도의 구성요소를 '재배열(reconfiguration)'하는 것이라고 한다. 제도가 변화한다고 할지라도 기존제도와 절연되는 것이 아니라 기존제도의 요소들과 모습이 잔존하는 형태를 취하는데, 이를 Campbell(1997, 2001)은 구제도적 요소의 '존속변형(bricolage)'이라고 부르고 있다. 따라서 제도변화는 제도진공(institutional vacuum)상태에서가 아니라, 기존제도가 존속하는 상태에서 새로운 구성요소들이 결합되는 것이라고 할 수 있다. 이를 Orren & Skowronek(1996)은 제도의 '병렬적 구성(intercurrence)'이라고 하였다(하연섭, 2003: 158-161). 또한, Pierson(2004)은 제도변화가 단절적 균형을 일으키지 않고 다양하고 느리게 변화하는 인과과정(누적적 원인, 문턱효과, 인과사슬 등)을 논의하였다(Mahoney & Thelen, 2010: 1-3).

이들 연구에 자극을 받은 Streeck & Thelen(2005: 8-9)은 다양한 경험적 환경에서 존재하는 사례들을 범주화하고 비교할 수 있는 제도변화의 유형을 제시하였다. 이들은 제도적 안정성과 제도변화를 구별하고, 모든 주요한 제도변화는 외생적으로 산출된다고 하는 제도변화모형이 심각한 한계가 있다고 하고, 또한 재생산적 적응을 통한 제도적 연속성을 지지하는 점진적 변화나 제도적 고장과 혁신에 의해 초래되는 불연속적 변화를 분석하는 개념적 스키마를 비판한다. 이와 같은 현존하는 개념적 틀에 내재하는 편견은 특히 어떤 특정시기에 한계가 있다. 예컨대, 제도변화과정에서 점진적 변화과정에 역사적 불연속성이 추가되는 경우이다. 여러 학자들이 제시하는 바와 같이, 광범위한 제도변화는 소규모의 외견상 중요하지 않은 조정의 누적을 통하여 이루어질 수 있다. 이러한 현상을 설명하기 위해 변화의 과정(점진적 또는 급격적)과 변화의 결과(연속성 또는 불연속성)를 구별하고 이들을 결합하여 네 가지 제도변화의 유형을 도출하였다〈표 2-15〉.

〈표 2-15〉 제도변화의 유형: 과정과 결과

		변화의 결과	
		연속성	불연속성
변화의 과정	점진적	적응에 의한 재생산	완만한 변형
	급격적	생존과 복귀	해체와 대체

자료: Streeck & Thelen(2005: 9).

단절적 균형모형시각에서 불연속성을 초래하는 실질변화는 급격한 제도적 고장(실패)과 대체를 통하여 발생한다(해체와 대체). 또한 이 시각에서 점진적 변화가 있다는 것을 인정하는데, 이것은 제도적 연속성을 보호하기 위해 반응적이고 적응적인 것으로 인식한다(적응을 통한 재생산). 이를테면 해체(breakdown)와 대체(replacement)는 역사적 중단이라는 급격한 변화에 의해 현존제도가 없어지거나 다른 제도로 변형되는 것이다. 그리고 적응을 통한 재생산(reproduction by adaptation)은 점진적인 변화에서 현존제도가 적응하며 존속하는 것이다.

그러나 현실에서는 역사적 중단점에도 불구하고 상당한 지속성이 있을 뿐 아니라 장기적인 점진적 변화의 누적결과로서 명백한 안정성 국면 아래 제도적 재배열이나 적응적 자기생산을 통해 지속성을 가지거나 중단된다는 것이다. 전자를 '생존과 복귀'라고 하고, 후자를 완만한 변형이라고 한다. 생존(survival)과 복귀(return)는 역사적 중단이라는 급격한 변화가 있음에도 현존제도가 존속하거나 과거제도가 다시 부활하는 것을 말하고, 완만한 변형(gradual transfromation)이란 점진적 변화가 있음에도 현존제도가 중단되는 것이다.

한편, Mahoney & Thelen(2010: 14-18)은 Streeck & Thelen(2005)의 제도변화의 유형을 토대로 하면서, 제도변화의 초점을 기준으로 네 가지 점진적 제도변화의 유형을 제시하였다〈표 2-16〉.

〈표 2-16〉 점진적 제도변화의 유형

유 형 / 초 점	대 체 (displacement)	층 화 (layering)	표 류 (drift)	전 환 (conversion)
기존규칙의 제거	0(yes)	x(no)	x	x
기존규칙의 무시	-	x	0	x
기존규칙의 변화된 영향/제정	-	x	0	0
새로운 규칙의 소개	0	0	x	x

자료: Mahoney & Thelen(2010: 16)

위의 표에서 첫째, 대체(displacement)는 기존규칙의 제거와 새로운 것의 소개(도입), 즉 현존하는 규칙을 새로운 규칙으로 변화시키는 것이다. 이것은 초기 제도주의이론의 특징이었던 혁명을 통한 급진적 이동으로 발생할 수 있다. 그러나 대체는 또한 점진적인 과정으로 일어날 수 있다. 이것은 새로운 제도가 소개되어 기존제도와 경쟁할 때 발생할 수 있다. 새로운 제도는 기존 시스템에서 피해자였던 행위자들에 의해 종종 소개되고 있다. 만일 기존제도의 지지자들이 새로운 규칙으로 이동을 제재할 수 없을 때, 점진적인 대체가 일어날 수 있다. 예컨대 중국과 쿠바에서 시장지향적 제도의 발달은 기존제도에 대한 새로운 제도적 시스템의 진입이다. 보다 많은 행위자들이 시장제도에 진입으로써, 시장제도는 그 이전의 국가통제적 제도를 침식하고 느리게 추월하였다.

둘째, 층화(layering)는 기존규칙의 위에 또는 옆에 새로운 규칙을 소개(도입)하는 것, 즉 새로운 규칙이 기존규칙에 첨가(부가)되는 것을 말한다. 대체와 달리, 층화는 전체적으로 새로운 규칙을 도입하는 것이 아니라, 현존규칙의 수정이나 첨가에 관련된다. 예컨대, 현존하는 학교시스템에 상품권(쿠폰)선택을 추가하는 것이다. 이러한 층화과정은 제도적 도전이 기존규칙을 변화시킬 능력이 부족할 때 종종 발생한다. 그들은 대신에 기존규칙위에 새로운 규칙을 추가하는 것에 의해 현존시스템에서 작동하도록 한다. 현존상태의 방어자들은 기존규칙을 보존하지만, 수정이나 개정의 소개를 제재할 수는 없다. 새로운 요소는 그 자체로 소규모 변화일 수 있고 이러한 소규모 변화들은 장기적으로 대규모변화를 유도하면서 축적될 수 있다.

셋째, 표류(drift)는 환경변화에 따른 현존규칙의 변화된 영향, 즉 현존규칙은 동일하지만 이들의 영향이 외적 조건의 변화결과로서 변화를 하는 것을 말한다. 행위자들이 환경변화에 반응하지 않는 행동을 할 때, 이들의 미행동은 제도의 영향에서 변화의 원인이 될 수 있다. 예를 들면 미국 선거구에서 인구이동은 선거구의 왜곡을 가져와 선거결과를 왜곡할 수 있다. 인구이동에 의해 선거구경계를 개편하려는 것에 저항하는 정치가들은 표류를 통해 변화를 추구한다.

넷째, 전환(conversion)은 전략적 측면에서 기존규칙의 변화된 제정, 즉 현존규칙은 공식적으로 동일하지만 새로운 방법으로 해석하거나 제정하는 것이다. 규칙과 그들의 사례와의 격차는 표류의 경우처럼 변화된 환경에 직면하여 소홀히 이루어지지 않는다. 대신에, 그 격차는 제도의 본질적인 애매성을 이용하려는 사람들에 의해 생산된다. 그들은 제도를 새로운 목표와 기능으로 전환시킨다. 예컨대, YMCA는 세속화에 대한 대응으로 기본적인 종교적 임무로부터 보다 넓은 공동체 활동으로 오랫동안 방향을 수정하였다. 제도를 파괴할 능력이 부족할 때, 제도적 도전자들은 보다 호의적인 기능과 효과로 방향을 다시 설정하는 방법으로 제도의 본질적인 모호성을 이용할 수 있다.

지금까지 논의한 Streeck & Thelen의 제도변화유형과 Mahoney & Thelen의 점진적 제도변화유형을 결합하여 제도변화유형을 종합하면 다음 표와 같다.

〈표 2-17〉 Streeck & Thelen의 유형과 Mahoney & Thelen의 유형을 결합한 제도변화의 유형종합

변화결과 / 변화과정	연속성	불연속성
경로의존성 (점진적 변화)	· 적응에 의한 재생산 = 점진적 변화+기존제도 존속	· 완만한 변형= 점진적 변화+기존제도 중단 · 층화= 점진적 변화+기존제도+새로운 규칙추가 · 표류= 점진적 변화+기존제도의 변화된 영향 · 전환= 점진적 변화+기존제도의 변화된 제정 · 대체= 점진적 변화+기존제도 변형
단절적 균형 (급진적 변화)	· 생존= 급격한 변화+기존제도 존속 · 복귀= 급격한 변화+기존제도 부활	· 해체= 급진적 변화+기존제도 중단 · 대체= 급진적 변화+기존제도 변형

만일 우리가 자본주의 정치경제에서 제도변화를 관찰하려면 제도변화의 과정과 그 결과를 분석해야 한다. 본 연구대상인 지역발전의 제도적 진화과정을 분석하는데도 이러한 제도변화의 유형은 중요한 개념적 스키마로 이용할 수가 있다.

(3) 종속변수: 정책변화

위의 제도변화에서 논의한 바와 같이, 경로의존성은 정치학의 넓은 제도주의적 틀 속에서 사용되어 왔다. 그것은 제도적 수준에서 제도시스템의 작동과 그것을 둘러싼 사회경제적, 정치적 환경과의 상호작용을 설명하는 용어

이다. North(1990), Hall & Taylor(1996), Goodin(1998), 그리고 Pierson(2000) 등의 신제도주의자들에 의하면 개인이나 기관은 제도적 배열 내에서 행동한다고 하면서, 제도의 경로의존성에 초점을 두고 논의를 하여 왔다.

그러나 Kay(2005: 555-559)는 정책수준에서의 경로의존성을 논의하고 있다. 제도와 정책 사이의 개념적 구별은 정책연구에서 경로의존성을 사용하는데 중요한 논점인데, 두 가지의 논의가 있다. 하나의 선택은 경로의존의 대상을 제도로부터 정책을 유추(은유)하는 것(제도=정책)으로, 역사적 제도주의의 현존연구는 이러한 관점을 특정한 정책연구에서 이론형성과 경험적 검증을 하는데 사용하고 있다. 다른 하나의 선택은 경로의존성을 정책발달에 적용하여 이론화하는 것이다. 제도로부터 정책을 유추하는 주장의 기본질문은 '정책이 경로의존적인가?'이다. 이 시각에서 경로의존성은 공공정책발달을 이해하고 설명하기 위한 개념으로서, 한번 확립된 정책은 변화하거나 개혁하기가 어렵다는 경험적 관찰이나 제도에 대한 용어로 사용된다. 따라서 경로의존성은 제도수준과 정책수준에서 과거의 유산이 미래를 조건지운다는 공통된 관찰을 의미하는 것으로 사용되고 있다. 정책발달의 측면에서 경로의존은 어떤 정책조건의 설정이 이후의 선택을 제약하므로 정책단계가 비슷한 방향으로 진행되는 것을 말한다. Pierson(2000)에 의하면 초기 정책제안에 관련된 행위자들은 기존의 정책경로에 몰입되어 있다고 한다(Gains, John & Stoker, 2005: 17). 정책발달을 분석하기 위하여 경로의존성을 적용한 최근의 연구들로는 미국과 영국의 건강정책(Wilsford, 1994; Hacker, 1998; Greener, 2017), 영국의 주택개혁정책(Kemp, 2000), 영국의 연금정책(Pemberton, 2003), 그리고 EU의 공통농업정책(Kay, 2003) 등이 있다. 경로의존성은 정책결정이 시간흐름에서 누적된다는 통찰력을 의미한다. 정책의 누적과정은 미래 정책결정자의 선택을 제약하는 정책영역에서 발생할 수 있다. 따라서 경로의존성은 정책의 동적 분석을 요구한다. 여기서 동적 분석이란 시간이 정책변화의 설명에서 중요하다는 것을 암시하는 것으로서, Hall(1993)에서처럼 정책변화의 상이한 질서

(orders)를 설명할 수 있게 한다.

요컨대 역사적 제도주의에서 가장 핵심 쟁점은 정책결정시스템이 보수적이어서 현존하는 정책패턴뿐 아니라 이들 정책들을 만들고 전달하는 제도들이 지속적이라는 것이다. Pierson(2000)은 제도적 배열을 만드는 제도와 그리고 그들의 정책은 자기강화적인 과정이 있다고 한다. 그러나 역사적 제도주의는 공공정책결정과 정치변화가 상당히 안정적인 시간동안의 경로의존성으로부터 소용돌이의 '중요한 순간(formative moments)'에 의해 중단되고 별개의 과정으로 진행하는 것을 인식하기 시작하였다. 이러한 중요한 기간 동안 공공정책은 새로운 목표를 설정하고, 새로운 우선순위가 확립되고, 그리고 새로운 정치적, 행정적 동맹이 새로운 정책을 유지하기 위하여 발달한다(North, 1990; Steinmo, Thelen & Longstreth, 1992). 이러한 역사적 제도주의이론의 통찰력은 공공정책을 새로운 수준에서 이해하게 하고, 특히 정책발달이나 정책변화는 지속적인 것으로만이 아니라 단절적 과정(discrete process)으로 접근할 수 있게 한다(Peters, Pierre & King, 2005: 1276).

Daugbjerg(1998: 2: 39-40)에 의하면, 정책변화는 역사적 맥락이나 제도변화를 통하여 행위자들이 기존의 정책관성에서 정책을 개혁하거나 새로운 정책을 소개하는 것을 말한다. 여기서 정책개혁은 국가가 이미 관련하고 있는 어떤 일을 행하는 새로운 방법을 말하고, 새로운 정책의 소개는 국가로 하여금 새로운 사회적 행동분야나 새로운 종류의 서비스나 권리 또는 의무를 하게 하는 것이다. 정책개혁과 새로운 정책은 다양한 방법으로 설계될 수가 있고 따라서 변화의 대상에 대하여 상이한 결과를 가지고 있다. 구체적으로 정책변화의 대상은 정책의 구성요소인 정책목표와 정책도구이다. 여기서 정책목표는 정책을 통하여 달성하고자 하는 바람직한 미래의 상태이고, 정책도구는 정책목표를 달성하기 위한 수단 또는 장치, 즉 정책산출을 실현하기 위하여 사용하는 각종 수단이나 활동을 말한다.

지금까지 논의한 역사적 제도주의 관점의 정책변화에 대한 경로의존이나 단절적 과정에 대한 논의를 토대로 정책변화의 유형을 제시하면 다음과 같다. 우선, 정책을 제도로 은유하는 관점에서는 Streeck & Thelen의 제도변화 유형과 Mahoney & Thelen의 점진적 제도변화유형을 유추하여 정책변화의 유형을 다음과 같이 제시할 수 있다.

〈표 2-18〉 정책변화의 유형종합

변화결과 / 변화과정	연속성	불연속성
경로의존성 (점진적 변화)	· 적응에 의한 재생산 = 점진적 변화+기존정책 존속	· 완만한 변형= 점진적 변화+기존정책 중단 · 층화= 점진적 변화+기존정책+새로운 정책추가 · 표류= 점진적 변화+기존정책의 변화된 영향 · 전환= 점진적 변화+기존정책의 변화된 제정 · 대체= 점진적 변화+기존정책 변형
단절적 균형 (급진적 변화)	· 생존= 급격한 변화+기존정책 존속 · 복귀= 급격한 변화+기존정책 부활	· 해체= 급진적 변화+기존정책 중단 · 대체= 급진적 변화+기존정책 변형

다음으로, Hall(1993: 278-279)은 정책형성을 정책환경과 정책목표 및 정책도구 등 세 가지를 포함하는 과정으로 보고, 1970년대부터 1980년대까지 영국의 경제정책변화과정을 분석하는데 정책의 세가지 구성요소들의 결합을 통하여 세 가지 정책변화유형을 제시하였다. 첫째 1차적 정책변화는 정책목표와 정책도구가 동일하지만 도구집합이 변화하는 것을 말하고, 둘째 2차적 정책변화는 정책목표가 동일하지만 정책도구와 도구집합이 변화하는 것이다. 셋째 3차적 정책변화는 정책목표와 정책도구 및 도구집합이 모두 변화를 하는 것을 말한다. Hall에 의하면, 1차와 2차 정책변화는 기존의 정책패러다임에 영향을 주지 않고 부분적인 변화를 가져오는 정책결과로서 정책의 연속성이 유지되는 점증적 정책변화를 말하고, 3차적 정책변화는 기존의 정책패

러다임을 급격히 단절시키고 새로운 정책결과를 만드는 것으로 정책의 연속성이 중단(단절)되는 패러다임적 정책변화(단절적 균형의 정책변화)를 초래한다(배응환: 2015: 92-93).

〈표 2-19〉 Hall의 정책변화의 유형

정책변화유형		특 성
점증적 정책변화 (경로의존성)	1차적 정책변화	정책목표와 정책도구는 동일하고, 도구집합만 변화
	2차적 정책변화	정책목표는 동일하지만, 정책도구와 도구집합이 변화
패러다임적 정책변화 (단절적균형)	3차적 정책변화	정책목표와 정책도구 및 도구집합이 모두 변화

자료: 배응환(2015: 93).

위에서 역사적 제도주의관점에서 정책현상을 분석하는 인과모형의 핵심 개념들을 살펴보았는데, 다음 부분에서는 본 연구의 주제인 지역발전과 관련하여 역사적 맥락과 제도 및 정책의 구체적 내용을 상술하고자 한다.

4. 지역발전의 역사적 맥락

1) 역사적 맥락의 의미

Asford(1992: 28-33)의 '역사적 맥락과 정책연구'에 의하면, 행태주의는 비교정치를 부활시키는데 도움을 주었지만, 행태적 가정을 통한 추상적 이론을 목표로 하였으므로 맥락적 문제(contextual questions)는 경험적 지식의 추구에 불필요한 것으로 인식하였다. 그러나 역사연구는 정치와 정책결정의 분석에서 사라지기 시작한 통치능력과 국가형성 및 제도적 제약의 요인으로서 맥락적 사고의 필요성을 주장한다. 비교정책연구에서는 역사적 맥락에 대한 이해 없이는 제도와 정책에 대한 설명이 불가능하다. 이에 주요한 역사적 맥락 속에서 형성되고 변화하는 주제를 이론적 틀 속에 포함시켜 인과적 추론을 해야 한다는 것이다. 이러한 맥락은 제도와 정책의 인과관계에 영향을 미치는 요인이라고 할 수 있다. 시간이 흐름에 따라 맥락이 변화한다면 원인변수와 결과 간의 인과관계가 달라질 수 있기 때문이다. 다시 말해서 시간의 흐름에 따라 제도의 모습이 변화하고 정책도 변화를 할 수가 있다.

신제도주의이론 중 역사적 제도주의는 행태주의를 비판하고 역사적 연구의 맥락적 사고를 도입하여, 정치와 사회현상을 설명함에 있어서 제도와 정책뿐 아니라 제도와 정책을 형성하고 변화시키는 역사적 맥락을 강조한다. 그러한 맥락 속에 존재하는 제도와 정책적 요인들은 보다 포괄적인 사회적, 경제적, 정치적 환경에서 작동되는 것으로 이해되어야 한다. 제도의 인과적 변수의 하나로 맥락(contextuality)이 중요하다는 것이고 변수 간의 인과관계는 항상 역사적 맥락에서 형성되어 변화를 한다.

이 접근에서 강조하는 역사적 맥락이란 단순히 과거를 의미하는 것 아니라, 과거의 특정시점에서 나타난 원인이 현재의 결과에 영향을 미치는 것, 즉 사건의 발생시점과 순서가 미래의 사회적 결과에 중대한 영향을 미친다는 것을 의미한다. 이러한 역사적 과정을 Kooiman(1993: 30-41)은 사회의 특징들인 역동성(dynamic), 복잡성(complexity), 및 다양성(diversity)으로 설명한다. 여기서 역동성은 사회구성원 간의 상호작용의 결과로 사회가 한 상태에서 다른 상태로 변화를 하게 되며, 사회의 한 상태는 상호작용의 결과인 동시에 다른 상태의 원인으로 작용하고 이러한 변화의 인과관계가 비선형적이라는 것이고, 복잡성은 사회의 어떤 구조가 다른 더 큰 구조에 체화되어 있으며 이들 구조들 간에 상호작용을 한다는 것을 의미하며, 다양성은 복잡한 구조들을 형성하는 구성요소들의 개별성과 차별성을 말한다. 따라서 과거나 현대에서 발생하는 사회문제를 해결하기 위해서는 사회문제가 발생하는 맥락(context)에 대한 고려가 반드시 필요하다. 역동성을 이해하기 위해서는 사회과정이 어떤 추세로 변화 · 발전되어 왔는가를 탐색하여야 하며, 복잡성을 이해하기 위하여 사회구성원들의 상황과 관점 및 전략 등으로 이루어지는 다양한 상호 작용의 유형에 대한 고려가 필요하고, 다양성을 이해하기 위하여 사회구성원들이 추구하는 가치(이념)에 대한 고려가 요구된다(이명석, 2004: 201-202).

따라서 역사적 제도주의의 핵심 분석개념의 하나로 등장하는 것이 '역사'와 '맥락'이다. 이는 특정한 시점에서의 맥락을 이해하기 위해서는 그 맥락의 배경이 되는 역사적 과정에 주목해야 하고, 이러한 역사적 맥락의 산출물을 제도와 정책으로 보기 때문이다.

2) 역사적 맥락과 제도 및 정책의 형성과 변화

(1) 제도와 정책의 형성과 변화 이론

역사적 제도주의자들이 정치와 정책결정을 분석하는 인과관계의 변수로 역사적 맥락을 제시한 것은 이것이 제도나 정책을 형성하고 변화시키는 선행요인으로 작동한다는 것을 암시한다. 이러한 이유로 역사적 제도주의 관점의 제도연구와 정책연구에서는 경로의존성이라는 개념이 매우 중요한 의미를 갖고 있다. 경로의존성은 제도연구와 정책연구에서 과거의 유산(제도와 정책)이 미래(제도와 정책)를 조건 지운다는 것을 의미한다.

이들은 초기에 제도와 정책의 역사적 맥락을 '경로의존성'(path dependency) 차원에서 추적하였다. 경로의존성이란 특정한 역사적 맥락에서 형성된 제도나 정책이 정책행위자들로 하여금 이미 확립된 제도와 정책의 경로를 따르도록 제약을 한다는 것이다(Skocpol, 1995: 106). 이것은 Krasner(1984)가 주장하는 바와 같이, 전혀 다른 환경변화에 대처하기 위한 목적으로 형성된 제도나 정책이 미래의 시점에서도 지속적으로 제도나 정책 선택의 범위를 제약한다는 것이다. 제도와 정책 지속성의 원인은 기존의 제도적 구조 하에서 이익을 보는 집단들이 그 기득권을 포기하지 않으려고 하기 때문일 수도 있고, 사람들이 한번 습득한 규범이나 가치체계는 여간해서 잘 변하지 않는다는 심리적 이유 등 여러 가지가 있을 수 있다.

이러한 경로의존성 관점에서 제도와 정책의 형성과 변화를 이해하기 위해서는 역사적 맥락의 고려가 필수적이다. 현재시점에서 존재하는 제도와 정책은 역사적 과정의 산물이므로 일단 제도와 정책이 형성되면 상당기간 안전성을 유지한다. 이를테면 t시점에서의 기능적 요구에 부응하기 위해 제도와 정책이 성립되었다 할지라도 이렇게 형성된 제도와 정책은 애당초 제도와 정책이 성립될 수 있었던 사회적 환경이 변화함으로써 전혀 새로운 기능적 요구가 제기된다고 하더라도 그 자체가 지속되는 경향을 가진다. 그리하여 t시점에서 형성된 제도와 정책은 t+1시점에서의 선택과 변화방향을 제약한다. 그리하여 이렇게 역사적으로 형성된 제도와 정책은 t+1시점에서 제기되는 체제의 요구에 적절히 대응하지 못할 뿐 아니라 t+1시점에서의 문제를 해결하는데 있어 오히려 역기능적인 역할을 수행할 수가 있다. 다시 말해 역사적 발전과정에 있어 어떤 특정한 경로가 선택되어지면 현재의 문제를 해결하는데 보다 효율적일 수 있는 다른 경로를 밟을 가능성이 배제되어진다는 것이다 (Hall & Tayler, 1996; Pierson & Skocpol, 2002; 하연섭, 2003: 57).

그러나 경로의존의 안정성이 단절될 수 있다는 생각은 제도와 정책의 설정된 경로를 깨트리는 어떤 힘이 나타날 때까지 지속되지만 변화가 일어날 수도 있음을 의미한다. 역사적으로 형성된 제도와 정책은 환경변화에 따라 새로운 환경에 적응하지 못할 수도 있으며, 문제해결에 오히려 역기능적으로 작용할 수도 있다. 제도와 정책의 환경부적응과 비효율성은 제도와 정책의 변화계기를 제공한다. 이에 역사적 맥락에서 제도와 정책이 변화할 수 있다는 논의가 있게 되었고, 제도와 정책의 변화를 설명하는 이론으로 Krasner(1984)는 '단절적 균형'(punctuated equilibrium)을, Ikenberry(1988)는 '역사적 전환점'(historical junctures)을, 그리고 Thelen & Steinmo(1992)는 '제도적 역동성'(institutional dynamism)을 제시하고 있다.

Krasner(1984: 223-246)는 제도와 정책의 변화를 생물학의 신다위니안 진화이론에서 차용한 단절된 균형개념을 도입하여 설명하는데, 이것은 제도변화의 환경의존성을 암시한다(Peters, 1999: 68). 제도적, 정책적 특성은 특정한 시기의 균형상태에서 오랜 기간 안정성을 유지하다가 마치 쿤의 패러다임변화와 같이 외부환경으로부터 발현되는 위기가 나타나면 기존의 제도적 상태나 정책적 상태가 중단되고 새로운 제도와 정책으로 이행하는 현상이 발생한다. 이러한 제도와 정책의 변화는 사회경제적 위기나 군사적 갈등과 같은 위기맥락에 대응하기 위하여 일어나는 급진적이고 간헐적인 변화로서 새롭게 형성된 제도와 정책은 새로운 제도와 정책의 선택을 하도록 한다. 이러한 단절적 균형과 유사하게 Ikenberry(1988: 225-226)는 역사적 전환점에 주목하고, 제도와 정책의 모습이 급격히 변화하는 정치적, 경제적 위기와 같은 역사적 사건의 흐름에 따라 단절적으로 변화한다고 한다.

또한 Thelen & Steinmo(1992: 16-17)도 제도적 역동성개념을 가지고 제도와 정책 변화의 원인을 설명한다. 제도적 역동성이란 국가 내에서 시간변화에 따라 제도와 정책이 동태적으로 변화할 수 있다는 것으로, 제도와 정책 변화는 다음과 같은 원인들 때문에 발생한다. 첫째, 사회경제적 또는 정치적 상황이 전반적으로 변화를 하면 기존에 잠재되어 있던 제도와 정책이 나타나게 되어 정책결과에 영향을 줄 수가 있다. 둘째, 정치적 권력의 균형에 변화가 나타나면 기존의 제도와 정책이 상이한 목표를 추구하는 현상이 발생한다. 예컨대 새로운 참여자가 기존 제도와 정책의 목표를 변화시키고 새로운 방향으로 재해석하는 경우 제도와 정책의 변화가 야기된다. 셋째, 외부환경의 변화가 기존제도와 정책의 목표나 전략을 변화시키는 경우 제도와 정책의 성격이 변화하게 된다.

이상에서 논의한 제도와 정책 변화의 경로의존성, 단절적 균형, 역사적 전환점, 그리고 제도적 역동성 개념들은 제도와 정책을 형성하고 변화시키는 역사적 맥락요인으로 거시적인 환경요인의 충격이나 위기와 같은 외부환경 변화라는 외부적 요인을 제시하고 있다. 외부적 요인에 의해서만 제도와 정책이 변화한다면, 초기 제도와 정책 변화이론의 가장 큰 문제점은 외부적 충격이 없더라도 제도와 정책이 변화하는 현상을 설명할 수 없다는 것이다.

그러나 그 이후의 제도주의 연구자들은 외부적 요인을 강조하는 제도와 정책 변화이론에서 한 걸음 더 나아가 제도와 정책 변화의 역사적 맥락으로 내부적 요인을 주장하게 되었다. 이러한 내부적 요인으로는 이념(아이디어)과 제도와 정책의 갈등 그리고 행위자의 권력관계를 들 수가 있다.

우선, 역사적 제도주의자들은 제도와 정책 변화의 내부적 요인으로 이념(아이디어)에 관심을 가지고 있다. 이처럼 제도와 정책 변화의 동인으로 아이디어에 초점을 두게 된 것은 기존에 변화를 설명하는데 전쟁이나 공황과 같은 외부적 충격을 강조하였지만 한계가 있었기 때문이다. 이후의 연구에 의하면 새로운 제도나 정책의 도입이나 구제도와 구정책의 수정을 시도할 때에는 그 시대에 추구하는 이념이 존재한다는 것이다. Berman(1998)은 그의 저서 "사회민주주의 운동"에서 이념이 어떻게 대규모의 역사적 변화를 설명하는가를 연구하였는데, 제도나 정책의 차이는 각 정당이 오랫동안 수용해온 아이디어와 그에 따른 독특한 정책유산 때문이라고 한다. 그는 이념이 기관에게 무엇을 원하는지를 말할 수 있으므로 이념이 변화하면 기관의 선택도 변화를 하여 제도변화나 정책변화를 가져온다(Blyth, 2002: 306-307; 남궁근, 2012: 197-198).

다음으로, 제도와 정책 변화의 내부요인으로 제도의 모순과 균열 또는 제도갈등을 들고 있는 학자들로는 Orren & Skowronnek(1996)과 Streeck & Thelen(2005) 등을 들 수가 있다(하연섭, 2003: 158-161). Orren & Skowronek(1996)에 의하면, 제도와 정책은 단일한 논리나 요소로 구성되어 있는 것이 아니라, 복수의 이질적인 논리 혹은 요소들로 구성되어 있고 각각의 요소들은 서로 다른 시기에 어떤 특정목표를 달성하기 위해 도입되었는데, 이러한 제도적, 정책적 요소들이 갈등을 일으키고 분열을 일으키게 된다. 이를 제도갈등 또는 제도의 모순과 균열이라고 한다. 이러한 이질적 요소들 사이의 갈등과 균열이 제도변화를 야기한다는 것이다,

정정길(2005a: 23-29)은 이러한 측면을 제도와 정책의 정합성 차원에서 논

의하고 있다. 제도를 구성하는 요소들 간의 상호보완적 관계 또는 최소한 중립적 관계를 유지하는 상태를 제도의 내적 정합성이라고 하고, 제도와 환경 맥락과의 부합성을 제도의 외적 정합성이라고 한다. 이와 대비하여 제도의 내적 정합성이 없는 상태, 즉 제도를 구성하는 요소들이 상호모순대립관계에 있는 현상을 제도갈등이라고 할 수 있다. 가장 쉽게 발견되는 제도의 비정합성은 새로운 제도도입이나 제도개혁에서 발견되는데, 지지세력과 반대세력이 타협하여 구제도를 잔존시킴으로서 정리해야할 요소와 새로운 요소가 혼재하게 된다. 예를 들면 SOP의 변경이 어렵다는 지적과 같은 것이다. 이러한 측면은 정책의 경우도 동일하게 나타난다. 새로운 정책을 결정할 때 대립하는 이해관계자들의 타협에 의하여 상호 모순 · 대립되는 정책목표들이나 정책수단들을 포함시킨다(정정길, 1997: 414-415). 또한 새로운 수질보존규제나 경쟁을 촉진하기 위한 새로운 공정거래 등 새로운 규제정책이 도입되는 경우 피해를 부담하는 집단의 저항에 따라 기존요소들이 살아남게 된다. 배분정책에서의 수혜조건의 변경에서도 동일한 저항에 부닥친다. 한편, 제도의 외적 비정합성문제로서 조직과 환경과의 정합성문제가 발생한다. 조직의 실태를 보면 환경으로부터 무슨 방법이든지 정당성을 확보할 수 있는 대외용 조직목표, 구조, 과정, 행태 등을 보이려고 한다. 외적 정당성이 조직생존에 필수적인 자원을 확보하는데 결정적인 영향을 미치기 때문이다. 그래서 조직이 환경으로부터 정당성을 부여받기 위하여 나타내는 조직의 요소들이 실제로 작동하는 요소들과는 다를 수가 있다(Meyer & Rowan, 1977: 340-363; Dimaggio & Powell, 1983: 147-160; 정용덕 외, 1999: 107-114; 124-130). 어떤 조직들은 주주들에게 보이기 위하여, 국회에 보이기 위하여 최고라고 평가된 다른 조직의 외모(구조나 과정)를 형식적으로만 도입하는 경우가 무수히 많다. 최근의 평가제도와 관련된 벤치마킹의 경우가 대부분 그러하다.

더욱이 중요한 것은 제도가 본질적으로 모순과 갈등관계에 있는 요소들을 포함하고 있다는 점이다. 이는 위의 경우와 달리 구제도의 기득권세력의 저항이 전혀 없는 경우에도 발생하는 제도의 본질적 문제이다. 많은 제도나 정책은 반드시 핵심 요소에 대립되는 부수적 요소를 포함시키고 있다. 대부분의 제도나 정책은 내적 모순을 의도적으로 설치해두고 있다. '제도들은 상호 적대적인 부분들을 포함시키고 있다'는 Koeble(1995: 235)의 지적은 이러한 사실을 표현하는 것이다. 정책의 경우를 예로 들면, 대부분의 정책은 상충되는 가치나 목표들을 지니고 있다. 경제정책이 물가안정(자금의 축소공급이 필요)과 고용확대(자금의 확대공급으로 경기를 활성화해야 한다)를 동시에 목표로 가지고 있고, 의료정책의 경우 의료서비스의 비용인하와 질적 향상을 동시에 추구하는 것과 같다. 제도의 경우도 마찬가지이다. 실적주의제도를 도입하면서 동시에 대통령이 정무직을 임명하도록 하는 정실주의제도를 포함시킨다. 자유나 경쟁을 위한 제도가 평등이나 형평성을 유지하기 위한 요소를 포함하고 있는 것이 바로 여기에 해당한다.

이러한 제도갈등이나 정책갈등의 내면에는 행위자들의 권력관계가 스며들어 있다. 제도의 형성과정이 정치적 결정과정으로 행위자의 권력관계에서 자유로울 수 없듯이, 제도의 변화과정 또한 기존의 제도를 유지하려는 행위자 혹은 조직과 이를 변화시키려는 행위자들 간의 권력관계에 의해 이루어진다(하연섭, 2006: 231). 정책결정과정에 참여하는 행위자들의 속성은 시간의 흐름에 따라 변화하고, 이 변화의 방향이나 속도가 참여자들에 따라 다르다. 예를 들어 새로운 아이디어의 확산과 이를 지지하는 집단이 서서히 과거의 주도집단에 도전하여 구세력이 약화되고 신세력이 강화되는 경우도 있다(정정길, 2005b: 64-65). 따라서 제도와 정책의 갈등 및 이들의 이면에 존재하는 행위자들의 권력관계는 제도와 정책 변화의 요인으로 작동한다.

3) 제도와 정책의 형성과 변화 요인

위의 논의를 종합하면 역사적 제도주의나 정책학에서는 제도와 정책의 인과관계를 논의하면서도 제도변화를 통한 정책변화 그리고 제도 및 정책의 형성과 변화에 영향을 주는 역사적 맥락을 설명하는 논의를 경시하여 왔다. 역사적 발전과정을 가치면서 제도와 정책이 형성된다는 것은 제도와 정책이 변화할 수 있다는 것을 의미한다. 이러한 제도와 정책의 변화가 의미하는 것은 제도변화에 따른 새로운 행동 또는 선택의 제약, 또는 정책변화에 따른 새로운 제도의 형성이나 변화라고 할 수 있다. 그러면 제도와 정책은 왜 변화하는가? 이러한 제도와 정책의 변화요인에 대해 역사적 제도주의자들은 위에서 논한 제도와 정책의 형성과 변화이론에 관심을 갖고 연구를 하여 왔다. 제도와 정책 변화의 역사적 맥락으로는 외생변수를 강조하는 입장과 내생변수를 강조하는 입장으로 나누어진다. 외부적 요인들로는 특정한 시점에서 정치경제적 위기나 정치적 · 경제적 혹은 사회적 환경의 변화를 들고 있다. 그리고 내부적 요인으로는 이념의 확산이나 제도나 정책의 갈등 및 행위자들의 권력관계 등을 강조한다.

첫째, 외부적 요인으로는 환경을 들고 있다. 환경은 제도와 정책을 둘러싸고 그것에 영향을 주는 투입요인으로 작용한다. 제도와 정책의 환경은 크게 일반적 환경과 구체적 환경으로 나눌 수가 있다. 일반적 환경은 국내와 국외의 정치적, 경제적, 사회문화적, 기술적 환경을 말한다. 정책결정요인논쟁에서 정치적 결정론자들은 정책의 내용을 결정하는데 정치적 환경이 중요하다고 한다. 이러한 정치적 환경변수로는 권위주의화와 민주화, 지방화, 정치이념, 그리고 정치문화 등을 들 수가 있다. 이러한 정치적 특성들은 정책은 물론 제도를 형성하고 변화시키는데도 동인으로 작용한다. 한편, 사회경제적 환경론자들은 정책의 내용을 결정하는데 사회경제적 환경이 중요하다고 한다. 여기서 경제적 환경에는 산업화와 이로부터 초래되는 산업구조, 자본과 노동의 성격과 분배, 그리고 소득분배 등이 포함된다. 사회적 환경은 사회를 구성하는 개인이나 집단의 인구통계학적 특성과 이들의 사고방식과 행동양식을 포괄적으로 지칭한다. 이러한 경제와 사회의 다양한 특징들이 그 국가에서 형성되고 집행되는 제도와 정책의 유형에 영향을 주게 된다. 그리고 구체적 환경은 제도와 정책에 직간접적으로 이해관계를 가지는 행위자들이 관련되는 과업환경이다. 이를테면 정책과정에서 정부와 상호작용하는 시민, 이익집단, NGO, 전문가집단, 정당, 언론 등의 다양한 비정부행위자들을 말한다. 이들 과업환경행위자들은 정책의제형성과정에서 정부에 투입요인으로 작용하기도 하지만, 정책결정과정에서는 정책결정자로 활동하기도 한다.

둘째, 내부적 요인으로는 이념(아이디어)이 있다. 아이디어는 논자에 따라 가치에 대한 서술, 인과관계에 대한 서술, 공공문제에 대한 해결책, 상징이나 이미지 혹은 세계관이나 이데올로기 등 다양한 대상을 지칭하는 개념으로 활용되어 왔다. 이에 따라 아이디어에 대한 정의와 유형분류가 시도되어 왔는데(Goldstein & Keohane, 1993; Blyth, 1997; Campbell, 2001, 2004), 그간의 논의를 종합하여 아이디어를 분류하면 다음과 같다(하연섭, 2006: 232-233). 패러다임으로서의 아이디어(idea as paradigms)는 정책결정자나 전문가들이 가지는 정책의 거시적 방향성을 제시하는 이론적 가정이나 당연시되는 세계관으로서, 정치엘리트들이 문제를 어떻게 인식하고 수용가능한 해결책의 범위가 어느 정도인지를 판단하는 준거가 된다. 따라서 패러다임은 정책엘리트들이 선택할 수 있는 문제해결책의 범위를 제한하는 기능을 수행한다. 공공정서로서의 아이디어(ideas as public sentiments)는 일반국민들이 지니고 있는 문제해결책에 대한 가정으로, 수용가능한 해결책의 범위를 제약한다. 프로그램으로서의 아이디어(ideas as programs)는 패러다임과 공공정서에 기반을 두고, 정책과정의 참여자들이 정책문제에 대해 갖고 있는 구체적인 해결책을 말한다. 이것은 정책문제를 둘러싼 인과관계를 명확히 하고 이에 기반하여 정책의 구체적 방향을 제시하는 기술적 · 전문적 아이디어로서, 프로그램신념(Berman, 1998; Hansen & King, 2001)이나 인과관계에 관한 신념(Goldstein & Keohane, 1993)이라고도 한다. 제도나 정책 변화에 대한 아이디어의 영향력은 제도와 정책에 대한 전적으로 새로운 아이디어를 소개함으로써 제도와 정책이 변화하는 형식을 취하는 것이 아니라, 어떤 새로운 아이디어가 도입되면 현존하는 제도나 정책을 구성하고 있던 요소들을 재배열함으로써 제도나 정책이 변화하는 형태를 취하게 된다. 이러한 정책아이디어는 정치엘리트의 지지를 받으며 이들의 이익을 극대화하기 위한 전략을 형성하여 제도와 정책을 형성하거나 변화시키는데 영향을 준다(Goldstein & Keohane, 1993: 11-21).

셋째, 또 다른 내부적 요인으로는 행위자의 권력관계와 이를 통한 제도나 정책의 갈등을 들 수가 있다. 제도나 정책 변화의 주된 요인으로 아이디어에 주목함으로써, 제도와 정책 변화과정에서 행위자의 역할과 권력관계의 중요성을 강조하게 되었다. 어떤 아이디어를 활용할 것인가 그리고 어떻게 아이디어의 요소들을 재구성할 것인가는 행위자의 구체적 판단과 노력의 산물이다. 또한 누구의 아이디어를 통해 제도나 정책의 요소들을 재구성할 것인가는 본질적으로 행위자의 권력관계에 관련된다. 이를테면 누구의 아이디어나 신념체계가 제도나 정책의 변화과정에 반영될 것인가는 다양한 집단 중에서 권력자원을 소유하고 있는 사람들에 의해 좌우된다. 따라서 North(2005)는 제도변화의 설명하는데 행위자의 권력관계를 중시한다. 제도는 점진적이고 완만하게 변화하는데 이러한 변화의 동인이 권력관계라는 것이다. 이러한 권력관계는 제도를 만드는데 누구의 신념체계에 기반해서 할 것인가를 결정한다. 갈등적 신념이 존재할 경우, 제도는 자신들의 선택을 유효화할 수 있는 위치에 있는 사람들의 신념을 반영한다. 제도를 변화시키면 기존의 권력관계가 변화하여 기득권을 가진 사람들의 이익이 침해받을 수 있게 되는데, 이 때 기득권자들의 저항에 따라 제도는 완만하게 변화한다. 제도변화의 폭과 방향은 현존제도의 수혜자들과 도전자들 간의 권력자원이 어떻게 배분되는가에 따라 달라진다(하연섭, 2006: 235-236: 231).

그러므로 제도나 정책은 무엇보다도 권력함의가 내포되어 있는 분배적 도구라고 할 수 있다(Hall, 1986; Skocpol, 1995; Mahonoy, 2010; Mahoney & Thelen, 2010: 8-9). 제도나 정책은 자원고려와 분배적 결과를 가지기 때문에 긴장으로 가득차 있다. 행동을 패턴화하는 공식 또는 비공식적인 일련의 규칙이나 기대는 자원배분의 불균등성을 가질 것이고, 많은 공식제도들은 특히 특정범주의 행위자들에게 자원을 배분하는 경향이 있다. 이것은 중요하고 가치있는 자원을 동원하는 정치적 그리고 경제적 제도들에서 사실로 나타난다. 자원배분을 가지는 행위자들은 규범적으로 상이한 종류의 제도나 정책을 창조하도록 동기화된다. 실제로 설계된 제도들은 종종 이러한 동기화된 행위자들에 기여를 하게 된다. 어떤 경우에 다른 행위자에 비해 한 집단 또는 동맹의 권력은 매우 크기 때문에 지배적 행위자들은 그들의 선호에 순응하는 제도나 정책을 설계하려고 한다. 그러나 제도나 정책의 결과는 어떤 특정집단의 목표를 반영하는 것이 아니다. 그들은 집단들 간의 의도하지 않은 결과이거나 행위자들 간의 '애매한 타협'일 수도 있다. 이러한 이유 때문에 제도적 배열에서 자기영속적이거나 지기강화적인 어떤 것도 없다고 볼 수 있다. 제도는 타협이나 특정한 동맹동학에 토대를 둔 경쟁적 해결을 통해 상대적으로 지속할 수 있다. 제도는 항상 변화에 취약하다. 이러한 관점에서 변화와 안정성은 불가분하게 연결된다. 자원의 축적과 지속적 동원에 의존하는 제도적 안정성 관점에서 볼 때, 제도변화의 중요한 동인은 권력균형의 이동이다(Knight, 1992; Thelen, 1999). 이를테면 현존하는 제도배열로부터 편익을 얻는 행위자들은 지속성에 대한 객관적 선호를 가질 수 있지만, 그러한 지속성을 유지하려면 계속적인 정치적 지지의 동원뿐 아니라 제도적 애매성을 그들에 호의적으로 유도하는 적극적인 노력이 필요하다(Thelen, 2003). 반면에 어떤 제도에 의해 불이익을 가진 행위자들은 다른 제도로 변화를 추진하는 것에 대해 그들의 지위를 사용할 수 있다. 이처럼 어떤 제도적 배열을 둘러싼 행위자의 권력갈등은 제도변화의 요인이 작용한다. 이러한 행위자들의 권력갈등 이면에는 제도갈등과 정책갈등이 존재한다. 다른 말로 표현하면 제도와 정책을 둘러싼 갈등이나 상호관계에는 관련 행위자들의 권력관계가 내재되어 있다. 국가의 제도와 정책의 변화는 정부뿐 아니라 정당이나 이익집단 및 NGO 등 주요한 행위자에 의해 좌우되기 때문이다. 따라서 제도나 정책이 형성되고 변화하는 동학을 파악하기 위해서는 역사적 맥락에서 참여하는 행위자들의 권력관계에 대한 분석이 필요하다(Hall & Tayler, 1996: 941).

5. 지역발전제도

1) 지역발전제도의 의미

학자와 정책결정자들은 지역발전정책을 수행하는데 제도의 역할에 대하여 관심을 갖고 연구를 하여 왔다. 전통적으로 지역발전정책은 국가정책의 한 부분으로 인식되어 그것을 수행하는 핵심적 행위자로는 국가(정부)가 주도적 역할을 하였다. 그러나 세계화라는 급격히 변화와 거기서 초래되는 지역간 불균등성과 지정학적으로 재편성되는 환경맥락에 대응하여, 정부와 거버넌스의 구조는 변화의 대상이 되었다. Ohmae(1995)에 의하면 세계화에 의해 경제발전의 관리과정에서 국가의 역할은 축소되고 있다고 한다. 반면에, Rodrik(2011)은 글로벌 경제의 규칙을 형성하는데 국가의 지속적인 중요성을 강조한다. 그러나 각 국가에서 국가역할에 대한 변화추적은 제도로서 국가의 형성과 발전의 특정한 역사적 맥락을 반영하면서 지정학적으로 다양하게 나타날 수 있다. 다층수준 거버넌스(multi-level governance)는 글로벌 북반부의 선진국가에서 출현하여 왔고, 국가권력은 다양한 공간규모에서 다양한 행위자들에 의해서 공동으로 실행되고 있는데, 그 중 지역에서 나타나는 거버넌스는 특히 주목을 받아 왔다. 이러한 정부와 거버넌스제도에 대한 관심증가는 효율적인 통치제도가 지역발전의 지속가능한 형태에서 중요한 요인이라는 주장과 연결된다(Tomaney, 2014).

따라서 지역발전에서 통치제도의 논의는 국가하위단위에서 지역발전의 패턴을 형성하는데 중앙정부는 물론이고 지방정부와 다른 공공기관 및 민간부문이나 시민사회조직 등을 포함하는 국가뿐 아니라 다른 제도들의 활동이 중요하다는 것이다. 효율적인 통치제도가 지역발전과정에서 중요한 역할을 한다. 최근연구는 지역발전을 위한 조건을 형성하는데 공식적이거나 비공식적 제도의 중요한 역할을 강조하고 있다. 정책측면에서 잘 기능하는 제도적 틀은 지역발전을 촉진하는데 도구적 가치를 가지는 것으로 인식하고 있다. 이러한 통치제도로 과거에는 정부제도의 역할에 주목을 하여 왔다면, 1980년대 이후에는 다양한 행위자들을 포함시키는 다층수준 거버넌스제도를 강조하고 있다.

OECD(2012)에 의하면, OECD국가의 지역에서 경제성장원천인 인적 자본이나 혁신 등이 다르고 성장잠재력도 다양하게 나타나고 있다. 특정국가에서 성장하는 지역과 저성장지역을 분석한 결과, 낮은 경제적 성과를 가져오는 중요한 요인으로는 이해관계자의 낮은 동원, 제도를 통한 정책의 연속성과 응집력의 부족, 공통의 비전과 전략 부족, 그리고 다층수준 행위자와 다층수준 거버넌스의 역량 부족과 격차 등을 포함하는 제도적 병목(institutional bottlenecks) 현상을 확인하였다. 중요한 행위자들을 동원하고 통합하기 위하여 이들 간의 협상과 대화를 촉진하는 공식적, 비공식적 제도는 정책연속성을 강화하기 위하여 중요하다고 할 수 있다. 이에 OECD는 지역정책의 새로운 패러다임으로 지역발전제도의 중요성에 주목하고 있는 것이다. 이러한 지역발전제도는 지역발전의 환경과 쟁점을 진단하고, 우선순위의 담론과 행위자들을 인도하며, 지역맥락에 적합한 발전전략을 형성하고, 자원과 투자를 모아 배분하며, 그리고 정책개입의 영향을 평가하는 등의 주요한 과업을 수행한다(Pike et al, 2017:152-153).

위에서 논한 바와 같이, 통치제도의 개념에는 조직이나 기구는 물론이고 법, 규제, 규칙, 그리고 관습이나 전통 및 가치 등의 다양한 요소들을 포함한다. 여기서는 통치제도의 범주를 조직 차원에서 정부제도와 거버넌스제도로 나누어 이들이 지역발전에서 어떠한 역할을 수행하는가를 살펴본다.

2) 국가(정부)제도와 지역발전

지금까지 지역발전패턴을 형성하고 실행하는 중심 제도는 국가(정부)이다. 지역발전의 형성과 관리에서 정부의 역할은 중요하다. 그러나 정부역할의 주요 변화는 '발전주의'로부터 '글로벌주의'로 이동이다. 미국이나 독일과 같은 연방국가에서 주정부는 지역발전에서 주요한 역할을 수행하여 왔다. 또한 중앙정부는 정치에서 중심적 지위를 가지고 하향식접근으로 경제발전을 계획하는데 중심 역할을 한다. 국가는 시장을 규제하여야 하고 경제적 효율성을 위해 역할이 증가하고 있다는 것이다.

케인지안 거시경제이론에 의하면, 정부개입은 경제성장과 고용을 위하여 조세와 공공지출이란 정책도구를 가지고 이루어진다. 재정정책은 지역에 영향을 가지고 있다. 일반적으로 적극적인 조세와 공공지출은 자원이전을 통한 자동안전장치로서 기능한다. 예컨대 정부는 경제가 침체할 때 고용을 증가시키기 위해 지출을 증가시킨다. 또한 경제활동의 모든 수준에 영향을 주는 거시경제정책도 지역에 영향을 가지고 있다. 예를 들면 일정한 가격을 유지하기 위해 중앙은행은 성장하는 지역에서 물가상승압력을 완화하기 위해 이자율을 상승시킨다. 이런 개입은 유럽에서 국가복지국가의 확장을 통하여 이루어졌고, 라틴아메리카나 아시아에서는 수입대체전략에 의해 시도되었다. 또한 정부는 경제의 중요부문을 보호하거나 육성하기 위해 새로운 산업역량의 창조를 지원하였다. 또한 경제적 도구의 부분으로서 세계 여러 국가들의 정부는 국가하위단위인 지역에서 경제활동을 추진하였다. 이를테면 국가는 정체된 또는 주변 지역에 자원을 배분하거나 공간적으로 균형된 발전을 촉진하는 목표를 설정하였다. 정부는 실무적 목표를 달성하기 위해 미국의 테네시개발당국이나 일본의 지역발전법인과 같은 전문화된 조직을 만들었다. 이러한 경제관리의 케인지안모형은 국가적인 수요관리와 정책개입의 효과를 전제한다. 정부의 시장에 대한 경제규제는 1950년대와 1970년대까지 경제성장의 지속을 가져왔다. 그러나 이것은 1970년대 말의 세계화에 의해 와해되고 정부의 역할이 의심을 받게 되었다(Dicken, 2015; Pike et al, 2017: 154-157).

서구 선진국가에서는 대의민주주의모형에 의하여 국민- 선출된 대표자(대통령과 국회)- 행정부(정부관료제)의 정치체제에 의해 통치가 이루어져 왔다. 국회는 국가가 필요로 하는 정책을 결정하고 행정부의 관료제는 이것을 집행하는 것으로 인식하였다. 그러나 이러한 정치행정이원론의 사고는 비판을 받게 되었고, 국회뿐 아니라 행정부도 정책을 결정한다는 정치행정일원론의 사고가 보편됨에 따라, 대의민주주의국가에서 정부관료제는 핵심적인 통치주체의 하나로 기능하여 왔다.

그러나 1970년대 이후 전통적인 정부관료제모형은 국가가 담당하는 새로운 과제에 적합하지 않다는 인식이 확산되었다(Kjer, 2004: 22). 국가의 역할은 주로 법과 질서를 유지하고 기본적인 기반시설을 제공하는 질서유지국가에서 2차 대전 이후 그 영역이 경제, 교육, 보건, 연금, 실험보험 등 경제분야와 사회복지분야로 크게 확대되었다. 그러한 정부부문은 표준화된 절차와 관료적 시스템으로 인해 그 구조와 기능이 경직되었으며, 따라서 고객의 요구에 민감하게 반응하고 효율적으로 전달해야 하는 공공서비스 제공에는 적절하지 않다는 것이다. Mayntz(1993: 9)에 의하면, 선진국가에서 국가는 질서유지와 발전 및 복지라는 영역에서 그 기능수행에 실패하였다. 전통적으로 사용되어 온 정부관료제 중심의 정책수단에 내재되어 있는 문제 때문에 국가가 이러한 경제적, 사회적 문제를 해결하는데 실패하여 이른바 통치불능(ungovernability)을 초래하였다.

정부관료제모형으로 대표되는 전통적인 국가(정부) 거버넌스의 실패는 정부의 역할이 약화되는 방향으로 나타났다. 그동안 중앙정부가 담당하던 역할은 세계수준과 국가수준 및 지방수준에서 국제조직이나 다국적 기업 및 국제 NGO, 지방정부와 기업 및 NGO 등으로 이전되거나 협력하는 방향으로 변화를 하고 있는데. 그 구체적 양상은 국가에 따라 그리고 정책영역에 따라 다양한 형태로 나타나고 있다. Nye(2002: 4-5)에 의하면, 미국에서는 1962년부터

1995년 사이에 연방정부 공무원은 15% 증가에 그친 반면에 주정부나 지방정부의 공무원은 150% 증가하였다. 민영화를 통하여 공공부문의 많은 기능이 이전되었고 비영리기관의 역할이 점점 증가하고 있으며, 국제비정부조직들도 지난 20년 사이 약 10배 증가하였다. 영국의 경우 중앙정부의 역할축소는 1980년대 이후 보수당정부가 신자유주의 개혁을 추진하면서 크게 나타났는데, 그 내용을 보면 민영화와 공공간섭의 범위와 형태 축소, 중앙 및 지방정부의 기능을 책임운영기관과 같은 대안적 기구로 이전, 신공공관리를 통한 관리적 책임의 강조 및 정책과 관리의 구별을 통한 정치적 통제의 강화 등이다. Rhodes(1996, 1997)은 이처럼 영국에서 중앙정부의 역할과 기능이 축소되고 공공부문이 분절화 되는 현상을 '국가공동화'(hollowing out the state) 또는 '정부의 약화된 통치'(governing without government)로 표현하였다. 한국의 경우에는 중앙정부의 규모축소라는 측면에서 유사한 방향으로 변화를 하고 있다. 안병영 외(2007)의 제3공화국에서 국민의 정부시기까지 공공부문의 변화에 대한 연구에 의하면, 중앙정부는 1960년대 국가주도의 산업화가 시작되면서 조직과 인력 및 재원 면에서 본격적으로 증가하기 시작하였다. 1980년대 초에 그 규모가 절정에 이른 후에 지속적으로 안정화를 이루는 반면 지방공무원과 교육 및 복지 등의 분야에서 공무원의 수가 꾸준히 증가하였다(남궁근, 2012: 217-220; 2017: 298-300).

이처럼 변화된 환경에 대한 반응을 하는 국가행동의 한계에 대한 인식은 지역발전에서 정부의 역할에서도 발생하였다. Jessop(1997)은 다양한 영역규모와 다양한 기능적 영역에서 '정부에서 거버넌스로'의 이동을 확인하였다. 국가주도적인 경제사회계획을 수립하는데 공식적인 국가조직의 역할은 축소되어 온 반면에, 정부와 준정부 그리고 비정부적 조직들 간의 파트너십이 강조되어 왔다. 이것은 여러 기관들이 조종하는 통치방법에 관련된다. 그것은 서로서로 자율적으로 기능하지만 서로 느슨하게 연결되어 의지하는 행위자들의 집합이다. 이전에 국가가 수행했던 많은 활동들은 비정부기관이나 다른 혼합제도 또는 민영화와 같은 다양한 제도들에게 이전되어 왔다. 거버넌스(governance)개념은 공사부문 간에 그리고 공공과 민간부문 내의 경계가 모호해지는 통치방법을 말한다. 이것의 초점은 하향식 명령통제체제에서 국가권위라는 고전적 사고에 의존하는 것이 아니라 상이한 지역에서 다양한 행위자들의 상호작용에 의존하는 통치기제이다. 이러한 작동형태는 관련되는 행위자들 간의 높은 신뢰를 요구하고, 그리고 거버넌스과업을 네트워크로 조종하는 것이다(Stoker, 1995). 거버넌스네트워크의 발전은 전통적인 대의민주주의와 정부관료제모형의 실패나 한계에 대한 반응으로 볼 수 있다.

세계화가 1990년대와 2000년대에 지속됨에 따라, 국가는 글로벌시장에서 퇴각하는 것으로 보였다. 국가의 현대적 변형은 초국적 규모나 국가하위지역에서 영역적, 기능적으로 재조직화되고 네트워크화된 역량을 보여 왔다. 국가권력은 상향적으로는 EU나 IMF와 같은 초국적 제도로 그리고 하향적으로는 지역기관들로 분산되어 왔다(Pike et al, 2017: 158-159).

지금까지 이 부분에서는 지역발전에서 중요한 행위자로 국가의 역할에 주목하여 왔다. 국가는 지역발전을 설명하는데 중심에 있다. 그러나 국가는 역사적 변형의 대상이 되고 있다. '정부'로부터 '거버넌스'로의 이동은 변형의 중요한 측면을 함축하고 있는데, 간과하지 말아야 할 점은 지역발전의 패턴을 형성하는데 국가의 지속적 역할을 과소평가하지 말아야 한다는 것이다.

3) 거버넌스제도와 지역발전

거버넌스(governance)는 20세기 후반에 등장한 외부환경변화에 적응하는데 전통적 정부관료제모형이 한계가 나타나면서 이를 보완하는 통치방법으로 부활한 것이다.

거버넌스개념은 처음 그리스시대에 등장한 용어로 정부와 같은 의미로 사용되어 오다가, 1980년대 이후부터 정부보다 넓은 의미로 정부와 그것을 둘러싸고 있는 정치, 행정, 경제, 사회적 환경과의 관계를 기술하는 통치방법으로 확대되고 있다. 이에 학자들은 거버넌스가 사용되는 의미를 다양하게 제시하고 있다. 이를테면 Rhodes(1996)는 거버넌스의 의미 또는 이론으로 최소국가, 기업거버넌스, 신공공관리, 좋은거버넌스, 사회사이버네틱체제, 자기조직화된 네트워크를 제시하였다. 이후 그는 2000년의 논문에서 이러한 여섯 가지 의미 가운데 최소국가를 제외하고 국제적 상호의존관계와 신정치경제를 포함하는 일곱 가지 이론을 제시하였다. 이러한 거버넌스 논의는 국제관계나 중앙정부와 지방정부 등 공공부문 그리고 민간부문과 시민사회부문 등에 이르기까지 행위자범위를 확대하고 있고, 공공부문이 담당하는 다양한 정책영역, 즉 경제, 산업, 과학기술, 지역발전, 복지, 노동 등에 적용하고 있다.

다양한 정책영역의 통치과정에 적용되는 거버넌스를 구조적 관점에서 분류하면, 계층제와 시장 그리고 네트워크의 세 가지 통치방법이 있다(Rhodes, 1997; Pierre & Peters, 2000; Kjer, 2004: 19). 계층제거버넌스는 대의제민주주의 국가에서의 법과 규칙에 의해 통치되는 정부관료제모형을 말하고, 시장거버넌스는 정부의 역할을 축소하고 민간부문의 역할을 강조하는 신공공관리모형에 속한다. 그리고 네트워크거버넌스는 계층제와 시장의 한계를 통하여 대두한 것으로, 이들 두 가지 모형이 국가와 시장 또는 국가와 사회를 2분법적으로 보는 것을 비판하고 국가와 사회가 상호침투하고 있으며 그 중간영역을 설명하기 위해 나타난 통치모형이다(배응환, 2003: 72). 그런데 오늘날 국가를 통치하는 데는 계층제모형과 시장모형도 작용되고 있지만, 네트워크모형을 강조하는 경향이 증가하고 있다.

Rhodes(1997: 52-56)는 거버넌스를 자기조직화된 조직간 네트워크로 보고, 이것은 다음과 같은 특징을 가진다고 한다. 첫째, 조직간 상호의존성- 정부범위의 변화로 공공과 민간 및 자원부문의 경계가 애매해져, 통치를 하는 데는 정부행위자 뿐 아니라 비정부행위자도 포함된다. 둘째, 행위자 간의 지속적 상호작용- 통치행위자들 간에는 신뢰를 토대로 게임의 규칙에 의해 협상과 동의가 이루어진다. 셋째, 정부로부터 상당한 자율성- 네트워크는 비록 정부가 간접적으로 조정을 하지만 자율적으로 작동하는 시스템이다.

이와 유사하게, Kooiman(1993, 2003: 1-2)은 새로운 거버넌스의 핵심을 국가(정부)와 사회에서 이루어지는 상호작용의 새로운 패턴으로 보았다. 경제, 사회복지, 환경, 국토계획 등의 다양한 정책영역에서 새로운 문제를 해결하거나 새로운 통치방법으로 행위자들 간의 상호작용을 핵심개념으로 들고 있다. 이러한 사회정치적 거버넌스(socio-political governance)가 필요한 것은 사회문제의 복잡성과 동태성 및 다양성 때문이며, 복잡한 사회적 문제를 해결하기 위해 정부관료제 외에 시장과 시민사회의 참여와 상호작용이 요구된다. 그는 2003년 저서에서 거버넌스를 사회문제를 해결하고 사회기회를 창조하기 위하여 공공부문과 민간부문 및 제3부문의 행위자들이 참여하는 상호작용의 총체(P4)로 정의하고, 통치현상을 분석하기 위한 이론적 틀로 사회정치적 거버넌스를 1차 거버넌스와 2차 거버넌스 그리고 3차(메타) 거버넌스로 범주화하였다(Part Ⅳ: 135-189). 1차 거버넌스는 환경에서 발생하는 사회문제를 해결하고 사회기회를 창조하기 위해 관련 행위자들 사이의 상호작용유형을 말하고, 2차 거버넌스는 1차 거버넌스가 실행될 수 있는 맥락으로서의 제도를 형성하여 운영하는 것이다. 그리고 3차(메타) 거버넌스는 거버넌스의 합리성, 대응성, 성과, 그리고 책임에 대한 규범적 원리를 말한다. 여기서 Kooiman이 말하는 2차 거버넌스는 통치에서 제도를 강조하므로 신제도주의 접근과 일맥상통한다.

이상에서 설명한 바와 같이, 국가의 현대적 변형의 중요한 특징은 분권화의 세계적 경향이다. 그것은 지역발전의 추진에서 지방정부와 거버넌스제도의 증가하는 역할로 나타나고 있다(Rodriguez-Pose & Gill, 2003). 지역거버넌스(local or regional governance)는 국가권위를 대체하는 것이 아니라 행위자들이 그들의 목표를 추구하는데 상호의존적으로 활동하는 것이다. 오늘날 지역발전은 다양한 행위자들과 다수준 거버넌스 맥락에서 일어나고 있다(Charbit, 2011).

분권화된 거버넌스제도는 케인지안과 포디즘국가의 위기의 측면과 새로운 제도적 질서의 탐색으로 이론화되어 왔다. 케인지안국가는 국가와 지역을 그것의 목표를 실행하는 실체로서 인식하였다. 케인지안국가의 위기 또는 실패는 지역의 지식과 노하우의 필요한 역할을 강화시켰다. 지역제도의 역할에 대한 관심은 경제를 진화적이고 사회문화적 과정으로 이론화하려는 접근을 반영하였다.

지역발전의 제도주의 접근이나 진화경제학적 접근의 분석은 지역발전을 위한 제도들 간의 복잡한 관계와 광범위한 영향력에 초점을 두고 있다. 예컨대 지역발전에서의 제도영향력은 학습지역이나 지역발전기구의 성과에 대한 토론에서 나타나고 있다(Morgan, 2006, 2007; Pike et al, 2012c). 또한 지역제도들은 산업지역의 성과를 설명하기 위한 경제적 잠김이나 경로의존성 차원에서 분석되었다(Martin, 2010). 지역제도의 분권화는 부패, 비효율성, 투명성과 책임성의 부족의 결과로서 발전정책의 실패에 대한 반응으로 출현한 좋은거버넌스(good governance) 논의와도 연결된다(World Bank, 1997). 좋은거버넌스는 일반적으로 참여적이고 동의지향적이고 책임성이 있고 투명하고 반응적이며 효과적이고 효율적이며 형평한 것이며 그리고 법의 규칙을 따르는 것으로 인식되고 있다.

제도의 논의를 서베이 한 Hanssen et al(2011)에 의하면, 전형적으로 정부는 발전과 성장을 지원하는 도구로서 취급되어 왔고 정치와 민주주의 그리고 다수준 거버넌스문제를 소홀히 하여 왔다고 한다. Paasi(2009)은 지역이 형성되고 제도화되는 과정에 초점을 두고 있다. 여기서 지역은 제도형성의 전제로서 정치적, 경제적, 사회문화적 산출물로 본다. 지역제도는 경제성과에 대한 도구적 기여와 정치적으로 구성된 공간적 정체성에서의 역할을 강조한다. 실제로 지역제도형성의 담론은 상이한 시기와 상이한 공간에서 정체성과 경제주장이 혼합된 것이다(Rodriguez-Pose & Sandall, 2008). 비록 정부와 거버넌스의 분권화가 많은 국가에서 관찰할 수 있는 구체적인 경향일지라도, 경제개발에 대한 관계에서 그것의 효능성과 비용 및 편익 측면에서 불확실성을 가지고 있다(Pike et al, 2017: 162-165).

6. 지역발전정책

1) 지역발전을 위한 정책개입의 필요성

위에서 살펴본 지역발전의 상이한 개념과 이론은 지역발전을 위한 정부개입여부에 상이한 시각을 가지고 있다(Pike et al, 2017: 182-188).

주류학문의 정책개입이유는 효율성(efficiency) 또는 형평성(equity)에 토대를 두고 있다. 효율성은 최소한의 시간과 노력을 통한 목표성취를 말한다. 형평성은 특정한 결과의 공평 또는 불공평에 관련된다. 신고전적 사고와 그것의 하위분파인 복지경제학에 의하면, 효율성과 형평성 주장은 시장이 어떻게 작동하고 비용과 편익이 사적으로 개별행위자들과 제도들 사이에 그리고 사회적으로 보다 넓은 인구집단들에 어떻게 분배되는가에 대한 경제적 논리와 가정에서 설계된다. 정부개입의 목표는 비효율성을 제거하는 것이다. 이러한 이론적 틀에서 정책(policy)은 다양한 종류의 시장실패를 개선할 수 있고, 지역의 경제성장과 고용에서 보다 최적의 또는 가장 좋은 경제적 성과를 산출하는데 도움을 줄 수 있는가 하는 효율성 측면에서 정당화될 수 있다. 형평성은 사람과 기업 및 장소에 대한 정책의 분배적 효과에 관심을 갖는다. 형평성은 그 목표가 국가나 지역적 영역에서 보다 사회적, 공간적으로 균형된 경제적, 사회적 조건과 같은 소망스런 결과를 달성하는데 있다면 정책개입을 정당화하기 위해 사용할 수 있다. 효율성과 형평성 틀에서 경제적 접근은 사익과 공익을 위한 특정한 종류의 정부개입의 상대적인 비용과 편익을 결정하는데 사용된다.

효율성 차원의 정책개입이유는 다양한 종류의 시장실패의 개념에 토대를 두고, 정책은 이것을 개선하도록 설계된다. 신고전적 경제학 가정에 의하면 시장경제는 토지와 노동 및 자본과 같은 생산요소를 가장 효율적이고 최적화하여 배분하는 것으로 보고, 시장실패는 시장이 효율적 결과를 전달하도록 작동하지 않거나 할 수 없는 상황으로 정의한다. 시장실패에는 여러 종류가 있는데 첫째, 국방이나 사회기반시설과 같은 공공재는 자유시장에서 과소공급된다. 이것은 그들이 비경쟁적이고 비배제적이기 때문이다. 그러므로 정책개입은 지역발전에 중심적인 경제활동이 이루어질 수 있게, 예를 들면 법적 체계나 수송기반시설 및 물 공급 등과 같은 공공재를 공급하는데 정당화된다.

둘째, 정보비대칭은 행위자들이 관련된 비용 대비 순편익을 산출하는 것을 인식하지 못하게 하므로 시장실패의 원인이 된다. 정부개입은 그러한 정보비대칭을 개선하도록 공적인 정보공급을 하는 것이다.

셋째, 외부성은 상품이나 서비스의 생산이나 소비가 시장가격을 반영하지 않으면서 다른 행위자들에게 편익(긍정적 영향)이나 비용(부정적 영향)을 주는 것이다. 예를 들면 지역에서 산업으로부터의 오염은 공기와 물을 나쁘게 하는 형태로 부정적 외부성을 산출한다. 따라서 환경규제와 같은 정책개입은 그러한 오염을 감소시키는데 정당화된다.

형평성 차원의 정책개입이유로는 사회나 여러 영역 내의 자원분포의 변화에 기반을 두고 있다. 형평성 주장은 시장이 불공평한 결과를 초래하는 상황에서 정책개입을 뒷받침한다. 그러한 결과는 불균등한 소득분배와 저임금 및 지리적으로 불균등한 경제기회 등을 포함한다. 특정한 지역맥락에서 그러한 결과는 경제적, 사회적, 환경적, 그리고 정치적 측면에서 수용할 수 없고 지속할 수 없는 것으로 받아들여질 수 있다. 따라서 보다 공평하고 균등한 결과를 달성하기 위한 개입들로는 보다 균등한 소득분배와 고임금 그리고 보다 지리적으로 균형된 경제개발기회를 달성하기 위해 설계된다. 형평성이 지역발전을 위해 무엇을 의미하는가에 대한 결정은 주관적, 객관적 평가에 관련되고 개발이 지역을 위해 무엇을 의미하는가에 대한 신념과 가치에 의해 형성된다. 권력과 정치는 상이한 지리적 환경에서 형평성의 이해와 실제를 형성하는 데 중요한 역할을 한다.

신고전경제학의 경제이론들은 효율성과 형평성 간의 역관계를 상정한다. 만일 효율성을 보다 더 추구한다면 형평성이 덜 성취될 것이다. 반대로 보다 큰 형평성을 추구한다면 효율성은 덜 달성될 것이다. 이러한 긴장은 지역발전에서 지속적인 쟁점으로 남아 있다. 사람과 생산품 및 소득의 어떤 지리적 분포는 효율성을 극대화하는데 다른 것들보다 기여할 수 있다. 그러한 효율성을 극대화하는 것은 만일 그것이 사람을 이동시키고 생활방법을 변화시킨다면 형평성에 영향을 준다. 총체적인 경제적 효율성의 극대화는 부자지역과 빈곤지역을 창조하고 기회에 대한 불균등한 접근을 가져올 수 있다(Storper, 2011). 이러한 관심은 공간적인 집적불균등과 종합적, 국가적인 사회복지 간의 관계에 대한 현대적 논쟁과 그리고 경제적 효율성과 성장에 대한 제약을 하는 사회적, 공간적 불균등에 대한 논쟁에서 증거가 되고 있다(Martin, 2008).

그러나 정부개입에 대한 효율성 또는 형평성 접근은 비판의 대상이 되고 있는데, 여러 한계들이 시장실패접근에서 확인되고 있다(Bartik, 1990). 첫째, 비시장편익의 규모와 본질에 대한 정확한 정보는 반드시 이동할 수 있는 것이 아니고 자료도 수집할 수 있는 것이 아니다. 하나의 결과로서 보다 넓은 사회적, 환경적 편익은 보다 측정이 가능하고 계량화할 수 있는 경제적 지표에 의해 과소평가되고 있다. 이러한 넓은 사회적, 환경적 자료의 부재는 지역발전에 대한 논의를 경제적 관점으로 좁게 보는 경향이 있다.

둘째, 시장실패접근은 형평성과 분배이슈보다는 효율성에 초점을 두고 있다. 이것은 비용-편익분석에서 정책의 분배적 효과를 다루기가 복잡하고 어렵기 때문이다. 이 접근은 효율성의 경제적 초점과 발전의 보다 넓은 이해를 위한 환경적 이슈와 지속가능성 관점에 관련된 형평성의 사회적 차원을 혼합하는데 약점을 보인다.

셋째, 시장실패접근은 지역 간에 정책개입의 상호관계로부터 일어나는 비용과 편익을 포함하거나 개발지역에서 특정정책의 총체적인 국가적 함의를 집계하는데 덜 효과적이다. 다른 지역으로의 긍정적이거나 부정적 외부성 또는 파급효과는 그들 자신의 지역에서 시장실패를 수정하는데 초점을 둔 개별 지역행위자들이 생산한 정책들에 의해 산출될 수 있다. 예를 들면 한 지역에서 생산성을 개선하기 위한 정책개입은 다른 지역에 성장이나 재정수입 등에서 부정적 효과를 가져 올 수 있다.

마지막으로, 보다 급진적 비판은 국가가 개입하지 않는 또는 정책을 만들지 않는 심판자로서 시장의 의지에 의문을 갖는 것이다. 시장은 불안전성과 불공평성 및 취약성을 가지고 있다.

지역발전은 지역 간에 경쟁하는 제로섬게임일 필요가 없다는 인식하에, 최근 연구는 효율성과 형평성을 통합하거나 조화시키려고 한다. 성장과 형평성 간의 역관계라는 전통적 사고에 도전하여, 새로운 개념으로 '성장하는 번영(growing prosperity)'(Bluestone & Harrison, 2001), '내포적 성장(inclusive growth)'(Vira & James, 2011; Turok, 2011), 그리고 '공정한 성장(just growth)'(Benner & Paster, 2012) 등이 출현하고 있다. 예를 들면 공정한 성장은 모든 사회에 성장의 보다 균등한 분배결과를 하는 것으로 정의한다.

이처럼 형평성과 효율성을 결합시키려는 노력은 EU지역정책에서 이루어졌다. EU의 경쟁력과 성장문제는 이미 역량을 가진 소수지역을 지원하는 것보다 대다수지역의 혁신능력을 향상시키는 것으로 재구성되고 있다. 효율성과 형평성은 국가성장을 증가시키거나 지역불균등성을 감소시키는 데 목표를 둔 정책에 보완적인 것으로 해석되고 있다. 경제적으로 낙후지역에서 높은 고용과 생산성은 총체적인 효율성이익을 가져올 뿐 아니라 그런 지역의 생활수준을 향상시킨다. 그리고 지속가능한 방법으로 보다 큰 기회의 공간적 형평성을 달성한다. 낙후지역에서 사회복지를 추구하는 수단은 또한 경제적 이득을 가져올 수 있다. 교육훈련이나 건강 및 복지와 같은 보다 좋은 공공서비스는 노동의 고용과 생산성을 증대시키고 민간투자를 활성화시킨다(Hubner, 2008).

지금까지의 논의를 종합하면, 지역발전을 위한 정책개입의 필요성은 지역문제에 대한 인식에서 비롯된다고 할 수 있다. 지역문제는 크게 두 가지로 나누어 볼 수 있는바. 지역 간의 문제와 지역 내의 문제가 그것이다. 전자는 지역 간 불균형의 문제로서 국내외적으로 보면 잘사는 지역과 못사는 지역이나 농촌과 도시 간, 대도시와 중소도시 간 등의 문제일 수 있고, 국제적으로 보면 선진국과 후진국 간의 문제일 수도 있다. 후자는 한 지역 내에서도 불균형 문제가 발생한다는 것이다. 이러한 지역 간 또는 지역 내 문제는 시장경제원리에 맡겨두면 해결되기는커녕 더욱 악화되는 경향이 있고, 지역문제를 방임하게 되면 경제적, 사회정치적 관점에서 바람직하지 못한 결과를 가져올 수도 있다. 그러므로 정부의 개입을 통하여 지역문제를 해결해야 된다는 지역발전정책의 필요성을 강조하는 주장이 나오게 된다. 보다 구체적으로 지역발전정책의 필요성은 경제적 관점과 사회정치적 관점에서 살펴보면 다음과 같다(황명찬, 1993: 169-173: 한국지역개발학회 편, 2002: 367-370).

첫째, 경제적 관점에서 지역발전정책의 필요성은 지역문제의 본질이 지역의 성장과 지역 간의 격차문제이므로 이를 해결하기 위한 것이다. 예컨대 지역 간의 실업제거와 규모의 불경제 시정을 통한 지역총생산과 1인당 소득의 증가를 들 수 있다.

둘째, 경제적 관점에서의 지역발전정책의 필요성이 효율성에 바탕을 둔 것이라면, 사회정치적 관점에서의 필요성은 사회적 형평성에 바탕을 둔 것이다. 과밀과 과소지역의 발생에 따른 지역격차 심화는 지역 간의 사회불안과 협력을 약화시키고, 자원이 비합리적으로 배분되거나 환경악화지역이 발생하는 등의 국민보건 상 바람직하지 못한 현상을 발생시킨다. 따라서 지역발전정책의 사회정치적 측면의 필요성은 과소지역에서는 인구의 유출억제, 지역주민의 고용기회 확대, 지역산업의 개발, 지역사회복지와 문화수준의 향상, 생활환경의 개선 등에 있고, 과밀지역에서는 인구과밀해소, 주택과 교통문제의 해결, 환경오염의 완화, 슬럼문제의 해결 등에, 그리고 국가 전체적으로는 지역 간, 산업 간의 균형적 발전과 사회기반의 안정 등에 있다.

2) 지역발전정책의 개념과 구성요소

(1) 지역발전정책의 개념

만일 정부가 지역발전을 위해 개입하기로 결정하였다면, 다음 단계는 정책을 설계하는 것이다. 최근의 변화하는 경제적, 정치적, 사회적, 문화적, 기술적, 그리고 제도적 맥락은 행위자들이 지역개발정책을 설계하는데 혼란스럽게 하고 있다. OECD(2014)는 지역발전정책이 '과거/고전적 패러다임'으로부터 '새로운/현대적 패러다임'으로 이동하고 있다고 한다〈표 2-20〉.

〈표 2-20〉 지역발전정책의 과거 패러다임과 새로운 패러다임

구 분	과거 패러다임	새로운 패러다임
문제인식	기반시설과 소득 및 고용의 지역불평등	지역경쟁력 부족, 과소 사용된 지역잠재력
목 적	균형된 지역개발을 통한 형평성	경쟁력과 형평성
정책틀	정체지역의 지역불이점에 대한 임시지원(문제에 반응적)	지역프로그램을 통한 과소 사용된 지역잠재력 촉발(잠재력에 전향적)
주제범위	제한된 부문(제한적 접근)	넓은 정책영역(통합적 접근)
공간정향	정체지역 초점	모든 지역 초점
정책개입단위	행정영역	기능영역
시간차원	단기	장기
접근	one-size-fits-all 접근 (총체적 접근)	맥락적-구체적 접근 (장소기반접근)
초점	외생적 투자와 이전	내생적 지역자원과 지식
도구(수단)	보조금과 국가지원(개별기업에)	소프트와 하드자본에 대한 혼합투자(기업, 기반시설, 노동시장)
행위자	중앙정부	상이한 정부수준, 다양한 행위자들(공공, 민간, NGO 등)

자료: Pike et al(2017: 194).

위의 OECD논의에 의하면, 지역발전은 넓은 용어지만 지역에서 고용과 부를 창출하는 경제활동을 지원하는 것에 의해 지역불평등을 감소시키려는 일

반적 노력으로 볼 수가 있다. 과거에 지역발전정책은 대규모 기반시설개발과 내부투자요인에 의해 이런 목표를 달성하려고 하였다. 새로운 접근의 필요성 인식은 과거정책이 중요한 공공자금을 배분하였음에도 지역불공평을 개선하는데 실패하였고 개별 정체지역을 끌어올리는데 도움을 주지 못하였다는 관찰에 의해서이다. 새로운/현대적 패러다임은 문제의 진단, 목적, 정책틀, 그리고 그것의 구성요소와 도구 및 행위자를 포함하는 넓은 차원에서 과거의 접근과 상이하다. 문제는 지역불평등에서 지역경쟁력 부족과 지역잠재력의 과소사용으로 재구성되고, 개입이유는 정체지역의 지역불이점에 대한 임시 보상과 반응적 방법이라는 충격에 대응하는 것으로부터 전향적이고 포괄적인 지역계획을 통한 과소 활용된 잠재력을 동원하는 것으로 이동하였다. 그리고 목적은 보다 사회적, 공간적으로 균형된 지역개발을 통한 형평성 추구로부터 지역경쟁력과 형평성 추구로 변화하였다. 제도적으로는 중앙정부주도의 하향식 접근으로부터 상이한 정부수준의 여러 공공, 민간, 그리고 시민사회 행위자들과 함께 운영하는 보다 맥락-구체적 또는 장소기반의 접근으로 이동하였다.

따라서 지역발전정책개념은 위에서 논한 지역발전정책의 패러다임에 따라 상이하게 정의할 수가 있다. 과거패러다임의 지역발전정책은 낙후된 지역의 문제를 해결함으로써 균형된 지역발전을 달성하기 위해 중앙정부가 하향식으로 만든 행동경로 또는 행동방침으로 정의할 수 있다. 반면에 새로운 패러다임의 지역발전정책은 낙후지역과 성장지역 등 모든 지역을 대상으로 지역경쟁력을 향상시키고 지역이 직면하는 문제를 해결하기 위해 다양한 정부수준과 관련 공사행위자들이 상향적으로 공동으로 만든 행동경로 또는 행동방침이라고 정의할 수 있다.

이처럼 지역발전정책의 개념은 패러다임이동에 따라 그 정의와 초점이 변화되어 온 것을 알 수가 있다. 그러면 보다 구체적으로 지역발전정책이란 무엇인가? 지역발전정책에 대한 몇몇 학자들의 정의를 살펴보면, Friedmann(1973)

은 경제발전의 위상문제를 다루는 공간정책으로 보고, 국가 차원에서는 국가 목표를 실현하는 수단으로 그리고 지역 차원에서는 국가정책에 의해 지역발전을 실현하는 수단으로 보았고, 송인성(1987: 20)은 지역 간의 격차와 이에 따른 문제지역의 대두에서 비롯된 지역문제들을 개선하고 해결하기 위하여 채택되어지는 각종 정책들로, 황명찬(1993: 181)은 지역 간의 인구와 산업의 배분에 관한 국가의 정책으로서 지역의 성장과 발전은 물론이고 지역성장의 억제에 관한 정책도 포함된다.

또한 한국지역개발학회 편(2002: 367)은 지역발전정책을 국가나 지방자치단체가 지역 간 또는 지역 내 경제적, 사회적 격차를 개선 · 해결하기 위하여 종합적으로 계획된 권위 있는 개발전략이리고 정의하고, 개념정의에서 나타나는 공통점으로 다음을 들고 있다. 첫째, 정부나 공공기관이 바람직한 사회상태를 이룩하기 위하여 선택한 권위 있는 결정이다. 둘째, 국토공간의 균형개발에 목표를 두고, 현실적으로 나타나고 있는 지역 간 또는 지역 내 격차를 시정하기 위해 문제지역의 개발에 우선순위를 둔다. 셋째, 그 지역의 경제적 가치와 주민복지수준을 향상시키기 위한 합리적이고 종합적으로 개발된 개발전략이다. 이와 유사하게, 이원종 외(2015: 7-8)는 지역발전정책을 지역발전을 촉진하기 위한 정부개입의 방향과 수단이라고 정의하였다.

지금까지 살펴본 학자들의 지역발전정책의 개념정의는 공통된 요소들을 포함하고 있는데, 이것은 지역발전정책이 지역발전(=지역+발전)과 정책의 결합어이기 때문이다. 여기서 지역이란 사람이나 기업 또는 산업 그리고 대학이나 정부가 입지하여 활동하는 장소이다. 이러한 지역에서 인간이나 조직이 부적응하면 다양한 사회문제가 발생하고, 또한 보다 새로운 기회를 창조할 수 있는 장소라고 할 수 있다. 이처럼 지역의 사회문제를 해결하거나 사회기회를 창조하기 위하여 주로 경제성장과 시회발전이 핵심요소인 발전을 시도하게 되는데 이것을 구체화하는 것이 정책이다. 따라서 지역발전정책이란 지역의 사회문제를 해결하거나 사회기회를 창조하여 지역의 성장을 통한 부를 창출하고 삶의 질을 개선하기 위해 권위 있는 제도(기관)가 만든 행동방침이라고 정의할 수 있다.

(2) 지역발전정책의 구성요소

그러면 지역발전정책에 내포된 구성요소에는 무엇이 있는가? 이를 밝히기 위해서는 정책의 개념정의와 구성차원에 대한 구체적인 논의가 요구된다. 정책학에서 연구하고 있는 핵심개념은 정책이다. 정책(policy)이란 용어는 시책, 대책, 정부방침, 정부지침 뿐 아니라 법률, 규칙, 기획, 계획, 그리고 사업(program)과 세부사업(project) 등의 다양한 용어와 혼용되어 사용되고 있다.

학자들은 정책의 개념을 자신들이 중요하다고 생각하는 측면에 초점을 두고 정의하고 있다. 이를테면 정책학의 창시자인 Lasswell(1951: 11), Lasswell & Kaplan(1970: 71)은 목적과 가치와 행동노선을 투사한 계획으로, Dye(1981: 1)는 정부가 하기로 선택하였거나 하지 않기로 선택한 것으로, 그리고 Dror(1968: 12)는 주로 정부기관에 의해 결정이 되는 미래를 지향하는 행동의 주요지침이며, 이 지침은 최선의 수단에 의해 공익을 달성할 것을 공식목표로 하는 것이라고 정의한다.

국내의 대표적인 정책학자인 정정길 외(2010: 35-46)은 정책개념을 Dror의 개념을 벤치마킹하여 바람직한 사회상태를 이룩하려는 정책목표와 이를 달성하기 위해 필요한 정책수단에 대해 권위있는 기관이 공식적으로 결정한 기본방침이라고 정의하고, 그것의 구성요소로 정책목표, 정책수단, 그리고 정책대상집단을 들고 있다. 첫째, 정책목표는 정책을 통하여 달성하고자 하는 바람직한 미래의 상태로 소극적 목표와 적극적 목표가 있다. 소극적 목표는 이미 발생한 사회문제를 해결하려는 것으로 치유적 목표라고도 하고, 적극적 목표는 과거에 경험하지 못한 새로운 상태를 창조하려는 것으로 창조적 목표라고 한다. 둘째, 정책수단은 정책목표를 달성하기 위한 도구를 말한다. 셋째, 정책대상집단은 정책의 적용을 받는 집단이나 사람들로 혜택을 받는 자와 비용을 지불하는 자로 나눌 수 있다.

한편, 노화준(2012: 2-8; 120-123)은 정책을 사회가 발전해 나가야 할 목적들을 설정하고 문제들을 해결하는 수단들을 선택하는 지침, 즉 어떤 특정상황에서 정부가 어떠한 사회를 어떻게 만들어 가겠다고 하는 정부개입의 목적과 수단들을 권위있게 결정해 놓은 것이라고 정의하고, 그것의 구성요소를 정책이 추구하는 가치와 목표 및 수단 등으로 구성되는 정책구조 자체와 정책결과 및 정책대상으로 나누고 있다.

우선, 정책의 구조를 분해하여 보면 비전과 전략의 두 가지 범주가 있다. 정책의 비전(vision)은 정책엘리트집단이 공유하는 가치(value)와 정부조직의 임무(mission) 및 이를 실현하는데 공헌할 것으로 기대되는 목적(goal)으로 구성되고, 전략(strategy)은 목표들(objectives) 및 수단과 활동들로 구성된다. 비전은 어떤 한 조직의 가치와 소망, 임무, 및 목적들에 대한 가장 기본적인 언명으로 조직이 도달해야 할 어떤 미래의 위치를 나타낸다. 비전을 구성하는 요소들 가운데 가치는 조직이 추구하는 가장 기본적인 믿음 또는 신념이고, 임무는 조직이 현재 어떤 상태에 있고 미래에 어떤 상태가 되기를 소망하는가를 나타낸다. 목적들(goals)은 조직이 무엇을 약속하였고 어디로 가고 있는가를 의미한다. 그리고 전략이란 조직이 어떻게 장기적인 목적을 성취하겠느냐에 대한 대답이다. 목적들은 가치와 임무에 대한 기술로부터 나오고, 이러한 장기적인 목적들로부터 전략들이 도출된다. 이들 전략들은 목표들과 수단 및 활동들로 구성되는 일련의 행동계획 또는 프로그램들을 산출한다(Quigley, 1993: 5-6).

〈그림 2-3〉 정책의 구조

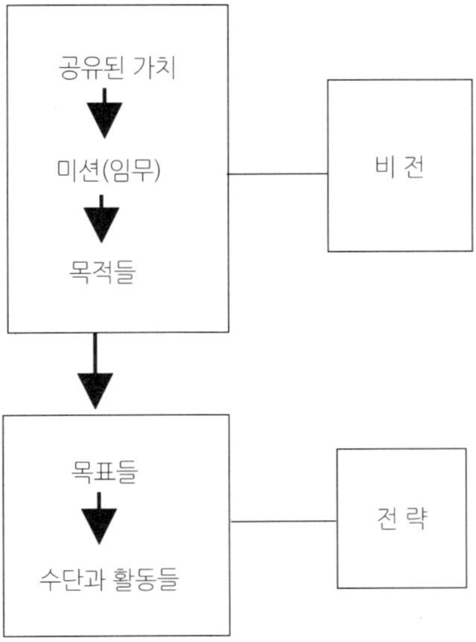

자료: 노화준(2012: 121)

다음으로 정책결과란 정책의 집행으로 나타나는 성과나 영향을 말하고, 정책대상이란 정책집행을 통하여 개인이나 집단 또는 사회적 경제적 물리적 조건의 구조, 가치관, 문화, 질서, 규범, 행태 등을 바꾸고자 할 때, 이들 개인이나 집단 또는 사회적 경제적 물리적 조건들을 말한다. 이들 정책대상들은 정책의 채택과 집행의 결과로 이익을 얻거나 손실을 입을 수 있기 때문에 정책에 대하여 적극적으로 찬성하거나 순응하기도 하고 반대하거나 저항하기도 한다.

이상에서 논의한 노화준의 정책구조와 다르게, Pike et al(2017: 191)은 지역발전정책의 핵심요소로서 제시한 전략(strategy)을 비전이나 목적 및 목표를 포함하는 넓은 의미로 사용하고 있다. 여기서 전략이란 종합적이고 장기적인 비전과 목적 및 목표를 달성하기 위해 설계된 계획이라고 한다. 전략을 구성하는 계획에는 비전(vision)과 열망(aspiration) 및 목적(purposes)과 목표(goals)를 포함된다. 지역발전의 비전은 어떤 지역에서 행위자들이 소망하는 것으로 인식되는 상상적인 이념이나 미래 상태이고, 열망은 보다 균형된 경제활동분포와 같은 소망하는 결과이다. 비전과 열망은 어떤 종류의 그리고 누구를 위한 지역발전인가? 하는 문제와 그리고 지역발전의 개념과 이론에서 이해하려는 분석틀에 대한 대답과 깊은 연결을 가지고 있다. 그리고 지역발전의 목적은 어떤 것을 시작하거나 창조하기 위한 이유로서 소망하는 또는 의도하는 결과이고, 목표는 소망하는 결과에 초점을 둔 행위자들의 열망대상과 노력을 말한다.

3) 지역발전정책의 정책싸이클

지역발전의 비전과 전략이 설정되었을 때, 다음 단계는 정책설계를 해야 한다. 정책설계와 발전과정에서 행위자들을 인도하는 상호연결된 단계의 틀을 정책싸이클(policy cycle)이라고 한다.

정책연구자들은 사회문제가 대두된 시점에서 정책이 종료될 때까지 정책싸이클인 정책과정을 구분하고 있는데, 학자들이 제시하는 정책과정의 단계구분은 진화되어 왔다고 볼 수 있다. 정책과정의 구분은 정책학의 창시자인 Lasswell(1956, 1971)에 의해 처음 제시되었다. 그는 정책과정을 탐색(정보수집), 대안창조(정책대안 탐색), 처방(행동노선 결정), 지원(행동노선에 대한 유인과 제재), 적용(행동노선 집행), 종결(집행마감), 평가(집행결과의 검토) 등 7단계로 구분하였다. 이러한 라스웰의 정책과정모형은 공공정책이 만들어져 실행되고 평가되는 과정까지를 기술한 것으로, 주로 환경을 주어진 것으로 보고 정부 내의 의사결정에만 초점을 두고 공식적 권한을 가진 행위자들이 수행하는 것으로 보았다. 라스웰모형은 정책과정에 대한 완벽한 모형을 구축한 것은 아니지만, 그 이후 여러 학자들의 정책과정연구의 토대가 되고 출발점이 되었다.

그 이후 Brewer(1974), Dye(1972, 1981), Anderson(1975), Dunn(1981), 그리고 Jones(1984) 등에 의해 정책과정은 보다 체계화되고 진화를 하였다. 이를테면 Brewer(1974)는 Lasswell의 모형을 토대로 정책과정의 6단계모형으

로 창안(문제정의와 해결방안의 제안), 추정(해결방안의 분석), 선택(최종해결방안 결정), 집행(정책의 실행), 평가(정책집행결과에 대한 검토), 및 종결(평가결과의 환류) 등을 제시하였고, Dye(1972)는 정책과정의 5단계모형으로 문제확인, 정책대안의 형성, 정책의 합법화, 정책집행, 정책평가를 들고 있다. Anderson(1975)도 정책과정의 5단계모형으로 문제규명(정책의제설정), 정책형성(정책대안의 개발과 검토), 채택(정책대안의 결정), 집행(정책집행), 평가(정책효과측정)를 제시하였으며, Dunn(1981, 2008)은 정책과정의 5단계모형에 정책의제설정(공공문제의 정책의제채택), 정책형성(정책대안의 형성), 정책채택(정책대안의 결정), 정책집행(채택된 정책의 실행), 정책평가(정책효과의 검토), 그리고 정책환류(정책승계, 정책종결 등) 등의 단계를 포함시키고 있다.

그리고 Jones(1984)는 정책과정의 4단계모형을 정책문제의 외부귀속단계(정책의제설정), 정부내의 행동단계(정책결정), 정부의 문제해결단계(정책집행), 추진정책의 재검토단계(정책의 평가, 수정, 및 종결)로 구분하였다.

이처럼 여러 학자들에 의해 진화되어 온 정책과정의 단계모형은 Easton(1965)이 제시한 정치체제모형의 구성요소들인 환경, 투입, 전환, 산출, 환류의 단계에 대비하여, 정책환경, 정책의제형성, 정책결정, 정책집행, 정책평가의 5단계모형으로 정리할 수가 있다〈표 2-21〉.

〈표 2-21〉 Easton의 정치체제모형과 정책과정단계

정치체제모형의 구성요소	정책과정단계
환 경	정책환경
투 입	정책의제형성
전 환	정책결정
산 출	정책집행
환 류	정책평가

Easton(1965)의 "정치생활에 대한 시스템분석"은 자본주의와 자유민주주의 시스템 하에서의 정책과정에 대한 분석이다. 정치시스템과 환경은 환경이

안정되어 있을 때나 변화할 때나 항상 상호작용을 하므로, 환경은 정책과정과 밀접한 상호의존관계를 가지게 된다. 정치체제는 환경으로부터의 요구와 지지를 받아 정책결정과 행동이라는 형태의 산출을 하게 된다. 이때 환경과 정치체제의 교환이나 거래가 바로 투입으로서의 요구와 지지 그리고 산출로서의 의사결정과 행동이다. 정책결정과 행동으로 표현되는 정책산출은 요구라는 환경으로부터의 투입에 대한 반응으로 실행되는 것이다(노화준, 2012: 162).

이스톤의 환경과 정치체제간의 상호작용관계를 정책과정이라는 단계로 분해하면 다음과 같다. 첫째, 정책환경은 정치체제를 둘러싸고 그것에 영향을 주는 모든 국내외 외부요인들로서, 사회문제가 발생하여 정부의 활동을 촉발시키는 장소이다. Anderson(1984: 23-26)은 정책환경을 구성하는 중요한 요인으로 지형학적 특성, 인구학적 특성, 정치문화적 특성, 사회구조적 특성, 경제적 특성, 그리고 그 사회를 둘러싸고 있는 국제적 요인 등을 들고 있다. 이들 환경이 어떠하냐에 따라 정치체제에 대한 투입으로서의 요구의 내용과 강도가 달라지게 된다. 둘째, 정책의제형성단계는 환경에서 발생한 사회문제가 정부의제 또는 정책문제로 귀속되는 것을 말한다. 이러한 정책의제형성은 주로 그 당시 사회경제적 여건을 반영하는 사건이라는 격발장치에 의해 사회적 문제가 정책이슈로 발전하고 다시 정책의제로 진입하게 된다. 셋째, 정책결정단계는 사회문제를 해결하기 위한 해결책 또는 행동방침인 정책을 산출하는 것이다. 정부의제가 정책과 프로그램으로 만들어지고 합법화되는 정책결정과정에서는 여러 가지 정책분석을 통한 합리적인 시도를 하지만 동시에 참여하는 여러 이해관계자들 간의 협상이나 투쟁 등의 상호작용이 일어나게 된다. 넷째, 정책집행단계는 산출한 정책을 환경의 사회문제를 해결하는데 적용 또는 실행하는 것이다. 종래에는 정책을 결정하고 나면 바로 정책의 효과 또는 영향이 나오는 것으로 가정하였으나, 그러나 정책이 어떻게 집행되느냐에 따라 정책의 효과도 달리 나오게 된다(노화준, 2012: 496). 이처럼 정책의 집행으로 나타나는 변화나 영향을 정책결과(효과, 성과, 영향)이라고 한다. 마지막으로 정책평가단계는 어떤 정책의 과정이나 결과를 이해하고, 그 값어치를 판단하는 과정이다(Weiss, 1972: 1; Dye, 1981: 366-367; 노화준, 2012: 542). 가장 보편적인 정책평가는 정책집행의 결과가 애초에 의도했던 사회문제를 해결하였는가 즉 정책목표를 달성하였는가하는 결과평가이다. 그러나 정책과정을 검토하는 과정평가도 있다. 이러한 평가정보는 다시 환류가 되어 다음의 정책과정에서 활용되게 된다.

이상에서 논의한 정책싸이클 접근방법은 복잡한 정책과정을 한정된 몇 개의 단계들과 하위단계들로 나누어 정책과정과 정책현실에 대한 이해를 촉진시켰으며, 이들 각 단계들이 독자적으로 탐구되거나 정책과정의 다른 단계들과의 관계를 분석할 수 있게 하였으며, 정책을 다루는 모든 행위자들과 기관들의 역할에 대한 설명을 가능하게 해주었다. 그러나 이러한 접근방법을 현실에 적용하는데 주의할 점은 정책결정자들이 공공문제를 선형적 과정으로 해결하는 것으로 잘못 해석할 수 있다는 점이다. 정책과정이 진행되는 단계에서는 각 과정들 간에 지속적인 상호작용이 이루어지기 때문이다.

제3장

한국 지역발전의 진화분석

제1절 한국 지역발전의 역사적 전개 개괄

1. 한국 지역발전의 시기구분

해방 이후 대한민국정부가 추진한 지역발전은 크게 6단계인 1960년대-1970년대(박정희정부), 1980년대(전두환정부에서 노태우정부까지), 1990년대(김영삼정부에서 김대중정부까지), 그리고 2000년대 초반 이후의 노무현정부와 이명박정부 및 박근혜정부로 구분할 수가 있다. 단, 광복 이후 태동한 이승만정부는 국가형성기로서 경제성장이나 지역발전에 대한 개념과 정책이 형성되어 있지 않았기 때문에 분석대상에서 제외하였다.

이와 같이 역사적으로 집권한 정부별로 지역발전을 분류할 수도 있지만, 본 연구에서는 지역발전의 시기구분을 국토종합계획시기와 지역발전계획시기로 구분하고자 한다. 왜냐하면 한국이 경제성장과 지역발전을 추진하기 시작한 1960년대 이후 2000년대 초기까지는 국토종합계획을 통하여 지역개발을 추진하여 오다가, 2000년대 초기 이후에 집권한 노무현정부에서 처음으로 국토종합계획과 별도의 지역발전계획을 수립하여 그 이후의 이명박정부나 박근혜정부에서 지속을 하여 왔기 때문이다.

<표 3-1> 한국 지역발전의 역사적 진화과정

	시기구분	배경 목표	제도	주요 정책
국토종합계획 시기 (1960-1990년말) (박정희정부 - 김대중정부)	박정희정부 (1960-1979)	· 빈곤의 악순환 탈피 · 자립경제 기반구축 · 공업 기반조성	· 국토건설종합법 (1963) · 지방공업개발법 (1970) · 산업기지개발촉진법(1973)	· 제1차 국토종합개발계획(1972-81)
	전두환-노태우정부 (1980년대)	· 성장과 복지의 조화 · 수도권 집중억제와 국토균형발전	· 수도권정비계획법 제정(1982)	· 제2차 국토종합개발계획(1982-1991)
	김영삼-김대중정부 (1990년대)	· 지방분산형 국토골격형성 · 생산적, 자원절약형 국토형성 · 국토환경보전	· 산업입지 및 개발에 관한 법률(1990) · 지역균형개발 및 지방중소기업육성법(1994)	· 제3차 국토종합개발계획(1992-2001)
지역발전계획 시기 (2003-2018년) (노무현정부 - 박근혜정부)	노무현정부 (2003-2008)	· 지역균형발전 · 혁신주도형발전 · 다극분산형발전	· 국가균형발전특별법 제정 (2003. 12)	· 제4차 국토종합계획(2000-2020) 및 수정계획(2006-2020) · 제1차 국가균형발전 5개년계획(2004.8). · 제2차 국가균형발전 5개년계획(2007.7)
	이명박정부 (2008-2012)	· 지역경쟁력 강화와 삶의 질 향상 · 광역화와 연계협력 활성화 · 특화발전과 지방분권 촉진	· 국가균형발전특별법 전면개정 (명칭변경-지방발전특별법) (2009)	· 제4차 국토종합계획 수정계획(2011-2020) · 제1차 지역발전5개년계획(명칭변경) (2009-2011)
	박근혜정부 (2013-2018)	· 지역주민의 정책체감도 제고 · 행복한 삶의 균등한 기회보장 · 자율적 참여와 협업 촉진	· 국가균형발전특별법 일부개정 (2014)	· 제2차 지역발전5개년계획(2014-2018)

위의 표에서 보듯이, 1960년대 이후 1970년대까지의 박정희정부와 1980년대의 전두환정부와 노태우정부까지는 권위주의체제하의 정부라고 할 수가 있는데, 지역발전을 추진하는 배경이나 목표 및 제도와 정책이 연속선상에 있는 것처럼 보이지만 변화의 흐름도 나타났다. 전두환정부의 말기인

1987년 6.29민주화선언이 이루어진 후 노태우정부가 들어서고, 그 이후 실질적인 민주주의체제의 정부하고 할 수 있는 김영삼정부와 김대중정부가 1990년대에 등장하였는데, 이들 정부에서의 지역발전정책의 배경이나 목표 및 제도와 정책은 이전 권위주의정부와 차별성을 가진 것으로 가정할 수 있다.

2000년대에 들어와 김대중정부의 연장선상에 위치하는 진보주의정권이라고 할 수 있는 노무현정부는 지역발전정책의 전환기라고 할 수가 있다. 이 정부에서는 급격하게 변화하는 환경맥락에서 지금까지 지역발전을 이끌어온 국토종합계획과는 별도로 최초로 지역발전을 체계적이고 종합적으로 추진하기 위한 지역발전틀을 설계하여 지역발전을 추진하는 배경과 목표를 제시하고 제도와 정책에서의 실질적인 전환을 추진하였다. 이후 보수주의노선을 추구하는 이명박정부와 박근혜정부에서는 이전의 진보정권과 상이한 지역발전의 목표와 제도 및 정책을 추진하려고 하였는데, 과연 이전 정부와 차별성이 있는가 아니면 경로의존적인가가 쟁점으로 등장하였다.

2. 국토종합계획시기의 지역발전개요(박정희정부부터 김대중정부까지)

국토종합계획시기(1960년대-1990년대)의 박정희정부부터 김대중정부까지는 국토종합계획에 의해 지역발전을 추진한 시기로서, 이들 정부의 지역발전 전개는 다음과 같다.

1) 1960년대 이전까지의 지역여건과 정책대응

1950년대에는 해방과 한국전쟁으로 국토가 황폐화되었고, 도시화로 인한 지역불균형이 시작된 시기였다. 이 시기는 아직 국토개발의 준비단계로 과학적이고 체계적인 개발보다는 주택, 도로, 교량 등 전재복구사업과 일부 내수산업을 부흥시키는 것에 주력하였다.

2) 박정희정부: 1960년대의 지역발전

박정희정부가 출발하는 1960년대에 들어와서는 한국의 산업화가 본격적으로 추진됨에 따라, 경제성장을 위한 제1차 경제개발5개년계획(1962-66)이 만들어졌다. 이 시기의 지역개발은 경제성장을 뒷받침하는 측면이 강하였다. 따라서 국토개발은 자원을 개발하고 기간산업을 육성하는 경제성장과 지역발전을 혼합하여 추진하였다. 예컨대 공간적으로 입지조건이 우수하고 성장잠재력이 큰 경인지역과 동남해안지역을 중심으로 경공업위주의 공업화정책이 추진되었고, 공업단지의 조성과 함께 경인고속도로와 경부고속도로가 건설되었다,

이처럼 경제개발계획의 일환으로 추진되던 지역발전과정에서 1963년에 '국토종합개발계획법'이 제정되었지만, 체계적인 국토종합계획은 작성되지 않은 상태였다.

3) 박정희정부: 1970년대의 지역발전

1960년대 제1차 및 제2차 경제개발5개년계획(1967-71)에 의한 경제성장이 진행됨에 따라 수송, 전력, 통신 등 주요 사회간접자본의 부족과 시설확대에 대한 요구가 증대되었고, 산업화로 인한 대도시인구가 증가함으로써 이에 대한 대책이 요구되었다. 1970년대에 들어와 3차 경제개발5개년계획(1972-76) 및 4차 경제개발5개년계획(1977-81)이 수립되었는데, 동 계획에서 경제성장 정책의 핵심은 중화학공업육성이었다.

이러한 사회경제적 여건변화를 고려하여 수립한 것이 제1차 국토종합개발계획(1972-81)이었다. 1차 국토계획의 주된 목표는 수출주도형 공업화기반을 구축하고 사회간접자본을 확충하는 것이었으며, 여기서 제시된 지역발전정책은 전국을 4대강 유역권, 8중권, 17소권 등으로 나누어 권역중심의 성장거점개발을 통한 집적이익을 추구하는 것이었다.

그러나 1970년대 성장거점개발방식의 시행으로 수도권과 동남권에 개발

이 편중되어 국토의 불균형구조가 형성되고, 지역 간 격차가 심화되었다. 예컨대 급속한 공업화와 도시화로 인구와 산업이 도시에 집중되는 현상이 발생하였다.

4) 전두환정부, 노태우정부: 1980년대의 지역발전

1980년대 초반 한국은 경제개발5개년계획과 국토종합계획을 통해 경제규모가 확대되고 경제구조의 고도화가 이루어졌으나, 1970년대에 시작된 국제통화질서 동요와 자유무역체제 후퇴 및 석유파동 등 국제환경의 변화를 경험함으로써 이에 대응하기 위한 새로운 계획의 필요성이 제기되었다.

이에 전두환정부는 경제개발5개년계획을 '제5차 경제사회발전5개년계획(1982-86)'으로 명칭을 변경하고, 정부주도의 경제개발에서 민간의 창의적 노력을 중시하는 민간주도 경제운용으로 전환하였다. 또한 '제6차 경제사회발전5개년계획(1987-91)'은 경제선진화와 국민복지증진을 위해 경제사회제도의 발전 및 질서의 선진화, 산업구조 개편 및 기술입국 실현, 지역사회의 균형발전과 국민복지증진을 기본방향으로 설정하였다.

이러한 국내외 환경상황 속에서 '제2차 국토종합개발계획(1982-91)'을 수립하여 성장거점의 집적이익을 확산하는 전략으로 성장거점도시의 육성과 산업단지 조성 등을 통한 인구의 지방분산과 정착을 추진하였다. 그러나 인구와 산업의 수도권 집중 및 지방도시와 농어촌지역의 침체로 인한 지속적인 불균형의 심화와 1980년대의 광역화와 지방화 및 자율화 등의 여러 환경변화를 반영하여 1987년 '제2차 국토종합개발계획 수정계획(1987-91)'이 만들어졌다. 제2차 국토수정계획은 기본목표는 동일하나, 지역생활권 및 성장거점도시 전략을 수정하여 지역경제권단위의 균형발전전략을 채택하고, 수도권과 이에 대응할 지역경제권으로 중심권, 동남권, 서남권의 4개 지역경제권 및 28개 지역생활권으로 권역을 구분하고 국토균형개발을 위한 다핵개발과 광역개발 방식을 도입하였다.

그러나 2차 국토계획 이후에도 서울과 부산 등 대도시에 투자가 집중되고, 특히 88 올림픽 개최로 인하여 수도권 집중에 대한 기존의 시책을 완화하여 수도권과 비수도권의 지역격차가 더욱 심화되었고 환경문제가 심화되는 등의 문제가 지속하였다.

5) 김영삼정부, 김대중정부: 1990년대의 지역발전

1980년대에는 수도권의 인구집중 및 지역 간 격차, 사회간접자본의 부족, 환경오염 등과 같은 다양한 문제들이 지속적으로 나타났다. 뿐만 아니라 국제경쟁의 심화 및 세계화와 지방화가 진전되었으며, 1990년대 지방자치 실시로 지역발전에 대한 지방정부의 역할이 증대되고 있었다.

이에 그동안 정부주도로 추진되었던 경제개발계획은 민간의 역량을 더욱 강화하여 정부와 민간이 공동으로 추진하고 경제사회의 선진화 및 국제화와 자율화를 위해 김영삼정부에서 '제7차 경제사회발전5개년계획(1992-1996)'이 수립되었으나, 1993년에 이 계획을 중단하고 '신경제5개년계획(1993-97)'을 새로이 발표하였다. 이 계획을 끝으로 과거 30년 동안 지속되어왔던 경제개발계획은 막을 내렸고, 국제화와 자율화 시대의 경제성장을 달성하기 위한 '제3차 국토종합개발계획(1992-2001)'이 수립되었고, 동 계획에서는 다핵개발과 광역권중심의 지역경제권개발을 추진하였다.

3. 지역발전계획시기의 지역발전개요(노무현정부부터 박근혜정부까지)

앞에서 기술한 1960년대부터 1990년 말까지는 국토종합계획에 의하여 지역발전이 이루어졌으나, 2000년 초반 이후에 출범한 노무현정부에 들어와서 처음으로 국토종합계획과 별도의 지역발전계획이 수립되었고, 이후 집권한 이명박정부와 박근혜정부에서도 지속하고 있는데, 이들 정부의 지역발전 전개는 다음과 같다.

1) 노무현정부의 지역발전

노무현정부는 세계화와 지방화 및 정보화라는 환경에서 지역정책의 세계적 흐름, 중앙주도의 하향식 사업추진 등 과거 지역발전정책에 대한 검토와 반성, 및 자신의 국정철학과 국정과제를 토대로 새로운 지역발전정책을 발표하였는데, 이를 개괄하면 다음과 같다.

노무현정부는 국토종합계획시기에 역대 정부의 구발전패러다임의 한계로 나타난 중앙집권체제에 따른 지방의 자치역량 약화, 요소투입형 불균형성장, 수도권중심의 일극집중구조 심화, 수도권의 단절적 성장패턴 고착 등 중앙집권적 불균형국가의 한계를 해결하고자, 분권형 국가의 건설, 혁신주도형 균형발전, 다핵발전거점의 조성, 수도권과 비수도권의 동반성장을 중심으로 하는 지방분권적 균형국가라는 새로운 발전패러다임을 정립하였다.

참여정부는 신국가발전패러다임 하에서 '지방분권과 국가균형발전'을 12대 국정과제의 하나로 선정하고, 처음으로 종합적이고 체계적인 국가균형발전을 추진하기 위한 제도와 정책을 설계하는 작업을 하였다. 2003년 4월에 출범한 국가균형발전위원회는 동년 6월 국가균형발전특별법 제정을 위한 작업지침을 마련하고, 테스크포스팀을 구성하여 특별법안 구성을 시작하였다. 마침내 동년 7월 특별법 초안이 작성되어 10월에 국무회의의 심의를 거쳐 국회에 제출하여 12월 21일 본회의를 통과하였다. 국가균형발전특별법은 2004년 1월 7일 정부에 이송되어 1월 13일 국무회의에서 지방분권특별법 및 신행정수도건설을 위한 특별법 등과 함께 서명 공포되었다.

최초로 제정된 국가균형발전특별법은 지역발전의 통치기구로 대통령 직속으로 국가균형발전특별위원회를 설치하였고, 주요한 지역발전정책으로 국가균형발전5개년계획과 지역혁신발전5개년계획을 만들었다. 이러한 공식적인 제도적, 정책적 틀 속에서 만든 지역발전정책의 내용을 보면 첫째, 기존의 행정구역인 단일공간단위에서 지역발전계획과 지역발전시책을 수립하고 있다. 둘째, 정책영역별 지역발전사업을 추진하고 있다. 지역개발시책의 총괄체계인 지역혁신체계를 구축하여 이를 중심으로 다양한 하위시책들을 추진하도록 하였다. 셋째, 지역발전사업을 뒷받침하는 예산으로는 특별회계를 편성하도록 하였다.

2) 이명박정부의 지역발전

이명박정부는 지역경쟁력이 국가의 경쟁력을 좌우하는 시대에 광역화와 지방화라는 지역정책의 세계적 흐름, 중앙주도의 하향식 사업추진 등 과거 지역발전정책에 대한 검토와 반성, 및 자신의 국정철학과 국정과제를 토대로 새로운 지역발전정책을 발표하였는데, 이를 개괄하면 다음과 같다.

이명박정부는 국가비전으로 '선진일류국가'를 제시하고 섬기는 정부, 활기찬 시장정부, 인재대국, 성숙한 세계국가, 능동적 복지의 5개 국가목표를 수행하기 위한 20대 국정전략과 100대 국정과제를 설정하였다(국무총리실, 2008). 이러한 국가비전과 국가목표를 수행하기 위한 국정과제 중 지역발전에 관련되어 제시된 것이 지역발전정책의 비전과 전략(제1차 지역발전5개년계획: 2009-2011)이다. 지역발전정책을 추진하기 위하여 2009년 4월에 규범적 제도로 지난정부의 국가균형발전특별법을 전면개정(명칭변경: 지역발전특별법)하였고 공식제도도 과거정부와 다른 명칭인 중앙 차원의 지역발전위원회와 지방 차원의 광역경제권발전위원회를 만들었다.

그리고 이들 공식적인 규범적 틀과 조직에서 만든 지역발전정책의 내용을 보면 첫째, 공간단위별 지역발전계획을 수립하고 있다. 지역의 공간단위를 기초생활권, 광역경제권, 초광역개발권으로 나누고 기초생활권발전계획, 광역경제권발전계획, 초광역개발권발전계획을 설계하였다. 둘째, 정책영역별 지역발전사업을 추진하고 있다. 지역개발시책의 총괄체계인 지역발전체계를 구축하여 다양한 하위시책들을 추진하도록 하였다. 사업의 초점은 지역경제발전에 두고, 3개 공간단위의 성장잠재력을 극대화하여 신성장동력과 지역특화발전을 하는 것이고, 그리고 지역 간(수도권과 지방 간)의 상생발전을 도모하며 행정중심도시와 혁신도시 및 기업도시 등 기존시책의 발전적 보완을 하는 것이다. 셋째, 지역발전사업을 뒷받침하는 예산으로는 특별회계를 편성하도록 하였다. 국가균형발전특별법 개정법률 제30조(광역지역특별회계의 설치)에 근거하여 기존 국가균형발전특별회계를 광역지역발전특별회계로 확대 개편하였다.

3) 박근혜정부의 지역발전

박근혜정부도 이전 정부처럼 지역 간 격차문제의 심화 등 지역발전정책의 여건변화, 지역 간 협력을 강조하는 해외사례경험, 지난 정책에 대한 과거와 반성, 그리고 새로운 국정철학과 국정과제를 토대로 새정부의 지역발전정책을 발표하였다.

박근혜정부는 국정비전으로 '희망의 새 시대: 국민행복과 국가발전이 선순환하는 새로운 패러다임의 시대'를 제시하고 경제부흥, 문화융성, 평화통일 기반구축의 4대 국가목표를 수행하기 위한 13대 추진전략과 140개 국정과제를 제시하였다(관계부처합동, 2013). 이러한 국가비전과 국가목표를 수행하기 위한 국정과제 중 지역발전에 관련되어 제시된 것이 새 정부 지역발전정책(HOPE프로젝트)의 비전과 전략(제2차 지역발전5개년계획: 2014-2018)이다.

이러한 새로운 지역발전정책을 효율적으로 추진하기 위하여 기존의 국가균형발전특별법을 일부개정(2013. 12)하였고, 추진체계인 조직을 개편하여 지역발전위원회의 컨트롤타워기능을 강화하였으며 17개 시도에 시도생활권발전협의회를 설치하였다.

또한 지역발전위원회가 설계한 지역발전정책의 내용으로는 첫째, 공간단위별 지역발전계획을 만들었다. 공간단위는 이전 정부와 달리 행정구역(시도, 시군구)을 전제로 중추도시권, 도농연계권, 농어촌권, 수도권시범권 등으로 범주화하고 지역생활권발전계획을 추진하고 있다. 둘째, 정책영역별로 사업을 설계하고 있다. 지역개발시책의 총괄체계인 창조경제체계를 구축하여 다양한 하위시책들인 지역산업과 인재 및 과학기술, 복지, 교육, 문화, 관광, 기초인프라 등을 종합적으로 추진하도록 하였다. 구체적으로는 지역정책영역별로 분화되고 있지만 지역경제에 초점을 두면서 다른 정책영역으로 확대하고 있다. 예컨대 핵심영역인 지역경제에는 일자리창출 중심의 지역대표산업 육성과 산업단지의 창조경제 추진으로 지역경제활력을 제고하는 것이다. 그리고 주변영역인 지역교육은 창조경제 활성화를 위한 교육여건 개선과 창의적 인재 육성을 하고, 지역복지는 지역밀착형 복지전달체계 구축과 맞춤형 복지시책 추진 및 취약지역 응급의료체계 구축과 응급의료인프라 확충 등을 하며, 지역문화생태는 지역문화육성과 생태복원을 하도록 한다. 셋째, 지역발전사업을 뒷받침하기 위해서 특별회계를 편성하였다. 지역발전정책의 특별회계예산을 기존의 광역지역발전특별회계에서 지역발전특별회계로 확대 개편하였다.

제2절 국토종합계획시기(박정희정부부터 김대중정부)에 지역발전의 역사적 맥락과 제도 및 정책

1. 제도와 정책의 역사적 맥락

국토종합계획시기, 즉 박정희정부부터 김대중정부까지는 종합적이고 체계적인 지역발전계획이 수립되기 이전의 시기를 말하는 것으로, 이 시기에 지역발전의 제도나 정책을 형성하거나 변화시키는 역사적 동인으로는 경제개발5개년계획과의 연계 및 시대환경변화와 과거지역정책의 검토와 반성을 들 수가 있다.

〈표 3-2〉 국토종합계획시기의 제도와 정책의 역사적 맥락

계획연도	환경변화	과거 계획과 정책문제
1차 국토계획 (1972-1981) (박정희정부)	1960년대 · 산업화, 경제성장 · 권위주의화 · 1차(1962-66), 2차(1967-71) 경제개발5개년 계획 1970년대 · 산업화, 경제성장 · 권위주의화 · 3차(1972-76), 4차(1977-81) 경제개발5개년 계획	· 대도시 인구증가 · 사회간접자본 부족
2차 국토계획 (1982-1991) (전두환, 노태우정부)	· 산업화, 경제성장 · 민주화 · 국제정세변화(국제통화질서 동요, 자유무역체제 쇠퇴, 석유파동) · 5차(1982-86), 6차(1987-91) 경제사회발전5개년계획	· 대도시 인구증가 · 지역 간 격차 · 사회간접자본 부족
3차 국토계획 (1992-2001) (김영삼, 김대중정부)	· 산업화, 경제성장 · 민주화, 지방화 · 국제화와 세계화 · 정보화(후기산업화) · 7차(1992-96) 경제사회발전5개년계획 중단-> 신경제5개년계획(1993-97)	· 국토개발의 불균형 · 수도권 인구집중 · 지역 간 격차 심화 · 사회간접자본 부족 · 환경오염 확산
4차 국토계획 및 수정계획 (2000-2020, 김대중정부) (2006-2020, 노무현정부) (2011-2020, 이명박정부)	· 민주화, 지방화, 세계화 확산(세계적 경쟁시대) · 지식정보화 확산	· 국토개발 불균형 · 수도권 인구집중 · 지역 간 격차 확산

위의 표에서 보는 바와 같이, 국토종합계획시기의 제도와 정책의 형성과 변화맥락은 국가와 지역발전을 위한 경제개발계획의 수립과 국내외 환경변화에 대응 및 과거의 계획과 정책의 검토와 수정 등의 연속이었다고 할 수 있다.

1) 경제개발5개년계획과의 연계

무엇보다도 국토종합계획과 지역개발정책을 태동시킨 동인은 시대환경변화에 적응하기 위해 변화를 하여 온 경제개발5개년계획을 실현하려는 것과 연관된다. 국가와 지역의 성장 또는 발전을 지속하기 위하여 경제개발계획이 수립되었고 이것의 보완적 계획으로 수립한 것이 국토계획이라고 할 수 있기 때문이다. 1962년부터 시작된 1차 경제개발5개년계획부터 4차 경제개발5개년계획기간은 경제성장과 산업화에 초점을 두었다. 1차 경제개발계획에서는 자립경제개발 구축을 위하여 기간산업 육성을 추진하였고, 2차 경제개발계획은 산업구조의 근대화와 자립경제 촉진을 위하여 공업고도화를 시도하였고, 3차 개발계획에서는 성장 안정 균형의 조화라는 목표 하에 중화학공업 육성과 사회간접자본의 확충을 추진하였고, 4차 계획에서도 산업구조의 구조화를 지속하였다. 그러나 1970년대의 고도 경제성장이 수도권과 비수도권 및 도시와 농촌 간의 지역 간 불균형과 격차를 심화시키고 자연환경의 훼손 등 환경문제를 야기시키고 성장의 과실로 인한 국민들의 생활수준이 향상되어 복지문제가 대두되었다. 이에 따라 1980년대 이후에 수립된 경제계획은 명칭을 경제개발계획에서 경제사회발전계획으로 바꾸고 경제적 효율성에 입각한 산업부문의 고도화를 지속하면서 동시에 형평성 차원의 소득분배 개선과 지역 및 소외부문의 개발을 확대하는 등 성장과 복지를 조화시키는 정책을 추진하였다.

<표 3-3> 국토종합계획시기의 경제개발계획과 이와 관련된 지역발전정책

계획명칭과 시기		계획목표	주요 정책	관련 지역발전정책
경제개발 5개년계획	1차 (1962-66)	· 사회경제적 악순환 시정 · 자립경제개발 구축	· 농업생산력 증대 · 에너지공급원 확보 · 기간산업 육성 · 국제수지 개선	· 사회간접자본 확충 · 울산공업단지 개발
	2차 (1967-71)	· 산업구조 고도화 · 자립경제 추진	· 식량의 자급화 · 공업구조의 기틀마련 · 수출 활성화 · 기술수준과 생산성 향상	· 공업화 기반조성 · 고속도로개발사업
	3차 (1972-76)	· 성장, 안정, 균형의 조화 · 자립적 경제구조 실현 · 국토종합개발과 지역개발의 균형	· 주곡의 자급화 · 중화학공업 육성 · SOC 확대	· 중화학공업 기반구축 · 국토자원의 효율적 개발 · 인구와 산업의 적정 분산
	4차 (1977-81)	· 자력성장구조의 실현 · 사회개발을 통한 균형 증진 · 기술혁신과 능률향상	· 투자재원의 자력조달 · 산업구조의 고도화 · 국제수지의 균형	· 생활환경 개선 · 새마을사업 확대
경제사회발전 5개년계획	5차 (1982-86)	· 안정기조 정착 · 고용기회 확대 · 계층간, 지역간 균형발전	· 물가안정, 개방화 · 시장경쟁의 활성화 · 지방 및 소외부문의 개발	· 국토의 균형개발 · 아시안게임/ 올림픽 준비 인프라 조성
	6차 (1987-91)	· 형평성 제고 · 균형발전과 서민생활 향상 · 경제의 개방화	· 시장경제질서의 확립 · 소득분배 개선과 사회개발 확대 · 고도기술부문을 중심으로 산업구조 개편	· 저소득층주거 개선 · 지역 간 균형개발
	7차 (1992-96)	· 경쟁력을 갖춘 경제체제 구축 · 사회적 균형발전 · 국제화, 자율화, 통일기반 조성	· 개방화, 국제화 · 기술개발 촉진 · 사회간접자본 확충	· SOC시설 확충 · 지역균형개발 · 남북협력 기반조성

자료: 김용웅 외(2009: 406). 이희연(2014: 815).

2) 시대환경변화

이처럼 경제개발계획을 도와주기 위하여 설계된 국토계획의 연도별 환경 특징을 보면, 1차 국토계획시대에는 권위주의체제 하의 산업화(공업화)로 집약되고, 1980년대에서 1990년 이전까지 2차 국토계획시기에도 권위주의체제 하에서 산업화를 통한 경제성장이 핵심요인으로 지속하면서 국제정세변화에 적응이 새로운 변수로 등장하고 있다. 그러나 1990년대 3차 국토계획시기에는 미래학자 Toffler가 '제3의 물결'이라고 하듯이, 산업화를 통한 산업사회에서 민주화와 지방화가 확산되고, 정보통신기술혁명을 통한 후기산업사회(정보화사회)로 이동함과 동시에 국제화 또는 세계화하는 국경 없는 글로벌사회라는 새로운 소용돌이환경이 등장하고 있다.

3) 과거지역정책의 검토와 반성

이러한 환경변화는 시대에 적응하기 위하여 만든 주요 국토개발계획과 정책이 여러 문제점과 한계를 노정시킴으로써 계획의 수정과 변화를 요구하는 동인으로 작동하였다.

따라서 1960년대 이후 복잡하게 진화하여 온 경제개발계획과 환경변화 및 과거계획에서 나타난 문제점은 지역발전을 위한 새로운 제도와 정책의 설계를 요구하게 되었다.

2. 제도와 기구

1) 지역발전의 통치제도: 지역개발법률

지역정책이란 한 나라의 인구와 산업의 공간적 분포에 대한 정부의 정책으로서 그에 관한 계획까지를 포함한다. 국토종합계획시기(박정희정부-김대중정부)에 우리나라의 지역발전의 통치제도로서 지역정책에 관한 법률의 변화과정을 살펴보면 다음과 같다(황명찬, 2001: 417-471).

〈표 3-4〉 국토계획종합시기의 지역개발법률 변화

시 기	지역개발종합법	지역개발개별법
1960-70년대 (박정희정부)	· 국토건설종합계획법 (1963) - 제1차 국토종합개발계획 (1972-81)	· 대도시인구집중방지책(1964) · 수도권인구과밀집중억제에 관한 기본방침(1970) · 농촌근대화촉진법(1970) · 지방공업개발법(1971) · 국토이용관리법(1972) · 산업기지개발촉진법(1973) · 국토이용관리법 개정(1976) · 공업배치법(1977)
1980-90년대 (전두환정부- 김대중정부)	· 국토건설종합계획법 - 제2차 국토종합개발계획 (1982-91) - 제3차 국토종합개발계획 (1992-2001)	· 특정지역종합개발촉진에 관한 특별법(1980) · 수도권정비계획법(1982)-〉 개정(1994) · 농어촌소득지원개발법(1984) · 도서개발촉진법(1986) · 오지개발촉진법(1988) · 산업입지 및 개발에 관한 법률(1990) · 공업배치 및 공장설립에 관한 법률(1990) · 농어촌발전특별조치법(1990) · 농어촌정비법(1994) · 지역균형개발 및 지방중소기업육성에 관한 법률(1994) · 폐광지역개발에 관한 법률(1995) · 농업농촌정비법(1999)

1960년대 공업화를 시작하면서 1964년부터 대도시의 인구집중을 하나의 정책문제로 인식하고 동년 9월 국무회의에서 '대도시 인구집중 방지책'을 결의하였고, 1969년에 청와대 대통령자문기관으로 정무비서관이 주관하는 수도권문제심의회가 설치되어 '수도권 집중억제방안'을 작성하였다.

이후 1970년대에 들어와서 1970년에 건설부에 수도권계획관실을 설치하고 '수도권 인구과밀집중억제에 관한 기본방침'을 작성하고, 인구집중의 원인해소를 위해 도시와 농촌의 균형개발, 국토종합개발계획 수립 등을 기본방향으로 제시하였다. 이를 추진하기 위해 1970년에 농촌근대화를 위한 농촌근대화촉진법을 제정하였고, 1970년에 '제1차 국토종합개발계획(1972-81)'을 작성하여 지역개발기반의 확충에 초점을 두었다. 같은해에 '지방공업개발법'

을 제정하여 지방공업화를 통한 인구의 지방정착을 추진하였다. 1972년에는 전국적인 지역지구제와 토지이용계획제도를 도입한 '국토이용관리법'을 제정하였고, 1973년에 '산업기지개발촉진법'을 제정하여 중화학공업을 중점추진하기 위한 산업기지 개발을 추진하였다. 1977년에는 '공업배치법'이 제정되어 서울의 공업분산을 위해 지방공업입지를 촉진하도록 하였다.

더욱이, 1980년대에 들어와서 국토건설종합계획법에 의하여 '제2차 국토종합개발계획(1982-1991)'을 작성하여 인구의 지방정착이라는 목표를 달성하기 위해 성장거점도시의 육성과 지역생활권의 개발을 추진하였다, 이러한 2차 계획을 구체화하기 위해 1982년 '수도권정비계획법'을 제정하여 수도권의 산업과 인구의 집중을 억제하는 정책을 시도하였다. 그러나 2차 국토계획은 대도시권의 출현과 경제성장의 둔화라는 상황변화에 맞추어 1987년에 수정되었다. 1990년대에 들어와 '제3차 국토종합계획(1992-2001)'이 제정되어 수도권의 과밀집중과 지역격차를 제일의 문제로 인식하고 그것의 해결을 위한 목표로 분산형 국토골격을 제시하여, 그동안 수도권 집중억제에 의한 소극적인 국토의 균형개발방식에서 지역개발중심의 적극적인 방식으로 전환을 시도하였다. 이를 추진하기 위해 기존의 여러 가지 공업입지와 공단 관련 법률을 '산업입지 및 개발에 관한 법률'과 '공업배치 및 공장건설에 관한 법률'로 통폐합하고, 한국의 공업단지를 국가산업단지와 지방산업단지 및 농공단지로 구분하여 산업단지의 확대를 시도하였고, 1994년에는 '지역균형개발 및 지방중소기업 육성에 관한 법률'을 제정하여 광역권개발과 개발촉진지구개발 등을 가능하게 하였다.

그리고 종전에 수도권에 대한 규제에만 의존해 왔던 지역정책은 1980년대 이후부터 낙후지역의 적극적 개발에 무게를 두기 시작하였다. 예컨대 1980년대에 도서지역과 오지지역의 개발을 위한 '도서개발촉진법(1986)'과 '오지개발촉진법(1988)'을 제정하였고, 1990년대에 들어와서는 농어촌 정주권 개발을 위한 '농어촌발전특별법(1990)' 및 '농어촌정비법(1990)' 그리고 폐광지역의 개발을 위한 '폐광지역 개발지원에 관한 특별조치법(1995)' 등이 제정되어 여러 가지 지역개발계획과 사업을 시행하였다.

2) 지역개발의 통치기구: 개별정부부처

국토종합계획시기의 국토종합계획은 중앙정부 주도에 의하여 수립 추진되었는데, 다음의 표에서 볼 수 있다.

〈표 3-5〉 국토종합계획수립시기의 국토종합개발계획의 수립과정

국토종합개발계획	시기(연월일)		수립내용
1차 국토종합개발계획 (1972-81)	1969.	5. 8.	대통령령에 의해 국토계획조사연구단 설치
		5.19.	국무총리의 국토종합개발계획 작성지침 시달
		6. 5.	경제장관회의 보고
		7.30.	관계 부처 실무자 전체회의 개최
		8.10.-20.	계획주무과장 해외자료수집(자유중국, 일본)
		9 .4.	국토종합개발계획 1차 시안 1차 초안 작성
		9 .7.	1차 시안 2차 초안 작성
		10.20.	1차 시안 3차 초안 작성
		12.30.	1차 시안 작성
	1970.	1.	UNDP/SF지역계획사업단의 계획수립 자문
		2.23.	관계 부처 기획관리실장 회의
		2.28.	제1차 시안 공청회 개최
		3. 6.	UNDP지역계획사업단과 합동검토
		3.16. -5 .2.	제1차 시안 국토건설종합계획 심의회 보고 심의
		6.20.	서울대 행정대학원주최로 제1차 시안에 대한 세미나 개최
		7.	제2차 시안 작성, 권역별 계획 지방공청회를 각도별로 개최
		8. - 9.	제3차 시안 작성
	1971.	3. - 8.	UNDP지역계획사업단의 작업성과 반영
		8.	국토종합건설계획안을 국토종합건설계획심의회에서 심의
		9.	국토종합건설계획의 국무회의 의결
		10.	대통령 승인, 공고

국토종합개발계획	시기(연월일)		수립내용
2차 국토종합개발계획 (1982-91)	1979.	6.-8.10.	건설부 국토개발장기구상(1982-2001) 작성
	1980.	1.	제2차 국토종합발계획 목차구성
		2.	건설부의 작업시달
		3.-5.	계획의 작업지침 협의, 결정
		6.-8.	관련 부처 자료제출, 제3차 경제사회발전계획 관련 검토
		3.- 10.	국토개발연구원 작업
		9.-10.	관련 부처 실무자 회의 및 의견조정
		11.-12.	계획시안 작성
	1981.	1.13.	건설부장관에게 보고
		1.15.	차관회의에 보고
		2. 5.	제2차 국토종합개발계획(기본구상안) 작성
		2.17.	국토개발연구원 작업실무단 편성
		3. 5.	관련 부처 협의회 개최
		7. 3.	관계 부처 실무관계자 협의회 개최
		8.21.	대통령에게 계획안 보고
		8.22.	민정당 정책위원회에 보고
		8.24.	국회 건설분과위에 보고
		9.23- 10.28.	전국 시도 공청회 개최
		10.5.	국정자문회의 보고
		10.26.-27.	국회 건설분과위에 보고
		12.16.	국토건설종합계획심의회 심의
		12.22.	국무회의 의결
		12.31.	대통령 승인, 공고

국토종합개발계획	시기(연월일)		수립내용
3차 국토종합개발계획 (1992-2001)	1990.	1.	건설부 제3차 국토계획 수립 및 전담작업반 작성
		2.	분야별 자문위원회 구성(7개 부문 110명)
		4.18.	국토계획 간담회 개최(자문위원장 및 분야별 원로인사 16명)

		4.30-5. 9.	제1차 자문회의 개최(7개 부문 72명)
		5.22.-8.14.	제2차 자문회의 개최(3개 부문 35명)
		6.20.	제3차 국토계획의 기본방향설정에 관한 토론회(지방대교수 13명)
		7.	국토개발 건강작업의 중간정리 발간
		9.11.-11.30.	제3차 국토계획시안 작성을 위한 합동작업
		11.	제3차 국토종합개발계획시안 발간
		12.19.-26.	제3차 자문회의 개최(7개 부문 63명)
		12.21.	계획시안 설명회(민자당 정책평가위원 11명)
		12.27.	계획시안 설명회(건설진흥협회 회원 45명)
	1991.	2.5.-7.	계획시안 보완을 위한 합동작업
		3. 1.	제3차 국토종합개발계획시안 발간
		3. 9.	건설부장관 보고
		3.11.	민자당 정책위원회 보고
		3.12.-14.	정책토론회 개최(국토개발연구원 주최, 8개 분과 102명 참석)
		4.	제3차 국토종합개발계획시안 발간
		5.- 6.	계획시안에 대한 관계부처 의견접수
		7.1.-26.	관계 부처 및 지방정부의 의견조정(21개 중앙부처 실무자, 14개 지방정부 관련국 등)
		8.28.	제3차 국토종합개발계획시안 발간
		8.29.-30.	중앙공청회 개최(7개 분과 토론자 64명 참석)
		9.9.-13.	지방공청회 개최(8개 지역 토론자 102명 참석)
		9.- 10.	공청회 결과반영을 위한 합동작업
		10.	제3차 국토종합개발계획안 초안작성
		11.26.	대통령 보고
		11.25.-12.7.	최종계획안 작성을 위한 합동작업
		12. 8.	국토계획심의회 심의
		12.27.	국무회의 의결
	1992.	1. 8.	대통령 승인, 공고

자료: 국토교통부(2013: 469-479).

위의 표에의 의하면, 1차 국토종합개발계획은 처음으로 중앙정부 주도로 설계한 것으로서, 국무총리실이 관계 부처의 참여와 각도별 공청회 개최,

UNDP지역사업계획단의 자문, 그리고 전문가 세미나 등을 통하여 시행착오를 거치면서 결정을 하였다. 그러나 2차 국토종합개발계획은 주무부처인 건설부가 주도하여 관련 부처와 협의 및 의견조정, 국토개발연구원의 전문적 지원, 전국 시도 공청회, 그리고 여당인 민정당과 협의, 관련 국회건설분과위원회에 보고 등의 과정을 거쳐 만들고 있다. 또한 3차 국토종합개발계획은 주무부처인 건설부가 주도하지만, 관련 중앙부처나 지방정부의 의견수렴 및 조정, 전문가집단의 자문 등을 보다 심도있게 숙의하고 있고, 여당인 민자당과 국회건설분과위에 보고 및 조정과정을 통하여 결정을 하고 있다.

3. 주요 정책

국토종합계획시기(1970-1990년대)의 주요한 지역정책은 일정한 지역발전이론을 전제하여 지역발전계획(국토종합계획)을 수립하고 이를 근거로 한 다양한 지역개발시책을 추진하고 있다.

1) 지역발전정책의 이론적 토대와 공간구분

국토종합계획시기의 지역발전의 이론적 토대는 전통적 지역발전이론인 불균형발전이론과 균형발전이론 및 성장거점이론 그리고 전통적 공간혁신모형인 산업지구론 등이 혼재되어 있다. 이러한 1차와 2차 및 3차 국토종합개발계획의 핵심이론으로는 성정거점이론으로서, 기존 행정구역이나 광역권 차원의 성장거점지역이나 도시를 중심으로 성장거점개발체계를 구성하여 산업단지 개발이나 전략산업 육성 등의 시책을 추진하였다.

이를테면 1차 국토계획에서는 특정지역에 대한 대규모 공업기지 구축을 위해 집적이익을 추구하는 성장거점개발을 시도하였다. 이는 성장거점이론과 불균형발전이론이 전제되어 있는 것이다. 이후의 2차 국토계획과 3차 국토계획에서는 집적이익을 추구하는 성장거점개발을 지속하면서도 지역 간 격차를 완화하기 위해 지역생활권개발과 광역권개발을 통한 균형발전을 추구하여 성장거점이론과 균형성장이론이 결합되어 있다. 그리고 이들 모든 국토계획에서 지역성장을 위한 산업단지 개발의 이론적 토대는 초기 공간혁신 모형인 Marshall의 산업지구론(집적경제론)이라고 할 수 있다.

이처럼 국토종합계획시기에 전통적 지역발전이론을 토대로 지역발전정책을 추진하는 데는 공간권역을 광역단위나 기존 행정구역단위를 혼합하여 분류하고 있다. 예컨대 1차 국토계획에서는 공업화와 도시화로 인하여 수도권의 인구집중문제가 대두되어 이에 대한 해결책으로 공간권역을 대·중·소권역으로 세분하여 4대강권(유역중심)과 8중권(도행정구역) 및 17소권(소규모경제권)에 대한 성장거점개발과 권역별 개발방식을 추진하였다.

2차 국토계획에서는 인구의 지방정착 유도와 개발가능성의 전국 확대를 위하여 지역생활권이라는 공간권역을 설정하고, 전국을 28개 지역생활권, 구체적으로는 5개 대도시생활권(서울, 부산, 대전, 광주, 대구), 17개 지방도시생활권(춘천, 원주, 강릉, 청주, 충주, 제천, 천안, 나주, 전주, 남원, 춘천, 목포. 안동, 포항, 영주, 진주, 제주), 6개 농촌도시생활권(영월, 서산 ,홍성, 강진, 점촌, 거창)으로 구분하여 5개 대도시의 성장거점과 주변지역의 생활권 형성을 추진하였으나 너무 많은 구역구분으로 투자가 분산되고 지역 간 격차는 심화되었다. 이에 2차 국토계획 수정계획에서는 규모경제를 살리기 위하여 지역경제권이라는 공간권역을 설정하였다. 지역경제권이란 지역경제의 자족성을 높이고 지방분권의 경제적 단위로서의 역할을 수행하도록 설정한 권역으로, 3대 지역경제권- 중부지역경제권(대전), 서남지역경제권(광주), 동남지역경제권(부산, 대구)으로 나누었는데, 이는 광역시 발전의 기반이 되었다.

그러나 이들 지역경제권은 서울과 수도권을 견제할만한 세력의 도시로 성장하지는 못하였으며, 1980년대 후반 인구와 산업이 다시 서울과 수도권으로 집중되었다. 제3차 국토계획부터는 공간권역을 8개 광역권- 아산만권, 군산장항권, 대전청주권, 광주목포권, 광양만진주권, 대구포항권, 부산경남권,

영동권- 으로 나누어 다핵개발과 지역경제권개발을 접목시킨 광역권개발방식을 추진하였다. 제4차 국토계획에서는 종전의 8개 광역권에 제주도와 수도권을 추가하여 10대 광역권을 설정하여 국토축의 거점권역으로 육성하는 광역권개발방식을 시도하였고, 제4차 국토계획 수정계획에서는 7+1 경제권역, 즉 수도권, 강원권, 충청권, 전북권, 광주권, 대구권, 부산권, 제주권(특수지역)으로 구분하여 다핵연계형 국토구조를 형성하는 자립형 지역발전방식을 추진하였다(이희연, 2014: 817-821).

2) 지역발전계획: 국토종합계획

1960년대 이후 1970년대로 들어오면서 경제성장목표를 달성하기 위한 공업화로 인하여 인구의 급격한 도시집중과 지역 간 격차 및 환경오염 등에 대응하기 위하여 1963년 국토종합계획의 수립근거가 되는 '국토건설종합계획법'이 제정되었다. 이 법에서는 국토종합건설계획의 목적과 정의, 주요 내용 및 체계 등에 대한 사항을 규정하고 있는데, 국토종합건설계획을 국토의 경제적 사회적 발전과 국민의 복리 향상 등을 위하여 국가 또는 지방자치단체가 실시할 사업의 입지와 시설규모에 관한 목표 및 지침이 되는 종합적이며 장기적인 계획으로 정의하고 있다.

국토건설종합계획법이 제정된 이후, 국토종합계획을 수립하기 위한 여러 차례의 시도가 있었으나, 공식적인 법정계획으로 확정되지 못하고 구상 또는 계획수준에 머물다가, 마침내 1971년에 와서 최초의 국토종합계획인 '제1차 국토종합개발계획(1972-1981)'이 수립되었다, 이 계획은 지속적인 경제성장을 위한 산업화를 효율적으로 추진하기 위해 전국적 차원의 공업단지 건설과 교통, 에너지, 상하수도 등 인프라시설의 체계적인 입지와 공급이 필요했기 때문이다. 이에 1차 국토계획은 경제성장을 위한 국토의 효율적 활용 및 국토개발의 기반확립 등을 목표로 수도권과 남동임해공업지역을 중심으로 산업기반이 조성되었고, 소양강 · 안동 · 대청 등의 다목적댐의 건설과 호남 ·

남해 · 영동선의 고속도로 등 간선교통망의 형성이 이루어졌다.

이후, 1981년에는 '제2차 국토종합개발계획(1982-1991)'이, 1987년에 '제2차 국토종합개발계획 수정계획(1987-1991)'을, 그리고 1992년에 '제3차 국토종합개발계획(1992-2001)'을 수립하였다. 제2차 국토계획은 당시 국토이용의 불균형과 환경문제 그리고 국토계획의 조정 및 통제기능 미흡 등의 문제점을 극복하고자, 국토의 균형발전과 국민복지 활동을 기조로 인구의 지방정착 유도, 개발가능성의 전국적 확대, 국민복지수준의 제고, 국토자연환경의 보전을 목표로 거점개발과 균형개발 등을 절충한 광역개발과 지역생활권개발에 초점을 두었다. 1992년의 제3차 국토계획은 지속적인 수도권 집중과 지역 간 격차, 기반시설의 부족, 환경문제 등과 함께 급속도로 확대되는 세계화와 지방자치 실시에 따른 지방화 등 여건변화에 대응하기 위해, 지방분산형 국토골격과 효율적 국토구조를 형성하여 국민복지의 향상과 환경보전 및 남북통일에 대비한 국토기반조성을 목표로 광역권개발과 성장거점개발에 초점을 두었다.

이처럼 10년 주기로 국토종합계획을 수립하여 오다가, 1999년에 수립된 '제4차 국토종합계획(2000-2020)'부터는 계획기간과 계획명칭의 변경이 있었다. 2002년에 기존의 국토건설종합계획법을 체계화한 '국토기본법'을 제정하여 계획명칭이' 국토종합개발계획'에서 '국토종합계획'으로 변경하고 5년마다 수정이 가능하도록 하였다. 이 법에서는 국토종합계획을 국토의 이용 개발 및 보전을 함에 있어서 미래의 경제적 사회적 변동에 대응하기 위해 국토전역을 대상으로 하여 국토의 장기적인 발전방향을 제시하는 종합계획으로 새롭게 정의하고, 국토관리의 기본이념에 관한 사항을 신설하고 계획수립시기를 20년으로 명시하고 사회경제적 여건변화를 고려하여 5년마다 계획을 재검토 및 정비하도록 규정하여 계획의 주기적 수정이 가능하게 되었다. 이에 따라 노무현정부시기인 2005년 제4차 국토종합계획 1차 수정계획(2006-2020)을, 그리고 이명박정부시기에 2011년 제4차 국토종합계획 2차 수정계획(2011-2020)을 수립하게 되었다(윤영모, 2016: 36-37; 이원회, 2016: 12-15).

이처럼 박정희정부부터 김대중정부까지 역사적 진화과정을 거쳐 만들어진 국토종합계획의 내용을 정리하면 다음 표와 같다.

<표 3-6> 국토종합계획시기(1차-4차)의 국토종합개발계획 내용

구 분	1차 국토계획 (1972-8191)	2차 국토계획 및 수정계획 (1982-1991) (1987-1991)	3차 국토계획 (1992-2001)	4차 국토계획 1차수정계획 (2000-2020) (2006-2020)
배 경	· 국력신장 · 공업화 추진	· 국민생활환경 개선 · 수도권의 과밀완화	· 사회간접자본시설 미흡 · 경쟁력 약화 · 자율적 지역개발	· 21세기 여건변화에 주도적 대응 · 국가의 융성과 삶의 질 확보 위한 새로운 국토비전과 전략
개발방식	· 성장거점개발	· 성장거점개발 · 지역생활권개발	· 성장거점개발 · 광역권개발	· 균형개발
공간권역	· 4대권(유역중심) · 8중권(도행정구역) · 17소권(소규모경제권)	· 28개 지역생활권-5개 대도시생활권, 17개 지방도시생활권, 6개 농촌도시생활권 · 3대 지역경제권(특히 인구 100만이상 지방대도시권중심)	· 8개 광역권 · 지방 4대도시권 · 도별 중심도시	· 10대 광역권 · 7+1 경제권
계획목표	· 국토이용관리 효율화 · 국토개발기반 확충 · 국토자원개발과 자연보전 · 국민생활환경 개선	· 인구의 지방정착 유도 · 개발가능성의 전국 확대 · 국민복지수준 제고 · 국토자연환경보전	· 지방분산형 국토골격형성 · 생산, 자원절약적 국토이용체계 구축 · 국민복지 향상과 국토환경보전 · 남북통일대비 기반조성	· 균형국토 · 녹색국토 · 개방국토 · 통일국토
개발전략 및 정책	· 대규모 공업기반구축 정비 · 교통통신, 수자원 및 에너지 공급량 확대 · 부진지역개발을 위한 지역기능강화	· 국토의 다핵구조 형성과 지역생활권 구성 · 서울, 부산 양대 도시 성장억제 및 관리 · 지역기능강화를 위한 사회간접자본 확충 · 후진지역 개발촉진	· 지방육성과 수도권 집중억제 · 신산업지대 조성과 산업구조의 고도화 · 종합적 고속교류망 구축 · 국민생활 및 환경부문 투자증대 · 남북교류지역관리	· 개방형 통합국토축 형성 · 지역별 경쟁력 고도화 · 건전하고 쾌적한 국토환경 조성 · 고속 교통과 정보망 구축 · 남북한 교류기반 조성

특징 및 문제점	· 공업기지 구축(수도권과 남동임해공업벨트 중심) · 경부축(서울-부산)중심으로 인구와 산업집중 · 수도권과 지역간 격차 심화	· 양대 도시 성장억제 및 성장거점도시의 육성에 의한 국토균형발전 추구 · 구체적 정책수단의 결여로 국토의 불균형 지속 및 환경문제 대두	· 서해안 신산업지대와 지방도시 육성 · 개발지향적 사고, 난개발 방치 · 세계화, 개방화, 지방화 등 여건반영 미흡	· 개방형 통합구토축개발(연안국토축+동서국토축) · 지역균형발전사업 · 개발과 환경의 조화

자료: 건설교통부(2007), 국토업무편람. 국토교통부(2013: 81-82).

2) 지역발전시책(사업)

국토종합계획시기, 즉 박정희정부부터 김대중정부까지의 지역개발시책(사업)은 국토건설종합계획법에 의한 국토종합개발계획과 개별법률에서 추진하는 지역개발계획을 토대로 추진하게 된다. 아래 표에서 보는 바와 같이, 이들 지역개발계획에서 규정하는 지역개발시책의 총괄체계는 성장거점개발체계라고 할 수 있고, 성장거점개발을 추진하는 하위시책으로 산업단지와 전략산업시책, 수도권 규제시책, 그리고 특정지역과 인프라시책 등이 대표적이라고 할 수 있다.

〈표 3-7〉 국토종합계획시기의 지역개발정책(계획)과 시책(사업)

시 기	근거법	지역개발정책(계획)	지역개발시책(사업)
1960-70년대 (박정희정부)	국토건설종합계획법 (1963)	제1차 국토종합개발계획 (1972-81)	성장거점개발 (공업단지 건설)
	수도권인구 과밀집중 억제에 관한 기본방침 (1970)	수도권인구재배치기본계획(1977-86)	수도권 집중억제 (도시와 농촌의 균형개발)
	농촌근대화촉진법 (1970)		새마을운동
	지방공업개발법 (1970)		지방공업단지 개발
	산업기지개발촉진법 (1973)		중화학공업단지 개발

	공업배치법 (1977)		유치지역 내 공업단지 조성
1980-90년대 (전두환정부 -김대중정부)	국토건설종합계획법	제2차 국토종합개발계획 (1982-91)	성장거점과 지역생활권 및 지역경제권 개발
		제3차 국토종합개발계획 (1992-2001)	성장거점과 광역권 개발
	특정지역종합개발촉진에 관한 특별조치법 (1980)	특정지역개발계획	특정지역개발
	수도권정비계획법 (1982)	수도권정비계획 (1984-96)	수도권 집중억제
	농어촌소득지원개발법(1984)		농어촌소득원개발
	도서개발촉진법 (1986)	도서종합개발계획 (1988-97)	도서지역개발
	오지개발촉진법 (1988)	오지종합개발계획 (1990-99)	오지지역개발
	산업입지 및 개발에 관한 법률(1990), 공장배치 및 개발에 관한 법률(1990)		국가산업단지, 지방산업단지, 농공단지 개발
	농어촌발전특별조치법(1990), 농어촌정비법(1994)	농어촌정주생활권기본계획 농어촌정비기본계획 농어촌소득증대계획	농어촌의 소득향상과 생활환경개선
	폐광지역개발촉진에 관한 특별조치법(1995)	폐광지역진흥지구개발계획 (개발촉진지구개발계획)	폐광지역개발
	지역균형개발 및 지방중소기업육성에 관한 법률(약칭 지역균형개발법)(1994)	광역권개발계획 개발촉진지구개발계획	광역권의 산업단지와 사회간접자본 건설, 낙후지역 등 개발촉진지구개발
	농업농촌정비법 (1999)	농업농촌발전계획	농촌의 복지와 쾌적성 개선

(1) **지역개발시책총괄**(단일공간 또는 광역공간의 지역발전: 성장거점개발체계)

성장거점이론을 처음 도입한 사람은 Perroux로서, 그는 성장거점을 일단의 선도적 산업만을 의미하는 것으로 보았다. 이러한 산업들은 그로부터 원심력과 구심력이 각각 발생하는 거점 또는 중심점을 의미한다. 초기의 성장거점개념은 확대되어 후에 Hirschman, Boudeville, Friedman과 같은 지역경제학자들에 의해 지리적 공간을 포함하게 되었다. 여기서 성장거점이란 선도적 성장산업과 도시가 결합된 산업도시복합체를 말한다.

이러한 성장거점개념에 의하면, 경제성장은 산업구조에 있어서는 물론 지리적 공간에 집중하여 이루어진다. 이에 도시중심지는 산업 및 인구의 집적으로 인한 사회경제적 이점과 여러 가지 지리적 이점을 가지고 있으므로, 선도적 산업과 도시의 결합은 성장의 창출과 전파를 강화시키는 것으로 간주한다. 이러한 성장중심지는 두 가지 기능을 하는데, 하나는 성장중심지 자체의 내부성장기능이고, 다른 하나는 성장력을 성장중심지로부터 배후지와 여타 지역으로 확산시켜주는 기능이다.

따라서 성장거점이론은 성장이 몇몇 성장거점에서 집중적으로 이루어지는 것으로 인식하고, 중심지가 성장함으로써 주변지역으로 그 발전추세가 파급되는 긍정적 효과가 있지만, 동시에 주변지역의 경제를 잠식하는 부정적 영향도 존재한다고 본다. 전자를 확산효과(spread effect) 또는 누적효과(tricking-down effect)라고 하고, 후자는 역류효과(backwash effect)하고 하는데 이는 도시와 농촌 간의 격차를 심화시키는 요인으로 작용한다(황명찬, 2001: 227-230).

지금까지 설명한 성장거점이론을 적용하여 성장거점개발체계를 정의하면, 성장잠재력이 있는 일정범위의 주변지역과 공간적인 연계성이 있는 중심지역 또는 도시를 중심으로 지역개발을 추진하는 시스템을 말한다. 한국의 1차와 2차 및 3차 국토종합계획의 지역발전체계는 이러한 공간권역으로 일정한 성장거점을 설정하고 산업단지 개발이나 전략산업 육성 등의 시책을 추진하고 있다.

이를테면 제1차 국토계획(1972-1981)에서는 집적이익을 추구하기 위한 성장거점개발지역으로 경인지역과 부산 이외의 입지조건이 좋은 지역들인 울산, 구미, 온산, 거제 등의 동남해안공업벨트에 대규모 공업단지를 건설하여 지역발전을 추진하였다.

제2차 국토계획에서는 인구의 지방정착이란 목표를 달성하기 위하여 수도권의 인구와 산업의 집중을 억제하는 한편, 지방의 적극적인 개발을 통하여 집적이익을 확산시키고자 하였다. 이에 한국의 도청소재지급 가운데 성장중심지가 될 수 있는 대구, 대전, 광주, 춘천, 전주 등 15개의 중심도시를 1차 성장거점으로 지정하고, 각 지역에 고르게 분포된 소규모 공업단지를 토대로 2차 산업부문의 성장과 일자리를 창출하고, 성장도시 외의 지역에는 여러 가지 중추관리기능을 분산 배치함으로써 지방정착을 유도하였다. 또한 2차 국토계획 수정계획에서는 대전, 대구, 광주, 부산 등 대도시권 중심의 지역개발로 전환하여 제조업 등 2차 산업과 3차 산업부문의 일자리 창출을 통해 인구의 지방정착을 유도하였다. 그리고 지역생활권 등 대도시권 이외의 지역에 대해서는 의료와 교육 및 문화 등 기본적 수요를 충족시킬 수 있게 함으로써 지방거주에서 오는 불편을 제거하려고 하였다.

한편, 3차 국토계획(1992-2001)에서는 광역권이론과 성장거점이론을 토대로 대도시와 주변영향권을 대도시권으로 설정하여 토지이용과 산업배치 및 광역시설 등을 광역적으로 개발하여 관리하는 광역권개발제도를 도입하여 대도시권의 성장거점을 중심으로 지역개발을 추진하였다. 광역권은 대전청주권과 광주목포권을 비롯하여 8개 권역이 지정되었는데, 대도시중심형 4개 권역, 산업지대중심형 3개 권역, 연담도시형 1개 권역을 지정하고, 균형적 지역개발을 시도하였다(황명찬, 2001: 243-245).

(2) 산업단지와 전략산업시책

한국에서 산업단지 개발시책은 경제개발5개년계획과 국토종합개발계획 및 이들 계획을 실행하는 개별법률들에 의하여 추진되었는데, 국토계획종합시기의 추진현황을 보면 다음과 같다.

우리나라는 1차 경제개발5개년계획을 토대로 한 공업화에 의하여 발전하기 시작하였는데, 1960년대 초 서울 구로동에 수출공업단지의 조성을 시발로 주로 내륙공업단지의 개발에 초점을 두었다. 그러나 1차 국토계획이 수립된 이후 사회간접자본의 형성과 더불어 2차 산업의 일자리 창출을 위한 공업단지 개발에 초점을 두고 집적이 가능한 지방에서의 공업단지 개발과 여기에 입주하는 산업의 육성을 추진하였다.

이를 위하여 1970년대에 들어와 지방공업개발법(1970)과 산업기지개발촉진법(1973)이 제정되면서 공업단지 개발이 본격적으로 진행되었다. 이 기간은 동남해안공업벨트를 중심으로 중화학공업단지의 조성과 여러 중소도시에 지방공업단지를 건설하여 공업분산이 이루어졌다. 1980년대에 들어와서는 농어촌소득개발촉진법(1983)의 제정을 기점으로 농촌의 소득향상을 위해 농공단지를 조성하기 시작하여 대도시와 제주도를 제외하고 도별로 농공단지를 지정하여 입주기업의 육성을 추진하였다.

1990년대에 들어와서 시작된 제3차 국토계획(1992-2001)에서는 서남해안공업벨트의 조성과 공주, 대구, 부산, 청주, 대전 등 지방거점도시의 첨단산업단지 조성에 역점을 두었다, 특히 기존의 여러 가지 공업입지와 공단 관련 법률을 산업입지 및 개발에 관한 법률(1990)과 공업배치 및 공장건설에 관한 법률(1990)로 통폐합하여 한국의 공업단지를 국가산업단지와 지방산업단지 및 농공단지의 세 가지로 구분하고 각 단지별로 사업시행자와 입주하는 산업과 기업에 대한 정부지원책을 제시하였다. 다음 표는 1970년대부터 1990년대까지 국토종합개발계획시기의 공업단지법률의 변화내용을 제시한 것이다.

〈표 3-8〉 국토종합개발계획시기의 공업단지법률 변화내용

구 분	1970년대		1980년대	1990년대
근거법	지방공업개발법 (1970)	산업기지개발촉진법 (1973)	농어촌소득지원개별법(1984)	산업입지 및 개발에 관한 법률(1990)
공업단지 명칭	지방공업개발장려지구	산업기지개발구역	농공지구	국가산업단지, 지방산업단지, 농공단지
공업단지 규모	임해: 66만m²이상 내륙: 33만m²이상	기준없음	66천-330천m²	기준없음
지정권자	건설부장관	건설부장관	시장, 군수	건교부장관(국가단지) 시도지사(지방단지) 시장 군수(농공단지)
심의기구	지방공업개발심의회	기구없음	농어촌소득원개발위원회	산업입지정책심의회, 농어촌발전심의회
개발지침	기본계획수립지침	없음	농어촌소득개발기본방침	산업입지개발지침, 농어촌개발시책통합지침
사업 시행자 지원	-국가지원: 진입도로, 공업용수도, 항만 -지자체부담: 녹지대, 보건의료, 직업훈련시설, 상하수도, 하수처리장 -토지수용법 적용	-초기(국가책임개발): 기반시설, 단지조성 -87년이후(국고보조): 선수금징수, 타법률의 인허가의 제처리, 토지수용법 적용	-진입도로, 공업용수도, 용지매입비용의 전부 또는 일부 지방행정부에서 지원	-국가지원: 단지 내 공공시설비, 기반시설자원, 자금지원 -토지수용권 적용, 선수금, 국공유지 처분제한, 공공시설 및 토지 등의 귀속, 타 법률의 인허가의 제처리
입주기업 지원	- 조세감면: 지방세, 법인세, 특별감가상각		-조세감면: 지방세	-조세감면: 지방세감면, 법인세와 취득세 면제 -자금융자(농공단지)

자료; 유영희(1998: 46). 황명찬(2001: 456).

이러한 정부의 적극적인 공업단지개발시책으로 1999년 10월까지 한국의 산업단지는 총 490개가 되었고, 총면적은 약 690㎢이고, 입주기업수는 21,600개, 총근로자수는 약 90여 만 명에 이르렀다. 세부내용을 보면, 산업단지의 개수에서는 지역별로 분산배치가 이루어지고 있으나 총면적과 기업체수 및 근로자수는 서울, 인천, 경기 등의 수도권과 울산, 부산, 경남의 동남해

안지역에 집중되어 있는 것을 알 수가 있다

<표 3-9> 국토종합계획시기의 산업단지 현황(1999년 10월)

산업단지 / 지역	국가산업단지		지방산업단지		농공단지	
	단지수(개) (총면적,천㎡)	기업수(개) (근로자수,명)	단지수(개) (총면적,천㎡)	기업수(개) (근로자수,명)	단지수(개) (총면적,천㎡)	기업수(개) (근로자수,명)
서 울	1 (3,727)	829 (48,290)	1 (155)	170 (1,880)	-	-
부 산	1 (6,958)	417 (1,785)	4 (10,357)	631 (19,152)	1 (259,2)	21 (1,785)
대 구	-	-	5 (18,518)	1,614 (66,215)	2 (353.5)	56 (1,127)
인 천	1 (9,574)	3,054 (52,793)	5 (2,677)	384 (10,108)	-	-
광 주	2 (28)	36 (2,412)	5 (11,451)	934 (22,366)	1 (324.4)	47 (932)
대 전	1 (2,965)	66 (14,322)	4 (8,628)	231 (10,273)	-	-
울 산	2 (63,224)	560 (96,729)	-	-	4 (618.2)	27 (1,858)
경 기	4 (33,442)	3,599 (111,515)	43 (15,899)	882 (35,306)	1 (119.7)	6 (309)
강 원	1 (1,871)	5 (27)	8 (6,685)	202 (5,005)	23 (3,537)	356 (9,084)
충 북	2 (13,092)	1 (308)	14 (20,967)	265 (27,859)	37 (4,757.4)	334 (10,467)
충 남	5 (29,472)	45 (1,928)	19 (24,410)	187 (12,880)	58 (8,133.4)	599 (15,496)
전 북	4 (22,921)	189 (8,864)	10 (20,280)	421 (24,950)	30 (4,382.4)	423 (8,058)
전 남	6 (144,457)	196 (27,467)	11 (31,055)	108 (6,273)	35 (6,262.1)	607 (10,103)
경 북	3 (66,650)	496 (75,147)	17 (19,150)	864 (28,261)	53 (9,155)	723 (17,714)
경 남	7 (43,219)	874 (102,113)	9 (15,859)	527 (21,070)	47 (6,244.6)	573 (13,217)
제 주	-	-	-	-	3 (312.8)	41 (381)
총 계	40 (440,600)	10,367 (543,700)	155 (205,821)	7,420 (290,688)	295 (44,459.7)	21,600 (90,981)

자료: 한국산업단지공단(2000), 한국산업단지총람. 황명찬(2001: 462) 수정.

(3) 수도권 규제시책

국토종합계획시기의 한국 지역정책은 수도권에 대한 산업입지 및 개발규제와 비수도권지역에 대한 개발촉진시책의 두 가지 축을 중심으로 이루어져 왔는데, 그동안 추진된 주요 수도권 규제시책을 정리하면 다음 표와 같다.

〈표 3-10〉 국토종합계획시기의 수도권 규제시책

연도	주무부처	근거법	정책과 시책	주요내용
1964. 9	국무회의		대도시인구집중방지책	
1969	청와대		수도권인구집중억제방안	
1971	건설부	국토건설종합계획법(1963)	1차 국토종합개발계획(1972-81)	도시와 농촌의 균형발전을 위한 지방공업기반 구축
1977. 1	건설부	수도권인구 과밀집중 억제에 관한 기본방침 (1970)	수도권인구재배치계획(1977-86)	· 수도권역: 7시8군35읍면 · 수도권 내 공장 신증설규제와 이전 · 수도권 남부지역의 인구 수용여건 조성
1982. 1	건설부	국토건설종합계획법	2차 국토종합개발기본계획(1982-91)	· 서울, 부산 양대 도시의 성장 억제 및 관리 · 지방에 성정거점도시 육성 · 지역생활권 조성
1982		수도권정비계획법(1982)	1차 수도권정비계획(1982-96)	· 수도권역: 서울, 인천, 경기도 전역 · 수도권을 5개 지역으로 구분하여 공장, 교육연구시설, 대규모 건축물, 택지개발사업 등에 대한 차등규제 · 수도권의 도시계획과 사회간접자본투자계획 등 방향제시
1987		국토건설종합법	2차 국토종합개발계획 수정계획 (1987-96)	· 수도권 집중억제정책의 지속추진 · 대도시권지역의 종합적 관리 · 지역경제권 육성
1992		국토건설종합법	3차 국토종합개발계획	· 분산형 국토골격 형성 · 광역권의 적극적 지역개발
1994		수도권정비계획법개정	2차 수도권정비계획(1997-2001)	· 수도권 집중억제 및 정비 · 4대 지역 특별정비 추진(서울-인천, 안산-아산권, 파주-포천, 이천-기흥) · 3개 권역(과밀억제, 성장관리, 자연보전)에 대한 차등규제와 경제적 총량규제(과밀부담금, 공장총량제)

위의 표에서 보는 바와 같이, 우리나라의 공업화 초기단계인 1964년부터 대도시의 인구집중을 하나의 정책문제로 인식하고 그에 대한 대책을 논의하였고, 1964년 9월 국무회의에서 '대도시 인구집중방지책'을 결의하였는데, 주요 내용은 2차관서의 지방이전, 전원도시 및 신산업도시의 개발, 대도시 내 공장 건설억제, 교육문화시설의 지방치중이었다. 1969년에는 청와대 대통령 자문기관으로 수도권문제심의회가 설치되면서 '수도권 인구집중억제방안'을 작성하였고, 1970년에 들어와서 건설부에 수도권계획관실을 설치하여 '수도권 인구과밀집중억제에 관한 기본방침'을 작성하였는데, 인구집중의 원인해소를 위해 도시와 농촌의 균형개발과 국토종합개발계획의 수립 등을 기본방향으로 제시하였다(황명찬, 2001: 417-418).

이에 1971년에 '제1차 국토종합개발계획'이 수립되어 도시와 농업의 균형발전을 위해 지방공업 기반구축을 설정하였고, 1977년에 제1무임소장관실에서 작성한 '수도권 인구재배치기본계획(1977-86)'에서는 수도권 내 공장 신증설 규제 및 이전과 수도권 남부지역의 인구수용 여건조성을 대책으로 제시하였다. 1978년에 제1무임소장관실에서 '수도권 인구재배치계획(1977-86)'은 수도권에 과도하게 집중되어 있는 인구와 인구집중요인이 되고 있는 각종 기능 및 시설을 선별하여 적절하게 배치함으로써 고도성장과정에서 유발된 부작용을 제거함과 동시에 국가안보 저해요인을 제거하여 국토공간의 효율적 활용을 도모한다는 목표를 설정하고, 1986년까지 서울시 인구를 700만 명으로 가정하고 그동안 증가가 예상되는 430만 명을 행정수도에 50만 명, 반월 신공업도시에 20만 명, 대전 · 대구 · 광주 · 전주 · 마산 등 5개 지역거점도시에 260만 명, 기타 중화학단지에 100만 명을 분산 수용한다는 전략을 세웠다. 이러한 전략을 추진하기 위하여 수도권 내 공장의 신증설 규제와 이전, 남부지역 인구수용 여건의 조성을 위한 공단과 도시 개발, 지방이전업체에 대한 여러 가지 세제와 금융상의 지원을 정책수단으로 제시하였다.

1980년에 들어와서 설계된 '2차 국토종합개발기본계획(1982-91)'에서는 인구의 지방정착을 최우선목표로 성장거점도시의 육성과 지역생활권개발을 통하여 수도권의 인구와 산업의 편중을 시정하고자 하였다. 그리고 1982년에 '수도권정비계획법'이 통과되고 이를 근거로 '1차 수도권정비계획(1984-96)'이 수립되어 수도권인 서울과 경기도를 5대 권역으로 구분하여 입지와 개발에 대한 강력한 규제를 실시하였다. 한편, 제2차 국토종합2개발계획은 대도시권의 출현과 경제성장의 둔화라는 환경변화에 따라 1987년 수정계획이 만들어져 3대 지역경제권을 중심으로 수도권에 대응할 수 있는 지역경제권을 육성하는 사업을 추진하였다.

1990년에 들어와 수립된 '3차 국토종합개발계획(1992-2001)'에서는 수도권의 인구과밀집중과 지역격차를 제일의 문제로 보고, 그것의 해결을 위하여 분산형 국토 골격형성을 기본목표로 설정하고, 수도권 집중억제에 의한 소극적인 국토의 균형개발방식에서 지역개발중심의 적극적인 개발방식으로 전환하고 지방대도시와 산업단지를 연계하여 광역권으로 육성하는 정책을 실시하였다.

그리고 1994년에 수도권정비계획법이 개정되었는데, 새로운 수도권정책이 나오게 된 배경은 그동안 3-4공화국정부를 거치며 지속되어 온 수도권의 직접규제, 즉 수도권 내 일부지역(개발유도지역)을 제외한 여타 지역에 대하여 공장 등 인구유발시설의 설치의 금지와 강한 규제에 대한 지역주민과 기업의 반발과 저항, 신정부의 규제완화정책, 국제화에 대비한 수도 서울의 기능과 구조의 개편필요성 등 여러 가지 요인 때문이다. 개정된 법을 토대로 '2차 수도권정비계획(1997-2011)'이 수립되었는데, 동 계획에서는 종전의 직접개별 규제방식에서 수도권을 5개 권역에서 3개 권역(과밀억제권역, 성장관리권역, 자연보호권역)으로 축소하여 권역별로 차등규제와 간접적 총량규제를 하는 것으로 전환하였다(황명찬, 2001: 446-447).

(4) 특정지역과 인프라시책

국토종합계획시기에는 국토종합개발계획과 다른 개별 법률들에 의해 낙후지역 등 특정지역의 개발계획이 만들어져 여러 가지 지역개발시책과 인프라시책이 추진되었는데, 그동안 추진현황을 살펴보면 다음과 같다.

1960년대에 서울과 인천 및 울산 등 특정지역에 대한 공업기반조성과 제주도지역에 대한 관광자원개발, 영산강 및 아산서산 및 태백산 등 특정지역에 대한 자연자원개발(석탄 및 수력자원)을 시작으로, 1970년대에는 1970년에 제정된 농촌근대화촉진법에 의해 새마을운동사업이라는 낙후지역개발사업을 실시하였다. 농촌이 산업사회에 이르면서 급격한 대내외 환경변화에 직면하여 낙후된 농촌개발은 중요한 정부관심사로 등장하였다. 농촌개발정책은 농촌지역의 경제성장을 촉진하고 삶의 질을 개선하기 위하여 수행하는 정부시책으로 낙후지역개발에 관련되는 문제이다. 1960년대 중반이후 산업화가 진행되면서 도시와 농촌의 소득격차가 심화되고 농촌인구의 유출이 발생하자, 박정희정부는 이에 대한 처방으로 1970년에 농촌근대화와 지역의 균형개발 및 의식개혁을 목표로 새마을운동사업을 추진하였다. 이사업은 근로, 자조, 협동이라는 슬로건을 내걸고 농촌생활환경의 개선과 소득증대 및 전통적인 가치관의 혁신을 통하여 농촌의 경제성장을 위한 범정부적인 시책이다.

새마을운동사업은 1970년 1월 12일에 제정된 농촌근대화촉진법에 근거하여 1971년 새마을운동부서가 내무부, 농수산부, 상공부, 문교부 등에 설치되고, 1972년 새마을운동중앙협의회가가 설립되며, 1973년에 대통령비서실에 새마을담당관실을 설치하여 조직체계를 갖추었으며, 1970년 4월 새마을가꾸기사업으로 마을의 생활환경정비를 위해 시작하여 1973년에 개발대상마을을 33,000개의 행정리로 전국적으로 확산하여 추진되었다. 동사업의 추진과정은 기반조성단계(1971-73년), 자조발전단계(1974-76년), 그리고 자립조성단계(1977-81년)로 진행되었고, 사업의 활동영역은 생산기반확충사업(농어촌생산기반정비, 생산시설, 농업기계화, 유통시장, 국토보존 및 녹지), 소득증대사업(종합개발, 특별개발, 어촌소득원개발, 산림소득, 공장시설, 농업소득), 그리고 복지환경부문사업(농촌주거환경개선, 마을환경개선), 정신개발사업(새마을교육, 새마을홍보) 등으로 다양하였다. 이러한 새마을사업에 대한 정부지원규모는 1971년 40.1억 원, 1972년 30.6억 원, 1973년 170.1억 원, 1974년 450.5억 원, 1975년 1650.3억 원, 1976년 1650.1억 원, 1977년 2460.0억 원, 그리고 1978년 3380.4억 원으로 크게 증가를 하여 왔다. 이사업을 통하여 농촌의 발전 및 농촌소득의 확장과 생활환경의 개선을 통하여 도농 간 격차를 해소하는데 일정부분 기여하였다고 볼 수 있다. 이를테면 새마을 공장은 1973년부터 1977년까지 760개가 허가되었고, 1977년에 517개가 가동되어 고용된 종업원은 총 60,572명 이었다. 또한 1970년 농가소득은 약 26만 원으로 도시가구소득 38만 원의 67%이였으나, 1974년 이후 역전되어 1977년에는 농가소득이 143만 원으로 도시가구소득 140만 원의 102%가 되었다(황인정, 1980: 20-28: 41: 157: 164; 황명찬, 2001: 435-436). 또한 지역사회의 협력공동체의식과 자발적 참여를 촉진하는 효과가 있었다. 전 세계적으로는 농촌개발의 성공적인 모형으로 긍정적 평가를 받아 동남아국가 등 후진국의 벤치마킹대상이 되고 있다.

이처럼 박정희정부에 의해 추진된 새마을운동사업은 박근혜정부까지 명맥을 유지하여 왔는데, 정부예산지원이 2016년 142억 9300만 원에서 문재인정부 들어와 2019년 4억 8천만 원으로 대폭 축소되었다. 그러나 2019년 우리공화당 조원진 의원 외에 10여명의 자유한국당 의원이 발의한 새마을운동조직육성법개정안이 국회를 통과하였는데, 새마을운동사업이 활성화될지는 정부의 행동에 달려있다고 본다.

또한 1980년대에 들어와서 국토건설종합계획법에 근거한 특정지역개발계획이 특정지역종합개발촉진에 관한 특별법(1980)에 승계되어 특정지역개발계획이 수립되었고, 도서개발촉진법(1986) 및 오지개발촉진법(1988)이 제정되어 도시와 낙후농어촌 주민의 소득증대와 생활환경개선 등 주민복지향상을 위해 대상사업을 지정하고 10년 단위의 사업계획을 수립하였다. 1차 도서종합개발계획(1988-97)에 의해 10인 이상 주민이 거주하는 119개 도서에 3,089억 원이 투자되었다. 그리고 오지종합개발계획(1990-99)에 의해 403개의 낙후농어촌을 대상으로 8,773억 원의 개발투자가 집행되었다. 이러한 두 개의 사업비용은 국비, 교부세와 양여금, 지방비 등의 정부지원 외에도 조세상의 감면이 주어졌다.

1990년에 들어와서는 이전의 '특정지역종합개발촉진에 관한 특별조치법'이 1994년 '지역균형개발 및 지방중소기업육성에 관한 법률(약칭 지역균형개발법)'으로 대체되어 개발촉진지구개발계획이 수립되었다. 동 법에 의하면 개발수준이 현저히 뒤떨어진 낙후지역의 소득기반과 생활환경의 개선을 위하여 세 개 유형의 개발촉진지구에 대한 다양한 개발사업이 추진되었다. 개발촉진지구는 첫째, 재정자립도와 인구증가율 및 제조업종사자 구성비율 등 5개 항목 가운데 2개 이상의 항목에서 전국 하위 20%에 속하는 낙후지역형으로 지정된 개발촉진지구, 둘째, 지역경제구조의 변화가 예상되는 낙후지역으로 도시와 농촌을 통합하여 도농 간 산업과 생활환경 정비 및 SOC 정비가 요구되는 도농통합형으로 지정된 개발촉진지구, 셋째, 광역권에 속하는 지역으로 민자유치로 집중적 개발이 요구되는 균형개발형으로 지정된 개발촉진지구의 세 가지가 있다. 개발촉진지구로 지정된 지역은 강원도 등 7개 도에 28개 지구로 총면적 6,456㎢이며, 22개 지구에 개발계획이 수립되어 지역특화사업, 관광휴양사업, 기반시설정비사업, 그리고 환경정비사업 등 456개 사업을 추진하였다.

〈표 3-11〉 국토종합계획시기의 개발촉진지구 지정현황

개발촉진지구		지구명	면적(㎢)	유형	사업비(억원)
1차 개발촉진 지구 (1996)	개발계획 확정 (7개)	강원 탄광지역지구	436.9	낙후지역형	71,350
		충북 보은지구	135.0	낙후지역형	
		충남 청양지구	150.0	낙후지역형	
		전북 진안임실지구	160.8	낙후지역형	
		전남 신안완도지구	180.0	낙후지역형	
		경북 소백산주변지구	380.4	낙후지역형	
		경남 지리산주변지구	231.0	낙후지역형	
	지구지정(1개)	경북 동해연안지구	253.3	낙후지역형	-
2차 개발촉진 지구 (1997)	개발계획 확정 (7개)	강원 영월화천지구	325.8	낙후지역형	31,843
		충북 영동지구	128.3	낙후지역형	
		충남 홍성지구	150.0	낙후지역형	
		전북 장수지구	156.8	낙후지역형	
		전남 구례곡성지구	232.1	낙후지역형	
		경북 영주봉화지구	329.4	낙후지역형	
		경남 의령합천지구	235.3	낙후지역형	
	지구지정(1개)	전북 무주지구	150.0	낙후지역형	-
3차 개발촉진 지구 (1998)	개발계획 확정 (6개)	강원 강릉지구	90.0	도농통합형	28,283
		충남 태안지구	126.4	낙후지역형	
		전북 순창지구	159.2	낙후지역형	
		전남 장흥진도지구	210.2	낙후지역형	
		경북 상주의성지구	406.2	낙후지역형	
		경남 남해하동지구	210.0	낙후지역형	
	지구지정(1개)	아산만권 배후신시가지지구	29.8	균형개발형	-
4차 개발촉진 지구 (2000)	개발계획 확정 (4개)	강원 평창인제정선지구	252.7	낙후지역형	24,598
		경북 안동청송지구	452.6	낙후지역형	
		전북 고창지구	154.3	낙후지역형	
		백제문화권지구	150.0	균형개발형	
	지구지정 (4개)	강원 양구양양지구	249.7	낙후지역형	-
		충남 보령지구	150.0	낙후지역형	
		전남 보성영광지구	240.0	낙후지역형	
		경남 합천산청지구	210.2	낙후지역형	

자료: 이충재(2000: 53-55), 황명찬(2001: 469)

이처럼 지역균형개발법에 의한 낙후지역 등 특정지역개발 외에 1990년의 농어촌발전특별조치법과 1994년의 농어촌정비법 및 1999년의 농업농촌정비법이 제정되어 농촌정주생활권개발계획과 농어촌정비중심계획 및 농외소득증대계획 그리고 농업농촌발전계획에 의하여 농어촌의 소득향상사업과 생

활환경개선사업 및 농촌의 복지와 쾌적성 개선사업을 실시하였다. 그리고 1995년에는 폐광지역개발촉진에 관한 특별법에 의해 폐광지역진흥지구개발계획이 수립되어 폐광지역의 개발을 추진하였다. 예컨대 석탄산업의 사양화와 경기침체에 따른 폐광지역인 강원도의 태백시와 정선군 등 폐광지역진흥지구를 지정하여 85개 사업에 3조 7,825억 원을 투입하였다. 이 사업비 가운데 국비 4,391억 원, 지방비 1,775억 원, 나머지는 민자(1,354억 원 융자포함)로 충당하기로 하였다(황명찬, 2001: 470).

4. 정책성과

국토종합계시기인 1970년대 이후 1990년대까지 국가발전의 핵심계획으로 설계된 경제개발계획과 함께 국토종합개발계획이 수립되어 집행한 결과, 한국의 경제성장과 복지수준 및 지역개발 측면에서 커다란 발전을 가져오는 성과를 거두었다. 이를테면 1999년에 수도권과 비수도권의 지역내총생산(GRDP)은 각각 270조 원과 280조 원으로, 그리고 노무현정부에서 지역발전계획이 수립되기 이전의 2002년에는 수도권과 비수도권이 각각 324조 원과 352조원으로 수도권과 더불어 비수도권의 성장이 이루어지고 있다. 이는 그동안 추진된 국토종합개발계획과 개별지역개발법률에 의한 수도권 집중억제와 비수도권지역의 공업단지 개발과 산업육성 그리고 낙후지역 등 특정지역의 개발사업의 결과로 볼 수가 있다.

이처럼 국토종합계획의 긍정적 효과도 나타나고 있지만, 국토공간개발의 불균형과 수도권과 비수도권 및 도시와 농촌 등의 지역 간 격차와 같은 여러 가지 부정적 효과도 지속되고 있다. 예컨대 경제성장을 위한 공업화전략으로 도시화가 진행됨으로써 수도권과 지방도시는 성장하는 반면에 비수도권과 농촌은 침체되는 양극화현상이 나타났다.

제3절 노무현정부시기에 지역발전의 역사적 맥락과 제도 및 정책

1. 제도와 정책의 역사적 맥락

노무현정부에서 제도와 정책을 형성하거나 변화시키는 역사적 동인으로는 지역환경변화, 과거지역정책의 검토와 반성, 그리고 현 정부의 국정철학과 국정과제 등을 들 수가 있다.

1) 지역환경변화

21세기에 들어와 나타나고 있는 환경변화는 정보화와 세계화 및 민주화와 지방화로 정리할 수 있다. 1970년대까지 지속된 산업사회는 그동안 대두한 여러 가지 문제점과 새로운 정보통신기술혁명으로 인하여 후기산업사회 또는 정보화사회로 이동하여 왔다. 이러한 정보화사회는 정치·행정·경제·사회·문화 등 인간의 여러 영역에 걸쳐 급격한 변화와 대응을 요구하고 있다.

정보화사회의 진행은 국가 간의 경계가 없어지는 상황에서 국가 간의 무한경쟁이라는 경제활동의 세계화를 촉진시켰다. 이를테면 정보통신기술의 발전은 그 자체가 성장의 원천인 동시에 지식과 정보의 거래비용과 공간의 제약을 허물게 되어 국경 없는 세상이라고 하듯이, 지구를 하나의 공간이요 시장으로 만들고 있다. 신자유주의와 WTO체제 하에서 국경은 인간, 상품, 기술, 무역, 투자, 자본의 이동에서 장애물이 되지 않고 자유롭게 이동하는 세상이 되고 있다. 최근에 나타나는 세계경제의 세계화의 특징을 정리하면 다음 표와 같다.

<표 3-12> 세계경제의 글로벌화 특징

주요 추이	내 용
부문간 구조변화	· 산업 내 무역의 증가 · 상품분야의 무역의존도 상승 · 서비스교역의 증가
기업조직의 구조변화	· 부품의 국제적 아웃소싱 · 일부 사업부문(정보처리, 고개지원 등)의 해외이전 증대 · 기업 내 국제거래의 증가
공간적 구조변화	· 집적경제가 작용하는 세계에서 기업입지결정의 유연성 증대 · 초무역국가들의 등장 · 저임금국가에서 고임금국가로의 수출증가
조정압력	· 새로운 국제세장에 대한 반응속도의 증가
정부의 역할	· 세계화 추진주체로서의 국가의 적극적 활동 · 경제통합과 무역의 부정적 효과의 완화에 대한 정부의 책임의식 강화

자료: Feser(2005), 정책기획위(2008: 82).

또한 정보화사회와 세계화의 진행은 정치행정 차원에서 민주화와 지방화를 촉진시키고 있다. 정보화는 기존의 대의민주주의의 한계를 보완하는 직접민주주의와 전자민주주의를 활성화시키고 있다. 세방화(glocalization)라고 하듯이, 세계화시대에 지역은 중요한 통치단위인 동시에 경제단위로 중요시되고 있다. 세계화와 지역화는 서로 맞물려 진행된다. 이제는 국가 간의 경쟁이 아니라 집적의 경제가 작용하는 공간적 범주로서의 도시 사이와 클러스터 간의 경쟁이 보다 중요해지고 있다(정책기획위, 2008: 83).

이러한 여러 환경변화 속에서 국가 간이나 지역 간 그리고 산업 간에 경쟁과 격차가 확산되는 것이 현실이다. 이러한 세계사적 환경변화에 대응하기 위해서는 과거와는 질적으로 다른 국가발전정책이 요구된다. 한마디로 모든 국가나 지방에서 혁신이 발전의 핵심용어가 되는 현실에서 국가나 지역의 정책혁신이 요구된다.

2) 지역정책의 세계적 흐름

OECD국가의 지역에 대한 검토보고서에 의하면, OECD국가 간 발전격차가 존재하고, 한 국가 내의 지역 간 격차가 확대되고 지속되고 있다. 정보화와 세계화를 통한 국제적인 경제통합은 국가 간, 지역 간의 상호의존성을 심화시키고, 정부가 경제사회적 변화를 위해 사용했던 전통적인 지역발전정책의 변경을 요구하고 있다. 경쟁에 의한 국가의 장벽은 제거되고 있으며, 국가적 차원에서의 정책수단이 한계에 직면하고 있어 경쟁력있는 지역정책에 대한 역할이 중요해지고 있다.

이러한 지역정책의 수립과 운영과정에서 혁신을 위한 효과적인 거버넌스의 구축이 강조되고 있다. 지역공공재를 계획하고 공급하는데 필요한 지식, 정보, 재원, 경험 등은 중앙정부와 지자체의 다양한 주체들에게 분산되어 있기 때문에 중앙정부의 지방정부, 공공부문과 민간부문 간의 긴밀한 협력체계가 요구된다. 효과적인 거버넌스의 구축은 한정된 자원의 효율적 사용뿐 아니라 지역발전정책의 효과성 제고에도 기여할 수 있다(Pezzini, 2003; 김설배·정준호·송우경 역, 2004: 3: 36-37: 41-43: 50).

3) 과거지역정책의 검토와 반성

우리나라는 산업화과정에서 중앙집권체제를 통해 "불균형발전전략"을 추진함으로써 압축경제성장에는 성공할 수 있었으나, '수도권의 과밀과 지방의 침체'라는 부정적 결과를 가져왔다. 중앙집권체제 하에서 추진된 수도권 중심의 일극중심형 발전모델로 인해 인구와 자원이 수도권으로 집중하면서 지방경제의 위축과 지방의 자치능력 약화 및 국민통합의 저해 등의 지역발전의 격차와 통합문제가 나타났다.

우리나라의 지역 간 불균형, 특히 수도권과 비수도권 간의 사회경제적 격차는 매우 극심한 상황에 놓여 있다. 2000년 기준으로 수도권 면적은 11.8%이나, 경제력의 경우 금융거래와 조세수입의 70%, 중앙정부부처 100%, 100

대 대기업본사 91%, 공공기관 84%, 10대 명문대학 80%, 제조업체 57%, 벤처기업의 77%가 수도권에 집중되어 있다. 그 결과 우리나라의 총량경제력 중 수도권이 차지하는 비중은 50%를 넘어 계속 증가하여 왔다. 1985년에서 2001년까지 지역내총생산(GRDP)을 기준으로 수도권과 비수도권의 누적적인 성장패턴을 보면, 수도권지역은 전국대비 113.1%의 성장을 하였으나, 비수도권지역은 전국대비 90.4%에 불과하였다(국가균형위, 2006: 43; 정책기획위, 2008: 68).

이와 같이 불균형성장과 수도권으로의 정치·행정·경제의 집중현상이 유지된다고 가정하면, 앞으로 지식기반경제가 정착될수록 첨단고급기술과 연구개발기능이 집중된 수도권과 그렇지 못한 비수도권 간의 격차가 보다 심화될 가능성이 크다. 수도권과 지방 사이의 격차가 심화됨에 따라 총체적인 국가경쟁력의 약화뿐만 아니라 수도권의 경쟁력도 약화되는 현상을 가져올 수 있다. 수도권과 지역의 격차 확대는 단순히 형평성의 문제가 아니라 국가경쟁력을 저하시키는 요인으로 지적되고 있다. 수도권 집중으로 인해 수도권은 각종 사회경제적 폐해를 심각하게 겪고 있는 반면에, 지방은 인구의 절대규모가 줄어드는 가운데 활력을 찾지 못하고 공동화되고 있다.

그동안 수도권 집중억제와 지역 간 불균형발전을 해소하기 위해 역대 정부가 다양한 균형정책을 추진했음에도 불구하고 가시적인 효과를 내지 못하고 오히려 수도권 집중현상은 심화되어 왔다〈표 3-13〉.

〈표 3-13〉 역대 정부의 균형발전정책

시 기	주요시책	평 가
62-79 (3,4공화국)	· 대도시 인구집중방지책(64) · 그린벨트 지정	· 대통령의 강력한 의지를 토대로 규제적 수단중심으로 추진
80-87 (5공화국)	· 수도권정비계획법 제정(82) · 수도권 규제범위를 경기, 인천까지 확대	· 수도권 억제정책의 법적 기반마련 · 82년 올림픽 유치이후 수도권 억제정책 완화
88-92 (6공화국)	· 지역균형개발기획단 설치(89) · 수도권 5개 신도시 건설	· 신도시 주택 200만호 건설로 인한 수도권 비대화현상 심화
93-97 (문민정부)	· 수도권공장총량제 및 과밀부담금제 도입 · 개발촉진지구 도입(94) · 준농림지 개발허용	· 세계화로 인한 경쟁력 강화 차원의 규제완화정책으로 수도권 집중 초래 · 준농림지 개발 등으로 수도권 내 공장과 주택건설 가속화 및 난개발 초래
98-02 (국민의정부)	· 외국인투자에 대한 수도권입지 규제완화 · 그린벨트 규제완화	· 외환위기 극복과 구조조정과정에서 수도권 집중 가속화

자료: 국가균형위·산자부·기획예산처(2003: 6), 산업연구원(2004, 12), 정책기획위(2008: 79).

위의 표의 역대 정부에서 추진해온 균형발전정책들은 적극적으로 지역의 발전여건을 마련하는 지역발전정책이기 보다는 단순히 수도권 집중억제만을 위한 소극적 정책에 치중하였고, 또한 균형발전정책을 범정부 차원에서 강력하게 추진할 조직체계가 없었기 때문에 여러 부처에서 단편적이고 분산적으로 실행했고 체계적인 법제도적 기반이 없이 대내외 환경변화에 따라 정책이 수시로 변동되는 문제가 있었다.

이에 따라 노무현정부가 들어서면서 이러한 일련의 과정에서 나타난 문제점을 근본적으로 해결하기 위한 대책을 마련하기 위한 인식이 제고되었다. 세방화시대의 국가경쟁력은 지역으로부터 나온다. 지역의 경쟁력이 국가전체의 경쟁력을 좌우하는 시대에 지방의 육성은 불가피한 선택의 문제가 아니라 국가생존의 문제로 귀결된다. 수도권이 국토의 블랙홀처럼 인구와 산업 등 모든 기능을 흡인하고 지방이 소외되는 현상을 개선하지 않고서는 경쟁력 있는 지방과 국가의 발전은 불가능하다고 할 수 있다. 따라서 경쟁력 있는 국가를 건설하기 위해서는 지방화를 통한 선진화를 추구해야 한다(정책기획위, 2008: 68-79).

4) 노무현정부의 국정철학과 국정과제

노무현정부는 시대한경변화에 적응하기 위한 시대정신으로 신발전국가패러다임(지방분권적 균형국가)을, 국가비전으로 유연한 분권형국가의 건설 및 연대와 동반성장을 위한 균형발전사회 구축을, 그리고 3대 국정목표로 국민과 함께하는 민주주의, 더불어 사는 균형발전사회, 평화와 번영의 동북아시대를 제시하고, 이들을 달성하기 위한 4대 국정기조와 12대 국정과제를 설계하였다.

〈표 3-14〉 노무현정부의 국정철학과 국정과제

구 분	내 용
시대정신	신국가발전패러다임: 지방분권적 균형국가
국가비전	· 유연한 분권형국가의 건설- 경직적 중앙집권체제에서 유연한 분권형체제로 전환 · 연대와 동반성장을 위한 균형발전사회 구축- 최소한의 기회보장, 지역별 특성화 발전
국가목표	· 국민과 함께 하는 민주주의 · 더불어 사는 균형발전사회- 지역 간, 계층 간 불균형을 시정하여 국민통합을 증진하고 새로운 성장동력을 창출 · 평화와 번영의 동북아시대
국정기조	원칙과 신뢰, 공존과 투명, 대화와 타협, 분권과 자율
국정과제	12개 국정과제 · 외교통일국방분야- 한반도 평화체제 구축 · 정치행정분야- 부패 없는 사회, 봉사하는 행정구현, 지방분권과 국가균형발전, 참여와 통합의 정치개혁 · 경제분야- 자유롭고 공정한 시장질서 확립, 과학기술중심사회 구축, 동북아 경제중심국가 건설, 미래를 열어가는 농어촌 건설 · 사회문화여성분야- 참여복지와 삶의 질 향상, 교육개혁과 지식문화강국 실현, 국민통합과 양성평등의 실현, 사회통합적 노사관계 구축

자료: 국가균형발전위(2007: 5-6).

참여정부는 역대 정부의 구발전패러다임의 한계로 나타난 중앙집권체제에 따른 지방의 자치역량 약화, 요소투입형 불균형성장, 수도권중심의 일극집중구조 심화, 수도권의 단절적 성장패턴 고착 등 중앙집권적 불균형국가의 한계를 해결할 필요가 있었다. 이에 분권형 국가의 건설, 혁신주도형 균형발전, 다핵발전거점의 조성, 수도권과 비수도권의 동반성장을 중심으로 하는 지방분권적 균형국가라는 새로운 발전패러다임을 정립하였다.

참여정부는 신국가발전패러다임 하에서 3대 국정목표를 실현하기 위하여 '지방분권과 국가균형발전'을 12대 국정과제의 하나로 선정하고 국가균형발전을 추진하기 위한 제도와 정책을 설계하는 작업을 하였다. 이를테면 노무현대통령이 대통령후보시절 공약으로 제시했던 지방분산 · 분권과 국가균형발전에 대한 강한 의지가 표출된 것이 노무현정부의 국가균형발전정책이다. 노무현후보가 대통령으로 당선되어 대통령직인수위원회 활동이 시작된 이후, 국가균형발전정책이 주요 핵심과제로 부상하였다. 이에 대한 중요성을 토대로 2003년 1월 6일 당선자 주재로 열린 국정과제 선정에 관한 업무보고회의에서 '지방분권과 국가균형발전'을 10대 과제로 선정하였다. 대통령직인수위원회 정부분과위원회 산하에 '지방분권과 국가균형발전 T/F'(팀장: 김병준 정부분과위원회 간사위원)을 만들고, 다시 지방분권화 추진, 지방대학 및 지방문화 육성, 지방경제 및 특성화 발전, 그리고 신행정수도 건설 등 4개 소주제별 팀을 구성하여 수차례에 걸친 토의를 통하여 각각 핵심주제를 발굴하였다. 인수위의 활동이 마무리되면서 제출된 인수위활동결과보고서에서 차기정부의 주요 정책과제로 국가균형발전정책이 제시되었다.

노무현정부의 국가균형발전정책의 골격이 인수위원회에서 어느 정도 이루어졌다고 한다면, 2003년 6월 12일의 대통령주재 국정과제회의의 대구구상은 참여정부의 국가균형발전의 기본방향과 주요 실천과제를 제시하였다. 이 회의 이후에 대구 컨벤션센터에서 가진 오찬간담회에서 노무현대통령은 '국가균형발전을 위한 구상(3대 원칙, 7대 과제)'를 발표하였다. 여기서 제시된 국가균형발전정책의 3대 원칙은 종합적 접근방법으로 혁신주도형 경제로의 발전전략을 통하여 선 지방육성, 후 수도권의 계획적 관리를 추진한다는 것이다. 먼저 접근방법에서는 과거에 지역 관련 정책들이 정부부처별로 부분적이고 산발적으로 추진되었으나, 앞으로는 지역단위로 종합적이며 체계적이고 입체적으로 추진할 필요가 있다. 다음으로 발전전략에서는 과거의 지역균형발전정책이 지역인프라 확충중심의 요소투입형 성장에 치중하였으나, 앞으로는 지역혁신에 초점을 둔 혁신주도형 성장을 시도한다. 그리고 수도권과 지방정책에서 과거의 수도권 억제정책에서 수도권에 대한 계획적 관리정책을 추진하여 수도권과 지방의 공존을 도모한다.

〈표 3-15〉 노무현정부의 국가균형발전정책 3대원칙

	과거의 균형발전정책	노무현정부의 국가균형발전정책
점근방법	개별적 접근	종합적 접근
발전전략	요소투입형 경제	혁신주도형 경제
수도권-지방	수도권 집중억제	선 지방육성, 후 수도권 계획적 관리

자료: 정책기획위(2008: 15).

한편, 국가균형발전정책의 7대 실천과제로는 특별법 제정 등 제도적 기반을 마련하는 것과 국가균형발전5개년계획 수립, 공공기관 지방이전, 지역혁신체계 시범사업, R&D 지방지원비율 확대, 지역특화발전특구 설치, 낙후지역대책 등을 제시하였다.

〈표 3-16〉 노무현정부의 국가균형발전정책 7대 실천과제

과 제	추진내용	추진시기
특별법 제정	국가균형발전, 신행정수도, 지방분권 등 3대 특별법 제정 및 특별회계 설치	금년 9월 정기국회 제출
국가균형발전5개년계획	지방주도 발전계획 종합	금년 말까지 계획수립, 발표
공공기관 지방이전	245개 공공기관 지방이전계획 확정발표	금년 말까지 1차 대상 발표
R&D 지방지원 비율 확대	국가 R&D의 중앙-지방 배분비율 확대로 지방대학 집중육성	03년 8:2-〉 07년 6:4
지역혁신체계 시범사업	지역혁신체계를 토대로 지역발전계획 수립	04년 중 광역, 기조 대상
지역특화발전특구 설치	지역별 개성을 살릴 핵심규제 1-2개 개혁	금년 말까지 법 개정
낙후지역대책	농어촌, 산촌 등 낙후지역 특별대책	금년 중 추진

자료: 정책기획위(2008: 16).

2. 제도와 기구

그러면 노무현정부에서 국가균형발전정책을 추진할 통치제도로서의 국가균형발전특별법은 어떻게 만들었고, 통치기구인 국가균형발전정책의 추진체계는 어떻게 구성되고 어떠한 활동을 하였는가를 살펴보자.

1) 지역발전의 통치제도: 국가균형발전특별법 제정

노무현정부는 대통령후보시절 정책공약으로 내세웠고 당선된 이후 12대 국정과제의 하나로 선정된 '지방분권과 국가균형발전'을 추진하기 위하여 국가균형발전특별법의 제정에 착수하였는데, 그 진행과정은 다음과 같다(국가균형위, 2008: 25-85; 정책기획위, 2008: 20-24).

국가균형발전특별법 제정은 2003년 4월에 출범한 국가균형발전위원회(위원장: 성경륭)에서 본격적인 작업을 추진하게 되었다. 그리하여 국가균형위는 동년 5월 특별법 제정을 위한 구체적인 작업지침을 마련하고, 제도전문위 소위로서 특별법초안 마련을 위한 테스코포스팀을 구성하였다. 테스코포스팀 구성은 국책연구소와 대학교수 등 전문가집단으로 구성되었고, 총괄과 주요시책(총괄팀장; 한국지방행정연구원 한표환 박사, 지역혁신체계 구축 등 시책- 충남대 오덕성교수. 지역전략산업 육성 등 시책- 산업연구원 김선배 박사, 낙후지역개발 등 시책- 국토연구원 박양호 박사), 추진체계(한표환 박사), 특별회계(한국조세연구원 김정훈 박사), 그리고 선진국 법령 및 제도분석(서울대 국토연구소 이현주 박사)으로 나누어 연구를 하였다. 테스코포스팀은 동년 6월말까지 행정부시안을 마련하고 그해 정기국회에 제출한다는 목표를 세웠다. 이에 따라 총 10여 차례에 걸친 회의를 하면서 주요 쟁점사항을 조율하여 마침 내 7월 18일에 특별법초안을 작성, 제출하였다.

대통령 주재로 2003년 7월 24일 열린 국정과제회의에서 특별법초안의 주요 핵심적인 사항이 집중적으로 논의되어 조정이 이루어졌다. 한편, 국가균형위는 8월 11일 기초단체장 및 지방의회 의장단협의회와 법안에 대한 의견을 교환하였다. 8월 14일에는 지방분권운동본부 등 NGO그룹과 정책간담회를 가져 지역 및 NGO와 협의과정을 거쳤다. 이러한 절차를 거쳐 국가균형위는 8월 19일 전체위원회를 개최하여 특별법을 심의하고 법안을 공개하였다.

국가균형발전특별법의 주무부처로 결정된 산업자원부는 8월 19일부터 10일간 법안 입법예고를 위한 관계 부처 및 지자체 협의, 8월 20일부터 9월 5일간 권역별 법안공청회를 개최하였다. 이후 특별법안은 9월 3일부터 행정절차법에 의한 입법예고, 10월 1일 법제처 심의완료, 9일 차관회의, 15일 국무회의 심의를 거쳐 10월 21일 국회에 제출하였다.

특별법안이 국회에 송부되어 국회심의과정에 들어갔다. 특별법안의 내용이 공개된 이후 법 제정에 반대하는 경기도 등 수도권은 심의과정에서 강하게 반발하였는데, 특히 손학규 경기도지사를 비롯한 관계자들이 법제정 저지에 총력을 기울여 국회 산업자원위 박종회 의원의 대체입법까지 연결되었다. 그리고 당시 국회의 각 정당은 국가균형발전특별법을 둘러싸고 수도권과 비수도권 간의 대립이 큰 상태였다. 이에 주요 정당의 당론이 결정되지 못하고, 국회의원들은 소속당을 떠나 지역구가 수도권이냐 비수도권이냐에 따라 상반된 입장을 보이고 있었다. 그러나 특별법에 대한 대통령의 강한 의지와 지방의 강한 열망과 역량결집은 특별법 통과의 힘이 되었다. 예컨대 지방에서는 지방분권국민운동과 지방자치단체전국협의회 등 NGO들이 연대하여 각종 성명서 발표, 13개 시도 공동 일간지 광고 게재, 국민대행진과 국민대회 개최 등으로 특별법 통과에 총력을 기울였다. 언론계는 수도권이 있는 언론들이 반대논조를 표명한 반면, 비수도권 언론들은 특별법 통과를 위한 여론결집과 이익대변에 노력하였다. 특히 지역신문사 28개사로 구성된 전국지방신문협의회는 지방살리기 3대 특별법 제정운동에 참여하여 비수도권 시도지사 협의회의 각종의 성명서나 활동을 대서특필하고 3대 특별법이 지방을 살리는 시대적 현안임을 부각시켰다. 이러한 정부와 지방 및 NGO의 협력은 마침내 특별법이 2003년 12월 8일 국회 산업자원위 전체회의, 12월 29일 본회의에서 통과하는 결과를 만들었다. 국회에서 통과된 국가균형발전특별법은 2004년 1월 7일 정부에 이송되어 1월 13일 국무회의에서 지방분권특별법 및 신행정수도건설을 위한 특별법 등과 함께 서명 공포되었다.

이렇게 제정된 국가균형발전특별법은 국가균형발전위원회의 주도 하에 국가균형발전5개년계획을 수립하여 국가균형발전특별회계를 주요 재원으로 국가균형발전시책을 추진하는 것으로 내용을 압축할 수 있다. 노무현정부는 국가균형발전5개년계획을 통해 균형발전에 대한 강한 실천의지를 표명함과 동시에 향후 5년간 추진할 국가균형발전에 대한 비전과 목표를 제시하고 정책을 발굴한다는 것이다. 이 계획은 중앙정부에 대해서는 지역정책의 준거가 되고 시도별로는 지역혁신계획과 지역발전정책의 준거로 작용한다. 따라서 국가균형발전특별법의 제정의미는 역사적으로 우리나라가 중앙집권-집중시대에서 지방분권-분산시대로 나아가는 전환점을 만들었고, 국가균형발전정책을 추진할 제도적 기반을 만들었다는 점이다. 동 법 제정작업에 참여했던 산업자원부의 김경수 균형정책과장은 '입법과정에서 수도권지역의 반대와 정당 간에 이견조정의 어려움을 극복하고 원만히 특별법을 제정함으로써 우리나라 경제정책과 행정에 한 획을 긋는 정책전환이 이루어졌다'고 지적하고, '국가균형발전특별법으로 혁신지향적 성장구조 정착을 가져옴과 동시에 정책과 예산의 통합구조를 실현하고 지방정부의 이니셔티브를 확보하게 되었다'는 점을 높이 평가할 수 있다고 하였다(정책기획위, 2008: 39, 44).

국가균형발전위가 제시한 법 제정의 배경을 보면, 국가균형발전특별법의 제정 및 특별회계의 신설을 통하여 일관성 있는 국가균형발전정책을 추진하고 수도권과 지방의 상생발전을 체계적으로 뒷받침하는 것과, 국민소득 2만불 창출의 기반을 조성하고 나아가 통합된 국가와 효율적인 나라 및 경쟁력 있는 나라를 만들기 위한 제도적 기반을 만들기 위한 것이다(국가균형위 외, 2003: 16). 이러한 취지로 제정한 국가균형발전특별법의 주요 내용은 다음과 같다.

첫째, 지역발전목표로 헌법상의 균형발전 취지를 달성하기 위해 자립형 지방화를 통한 국가균형발전이라는 정책방향을 명확히 제시하였다. 이를 달성하기 위해 지역혁신, 지역혁신체계, 지역전략산업, 낙후지역과 농산어촌의 개발, 및 공공기관 지방이전을 강조한다.

〈표 3-17〉 노무현정부의 특별법 목표와 정의

항목	국가균형발전특별법 1조, 2조
목적	지역 간 불균형 해소 및 지역혁신 및 특성에 맞는 발전을 통해 자립형 지방화를 촉진하여 전국이 개성 있게 골고루 잘 사는 사회건설
정의	국가균형발전, 지역혁신, 지역혁신체계, 지역전략산업, 낙후지역, 농산어촌, 공공기관

둘째, 지역발전추진기구로는 국가균형발전을 효율적으로 추진하고 관련 중요정책에 대한 대통령의 자문에 응하기 위하여 대통력직속의 국가균형발전위원회를 설치하였고, 이를 지원하기 위하여 위원회 소속 하에 국가균형발전기획단을 그리고 산업자원부에 국가균형발전추진단을 두도록 하였다. 그리고 지방에서 지역발전을 추진하기 위하여 지역혁신협의회를 두게 되어 있다.

〈표 3-18〉 노무현정부의 특별법 추진기구

항목	국가균형발전특별법 20조-24조
중앙	국가균형발전위원회(위원회) 국가균형발전기획단(위원회내) 국가균형발전지원단(산자부내)
지방	시도 지역혁신협의회(법정기구) 시군구 지역혁신협의회(임의기구)

셋째, 지역발전계획으로는 국가균형발전을 촉진하기 위하여 지역위에 5년을 단위로 하는 국가균형발전5개년계획을 수립하고, 자치단체는 지역혁신발전5개년계획을 수립함으로써 중앙과 지방의 발전계획이 상호 연계되도록 하였다.

〈표 3-19〉 노무현정부의 특별법 계획내용

항목	국가균형발전특별법 4조- 6조
발전 계획	국가균형발전계획 수립 (국가균형발전위)
부문계획	부문별 계획 및 시행계획 수립 (법정계획- 중앙부처)
지역계획	지역혁신발전계획 수립 (법정계획- 시도)

넷째, 지역발전추진시책에서는 국가와 지방자치단체가 지역의 혁신역량을 강화하고 협력을 촉진하기 위한 혁신체계가 지역의 여건과 특성에 적합하게 구축되도록 다양한 사업을 추진한다.

〈표 3-20〉 노무현정부의 특별법 추진시책

항목	국가균형발전특별법 10조-17조
주요 시책	· 지역혁신체계의 구축 · 지역전략산업의 선정, 육성 · 지역과학기술의 진흥 · 지방대학의 육성 · 지역정보화 촉진 및 정보통신 진흥 · 지역문화관광의 육성 · 낙후지역 및 농산어촌 개발 · 지역경제 활성화시책의 촉진 · 공공기간, 대학 및 기업의 지방이전

다섯째, 지역발전특별회계로는 국가균형발전사업의 추진을 재정적으로

지원하기 위하여 국가균형발전특별회계를 설치하도록 되어 있다. 그리고 특별회계는 지역개발사업계정과 지역혁신사업계정 및 제주특별자치도계정으로 구분한다.

〈표 3-21〉 노무현정부의 특별법 특별회계

항목	국가균형발전특별법 25조- 28조
명칭	국가균형발전특별회계 지역개발사업계정 지역혁신사업계정 제주특별자치도계정

2) 지역발전의 통치기구: 지역발전거버넌스

노무현정부는 지역 간 불균형발전의 폐해를 극복하기 위해 요소투입위주의 발전에서 혁신주도형 지역발전으로의 정책전환을 추진하고 성장과 분배의 선순환을 위한 혁신주도형 경제발전모델을 구현하고자 다양한 추진체계를 구성하였다. 지역발전의 통치기구로 중앙단위에서 대통령직속의 국가균형발전위원회와 산업자원부의 국가균형발전지원단 및 다른 중앙부처의 국가균형발전지원팀을 설치하였고, 지방단위에서는 각 광역지자체별로 혁신분권담당관실을, 그리고 민간기구로 지역혁신협의회와 지역혁신연구회 및 지역기업협의회를 구성하였는데(국가균형위, 산자부, 2004: 35), 이러한 지역발전정책의 추진체계의 구체적 내용과 활동은 다음과 같다.

우선, 노무현정부는 국가균형발전특별법 제22조(설치)에 의거하여 중앙정부 차원에서 국가적 정책추진기구로 대통령직속으로 국가균형발전위원회라는 중앙지역발전거버넌스를 설치하였다. 국가균형발전위원회의 조직은 크게 당연직 정부위원과 위촉직 민간위원으로 구성된 전체위원회, 위원회의 심의사항을 분야별로 사전에 연구 검토하기 위한 4개의 전문위원회, 위원회의 업무와 관련된 사항에 대하여 자문을 받기 위한 자문위원회, 그리고 사무처리기구로 설치되었던 기획조정실은 국가균형발전기획단으로 확대 개편되었다(국가균형발전위,산자부, 2004: 36-39; 정책기획위, 2008: 10-12).

동법 23조(조직)에 의하면, 지역발전위원회의 전체위원회는 위원장 1인을 포함한 30인 이내의 당연직 위원과 위촉위원으로 구성되는데, 위원회 출범당시의 구성현황은 11인의 당연직 위원과 12인의 민간위원 등 총 23명의 위원으로 구성되었다.

〈표 3-22〉 노무현정부의 국가균형발전위원회 구성현황

구 성	위원회 출범당시(2003년)
위원장	1
당연직위원	11
: 중앙부처장관	재정경제부, 교육인적자원부, 행정자치부, 과학기술부, 문화관광부, 산업자원부, 정보통신부, 건설교통부, 기획예산처, 국무조정실장, 대통령비서실 정책실장 등
위촉위원	11
: 지방단체장	0
대학교수	5
국책연구기관	1
지방연구기관	0
경제단체	2
NGO	1
기업	2
총계(인)	24

자료: 국가균형발전위원회(2006: 16) 수정.

그리고 전문위원회는 제도개선분과, 전략산업분과, 지역혁신분과, 수도권관리분과 등 4개로 구성되어 있고, 이들 위원회 구성원들은 주로 대학교수나 연구소 등의 전문가집단으로서 국가균형발전의 과제를 심층적으로 연구·검토하는 역할을 수행한다. 국가균형발전위원회규정 제8조 및 운영세칙 제9조에서는 위원회의 업무와 관련하여 자문을 받기 위하여 자문위원을 둘 수 있게 하였다. 이에 따라 국가균형발전위는 각 지역의 대학총장, 연구원장, 시

민단체대표, 대학교수, 연구원, 기업인 등 각계각층의 저명인사와 전문가 등 약 108여명을 자문위원으로 2003년 11월 9일로 위촉하였다. 이처럼 국가균형발전위원회는 과거 국민의 정부 때 공무원 위주로 구성된 지역균형발전위원회와는 달리 참여정부라는 성격에 맞게 공무원과 민간인이 조화를 이루며 협력할 수 있게 구성되었다.

한편, 국가균형발전위원회의 사무를 지원하기 위하여 국가균형발전특별법 제26조(국가균형발전기획단)와 제27조(국가균형발전지원단 등)에 의거하여 국가균형발전기획단과 국가균형발전지원단을 설치하도록 하였다. 국가균형발전위원회 소속의 국가균형발전기획단은 위원회의 회의준비와 안건작성 및 전문적인 조사연구 등을 위한 과업을 수행하도록 한다. 이러한 국가균형발전기획단의 업무를 지원하고 지방자치단체의 지역발전계획을 효과적으로 수립, 시행할 수 있도록 산업자원부에 국가균형발전지원단을 둘 수 있게 하였다.

이렇게 조직화된 국가균형발전위원회는 특별법 22조에 의거하여 국가균형발전의 효율적 추진을 위한 주요 정책에 대하여 심의하는 역할(기능)을 수행한다. 구체적으로는 국가균형발전의 기본방향과 관련 정책의 조정, 국가균형발전계획, 부문별 발전계획과 시행계획, 지역혁신발전계획과 시행계획, 국가균형발전시책과 사업의 관리평가, 지역발전투자협약의 체결과 운영, 국가균형발전특별회계의 운용, 공공기관 등의 지방이전, 수도권의 경쟁력 강화 등 수도권 관리의 기본방향, 기타 국가균형발전에 필요한 사항 등의 과업을 설계하고 실행한다.

국가균형발전위원회는 2003년 4월 7일 출범한 이후 12월 말까지 총 7회의 전체위원회 회의를 개최하였다. 먼저 4월 9일 개최된 제1차 전체회의에서는 위원회의 운영세칙을 의결하고 위원회의 향후 일정을 보고하였다. 2차 회의에서는 제2차 국정과제회의의 안건인 '지역혁신체제 구축을 통한 지방대학 발전방안'을 검토하였으며, 3차 회의에서는 수도권관리위원회의 설치 및 지역혁신체제 구축방안 및 지방대학 육성방안을 보고하였다. 그리고 4차 회의

부터 7차 회의에 걸쳐 국가균형발전특별법의 제정, 신산학협력을 포함한 지역혁신체제 구축, 공공기관 이전, 국가균형발전5개년계획의 수립 등 대통령이 주재한 대구구상에서 발표한 국가균형발전의 7대 과제를 중점적으로 논의하였다. 한편, 이러한 국가균형발전위원회의 전체위원회를 지원하기 위하여 전문분과위원회별 회의도 2003년 중 총 41회 개최하였다. 예컨대 각 전문위원회별로는 지역혁신전문위를 12회, 전략산업전문위를 11회, 제도개선전문위를 11회, 그리고 수도권관리전문위를 7회 개최하였다(정책기획위, 2008: 13).

이처럼 국가균형발전위원회는 2003년 출범당시부터 왕성한 활동을 하였는데, 그 결실로 나온 것이 참여정부의 국가균형발전정책의 틀로서 2013년 8월 19일 국가균형발전특별법을 산출하였고, 2004년 3월 25일 국가균형발전5개년계획을 설계하게 되었다. 국가균형발전5개년계획의 결정체계는 국가균형발전위원회가 총괄 및 부문별 계획을, 산업자원부가 지역혁신발전계획을 담당하는데, 이중 지역혁신발전계획은 16개 광역시도가 지역자율로 수립하게 되어 있다.

그리고 중앙부처에서는 국가균형발전위원회의 균형발전정책을 지원하기 위한 지원부서를 설치하였는데, 주무부처인 산업자원부에는 각 부처의 균형발전정책을 총괄하고 위원회와 국가균형발전기획단의 업무를 지원하기 위해 국가균형발전지원단을 설치하여 국가균형발전위원회의 업무를 지원하는 한편 지역전략산업중심의 지역혁신발전5개년계획 수립지원 등을 하도록 하였으며, 타 중앙부처에는 국가균형발전지원팀을 구성하여 부처업무와 연관된 균형발전정책을 지원하도록 하였다.

한편, 참여정부가 추진하는 국가균형발전정책은 중앙정부 주도의 지역발전정책을 벗어나 지역의 자생적 발전역량 강화를 통한 내생적 지역성장모델을 추구하는데 목표를 두고 있으므로 이를 전담하여 추진하는 지역 차원의 균형정책의 추진체계를 구성하였는데, 혁신분권담당관실과 지역혁신협의회 및 지역혁신연구회와 지역기업협의회가 그들이다(국가균형위, 산자부, 2004: 40-42).

지방단위에서 16개 시도에는 국가균형발전정책을 담당하고 지역 차원의 산업발전정책 등을 추진하는 공식기구로 '혁신분권담당관실'을 설치하였다. 이 조직에서는 지역혁신발전계획의 수립 및 추진체계의 구축, 균형발전 업무총괄, 지역전략산업 선정 및 육성방안, 지방대학 육성 및 지역과학기술혁신체계의 구축, 지역혁신협의회의 조직과 운영지원을 포함한 지역혁신네트워크 구축 등의 다양한 지역혁신 관련 업무를 담당하고 있다.

지역혁신발전을 위한 지역 내 혁신주체들 간의 지역혁신체계를 구축하기 위해서 각 광역지자체는 산학연관 등 지역 내 모든 혁신주체들이 참여하는 '지역혁신협의회'를 민간기구로 구성하였다. 지역혁신협의회는 16개 시도별로 조직되었으나 이 중 대구 경북과 광주 전남은 각각 통합하여 초광역단위로 구성함으로써 전국에 모두 14개가 구성되어 있는데, 각 지역연구소나 전략산업기획단 등에 사무국을 두고 있다. 지역혁신협의회는 지역혁신사업에 대한 기획과 심의, 추진과제 및 전략 설정, 지역혁신사업의 우선순위 조정 등 지역단위의 균형발전사업의 조정역할을 담당하는 등 최고심의기구로서의 역할 뿐 아니라 지역혁신주체 간 네트워크 및 지역혁신체계 구축을 촉진하고 중앙과 지방의 원활한 의사소통을 위한 창구로 기능하면서 지역사회의 혁신분위기 확산과 혁신역량 강화를 주도하고 있다.

또한 지역혁신네트워크의 활성화를 위해 각 광역지자체에는 지역발전연구원과 지방대학 등을 중심으로 '지역혁신연구회'가 지역혁신협의회와 마찬가지로 14개 조직되어 운영되고 있다.

따라서 시도 및 시군구의 지역발전정책을 담당하는 기구로 지역혁신협의회를 설치하여 지역발전계획 등의 심의기능을 담당하도록 하였다. 지역혁신연구회는 구체적으로 지역 내 지방행정관료와 산업 · 교육 · 과학기술분야의 교수와 연구원 등으로 구성되어 있는데, 주요 기능은 지역혁신에 관한 주제별 발표와 토론 그리고 현안정책과제 논의 등을 통해 지역혁신을 창출하고 확산시키는 것이다. 지역혁신연구회의 사무국은 각 지역발전연구원이나 테크노파크(TP) 등에 설치되어 있다.

이외에도 지역별 지역상공회의소, 중소기업 대표, 벤처기업 대표, 지역전략산업 기업대표, 시도 경제담당관료 등 산업계와 관료들로 구성된 '지역기업협의회'가 구성되어 균형발전 관련 기업의 정책수요나 지역기업발전을 위한 기업의견 반영 등의 활동을 전개하고 있다. 6개 광역시와 9개 거점지역의 상공회의소를 중심으로 15개의 지역기업협의회가 구성되어 있으며 대한상공회의소가 주관업무를 담당하고 있다.

이러한 국가 차원과 지방 차원의 국가균형발전정책과 지역혁신사업을 지원하기 위한 전문가조직으로 2003년 6월에 산업연구원에 국가균형발전센터가 설립되었다. 동 센터는 종전의 지역산업실이 확대 개편된 것으로서, 균형정책팀, 지역산업팀, 평가관리팀 등 3개 팀으로 구성되고, 전문성에 따른 기능별, 정책프로세스 단계별, 지역별 업무분장을 통하여 국가균형위와 지방정부에 대한 지역발전의 전문적 지원을 담당하고 있다.

지금까지 논의한 노무현정부에서 지역발전의 제도와 기구 및 정책과 예산을 정리하면 다음과 같다〈표 3-23〉.

〈표 3-23〉 노무현정부의 지역발전의 제도와 기구 및 정책과 예산

제도	기구	정책과 예산
· 국가균형발전특별법 4조(국가균형발전5개년계획의 수립) 5조(부문별 발전계획과 시행계획의 수립) 31조(국가균형발전특별회계의 설치와 관리 운용)	· 중앙정부 국가균형발전위원회 국가균형발전기획단(위원회) 국가균형발전지원단(산자부)	· 국가균형발전5개년계획 (총괄 및 부문별 발전계획과 시행계획)(법정계획) · 국가균형발전특별회계
· 국가균형발전특별법 7조(지역혁신발전계획과 시행계획의 수립)	· 지방정부 시도혁신협의회 시군구혁신협의회	· 지역혁신발전5개년계획 및 시행계획 (법정계획) · 국가균형발전특별회계

3. 주요 정책

1) 지역발전정책의 이론적 토대와 공간구분

노무현정부는 국가균형발전특별법 제1조(목적)에서 지역불균형 해소와 지역혁신 및 특성에 맞는 자립형 지방화를 촉진하여 국가균형발전을 달성하는 것을 설정하고, 그리고 제2조(용어)에서 주요 개념으로 국가균형발전, 지역혁신, 지역혁신체계, 지역전략산업, 공공기관 등을 제시하였다. 여기서 국가균형발전이란 목적을 제시한 것은 균형성장이론을 지향하는 것이고, 지역혁신을 중요 개념으로 등장시킨 것은 혁신주도형 경제를 위한 공간혁신모형을 전제하는 것이다.

따라서 노무현정부의 국가균형발전정책은 인재와 기술이 성장동력이 되는 혁신주도형 지역발전을 추구하는 것으로서, 이것은 균특법 제10조의 지역혁신체계의 구축과 연결된다. 지역혁신체계란 지역의 다양한 혁신주체들 간의 연계(network)와 협력체계(협력거버넌스)를 만드는 것으로, 이를 실행하기 위한 지역발전시책으로 혁신클러스터사업과 산학연 활성화사업 등이 있다. 또한 자립형 지방화를 위한 지역공간시책으로 지역성장거점이 되는 행복도시, 혁신도시, 기업도시 등의 거점도시 개발과 과학특구라는 연구개발거점사업을 추진하였는데, 이는 성장거점이론에 근거를 두고 있다.

노무현정부에서 국가균형발전정책의 공간단위는 인위적으로 구분하지 않고 기존의 행정구역 토대위에서 추진하고 있다. 다만 발전이 낙후된 지역의 발전을 위하여 제2조(정의)에서 낙후지역과 농산어촌을 규정하고 있다.

첫째, 낙후지역이란 오지개발촉진법 2조의 규정에 의한 오지, 도서개발촉진법 4조의 1항에 의한 개발대상도서, 접경지원법 2조의 1호에 의한 접경지역, 지역균형개발 및 중소기업육성에 관한 법률 9조위 1항에 의한 개발촉진지구, 그리고 그 밖에 생활환경이 열악하고 개발수준이 현저하게 저조한 지역으로서 대통령이 정하는 지역을 말한다.

둘째, 농산어촌이란 농어촌정비법 2조의 1호의 규정에 의한 농어촌과 산림기본법 3조 2호의 규정에 의한 산촌을 말한다.

따라서 국가균형발전위원회의 국가균형발전5개년계획과 지역혁신발전계획에 포함되는 모든 정책이나 사업들은 기존의 행정구역을 전제로 설계하여 추진하게 되어 있다. 다만 낙후지역이나 농산어촌지역은 지역특성을 고려하여 특화발전사업을 추진한다.

2) 지역발전정책과 예산

노무현정부의 지역발전정책은 크게 거시적인 지역발전정책의 비전과 전략, 그리고 이를 구체화하는 중범위적인 지역발전계획과 미시적인 지역발전시책(사업) 및 이들을 지원하는 특별회계예산으로 구성할 수 있다.

〈표 3-24〉 노무현정부의 지역발전정책과 예산

정부차원	지역발전정책과 특별회계예산
중앙정부차원	· 지역발전정책의 비전과 전략 · 국토종합계획(제4차 국토종합계획 1차 수정계획) · 국가균형발전5개년계획(총괄 및 부문별 발전계획과 시행계획) · 국가균형발전특별회계
지방정부차원	· 지역혁신발전5개년계획과 시행계획 · 지역발전시책(사업) · 국가균형발전특별회계

(1) 지역발전정책의 비전과 전략

노무현정부는 노대통령이 후보시절 공약으로 제시한 국가균형발전에 대한 강한 의지는 '지방분권과 국가균형발전'을 국정의 주요 과제로 선정하게 하였다. 노무현 대통령은 2003년 6월 12일에 대구에서 개최한 대통령주재 국정과제회의에서 국가균형발전을 위한 구상으로 3대 원칙이라는 새로운 국가균형발전패러다임을 제시하였다. 역대 정부의 과거 지역발전패러다임이 중앙정부 주도하에 정부부처별로 부분적 산발적으로 지역발전정책을 추진하는 개별적 접근이었고, 지역인프라 확충중심의 요소투입형 총량성장과 수도권 집중억제에 초점을 두었다. 반면에 참여정부의 지역발전패러다임은 과거 패러다임의 한계를 보완하여 중앙과 지방 간의 협력을 전제로 지방정부가 주도하는 종합적 접근과 지역혁신에 초점을 두는 지역혁신체제 구축을 통한 혁신주도형 경제로의 전환을 통한 균형적 성장과 중앙과 지방의 상생발전을 위해 '선 지방육성, 후 수도권 관리'로 전환을 하였다.

이러한 새로운 지역발전패러다임을 추진하기 위하여 설계한 것이 지역발전정책의 비전과 전략인데, 그 구체적 내용은 다음과 같다.

〈표 3-25〉 노무현정부의 지역발전정책의 비전과 전략

비 전	전국이 개성 있게 골고루 잘사는 사회 : 국민통합과 국가경쟁력
기본방향 (목표)	· 지역불균형 해소 · 지역혁신과 지역특화발전 · 균형발전
추진전략	· 내생적 발전전략을 통한 자립형 지방화 · 혁신주도형 발전 · 개방적-다극적 국토구조 구성 · 수도권과 지방의 상생발전
주요 추진과제	· 지역혁신체제 구축- 대학, 산업, 지자체의 네트워크와 협력 · 지역전략산업 육성- 지역의 특성과 강점을 살리는 특화된 발전 · 법제정 및 제도개편- 국가균형특별법 제정 및 특별회계 신설, 중추기능의 지방분산, 심사평가기능의 강화

우선, 위의 표에서 보는 바와 같이, 지역발전정책의 비전은 국민통합과 국가경쟁력 강화를 통한 '전국이 개성 있게 골고루 잘 사는 사회의 건설'이고, 이를 달성하기 위한 목표로 균특법 제1조에서 지역불균형 해소, 지역혁신과 지역특화발전, 그리고 이들을 통한 균형발전을 제시하였다. 참여정부에서 국가균형발전의 새로운 모델은 국민통합과 국가경쟁력 강화라는 두 가지 과제

의 동시적 해결을 통한 '전국이 개성 있게 골고루 잘사는 사회의 건설'로 설정하였다. 이러한 새로운 지역발전정책의 비전과 목표 하에서 추진하기 위하여 제시한 4대 전략으로는 내생적 발전전략을 통한 자립형 지방화, 혁신주도형 발전, 개방적-다극적 국토구조 구성, 수도권과 지방의 상생발전 등이 있다(정책기획위, 2008: 84-94).

첫째, 내생적 발전전략을 통한 자립형 지방화전략- 참여정부의 국가균형발전략이 과거와 근본적으로 다른 것은 지방분권과 지방분산 및 지방분업 등 삼분정책을 통해 지방이 함께 번영하는 '상생전략'을 추구하고 있다. 여기서 지방분권은 지방 스스로 지역의 정책을 결정하고 지역발전을 위한 전략을 추진할 수 있는 능력의 배양을 의미한다. 지방분산은 과도하게 집중되어 있는 수도권의 기능들을 지방으로 이전함으로써 지방의 역동성을 증대시키는 것을 말한다. 지방분업은 모든 지방이 동일한 산업과 문화 및 삶의 조건을 갖추는 것이 아니라 지방의 특성과 잠재력 및 지역이 가지고 있는 고유한 역사적 맥락에 기초하여 지역마다 개성 있는 산업과 문화 및 삶의 조건을 만들어가기 위한 특성화발전을 도모하는 것이다.

이를 위해 중앙에 일방적으로 의존하는 외생적 발전전략에서 벗어나 지방 스스로가 혁신역량을 토대로 추진해가는 내생적 발전전략을 통해 지방이 스스로의 힘으로 일어서고 발전할 수 있는 자립형 지방화전략을 추진하려고 한다. 자립형 지방화를 위해서는 자립할 수 있는 내적 동력으로서 지역혁신체계를 구축하고 행정적, 재정적 자립을 통해 지역의 특성에 맞는 발전을 시도해야 한다. 이러한 자립형 지방화를 통한 국가균형발전전략의 핵심은 전국 최소수준의 충족을 통한 통합적 균형의 실현과 지역의 잠재력과 비교우위를 극대화하는 역동적 균형을 병행하여 추진해야 한다.

둘째, 혁신주도형 발전전략- 세계의 경제환경은 세계화, 디지털화, 네트워크화, IT-BT-NT 등 지식기술혁명, 중국경제의 급성장, 그리고 환경과 시장의 조화라는 큰 소용돌이에 직면하고 있다. 이러한 경제환경변화에 대응하여 선진국 및 동북아 각국은 새로운 성장모델인 '혁신주도형 경제성장모델'을 채택하여 기술혁신을 통한 원천적인 국가경쟁력 확보에 노력 중이다.

이러한 세계경제환경의 급변에 따라 한국경제는 1990년대 초 이후 대전환을 요구받아 왔다. 그동안 1960년대 초에 산업화를 시작한 이후 노동력과 자본 등 요소투입형 총량적 성장전략을 통하여 급속한 성장을 이루는 데는 성공할 수 있었다. 그러나 1990년대 중반 이후 새로운 성장동력을 찾지 못하면서 저성장의 굴레에서 벗어나지 못하고 있다. 이에 노무현 대통령은 2004년 6월 국회개원 연설에서 우리 경제가 기술과 인재가 경제성장의 동력이 되는 혁신주도형 경제로 전환할 필요성을 강조하고, 혁신주도형 경제를 성공시키기 위해서 기술혁신과 인재양성, 신성장동력의 확충 그리고 지역균형발전의 토대를 쌓아가고 있다고 하였다.

혁신주도형 경제는 산학협력 및 R&D 투자 등을 통해 창의적이고 현장적응력이 높은 인재를 양성하고, 새로운 기술을 창출하는 것 뿐 아니라 기술의 사업화 및 상업화를 촉진시켜 국부 자체를 증대시키는 경제를 의미한다. 기존의 '혁신모델'에서는 연구개발에 의한 지식과 기술의 창출, 교육훈련을 통한 인적자본의 육성, 그리고 혁신적 기업가정신 등을 강조하여 왔다. 그러나 최근의 혁신모델에서는 혁신개념을 산학협력 및 연구개발을 통한 인재와 기술의 창출을 사업화 및 상업화로 연결시키는 '인재+기술혁신+사업화'로 새롭게 정의하고 있다.

이에 따라 참여정부는 혁신주도형 경제와 지역특성화 발전전략을 결합하여 지역을 혁신주도형으로 전환시키는 전략을 채택하였다. 이 같은 새로운 발전전략은 이미 세계의 선진국가에서 전략산업을 중심으로 지식과 기술 및 문화가 집적된 혁신클러스터로 발전시켜나고 있는 상황에서 참여정부가 벤치마킹을 하게 된 것이다. 예컨대 미국의 실리콘밸리와 샌디에이고 실리콘힐, 스웨덴의 시스타, 핀란드의 울루, 독일의 바덴뷔르템베르크, 이탈리아의 밀라노, 프랑스의 소피아앙티폴리스, 영국의 캠브리지 테크노폴, 중국의 중관촌, 일본의 쓰쿠바, 대만의 신주구, 이스라엘의 실리콘와대 등의 해외사례는 모두 지역 내의 지리적 근접성에 입각하여 새로운 혁신을 이루어낸 대표적인 성공사례들이다.

셋째, 개방적-다극적 국토구조 구성전략- 참여정부의 국가균형발전전략은 국내적 균형만을 목표로 추진하는 것은 아니다. 보다 적극적인 의미에서 국가균형발전은 세계화에 대한 대응의 일환이기도 하다. 즉 한편으로 세계화를 수용하면서 다른 한편으로 세계로의 웅비를 목표로 추진하는 국가발전전략이다.

세계화와 지식정보화 시대에 한반도는 더 이상 변방이 아니다. 한류로 대변되는 문화의 발원지, 정보통신강국으로서의 신기술의 진원지, 그리고 동북아 물류의 중심지로서 그 중심적 지위를 찾아가야 한다. 이에 세계에 대응하는 한반도의 다중심주의 전략은 동북아시아의 중심으로서 각 지방이 자립적으로 기능할 때 비로소 가능한 것이다.

이에 따라 참여정부는 개방형 다극-분산형 국토공간구조 형성을 주요 전략으로 채택하여 창조적이면서 강력한 대한민국을 만들어가고 있다. 이러한 구조를 달성할 수 있는 공간구상으로는 국토연안축을 형성하고 새로운 국토개방거점체제를 만들어가는 것을 들 수가 있다. 연안축 육성은 U자형 구조로 동해안축은 환동해권에, 서해안축은 환황해경제권에 특화시킬 수 있다. 이 축들이 제 기능을 하기 위해서는 이들 지역에 특성화된 산업구조, 즉 산업클러스터지대, 국제물류지대, 국제무역지대, 관광지대와 같은 것들을 형성한 후 이들을 네트워크로 연결하여야 한다. 이와 함께 연안축을 중심으로 거점도시를 형성할 필요가 있다. 우선 국제교류, 물류시설, 국제기간교통시설망을 보유하고 있는 인천, 부산, 광양을 연안의 대거점으로 육성하고, 기간교통시설과 산업기지를 보유하고 있는 군산, 목포, 울산, 포항, 강릉 등을 중거점으로 육성하는 것도 고려할 수 있다. 이들과 내륙거점인 행정중심복합도시와 혁신도시 및 혁신클러스터 등과 결합함으로써 전국토공간이 내륙과 연안이 네트워크화되는 공간으로 재창출될 수 있다. 이러한 국토구조의 네트워크화를 위한 인프라 구축이 국가균형발전정책의 주요한 추진전략 중의 하나이다.

넷째, 수도권과 지방의 상생발전전략- 기존의 지역발전정책은 수도권 집중억제를 통한 국가균형발전을 도모하는데 중점을 두었으나, 참여정부의 국가균형발전정책은 수도권과 비수도권의 기능과 역할을 미래지향적으로 재정립하여 양자가 모두 번영할 수 있는 수도권과 지방의 상생발전에 초점이 맞추어져 있다.

상생전략(win-win strategy)은 수도권을 국제경쟁력을 갖춘 세계도시로 발전시키는 한편, 지방에 대해서는 중앙정부가 핵심 성장역량을 적극 지원하여 수도권과 지방이 함께 번영할 있게 하는 것을 말한다. 이를 위하여 수도권의 과밀해소 및 지방발전의 새로운 기회 차원에서 수도권 기능의 지방분산을 과감하게 추진하고, 수도권은 계획적 관리와 첨단산업과 금융 및 비즈니스의 경쟁력 증진을 통해 세계적 도시로 발전시킨다.

지금까지 논의한 지역발전정책의 전략을 실행하기 위해서 세 가지 추진과제를 제시하였는데, 그들의 내용은 다음과 같다(김호원, 2003: 272-275).

첫째, 지역혁신체제의 구축- 그동안 지방은 국가발전의 동력이라기보다는 국가발전의 결과로 지탱하는 공간으로 인식되어 왔다. 이러한 지방이 내생적 발전전략을 통하여 자력으로 성장하는 자립형 지방화를 위해서는 산학연관의 네트워크를 통한 지역혁신체제모델을 개발하고 이를 전국적으로 확산시켜 나가는 일이 중요한 국가적 정책과제로 대두하고 있다. 여기서 지역혁신체제(Regional Innovation System, RIS)란 대학, 기업, 연구소, 지방자치단체, 시민단체 등 지역의 혁신주체들 간의 활발한 상호협력과 공동학습을 통하여 지역의 산업생산체제와 과학기술체제 및 기업지원체제를 효율적으로 결합시키고 인력양성과 정보통신 등 협력기반을 확충하기 위한 제반 활동과 이에 필요한 지원체계를 말한다(Cooke, 1998; 산업자원부, 국가균형발전추진단, 2003). 이러한 지역혁신체계가 제대로 작동하기 위해서는 중앙과 지역 수준에서 혁신체제를 구성하고 이들 간에 상호 유기적인 협력을 하는 것이 필수적이다. 무엇보다도 지역혁신체제를 구축하는 데는 지방자치단체와 지방대학의 역할과 지역의 과학기술 진흥 및 산학연관 네트워크가 중요하다고 볼 수 있다.

둘째, 지역전략산업의 육성과 산업집적의 활성화- 이전 정부는 산업자원부를 중심으로 지역진흥사업 등 다양한 지역산업정책을 통하여 지역의 성장과 고용창출 등 지역경제 활성화에 기여를 하여 왔다. 그러나 지역산업 선정과정에서 충분한 사전기획이 없었고 지역산업에 대한 총괄조정기능이 부족한 문제점도 나타났다. 참여정부는 과거 지역정책에 대한 평가를 기초로 지역산업정책의 4대 기본방향을 제시하였다, 이를테면 경제적 합리성을 통하여 사업을 추진한다. 자동차, 조선, 철강, 조선, 섬유 등 주력기간산업과 차세대 신산업의 융합발전을 이루어 나간다. 지역별로 특성화되고 경쟁력 있는 전략산업을 집중 육성한다. 특히 지역전략산업을 육성하기 위해서는 기업, 연구소, 대학, 및 기업지원시설 등의 유기적 연계를 통한 지역혁신클러스터의 조성과 육성이 필요하다. 마지막으로 낙후지역에 대한 체계적 지원을 한다.

셋째, 국가균형발전을 위한 제도적 기반구축- 그동안 역대 정부는 국토 및 지역정책을 추진하였지만 이를 뒷받침하는 추진체계나 법 등 제도적 기반이 완비되지 못하였다. 이에 참여정부는 국가균형발전정책을 추진하기 위한 추진체계나 법 및 정책(사업) 등을 담은 제도적 기반을 만드는 것을 중요한 정책과제로 제시하였다

(2) 국토종합계획

① 제4차 국토종합계획 1차 수정계획(2006-2020)

노무현정부에 들어와서는 1999년에 수립된 제4차 국토종합계획(2000-2020)을 새로운 국내외 환경변화에 대응하게 하고, 새로운 국가통치패러다임(국정철학과 국정과제)을 반영하여 제4차 국토종합계획 1차 수정계획(2006-2020)을 만들었다.

국토종합계획수정의 법적근거는 국토기본법 제6조와 제19조에 있다. 제6조에서 국토종합계획을 국토를 이용 · 개발 · 보전함에 있어서 미래의 경제적 · 사회적 변동에 대응하여 국토가 지향해야 할 장기발전방향을 제시하는 종합계획이라고 정의하고, 제19조에서는 건교부장관이 사회적 경제적 여건 변화를 고려하여 5년마다 국토종합계획을 전반적으로 재검토하고 정비하여야 한다고 규정하고 있다.

이러한 법적 근거를 토대로 제4차 국토종합계획 수정계획을 수립하게 된 배경은 다음과 같다(국토연구원 국토계획단, 2004: 2). 첫째, 지난 5년간 주요한 한국사회의 경제사회여건이 급속히 변화하였으며 앞으로도 변화속도는 가속화될 전망이다. 둘째, 신행정수도 건설추진과 고속도로 개통으로 마련된 국토공간구조의 변혁과 지역균형발전의 전기를 국토계획에 반영해야 한다. 셋째, 국가균형 3대 특별법의 제정 및 시행에 맞추어 국토계획 차원의 대응책이 필요하다. 넷째, 중국의 성장과 국제적 경제공동체 형성 등 초국가적 경제협력의 강화와 남북관계의 진전 등에 대응하는 국토기반의 조성이 필요하다.

이러한 배경 하에서 제4차 국토종합계획 1차 수정계획은 민 · 산 · 학 · 연 · 관 합동의 연구단을 구성하였고, 정책기획위원회와 국가균형발전위원회 등 국정과제위원회의 분과별 자문회의와 긴밀한 교류와 협력을 하면서 중앙부처의 관계 부처 및 지자체의 적극적인 참여와 협력을 통하여 범정부 차원에서 수립하였다.

이렇게 수립된 제4차 국토종합계획 1차 수정계획의 내용은 다음과 같다(국토연구원, 2013: 47-49). 동 수정계획의 공간권역은 3개의 개방국토축- 남해안축, 서해안축, 동해안축-은 유라시아대륙과 환태평양을 지향하는 발전축의 역할을 하고, 국제경쟁을 위한 기본단위로서 7+1 경제권역- 수도권, 충청권, 전북권, 광주권, 대구권, 부산권, 강원권, 제주권- 은 자립형 지방화와 지역 간 상생을 촉진하는 다핵연계형 국토구조 구축의 역할을 한다.

그리고 공간권역에서 추진하는 계획목표를 상생하는 균형국토, 경쟁력 있는 개방국토, 살기 좋은 복지국토, 지속가능한 녹색국토, 번영하는 통일국토를 설정하고, 6대 주요 전략과 핵심사업을 제시하였다. 첫째, 수도권의 기능을 지방에 분산시키고 지역의 자립적 기반을 구축하기 위한 전략을 위해, 행정중심복합도시의 건설 및 공공기관의 지방이전, 광역권과 혁신도시, 기업도시, 고속도시역세권 등을 개발하여 지역거점을 형성하고, 권역별로 지역전략산업의 육성 및 산학연관 연계를 통한 혁신클러스터를 형성하여 지역산업의 경쟁력 강화를 제고한다. 둘째, 세계화시대의 경쟁력있는 개방국토 형성 및 한반도의 평화정착을 위해서, 동북아 경제협력의 거점육성을 위한 인프라 확충 및 개발공동체의 형성기반 구축, 접경지역의 교류협력지구 조성 및 남북협력을 위한 통합인프라의 구축을 통해 국토경영과 통일의 기반을 조성한다. 셋째, 전국 어디서든 접근성을 향상시키기 위한 전략을 위하여, 안전하고 친환경적인 국가기간교통망을 확충하여 네트워크형 인프라를 구축한다. 넷째, 국토의 균형개발 및 아름답고 살기좋은 도시환경 조성을 위하여, 아름답고 인간적인 정주환경을 조성한다. 다섯째, 지속가능한 국토개발을 위하여, 건강하고 쾌적한 녹색국토를 형성하고 수자원을 효율적으로 관리하며 통합적 국가방재체계를 구축한다. 여섯째, 국토개발의 전 과정에서 지역주민의 참여를 확대하는 제도적 기반마련 등 국토행정의 지방분권 강화 및 집행거버넌스를 구축한다.

② 국토종합계획과 국가균형발전계획과의 관계

국가의 종합계획에는 다양한 종류가 있는데, 대표적인 것으로 중앙정부부처인 건설부(국토부)가 만드는 국토종합계획과 대통령직속 국가균형발전위원회가 수립하는 국가균형발전계획이 있다. 그런데 문제는 두 계획의 위계질서에 대한 것이다.

국토기본법에 의하면 국토종합계획은 국토의 이용 · 개발 · 보전에 관한 장기적이고 종합적인 정책방향을 설정하는 최상위계획으로, 군사에 관한 계획을 제외하고 다른 법령에 의해 수립되는 계획에 우선하여 그 기본이 된다고 규정하였다. 반면에, 국가균형발전특별법에 의하면 국가균형발전계획은 국가재정운용계획(국가재정법) 및 국토종합계획(국토기본법)과 연계하여 수립한다고 규정하고 있다. 이것을 해석하여 본다면, 하나는 최상위 국가발전계획인 국토종합계획을 토대로 국가균형발전계획이 수립되어야 한다는 논리가 있을 수 있고, 다른 하나는 국가균형발전계획은 국토계획과 동등한 계획으로 지역발전계획 수립 시 국토계획을 고려만 한다는 논리가 존재할 수 있다.

그런데 노무현정부에서 제4차 국토종합계획 1차 수정계획은 2005년도에 만들었고, 국가균형발전5개년계획은 2003년에 핵심계획으로 설계한 것으로 계획수립의 기간차이가 존재한다. 이를테면 국가균형발전5개년계획이 만들어진 후 제4차 국토종합계획 1차 수정계획이 수립되었다는 점이다. 이에 일부 학자들은 국가균형발전계획이 국토종합계획에 선행하는 상위계획으로 보는 시각도 있다. 실질적으로 2003년의 국가균형발전5개년계획은 국가균형발전을 위하여 국가의 중추기능을 분산시키고 자립적인 지역발전을 위하여 만들어진 것이고, 이러한 계획의 내용을 토대로 국토발전계획을 변경한 것이 제4차 국토종합계획 1차 수정계획이다. 이러한 특징은 위에서 설명한 제4차 국토종합계획 수정계획의 수립배경에서도 기술되고 있다. 특히 국토종합계획과 국가균형발전계획의 선후 위상문제는 관할 조직이 하나는 개별 정부부처이고 다른 하는 대통령직속 위원회라는 점이다. 대통령직속 국가균형발전위원회는 당연직 위원으로 건교부장관을 포함한 정부부처 장관들이 참여한다.

(3) 국가균형발전계획과 지역혁신발전계획

① 국가균형발전5개년계획

참여정부가 들러서기 전 인수위원회 때부터 국가균형발전계획의 수립필요성에 대해서는 이미 공감대가 형성되어 있었는데, 이는 과거 국토종합계획시기의 지역발전정책이 성공적으로 추진하지 못한 주요 원인으로 중앙정부 전체를 포괄하는 종합적인 추진계획이 부재하였다는 인식 때문이었다. 그러나 지금은 지역혁신이 요구되는 시대적 상황에서 지역의 특성을 고려한 종합적이고 체계적인 계획과 정책추진이 필요하게 되었고, 이에 국가균형발전계획의 수립을 다음과 같이 진행하였다(정책기획위, 2008: 57-61).

제1차 국가균형발전5개년계획은 2003년 5월부터 국가균형발전위원회와 산업자원부를 중심으로 계획수립 및 준비작업에 착수하였다. 국가균형발전위원회는 김용문 지역혁신국장과 오덕성 충남대 교수를 중심으로 한 T/F팀을 구성하여 준비작업에 착수하였고, 산업자원부는 김용근 지역산업균형발전기획관과 김경수 균형발전정책과장이 주도하여 산업연구원과 함께 수립 준비작업을 진행하였다, 국가균형발전계획의 수립작업은 2003년 6월 12일 대구구상이 발표되고 공식화되면서 속도가 빨라졌다. 이후 산업자원부는 산업연구원에 국가균형발전5개년계획을 수립지원사업을 요청하였고, 7월 21일에는 국가균형발전위원회 위원장, 산업자원부장관, 16개 시도 부시장 및 부지사, 국책연구소장(KIET, KDI, 국토연구원, 한국지방행정연구원 등) 등이 참여하여 '국가균형발전5개년계획수립 고위정책협의회'를 개최하였다. 또한 8월에는 제1차 국가균형발전5개년계획 수립지침을 마련하여 중앙부처와 16개 광역시도에 송부하였다.

국가균형발전5개년계획의 수립지침을 보면, 5개년계획은 중앙과 지방의 공동참여로 수립되는 범정부적인 종합적 계획으로 중앙의 관련된 모든 부처와 16개 시도가 공동으로 계획수립과정에 참여하는 것으로 규정하였다. 5개년계획은 총괄편과 부문별 계획 및 시도별 계획의 3가지 부분으로 나누었다. 총괄편에서는 국가균형발전5개년계획의 의의, 중장기방향, 비전 및 목표, 추진체계, 및 운용방안 등을 제시하였다. 부문별 계획은 중앙정부 차원의 국가계획(national plan)으로서 부문별 중점실천과제에 대한 추진방안을 제시하도록 하였다. 그리고 시도별 계획은 지역계획(regional plan)으로서 광역자치단체에서 개별적으로 작성하는 시도별 혁신발전계획과 이를 전국적 차원에서 조망하는 개관부분으로 구성하도록 하였다.

국가균형발전5개년계획의 수립추진체계는 국가균형발전위원회가 총괄 및 부문별 계획을, 산업자원부는 지역혁신발전계획을 담당하도록 하였다. 국가균형발전위원회는 5개년계획의 수립에 관한 사항을 총괄하면서 '국가균형발전5개년계획 수립지침'의 작성 및 관련 기관 송부, 총괄편의 작성 및 부문별 계획의 중점추진분야 및 추진과제를 확정하고, 부문별 주관부처로부터 자료를 취합하여 종합조정하는 역할을 수행하였다.

한편, 산업자원부의 국가균형발전추진단은 시도별 계획이 원활히 작성될 수 있도록 필요한 지원과 교육을 담당하였다. 시도별 계획 중 개관부분은 산업자원부추진단이 시도별 계획을 취합한 후 분석하여 시안을 작성하고, 이를 국가균형발전위위원회에 제출하였다, 관련 중앙행정부처는 부문별 계획 중 소관사항에 대하여 추진계획을 작성하여 주관부처에 제출하였다. 주관부처는 이를 취합, 조정하여 국가균형위에 제출하고, 관련 부처는 시도와 관련이 있는 주요 사항에 대하여 관계 시도지사와 협의하여 계획을 수립하도록 하였다.

또한 16개 광역시도는 지역별 특성에 맞게 원칙적으로 지방자율로 지역혁신발전계획을 수립하게 하였다. 광역자치단체의 국가균형발전T/F팀(팀장: 기획관리실장)은 계획수립의 실무작업을 담당하기 위해 지역의 산학연 전문가로 '지역계획작업반'을 구성하여 운영하고, 시도별 계획수립의 전과정을 총괄관리하였다. 16개 시도의 지역혁신발전5개년계획의 수립작업은 시도의 위임을 받은 지역발전연구원 등 지역연구기관에서 수행하였다. 지역혁신발전계획 수립 시 광역지방자치단체는 주요 사항에 대하여 관계 부처 및 관할 기초지방자체단체와 협의하고 최종계획 확정 시 지역혁신협의회의 심의를 거치도록 하였다.

중앙부처의 부문별 계획과 16개 시도의 지역혁신발전계획의 초안이 작성된 이후에 국가균형발전위원회는 각 계획 간의 정합성을 검토하였다. 2004

년 2월 25일에는 16개 시도를 수도권, 중부권, 동남권, 서남권 등 4개 권역으로 나누어 5개년계획수립 총괄팀(균형위, 산자부, 산업연구원 관계자), 부문별 계획 주관부처 담당국과장, 및 각 시도의 계획수립자가 참석한 가운데 4차례의 컨설팅을 실시하였다. 더욱이, 3월 25일에는 총괄팀 및 부문별 계획의 검토전문가(산업연구원 등 국책연구원과 산업단지공단 관계자)와 부문별 계획수립의 중앙부처 관계자가 함께 부문별 계획 검토의견 및 예산T/F팀에서 작성한 부문별 계획에 대한 예산 검토의견을 바탕으로 각 중앙부처 부문별 계획의 체계정립 및 부문별 계획 간의 상호통합 및 조정안을 마련하였다. 이러한 과정을 거쳐 만들어진 노무현정부의 국가균형발전5개년계획은 2004년 6월 대통령 주재 하의 국정과제회의와 7월 공청회 및 국가균형발전위원회의 심의를 거쳐 8월에 국무회의에서 심의 의결됨으로써 최종 수립되었다.

이상의 논의를 정리하면 노무현정부의 지역발전정책들이 현실에 적용하기 위해 구체화된 것이 국가균형발전위원회가 만든 국가균형발전5개년계획으로서, 다음과 같은 수립절차를 통하여 설계되었다. 첫째, 국가균형발전위원회는 '국가균형발전계획 수립지침'을 작성하여 관련 중앙행정기관 및 각 시도에 시달한다. 둘째, 관련 중앙행정기관은 '부문별 발전계획'을 작성하여 국가균형발전위에 제출한다. 셋째, 시도는 '지역혁신발전계획'을 작성하여 국가균형발전위에 제출한다. 넷째, 국가균형발전위원회는 부문별 발전계획과 지역혁신발전계획을 취합하고 협의와 조정을 통하여 '국가균형발전계획(안)'을 작성하여 국무회의 심의와 대통령 승인을 거쳐 최종확정한다.

최종적으로 산출된 국가균형발전5개년계획의 시간적 범위(계획기간)는 2004년부터 2008년까지 5년간으로 기존 행정구역단위의 1차원 공간에 적용된다. 국가균형발전5개년계획은 노무현정부의 새로운 지역발전정책의 비전과 전략을 구체화하고 중앙과 지방이 연계하여 추진할 지역발전과제를 총망라한 종합적인 계획으로서 다음과 같은 특징을 가지고 있다(정책기획위, 2008: 65).

첫째, 국가균형발전5개년계획은 국가재정운영계획(국가재정법) 및 국토종합계획(국토기본법)과 연계하여 수립한다.

둘째, 동 계획은 국가균형발전특별법 제4조(국가균형발전5개년계획의 수립)에 근거한 법정계획이다.

셋째, 동 계획은 국가균형발전과 관련된 기존계획을 상호 연계하는 포괄적(comprehensive)이며 나침판 역할을 하는 유도적(inducive) 성격의 계획이다.

넷째, 지역의 역량과 선택에 기초하여 스스로 일어서는 자립형 지방화를 달성할 수 있는 최초의 상향식(bottom-up) 계획이다.

다섯째, 중앙과 지역의 공무원과 전문가 등의 참여를 통한 공동협력계획이다. 중앙부처와 지자체 및 전문가 등 관련 주체가 자율적으로 참여하고 수직적, 수평적 협력을 통해 계획을 수립한다. 이는 중앙정부와 지역 간 파트너십과 상호 연계를 중시하는 협력적(collaborated) 계획이다. 그리고 계획수립과정에 행정기관, 학계, 연구기관, 언론계, NGO가 모두 참여하여 정책수요를 반영한 참여적(participatory)이며 수요자중심적(customer-oriented) 계획이라고 할 수 있다.

여섯째, 지역의 글로벌 경쟁력 확보를 위한 전략계획이다. 지역경쟁력 강화를 위한 산업 육성, 인력 양성과 과학기술 진흥, 발전거점과 SOC, 문화관광 육성 등 분야별 정책을 포함하고 있다.

일곱째, 예산과 연계한 5년 단위의 중기실행계획이다. 동 계획은 특별회계 예산인 국가균형발전특별회계와 연계를 통해 계획의 실천성을 강화하였다.

〈표 3-26〉 노무현정부의 국가균형발전5개년계획의 구성체계

비 전	전국이 고루 잘사는 지역사회 건설
계 획	· 법정계획: 부문별 발전계획, 지역혁신발전계획
추진시책 (사업)	· 10조(지역혁신체계의 구축) - 지역혁신체계의 유형개발, 신산학협력, 지역전문인력 양성, 기술 및 기업경영의 지원기관 확충, 혁신체제 구성원들 간의 협력 활성화, 지역혁신사업의 조성 및 연계운용 등 · 11조(지역산업의 선정 및 육성) - 지역전략산업, 지역전략산업의 집적 · 12조(지역대학 육성) - 지방인력 양성, 지방대학과 산업체 간 산학협동(산학연협력사업) · 13조(지역과학기술 진흥) - 지역과학기술진흥사업 · 14조(지역정보화 촉진 및 정보통신 진흥) · 15조(지역문화관광 육성) - 지역문화관광사업 · 16조(낙후지역 및 농산어촌 개발) -지역특화사업 · 17조(지역경제 활성화 촉진) · 18조(공공기관의 지방이전) - 공공기관 지방이전사업 · 19조(기업 및 대학의 지방이전) - 기업 및 대학의 지방이전사업 cf. 혁신정책(산업정책포함)- 10, 11, 12, 13, 14조 균형정책- 15, 16, 17조 공간정책- 18, 19조
법, 제도/예산/ 추진체계	· 법,제도: 국가균형발전특별법 제정 · 예산: 국가균형발전특별회계 · 추진체계: 국가균형발전위원회, 지역혁신협의회

② 지역혁신발전5개년계획

국가균형발전특별법 제4조에서 정부는 국가균형발전을 촉진하기 위하여 제5조 1항의 규정에 의한 부문별 국가균형발전계획안과 제6조의 규정에 의한 지역혁신발전계획을 기초로 5년을 단위로 하는 국가균형발전5개년계획을 수립해야 하고, 동법 제6조에서 시도지사는 해당시도의 혁신역량을 강화하고 특성 있는 발전을 위하여 5년을 단위로 하는 지역혁신발전계획을 지역

혁신협의회의 심의를 거쳐 수립하여 한다고 규정하고 있다. 동 계획에서는 지역혁신발전의 목표, 지역의 여건 및 발전역량의 분석, 지역혁신을 위한 여건 조성, 지역혁신을 위한 시책, 그리고 지역혁신을 위한 투자재원 조달 등의 사항을 포함해야 한다.

노무현정부는 균특법 제1조에서 제시한 국가균형발전목표를 달성하기 위하여 국가균형발전5개년계획을 수립하였다. 동 계획에는 총괄편과 부문별 계획 및 지역혁신발전계획으로 구분된다. 이러한 국가균형발전5개년계획은 국가균형발전과 관련된 포괄적이며 나침판 역할을 하는 중앙단위의 계획이고, 지역혁신발전5개년계획은 국가균형발전의 부문별 계획을 토대로 시도별로 지역발전을 촉진하기 위하여 지방정부가 자발적으로 만든 지방단위의 계획이다.

제1차 지역혁신발전5개년계획은 산업자원부와 산업연구원과의 협약체결을 통해 산업연구원이 총괄하여 16개 시도가 작성하는데 있어 자문 등의 역할을 하였다. 지역혁신발전계획은 2003년 8월 작성지침을 마련하고 7개 권역별로 순회설명회를 개최한데 이어 10월에는 산업연구원의 주관 하에 16개 광역시도 순회 1차 컨설팅을 실시하였다. 그리고 2004년 1월 말에는 16개 광역시도 계획수립기관에서 작성한 초안을 중심으로 산업연구원에서 중간보고회를 개최하였고, 전문가그룹의 검토의견을 토대로 2차 컨설팅이 실시되었고, 3월에는 3차 컨설팅이 실시되었다. 또한 부문별 계획과 지역혁신발전계획 간의 정합성 검토작업이 국가균형발전위위원회 및 산업자원부와 산업연구원이 중심이 되어 추진되었다. 이후 2004년 6월 17일 1차 국가균형발전5개년계획 수립과 관련한 국정과제회의를 개최된데 이어 8월에 국무회의를 통과함으로써 지역혁신발전5개년계획이 최종 수립되었다(국가균형발전위, 산업자원부, 2004: 70).

이러한 과정을 거쳐 확정된 지역혁신발전5개년계획의 내용을 정리하면 다음 표와 같다(국가균형발전위, 산업자원부, 2004: 269-515).

〈표 3-27〉 노무현정부의 시도별 지역혁신발전5개년계획 내용

〈수도권〉

시 도	서울특별시	인천광역시	경기도
비 전		시민과 함께 하는 동북아의 관문도시	국제경제를 견인하는 세계적 수준의 지식정보허브
목 표	· 국제비즈니스 중심도시 · 혁신의 중심도시 · 기업하기 좋은 도시	· 산업구조의 고도화 · 지식의 창출, 활용, 유통의 활성화 · 기업경영환경 개선	· 세계적 수준의 지식기반 산업클러스터 육성 · 클러스터 활성화를 위한 기업환경 조성 · 도내 지역균형발전
전략과 시책	· 동북아의 국제금융도시 육성 · 동북아 R&D허브로 서울전략산업의 국내외 연결노드 강화 · 21C 기술융합형 R&D혁신기반 구축 및 미래전략산업의 혁신클러스터 조성 · 산학연관 네트워크 강화 · 내외국인 생활환경 개선 · 도심활성화사업 및 전략산업 특화지구 조성 · 첨단네트워크파크 조성	· 혁신네트워크 구축 - 산학연네트워크 지원기관 육성, 산학연 협력체제 구축, 분야별 RIS 활성화 · 혁신주체역량 강화 - 대학, 연구소 육성, 대기업 및 벤처기업 유치, 민관혁신역량 강화, 국내외 교류협력 강화 · 혁신기반 구축 - 혁신주체 간 네트워크 구축, 도시환경 개선, SOC 시설 확충, 규제완화 등 제도개선	
전략 산업	디지털콘텐츠, 정보통신, 바이오, 금융 및 사업서비스	물류, 자동차, 기계금속, 정보통신	정보통신, 생명(BIO), 문화콘텐츠, 국제물류

〈충청권〉

시 도	대전광역시	충청북도	충청남도
비 전	세계과학기술의 허브	통합국토의 중심, BIOTOPIA 충북건설	DYNAMIC한 지역혁신체계 구축을 통한 동북아경제권의 대중국교역 교두보 건설
목 표	· 혁신주도적 지역성장 · 자립형 지방화 · 지속가능한발전체계 구축	· 지방분권 및 국가균형발전의 토대 · 전략산업 육성으로 차세대 성장엔진 발굴 · 충북형 혁신모델 창출	· 동북아경제권 성장동력의 능동적 수용 · 권역별 특성에 따른 산업 클러스터 형성 · 차세대 미래인재 육성 · 자립형 지방화의 기틀마련
전략과 시책	· 균형있는 산업발전 추진 · 전략산업중심의 혁신자향적 클러스터 구축 · 지역대학 육성 및 지역인력 양성 · 지역과학기술 혁신역량 강화 · 혁신주체별 능력제고 및 네트워크강화 · 지역혁신기반 구축	· 지역혁신체제 구축 -혁신주체역량 강화, 혁신주체 간 네트워킹 강화, 전략산업 발굴 및 육성, · 플랫폼 조성 -지역혁신협의회의 역할제고, 충북테크노파크 조성, 지역혁신조직 확대 및 연계 구축 · 성장인프라 확충 - R&D, 생산, 소비, 교육, 문화, 관광의 가치체인 구축, 신국토중심에 부응한 지역이미지 창출 · 권역별 특화발전 -권역별 전략산업클러스터 육성, 지역발전특구 조기실현, 북부 남부권의 성장잠재력 제고	· 전략산업 혁신거점 구축 - 산업집적 · 지역혁신역량 강화 - 연구개발 · 지역혁신네트워크 구축 - 혁신창출 · 산업기반조성 - SOC, 금융, 물류 등
전략 산업	정보통신, 바이오, 메카트로닉스	바이오, 반도체 차세대전지, 이동통신	전자정보기기, 자동차부품, 첨단문화, 농축산바이오

〈서남권〉

시 도	광주광역시	전라북도	전라남도
비 전	서남권 첨단 과학,산업, 문화 중심도시	21세기 환황해경제권 신산업, 물류중심지 전북	신산업, 물류, 관광의 중심지
목 표	· 문화중심도시 조성, · 첨단산업 클러스터 조성 · 서남권 중심도시 강화	· 개발과 보전이 조화되는 모범적인 지역발전	· 서남권의 신성장동력 창출
전략과 시책	· 광주지역 전략산업 선정 및 육성 - 혁신네트워크 구축, 혁신주체 역량강화, 혁신기반 구축 · 광주지역 산학연관 지역혁신시스템 구축	· 전략산업 육성 - 선택과 집중 · 핵심거점 육성 - T자형 클러스터 · 지역혁신체계 구축 - 지역사회혁신	· 전략산업중심의 혁신클러스터 구축 - 선택과 집중 · 지역의 혁신역량 강화 - 네트워크 활성화: 지역혁신체계 구축, 지식기반산업 집적지구 조성, 초광역 클러스터 · 우수인력 양성 -혁신기반강화: 선도적 산업인력양성시스템 구축, 산학연계 강화 및 대학연구역량 강화
전략 산업	광산업, 디지털정보가전, 자동차 부품소재, 디자인문화	자동차부품기계, 생물, 전통문화영상관광, 대체에너지	생물, 신소재/조선, 물류, 문화관광

〈동남권〉

시 도	부산광역시	울산광역시	경상남도
비 전	21C 동북아시대의 해양수도	한국 주역산업의 지식기반화선도	과학, 기술, 정보중심의 첨단경남(High-Technopolis) 실현
목 표	· 세계적 경쟁력을 갖춘 지역발전체제 정착 - 부산경제 성장엔진창출, 고부가가치 고용창출, 지역자원 성장동력화, 지역혁신체계 구축	· 첨단 지식기반산업도시	· 기술과학정보거점 구축 · 경쟁력 있는 기업환경 조성 · 지역산업의 첨단화, 고부가치화 · 차세대 성장동력산업 육성
전략과 시책	· 도시비전, 기존계획과의 정합성 유지 · 전략산업 집중육성을 유의한 신산업클러스터 형성 · 지역경제주체의 역할정립, 민간역할 중시 · 인재육성, 정착의 기반구축	· 생산중심에서 혁신주도형 성장기반 구축 · 지역혁신역량 강화를 통한 지식기반산업 비중확대 및 지역경제 활성화	· RIS구축 및 국제화역량 강화 · 전략산업 개술개발 및 첨단화 · 지역산업밀착형 대학육성 및 인력양성 · 과학기술 산업화 촉진 · 첨단산업 기반확충
전략 산업	항만물류, 기계부품소재, 관광컨벤션, 영상IT	자동차, 정밀화학, 조선, 환경	기계, 로봇, 지능형홈, 바이오

〈대구경북권〉

시 도	대구광역시	경상북도
비 전	21C 세계로 열린 동남의 수도: 세계적 경쟁력의 혁신클러스터	환동해경제권의 혁신교류거점 경북
목 표	· 지속가능한 신성장동력 창출 - 전략산업중심의 지역활성화, 동남권의 R&D거점 구축, 선도기업 우수기업의 지속적 성장 기반구축	· 신성장동력의 극대화(21세기 한국의 새로운 혁신거점화) · 초고밀도의 혁신네트워킹(경북지역산업의 전방위 선진화) · 세계화에 부응하는 지역경제체제 구축(환동해산업기술의 전략적 중심지화)
전략과 시책	· 선택과 집중- 전략산업 선정 및 클러스터 형성 · 강점활용 극대화- 거점대학 및 연구소 중심의 혁신역량 강화 · 네트워킹 강화- 산학연연계 및 광역혁신네트워크 형성 · 지역혁신 기반확충- S/W와 H/W의 균형수급 기반구축 및 혁신문화 함양	· 지역혁신의 다양화 탁월화, 지역산업의 특성화 연계화, 권역별 혁신역량의 극대화와 권역 간 혁신격차의 최소화 추구 · 경북과 대구 간 역할분담 및 기능적 연계를 통한 초광역 공동사업 추진도모
전략 산업	메카트로닉스, 전자정보기기, 섬유	전자정보기기, 신소재부품, 문화관광

〈강원제주권〉

시 도	강원도	제주도
비 전	세계 속의 생명 건강산업 수도	인간-환경-지식중심의 쾌적하고 풍요로운 제주국제자유도시
목 표	· 지식기반사업 발전을 통한 산업구조고도화 · 산학연관 혁신주체 간 네트워킹 · 관광산업혁신, 농산어촌의 지역산업특화 발전	· 동북아 관광휴양 중심도시 제주
전략과 시책		· 산업구조 고도화와 경쟁력 강화 · 도내 지역 간 균형발전 도모 · 국제자유도시 기반구축
전략산업	바이오, 의료기기, 신소재/방재, 관광문화	관광, 건강뷰티, 친환경농업

(4) 특별회계예산: 국가균형발전특별회계

국가균형발전정책의 추진을 위한 특별회계 신설은 국가균형발전정책의 성패를 좌우하는 핵심적인 사항으로 특별법 제정당시 가장 논란이 많았던 부분이다. 과거 국민의 정부에서도 지역발전을 위한 특별회계 신설을 추진하였지만 성사되지 못하였다.

국가균형발전특별회계 신설의 배경은 비록 지방재원 지원규모가 교부세율 인상과 보조금 지원확대 등을 통하여 일반회계에 비해 빠른 속도로 증가(1991-2004년간 중앙정부의 일반회계는 3.8배 증가한 반면 지자체에 대한 지원규모는 5.3배 증가)하였으나, 지역의 투자우선순위 보다는 중앙의 선호에 따라 재원이 배분됨으로써 지역사업의 투자효율성이 저하되는 등 질적인 개선이 미흡하였다는 데 있다. 이러한 현상은 기존의 지방재원지원체계 하에서는 해결하기 힘든 구조적인 문제에 기인하고 있으며 이를 해결하기 위해서는 특별회계로 통합하는 것이 필요하였다. 지역사업재원을 특별회계로 통합하여 중앙부처 시각보다는 지역의 특성 및 우선순위에 따른 사업추진이 가능하도록 재정지원체계를 개선할 필요가 있다. 각 정부부처가 다수의 특별회계(양여금, 토지관리, 지역균형개발, 농어촌구조개선 등) 및 일반회계를 통해 개별적으로 분산추진하고 있는 지역발전사업을 하나의 특별회계로 통합함으로써 체계적인 지원이 이루어져야 한다는 것이다.

따라서 국가균형발전정책 추진의 핵심사항인 국가균형발전특별회계의 신설과 재원확보는 인수위 시절에서부터 부처 간 이해관계가 첨예하게 대립하였던 사안이었으며 특별법 제정과정에서도 행정자치부의 반발 등 갈등이 지속되었다. 이후 국가균형발전특별회계 설치와 관련하여 '재정분권 및 국가균형발전 추진방안'에 대한 회의를 2003년 8월 22일 대통령 정책실장 주최로 개최하였고 9월 4일 개최된 관계부처장관회의에서는 대통령이 지방재정의 자율성 제고, 지방자주재원의 총량확대, 그리고 지방의 과세자주권 확충을 위한 지방세 제도개선이라는 3단계 기본방향을 제시하였다. 이후에 관계 중앙부처 간에 지방재원 개편과 특별회계 설치문제에 대하여 논의를 하는 과정에서 갈등이 지속되었지만, 마침내 국가균형발전특별법의 제정으로 특별회계가 신설되게 되었다(정책기획위, 2008: 45-51).

국가균형발전위원회는 특별법 제30조(국가균형발전특별회계의 설치)에 근거하여 국가균형발전사업을 안정적으로 추진하기 위하여 특별회계예산으로 국가균형발전특별회계를 설치하였다. 동 특별회계는 제34조(지역개발사업계정의 세입 세출)와 제35조(지역혁신사업계정의 세입 세출)에 의거하여 지역개발사업계정(지역 간 불균형 시정분야)과 지역혁신사업계정(특성화발전분야)로 구분하여 지역제반여건에 맞는 지역발전사업을 추진하고 있는데, 이들 각 계정의 세입과 세출의 내용을 정리하면 다음과 같다.

〈표 3-28〉 노무현정부의 지역개발사업계정과 지역혁신사업계정의 세입과 세출

계정구분	세 입	세 출
지역개발사업 계정 (지역불균형분야)	· 주세 80% · 토특재원(개발부담금 등) · 전입금(일반회계나 특별회계) · 종부세 등 기타	· 낙후지역 및 농산어촌 개발 · 지역사회기반시설의 확충 · 지역문화관광 진흥사업 · 지역고용창출 등 지역경제 활성화사업 · 향토자원 개발과 활용
지역혁신사업 계정 (특성화발전분야)	· 주세 20% · 통신사업특별회계 전입금 · 일반회계 전입금 · 예수금(공공관리자금기금법) · 기타	· 지역혁신체계 구축사업 · 지역전략산업 육성사업 · 지방대학육성 및 지역인적자원개발사업 · 지역과학기술혁신사업 · 공공기관, 대학, 기업의 지방이전사업

위의 표에서 보는 같이, 특별회계를 통하여 지역발전시책(사업)을 추진하는 데는 지방재정운영의 자율성 및 효과성을 제고하려고 하였다. 예컨대 부처연계 통합지원, 지자체 투자우선순위 중점, 포괄적 패키지식 지원, 지방재정여건 등에 의한 차등지원, 그리고 지역혁신발전계획과 연계제고를 강조하고 있다.

3) 지역발전시책(사업)

노무현정부에서 제정한 국가균형발전특별법 제3장(지역발전시책의 추진)에서는 제2장 지역발전5개년계획에서 제시한 추진전략을 실행하기 위한 다양한 지역발전시책(사업)을 설계하고 있다.

〈표 3-29〉 노무현정부의 지역발전정책(계획)과 시책(사업) 및 예산

구 분	내 용
지역발전정책(계획)과 예산	· 지역발전정책의 비전과 전략 · 지역발전5개년계획- 부문별 발전계획, 지역혁신5개년계획 · 특별회계예산- 국가균형발전특별회계
지역발전시책(사업)과 예산	· 지역개발시책총괄 - 단일공간(기존행정구역)의 지역혁신: 지역혁신체계 · 지역산업시책 - 지역전략산업육성사업, 산업단지의 혁신클러스터사업 · 지역인재 및 과학기술사업 - 지방대학육성사업(지방대학혁신역량강화사업, 산학연협력사업) - 지방과학기술진흥사업(지역기술혁신사업, 지역연구개발거점사업-연구단지혁신클러스터사업) · 지역문화관광 및 지역경제 활성화시책 - 지역문화관광사업 - 지역경제 활성화사업 · 낙후지역 및 농산어촌개발시책 - 신활력사업, 지역특화발전특구사업, 낙후지역개발사업 · 지역공간시책(공공기관 및 기업의 지방이전시책) - 신행정도시, 혁신도시, 기업도시 · 특별회계예산- 국가균형발전특별회계(지역개발사업계정, 지역혁신사업계정)
법,제도/예산/추진체계	· 법, 제도: 국가균형발전특별법 제정 · 예산: 국가균형발전특별회계 · 추진체계: 국가균형발전위원회, 지역혁신협의회

따라서 이하에서는 노무현정부에서 추진한 지역개발시책(사업)의 내용과 예산현황을 살펴본다.

(1) **지역개발시책총괄**(단일행정공간의 지역혁신: 지역혁신체계)

① 지역혁신체계의 의미

과거 우리나라의 지역발전정책은 종합적인 시각에서 보다는 상당부분 정치적 필요에 의해 임기응변적으로 추진되고, 각 정부부처가 담당분야별로 자체 추진함으로써 사업 간 중복투자의 비율이 높았으며, 사업 간 연계가 이루어지지 않았고, 지역의 자율적인 정책추진을 소홀히 하였다.

그러나 1990년대 중반 이후 선진국들은 세계화와 지식정보화 시대에 경제발전의 관건은 투입요소 증대가 아닌 혁신을 통한 성장동력 창출이라는 점을 인식하고 혁신주도형 발전정책을 추구하고 있다. 참여정부의 국가균형발전정책도 지역 간 불균형발전의 폐해를 극복하기 위해 과거 투입요소의 발전전략과는 차별화된 기술과 인재가 성장동력이 되는 혁신주도형 지역발전정책을 추진하기로 하였다. 혁신주도형 발전의 핵심은 지식과 기술의 창출과 확산 및 활용 과정의 시스템화와 교육훈련을 통한 인적 자본의 축적과 활용이 요구된다. 이를 위해서는 지역혁신에 초점을 두고, 지역의 혁신역량을 결집할 수 있는 지역혁신체계(Regional Innovation System, RIS)의 구축과 연결된다. 즉 급속한 기술변화와 경쟁심화에 대응하기 위해서는 지자체, 대학, 연구소, 기업, 주민, NGO, 언론 등의 다양한 혁신주체가 긴밀한 상호 연계(network)와 협력체계(collaborative governance)를 구축하는 것이 매우 중요하다(정책기획위, 2008: 95).

1990년대 후반 OECD는 집적과 네트워크 형성을 내용으로 하는 지역혁신체계 구축을 지역경제발전의 새로운 모델로 제시하였다. 참여정부는 이러한 시대적 흐름에 따라 혁신경제로의 이행과 국가균형발전 및 지역의 거점발전을 위해 전국의 모든 지역에 지역혁신체계를 구축하였다. 이러한 지역혁신체계는 지자체, 대학, 연구기관, 기업, NGO 등 혁신주체 간의 네트워크를 통한 공동학습과 공동연구개발 및 그 결과물을 활용하여 지역발전을 도모하는 지역수준의 혁신체계를 말하는 것으로(국가균형위, 산자부, 2004; 30), 이것은 궁극적으로 지역 내의 다양한 혁신주체들을 연결시키는 사업이라고 할 수 있다.

② 지역혁신체계의 정책방향(내용)

국가균형발전특별법 제10조(지역혁신체계의 구축)에서 국가와 지방자치단체는 지역의 여건과 특성에 적합한 지역혁신체계를 구축하기 위해 지역혁신체계의 유형개발, 산학연협력의 활성화, 지역혁신을 위한 전문인력의 양성, 기술 및 기업경영에 대한 지원기관의 확충, 대학 · 기업 · 연구소 · 비영리단체 ·

지방자치단체 등의 교류와 협력, 지역혁신 관련 사업의 조정 및 연계 등의 정책을 추진하게 되어 있다.

따라서 이러한 지역혁신체계는 노무현정부(참여정부)가 추구하는 단일공간(기존행정구역)에서 지역개발시책의 총괄체계로서, 지역혁신체계를 효율적으로 구축하기 위한 방향 또는 내용은 지역혁신거버넌스 구축, 지역전략산업 육성, 지역인재 양성, 지방대학 육성, 지역과학기술 진흥, 그리고 혁신클러스터 조성 등이 요구된다(국가균형위, 산자부, 2004: 30-31).

첫째, 지역혁신체계 구축에 있어서 가장 먼저 고려해야 할 요소는 지역혁신거버넌스(local innovation governance)를 만드는 것이다. 이를 위해 다양한 지역혁신역량을 강화하는 대표적인 거버넌스체계인 '지역혁신협의회'를 구성하여 지역혁신체계의 형성지원과 조정역할을 하고 민주적 거버넌스(democratic governance)의 지역 내 정착을 촉진하도록 한다.

둘째, 자립형 지방화를 통한 지역혁신을 위해서는 무엇보다도 지역혁신체계의 중요한 구성요소로서 지역의 특성과 강점을 살리는 지역별 전략산업을 육성해야 한다.

셋째, 지역혁신역량을 위해서는 지역전략산업과 연계된 인력과 R&D 역량을 촉진하도록 지역혁신체계의 구성요소들인 지방대학 육성과 지역과학기술 진흥을 추진해야 한다.

넷째, 지역혁신체계에서는 과거에 생산기능과 연구개발기능이 단절되었던 산업단지와 연구단지를 질적으로 개선하여 두 기능이 유기적으로 연결된 혁신클러스터(Innovative Cluster)를 육성한다.

따라서 지역혁신체계의 정책방향은 각 시도별로 설계되는 지역혁신체계를 구심점으로 다음에서 설명하는 다양한 지역발전시책을 추진하게 된다.

③ 지역혁신체계의 거버넌스조직: 지역혁신협의회

지역혁신체계를 추진하는 거버넌스조직으로는 각 시도별로 지역혁신협의회가 구성 운영되었다. 이와 관련하여 국가균형위의 박동 정책연구단장은 '2003년 4월 국가균형발전위원회가 출범당시 지역혁신체계에 대해 아는 사람들이 드물었지만, 지방자치단체를 중심으로 지역혁신이 이루어져야 한다는 의미, 즉 가급적이면 중앙의 간섭을 배제하고 지역자율로 지역혁신을 도모할 수 있는 지역혁신주도조직이 필요하다는 인식에 따라 지역혁신협의회를 구성하게 되었다는 것이다(정책기획위, 2008: 96).

지역혁신협의회는 기본적으로 광역수준에서 구성 운영하되, 필요시 기초단위협의회 또는 초광역협의회의 구성이 가능하며 지역혁신협의회의 활동을 실질적으로 지원하기 위한 실무기구를 구성하여 운영하도록 되어 있다. 이에 따라 2003년부터 지자체 주도 하에 16개 광역시도에 지역혁신협의회의 구성을 추진하여 왔으며, 2004년 5월 28일 서울시 지역혁신협의회가 창립됨에 따라 14개 광역지역혁신협의회의 구성이 완료되었고 그 중 광주 전남과 대구 경북은 초광역지역혁신협의회를 구성하였다. 또한 법적 의무사항은 아니지만 전주, 군산, 목포, 완도, 장흥, 안동, 울릉, 태백, 원주, 춘천, 동해, 강릉, 삼척, 정선, 설악권(기초연합) 등이 기초단위의 지역혁신협의회를 구성하였다. 각 협의회는 기능별 또는 분야별로 기획조정, 인적자원개발, 전략산업 등 공통적 분과 외에 서울시의 금융/IT산업, 대전시의 과학R&D 등의 지역특성에 맞는 4-5개의 분과협의회를 구성하여 운영하고 있다.

지역혁신협의회의 구성현황을 보면 시도별 지역혁신협의회 의장은 주로 학계인사(7명)나 광역단체장(6명)이 다수 선출되었고, 2007년 1월 14개 시도 협의회 위원은 전국 총 845명으로 학계, 산업계, 연구원, 언론계, NGO, 공무원 등 지역 내 각 분야인사를 포괄하고 있다. 다만 학계인사가 238명(28.1%), 산업계 135명(16%), NGO 73명(8.7%), 연구원 61명(7.2%), 지방의회 49명(5.8%) 등이 다수를 차지하고 있고, 여성계 대표인사는 28명(3.3%), 노동계 7명(0.8%)로 나타나고 있다.

〈표 3-30〉 노무현정부의 시도별 지역혁신협의회 구성현황

분야	학계	산업계	NGO	연구원	공무원	공공기관	언론	지방의회	특별행정기관	여성계	지자체장	노동계	기타	총계
인원 (%)	238 (28.1)	135 (16.0)	73 (8.7)	61 (7.2)	55 (6.5)	54 (6.4)	52 (6.2)	49 (5.8)	42 (5.0)	28 (3.3)	15 (1.8)	7 (0.8)	36 (4.3)	845 (100)

자료: 정책기획위(2008: 97).

동 협의회는 대학, 기업, 지자체, 지역시민사회 등 지역 내의 다양한 혁신 주체들의 공동학습과 혁신창출의 장을 제공하고 지역혁신발전계획에 대한 심의와 지역균형발전의 중요 사항에 대한 협의와 조정 등의 기능을 수행하는 조정기구라고 할 수 있다. 예컨대 2004년 7월 21일에는 국가균형발전위원회 위원장, 서울시 지역혁신협의회 의장 등 지역혁신협의회 대표, 산업연구원장, 국토연구원장, 관계부처 국장 등이 참석한 가운데 제1차 지역혁신협의회 대표자회의를 개최하여 지역혁신협의회 대표들의 지역혁신발전에 대한 주체의식과 사명감의 고취 및 확산의 기회를 가졌으며, 지역혁신협의회의 운영현황과 애로사항 등에 대한 토론을 하였다. 이와 함께 7월 9일부터 7월 29일까지는 각 지역별로 대통령이 참석하는 지역혁신발전5개년계획에 대한 토론회를 개최하여 지역의 혁신발전의지를 고무시키고 중앙과 지방의 상호이해를 고취하였다(국가균형위, 산자부, 2004: 94-95).

(2) **지역산업시책**(지역전략산업육성사업, 산업단지의 혁신클러스터사업)

국가균특법 제11조(지역전략산업의 선정 및 육성)에서 국가와 지방자치단체는 국가와 지역의 성장과 지역혁신체계의 활성화에 중심적 역할을 할 수 있는 지역전략산업을 선정하여 육성하여야 한다. 이러한 지역전략산업을 육성하기 위해 지역전략산업의 구조고도화와 투자유치의 촉진, 지역전략산업의 발전 및 혁신을 위한 기반확충, 그리고 지역전략산업의 집적 및 활성화에 관한 사업을 추진하도록 되어 있다.

참여정부에서 추진한 지역산업시책으로는 지역전략산업육성사업과 산업단지의 혁신클러스터사업이다.

① 지역전략산업육성사업

1997년 외환위기 이후 지역경제가 급속히 침체되면서 기존의 산업기반이 붕괴될 수 있다는 위기의식이 팽배하였다. 이러한 지역경제의 위기에 대응하고 기존의 산업기반을 유지하기 위하여 김대중정부 시기에 산업자원부는 1999년에 대구의 섬유산업, 2000년에는 부산의 신발산업, 경남의 기계산업, 광주의 광산업을 대상으로 '지역산업진흥사업'을 실시하였다. 2001년부터는 4개 지역 외에 9개 지역을 추가함으로써 수도권을 제외한 13개 시도를 포함하는 지역산업 진흥사업추진체계를 갖추었다(정책기획위, 2008: 179).

그러나 지역발전을 선도할 전략산업분야의 주력기업과 인력 및 연구개발투자 그리고 기술혁신기관 등이 수도권에 집중되어 있어 수도권과 지방 간에 혁신역량의 차이가 크고 지역의 전략산업 집적기반은 취약한 상태에 있었다. 예컨대 연구개발비의 75%, 연구인력의 68.54%, 연구개발조직의 72.2%, 연구방비의 67.3%가 수도권과 대전에 집중되어 있고, 총 29개의 이공계출연구소 중 25개와 우수연구센터의 55%가 수도권에 입지하여 있다.

이에 참여정부는 2003년 6월 12일 대구에서 실시된 제9차 국정과제회의를 통해 과거 지역산업정책에 대한 정밀한 평가를 기초로 경제적 합리성을 존중한 사업의 추진, 기존산업과 신산업의 조화, 혁신주도형 경제발전 등을 지역전략산업정책의 3대 기본방향으로 설정하였다. 특히 참여정부의 지역전략산업정책이 지향하는 바는 자립형 지방화를 확립하는 것이다. 따라서 지역전략산업발전을 위한 계획수립단계에서부터 집행, 평가, 사후관리에 이르는 전 과정을 지역 스스로의 노력과 역량으로 추진하여야 한다. 이와 같은 참여정부의 지역전략산업정책의 방향과 추진체계의 개편을 보다 구체화한 것이 국가균형발전5개년계획이다(정책기획위, 2008: 179: 182). 동 계획에서 제시된 지역전략산업의 선정과 육성을 위한 혁신클러스터를 조성하기로 하였다.

국가균형발전위원회는 2004년 8월 시도 여건에 따라 차세대 신성장동력을 포함하여 시도별로 4개의 지역전략산업을 최종 선정하였다. 전략산업의 선정은 16개 광역지자체의 지역 내 의견수렴과 지역혁신협의회의 심의를 거쳐 자율적으로 이루어졌으며, 국가균형발전위원회를 중심으로 수차례의 전문가 컨설팅을 통하여 전략산업의 종류와 전략산업 내의 중점 산업부문을 조정하여 왔다. 이러한 지역전략산업에 대한 예산은 2005년부터 2,505억 원(국비 1,100억 원)을 계획하고 있다.

〈표 3-31〉 노무현정부의 지역별 전략산업 현황

시 도	전략산업	시 도	전략산업
서울	디지털콘텐츠, 정보통신, 바이오, 금융기업지원	전북	자동차기계, 생물, 대체에너지, 문화관광
인천	물류, 자동차. 기계금속, 정보통신	부산	항만물류, 기계부품, 관광컨벤션, 영상IT
경기	정보통신, 생명, 문화콘첸츠, 국제물류	울산	자동차, 조선해양, 정밀화학, 환경
대전	정보통신, 바이오, 첨단부품/소재, 메카트로닉스	경남	지식기반기계, 로봇, 지능형홈, 바이오
충남	전자정보기기, 자동차부품, 첨단문화, 농축산바이오	대구	메카트로닉스, 전자정보기기, 섬유, 생물
충북	바이오, 반도체, 이동통신, 차세대전지	경북	전자정보기기, 신소재부품, 생물한방, 문화관광
광주	광산업, 정부가전, 자동차부품, 디자인문화	강원	바이오, 의료기기, 신소재/방재, 관광문화
전남	생물, 신소재조선, 물류, 문화관광	제주	관광, 건강뷰티생물, 친환경농업, 디지털컨텐츠

자료: 국가균형위, 산자부(2004: 139), 정책기획위(2008: 183).

이러한 지역전략산업을 육성하기 위하여 혁신클러스터의 조성을 촉진한다. 이를테면 참여정부는 2004년 2월 산업클러스터육성의 기본계획인 '산업집적활성화기본계획'을 수립 고시하였는데, 동 계획에 의하면 지역산업정책은 국가균형발전5개년계획에서 확정된 지역별 전략산업을 중심으로 기업,

대학, 연구소, 지원기관들이 집적하고 상호 협력을 통해 지식과 기술이 창출되고 확산되는 지역단위의 혁신시스템을 구축하는데 중점을 두고 있다.

② 산업단지의 혁신클러스터사업

우리나라 대표적인 산업집적지인 산업단지는 2003년 12월말 국가산업단지 35개, 지방산업단지 175개, 농공단지 315개 등 총 525개가 조성되어 있으며 전체 제조업생산의 49%, 제조업고용의 37.6%, 그리고 전체 수출의 72%를 담당하고 있다. 특히 시대별로 1960년대 석유화학과 섬유, 1970년대 철강, 기계, 전자, 1980년대 부품소재, 1990년대 기계와 운송장비 등 성장주력산업의 생산공간으로서 1990년대 후반 국민소득 1만 달러 시대의 달성에 결정적 기여를 하여 왔다. 이처럼 산업단지는 단순한 생산공장의 집적지로서 요소투입형 성장시대에 생산과 고용 및 수출의 중심 역할을 수행하여 왔다.

그러나 우리나라의 경제구조가 혁신주도형으로 전환하면서 기존의 산업단지는 한계에 직면하였다. 산업단지 입주기업의 실태조사결과에 의하면, 산학연 사업만족도는 30-40%, 대학 및 연구소와의 협력사업만족도는 27-37%, 기업의 네트워크참여도는 25-40% 등 전반적으로 혁신클러스터 대비 혁신역량이 50% 이하 수준인 것으로 나타나고 있다. 요컨대 산업단지는 국가나 지방자치단체가 공급자 위주로 개발하여 제조업 중심의 획일적 공급을 하여 왔고, 생산 중심의 단순집적지의 기능에 머물고 있으며, 단지 내 대학과 연구소 등 연구개발주체가 없어 산학연 연계체계가 미흡하며, 기업지원 서비스기관과의 네트워크도 부족하여, 지식기반경제에 대응하는 혁신클러스터의 역할을 하는 데에는 한계가 존재하였다(국가균형위, 산자부, 2004: 191-192).

세계 각국은 혁신주도형 경제로의 전환에 부응하여 지역정책과 산업정책이 통합된 혁신클러스터정책을 성장의 새로운 패러다임으로 추진하고 있다. 우리의 산업단지를 혁신주도형으로 전환시키기 위해서는 기존의 생산기능에 연구개발기능을 보완하는 작업이 요구된다. 이에 참여정부는 혁신클러스터정책을 도입하기 위하여 '공업배치법'을 '산업집적활성화법(2002)'으로 개정하였으며, 대통령직 인수위원회는 2002년 12월 지역발전의 핵심정책으로 혁신클러스터정책을 논의하기 시작하였다. 이러한 논의가 구체화된 것은 2004년 1월 29일 대전에서 신국토구상 7대 중점과제의 하나로 산업클러스터를 채택하면서부터이다. 이때 채택된 7대 중점과제는 지역혁신체계 구축, 산업단지의 혁신클러스터화, 농산어촌 혁신, 지방분산 국가프로젝트 추진, 친환경적 국토관리, 개방거점 확충 및 광역개발벨트 조성, 계획정비 등이다.

이후 2004년 6월 3일에 청와대에서 대통령 주재로 국정과제회의를 개최하여 '산업단지의 혁신클러스터화 추진방안'을 발표하였고, 6월 17일에 발표된 제1차 국가균형발전5개년계획에서는 지역별 혁신클러스터 육성과제를 제시하였다. 이어 2005년 1월 17일 혁신클러스터추진위원회를 통해 세부 실행계획을 확정하고, 구체적인 실행에 옮기기 시작하였다. 2005년 1월 산업자원부는 '산업단지의 혁신클러스터화 추진계획'을 수립하고, 3월에 '산업단지의 혁신클러스터사업 2005년 국비지원계획'을 수립하여 2005년 4월부터 2006년 3월까지 1차 년도 사업을 시행하였다. 이를 위한 예산으로 정부는 4년간에 걸쳐 3,900억 원을 투지할 계획이다.

산업단지의 혁신클러스터사업의 주요 내용은 첫째, 산학연관 네트워크 구축으로 지식과 기술의 활발한 교류를 통해 혁신을 창출할 수 있도록 협력적인 개방형 네트워크를 만든다. 이를 위해 업종별, 기술분야별 산학연이 참여하는 단지별 5-10개의 소규모 산학연협의체(미니클러스터)를 구성하도록 한다. 둘째, 연구개발역량의 강화를 위해서 연구개발과 생산이 결합된 자립형 지역클러스터를 구축한다. 셋째, 우수인력의 정주 및 근무여건을 개선하여 우수인력을 유치한다. 넷째, 국내외 클러스터와의 교류 및 협력을 촉진하여 개방형 클러스터를 구축하도록 한다. 이러한 사업계획에 의하여 국가산업단지 중에서 혁신역량이 우수한 7개 시범단지, 즉 창원(기계), 구미(전자), 울산(자동차, 반월시화)(부품소재), 광주(광산업), 원주(의료기기), 군산군장(기계, 자동차부품) 등을 혁신클러스터로 육성할 계획이다. 정책추진체계는 국가균형발전위원회가 정책을 총괄 조정하고, 산업자원부에 산업단지 혁신클러스터추진위원회(위원장: 산자부 차관)를, 그리고 각 시범단지별로 클러스터추진단을 구성하도록 하고, 이를 수행하기 위한 6개 추진과제를 제시하였다. 예컨대 산학연공동의 핵심선도기술개발, 산업단지의 연구역량강화, 혁신교육 및 전문인력양성, 우수기술인력 정주여건개선, 입지공급확대, 산업단지 구조고도화 관련 법과 제도 정비 등이다.

이 사업은 산업단지를 혁신클러스터로 육성하여 2003년에 비해 2008년에는 매출액을 157조 원에서 291조 원으로, 종사자는 38만 명에서 49만 명으로, 특허등록건수는 1만 건에서 1만 6,000여 건으로 증대시키는 것을 목표로 하고 있다. 이러한 목표를 달성하기 위하여 7개 시범단지별로 발전비전과 성과목표를 제시하였는데, 그 내용은 다음과 같다(정책기획위, 2008: 186-193).

〈표 3-32〉 노무현정부의 시범산업단지별 혁신클러스터 추진현황

산업단지	혁신클러스터	발전비전	매출액목표(조 원)	
			2003년	2008년
창 원	첨단기계클러스터	세계적 수준의 첨단기계산업클러스터	24조	45조
구 미	디지털전자클러스터	글로벌 디지털 전자클러스터	36조	80조
울 산	자동차부품클러스터	자동차부품 글로벌 공급기지	69조	116조
반월시화	첨단부품소재클러스터	첨단부품소재 글로벌 공급기지	25조	40조
광주	광산업클러스터	세계적인 광산업클러스터	1조	6조
원주	첨단의료기기클러스터	글로벌 디지털 첨단의료기기 클러스터	150억 원	1조
군산군장	자동차기계클러스터	환황해권 자동차부품생산 및 물류거점	1.6조	4조

이러한 산업단지의 혁신클러스터사업의 가장 큰 성과는 산학연관의 협력을 촉진할 수 있는 산학연협의체인 미니클러스터를 구성하여 운영한 것이다. 미니클러스터는 업종별, 기술별로 대중소기업, 대학, 연구소, 지원기관 관계

자가 함께 참여하여 포럼이나 협의회 등 다양한 형태의 네트워크 활동을 통해 과제를 도출하고 해결방안을 모색하는 소규모 협의체를 말한다. 2003년 3월 7개 시범단지에서 총 44개의 미니클러스터를 구성하여 산학연협력체계를 강화하고 있다. 미니클러스터는 반월시화단지와 구미단지가 각각 10개, 9개로 많은 편이고 울산과 군산이 각각 4개를 만들어 운영하였다, 그리고 7개 시범단지의 미니클러스터의 회원은 기업 2,162명, 대학 603명, 연구소 140명, 지원기관 244명 등 총 3,149명이다.

〈표 3-33〉 노무현정부의 7개 시범단지 미니클러스터 구성현황

시범단지	창원	구미	울산	반월시화	광주	원주	군산군장
클러스터 구성	5개	9개	4개	10개	6개	6개	4개
- 핵심	기계산업	전자산업	자동차산업	부품소재산업	광산업	의료기기산업	기계자동차산업
- 가치사슬	공작기계 금형 운송장비 메카트로닉스 금속소재	디스플레이 부품소재 임베디드 홈네트워크 모바일 전자정보부품 메카트로닉스 금형디자인 파워디바이스	엔진모듈 파워트레인 차체샤시 의장모듈	정밀화학 섬유소재 나노 기계부품 메카트로닉스 자동차부품 전기전자 청정도금 금형소재 환경포럼	광통신부품 LED 광응용 전자부품 금형 자동차부품	전자의료기기 한방의료기기 재활의료기기 의료기기부품 의료디자인 경영지원	플라스틱(자동차부품) 기계철강 소성(자동차부품) 이업종
클러스터 회원(계) : 3,149명	644	715	159	802	222	516	91
기업 : 2,162명	533	472	113	564	183	232	65
대학 : 603명	72	184	19	120	16	178	14
연구소 : 140명	28	20	10	58	13	9	2
지원기관 : 244명	11	39	17	60	10	97	10

자료: 정책기획위(2008: 195) 수정.

(3) 지역인재 및 과학기술 진흥사업(인력양성사업과 혁신클러스터사업)

국가균특법 제12조(지방대학의 육성 등)에서 국가와 지방자치단체는 지역발전

에 필요한 우수인력의 양성을 위하여 지역의 인적 자원 개발과 지방대학과 산업체 간의 산학협동 및 산학연협력사업의 활성화를 추진하고, 동법 제13조(지역과학기술의 진흥)에서는 국가와 지방자치단체가 지역혁신에 필요한 과학기술의 진흥을 위하여 지역의 과학기술기관 육성, 지역혁신을 위한 연구개발 촉진, 그리고 지역의 연구개발인력 확충 등 과학기술역량 제고를 하게 되어 있다.

① 지역인재 및 지방대학 육성사업

지역혁신체계를 구축하기 위한 지역혁신역량의 증대를 위해서는 지역인적 자원 개발이 필요하다. 지식기반사회에서의 지식과 기술을 기반으로 하는 인재를 양성하고 그에 상응하는 신기술형 지식기업을 창조할 수 있는 대학의 역할이 중요하다. 따라서 지방대학에 지역발전의 중추 및 거점센터의 역할을 부여하고, 지역R&D센터의 핵심주체로 육성하여 지역산업과 연계된 연구개발 및 기술이전을 촉진하는 역할이 중요하다(정책기획위, 2008: 101-102).

참여정부는 인수위원회 시절부터 강조하여 온 지방대학육성시책으로 자립형 지방화의 토대로 지방대학혁신역량강화사업과 지방대학의 산학협력을 촉진하는 산학협력중심대학육성사업을 추진하였다.

a. 지방대학혁신역량강화사업(누리사업)

지방대학혁신역량강화사업(New University for Regional Innovation, NURI)은 지식기반시대로의 전환에 적응하도록 지역혁신체계 구축의 구심점으로서 지역연구개발의 핵심주체이자 지식기반형 혁신기업을 창출할 수 있도록 대학의 역량을 육성하기 위한 사업으로서, 교육인적자원부가 국가균형발전위원회와 긴밀한 협조체계를 유지함으로써 지방대학육성정책이 전체 국가균형발전정책과 조화를 이루도록 하였다.

교육인적자원부는 2003년 4월 부내 전담 T/F팀과 함께 '지방대학전문가협의회'를 구성하였고, 6월에는 전국의 지방대학과 전문대학의 기획처장들을 대상으로 권역별 간담회를 거쳐 1차 기본계획을 수립한 후, 7-8월경 정책토론회를 거쳐 2차 계획을 만들었고, 그리고 대학과 지자체 관계자 등을 대상으로 한 의견수렴과 공청회를 거쳐 12월에 최종 기본계획을 완성하였다.

2004년 1월 16일 사업공고를 하고 4월 21일에 각 사업단으로부터 사업계획신청서를 제출받아 평가를 진행하였다. 누리사업의 평가는 시도별로 구성된 지역혁신협의회의 지역검토를 거쳐 중앙의 평가단의 평가를 실시하였고, 총 454개의 신청사업단 중 111개의 사업단이 선정되었다. 2005년도 1월에는 새로운 사업공고를 내고, 6월 신규사업단을 선정하였다. 1차 연도 선정 112개 사업단(2,200억 원)은 계속 지원하되, 예산이 증액(2005년도 2,400억 원)됨에 따라 7개 사업단을 추가 선정하였다(대형 3개, 중형, 2개, 소형 2개). 사업평가도 계속 실시하여 1차 연도 평가결과 선정취소(7개 사업단, 72억 원) 및 사업비 삭감(610개 사업단, 173억 원) 등의 시정조치를 취하였다. 2006년에는 8개 사업단을 추가 선정하여 2007년 3월 현재 총 130개 사업단이 운영되고 있다. 선정된 사업단에는 향후 5년간 1조 4,000억 원(04년 2,200억 원, 05년 2,400억 원, 06년 2,700억 원 등)이 투자가 될 계획이다(정책기획위, 2008: 104-104).

이러한 누리사업은 '산업단지의 혁신클러스터화 시범단지' 및 시도별 지역전략산업분야와 연계하여 추진함으로써 해당산업의 필요인력을 공급하여 지역발전에 기여를 하고, 아울러 지방대학이 협력기관과 공동으로 사업을 추진하는 과정에서 지역산업체와 연구소 및 NGO 등 각 부문 간의 네트워크형성에 기여를 할 것이다. 예컨대 지역전략산업분야와 연계된 사업단이 50개, 산업단지 혁신클러스터와 연계된 사업단이 11개로 나타나고 있다(국가균형위, 산자부, 2004; 113-114).

b. 산학협력중심대학육성사업

그동안 현장적합성이 부족한 대학교육에 기인하여 대학과 산업 간의 괴리가 심화되고 산학협력의 시너지효과가 약한 상태에 있었다. 이러한 문제점을 보완하기 위하여 참여정부는 대학이 혁신클러스터의 핵심역할을 할 수 있도록 산학협력을 활성화하는 계획을 추진하였다.

이전 정부에서 2002년 1월 '산학연협력활성화종합대책'을 수립하였고, 참여정부에 들어와 2003년 9월에 '산업교육진흥 및 산학협력촉진에 관한 법률 및 동법시행령'을 개정 시행하였으며, 9월 25일에는 제23회 국정과제회의 시 '참여정부의 신산학협력 비전 및 추진전략'을 수립하였다.

2004년 3월에 '산학협력중심대학 육성기본계획'을 수립하여 4월 23일에 동 사업설명회를 개최하였고, 6월 18일에는 각 대학으로부터 공모신청서를 접수 마감하여 6월 29일부터 7월 9일까지 사업계획서에 대한 서면평가와 현장평가를 실시하였다. 이러한 과정을 거쳐 교육인적자원부와 산업자원부 및 국가균형위원회는 2004년 7월 19일 '산학협력중심대학' 선정결과를 발표하였다.

〈표 3-34〉 노무현정부의 산학협력중심대학 선정결과(2004년)

구 분	주관대학	협력대학	사업명
일반 대학	한양대 (안산)	-	학연산 클러스터를 기반으로 한 산학협력중심대학 육성사업 (기계, 신소재, IT)
	강원대	원주대, 강원전문대	생명, 건강 혁신클러스터육성사업 (생물, 바이오)
	영동대	서원대, 충청대, 청주과학대	충북 이지클러스터 어메니티-CECA구축사업 (생물, 바이오, IT)
	호서대	-	반도체, 나노, 디스플레이산업을 기반으로 한 산학협력중심대학육성사업 (천안산업단지, 탕정산업단지) (반도체, 나노, 디스플레이)
	경북대	포항공대, 영진전문대	산학협력중심대학 경북대학 컨소시엄사업 (전자, 기계, 자동차)
	부산대	창원대	동남권 부품소재 산학협력혁신시업 (기계, 자동차, 조선)
	전주대	전주공업대, 전북과학대, 벽성대, 익산대, 군장대	첨단제조기술혁신 산학협력사업 (기계〉 자동차, 전자)
	순천대	여수대	전남 전략산업 발전을 위한 혁신클러스터형 신산학협력중심대학 구축 (신소재, 기계. 우주)

산업대학	동명정보대	동명대	녹산공단의 IT융합기계부품소재 산학협력중심대학사업
	산업기술대	-	경기 서해안 산업벨트의 혁신클러스터형 육성을 위한 산학협력체제 구축
	상주대	구미1대, 경북과학대	경북 서부지역 산업, 농공단지의 경쟁력 제고 및 산학연계성 강화를 위한 지역혁신클러스터 구축
	서울산업대	-	나노, 마이크로 제조장비의 개발 및 생산을 위한 차세대 NIT 제조장비 혁신클러스터 구축 및 운영
	한밭대	-	대전지역 기술집약형 산업혁신 산학클러스터 구축사업

자료: 국가균형위, 산자부(2004: 178).

산학협력중심대학육성사업은 참여정부의 '신산학협력 비전 및 추진전략'에 따라 교육인적자원부, 산업자원부, 국가균형발전위원회 등이 공동(전담기관: 한국산업기술재단)으로 추진하는 것으로서, 혁신주도형 경제로의 전환을 위해 각 지역별로 산학협력체제의 구축 및 확산을 선도하기 위한 사업을 말한다. 이 사업에는 총 52개 대학(일반대학 37개, 산업대학 15개)이 신청하여 13개 대학(일반대학 8개, 산업대학 5개)이 선정되었다. 일반대학은 8개 권역별로 1개 씩 총 8개가 선정되었는데, 한양대(서울 경기 인천권), 강원대(강원권), 영동대(충북권), 호서대(대전 충남권), 경북대(대구 경북권), 부산대(부산 울산 경남권), 전주대(전북권), 순천대(광주 전남 제주권)이 선정되었다. 산업대학의 경우 사업에 지원한 15개 대학 중 권역 제한 없이 경쟁을 통하여 한국산업기술대, 서울산업대, 한밭대, 상주대, 동명정보대학 등 5개 대학을 선정하였다. 이들 선정된 대학에 대하여는 교육인적자원부와 산업자원부가 공동으로 향후 5년 동안 2,000억 원을 지원한다. 2004년에는 8개 일반대학에 대해 각각 30억 원 내외-70억 원 내외를 그리고 5개 산업대학에 대해서는 각각 10억 원 내외- 40억 원의 내외를 지원하였다.

산학협력중심대학들은 국가균형발전5개년계획과 연계하여 대학의 교육 및 연구개발기능을 산학협력체제로 개편해야 한다. 첫째, 공과대학을 중심으로 특성화 학과의 육성과 계약형 학과제 들을 통해 지역별 전략산업 관련 학부(학과)를 집중 육성하고 교과과정을 이론과 학문 중심에서 산학협력 중심으로 전환한다. 둘째, 대학이 보유한 우수한 지식과 기술자산을 활용하여 산업집적지의 혁신을 지원할 수 있도록 TIC, RRC, ITRC 등과 연계하여 산학협력 역량을 강화한다. 셋째, 산학협력사업의 효율적 추진을 위하여 산학연관 전문가들로 대학운영위원회를 구성하되, 산업체가 60% 이상 참여하도록 함으로써 대학중심이 아닌 수요자인 산업계 중심으로 추진한다(국가균형위, 산자부, 2004: 173-175).

② 지역과학기술진흥사업

지역혁신체계 구축을 위한 지역혁신역량 증대와 기술혁신을 통한 자립형 지방화를 위해서는 지역과학기술 진흥이 중요하다. 역대 정부에서는 각 정부 부처가 담당영역별로 지방과학기술진흥사업을 추진하여 왔으나 양적으로 부족하고 사업 간 연계가 미비할 뿐만 아니라 중앙정부 주도로 추진되어 지역특성과 수요반영이 어려웠다. 특히 지역의 핵심R&D주체인 대학은 연구개발비 및 대학원생의 부족으로 연구와 고급인력 양성보다 학부교육 중심으로 운영되고 있었다. 또한 수도권과 대전 이외의 지역에서는 과학기술혁신을 위한 구심체 부재로 기존의 자본과 노동집약적 산업의 경쟁력이 떨어지고 지식기반 신산업의 육성이 어려운 실정이 있다.

이에 참여정부는 지역과학기술 진흥을 위하여 정부R&D예산의 지방지원 확대와 지역기술혁신사업(RIC, TP, ITRC) 그리고 지역연구개발거점사업(연구단지의 혁신클러스터사업)을 추진하였다(정책기획위, 2008: 113-128: 203-212).

a. 정부R&D예산의 지방지원 확대

지역의 과학기술혁신역량의 강화를 위해서는 연구개발투자가 필수적이나, 지방의 연구개발투자비중은 저조한 실정이다. 지방의 연구개발투지비중 확대시책이 처음 시작되었던 2003년에는 연구개발비의 77.8/%, 연구개발인력의 67.3%, 연구개발조직의 69%가 수도권과 대전에 집중되어 있었다.

이에 참여정부는 지방에 대한 연구개발투자를 확대하여 연구개발 인프라를 확충하고 기술혁신역량을 강화하기 위해 정부R&D예산 중 지방투자비중을 2007년까지 40% 수준으로 확대하기 위한 시책을 추진하였다. 2006년 국가연구개발예산의 조정배분결과를 보면, 과기부, 산자부, 중기청, 교육부, 중기청 등 5개 부처의 지방R&D 투자규모는 2조 3,316억 원으로 전체 지방R&D 투자의 88.3%를 차지하고 있다. 또한 정부는 지방R&D투자비중 확대시책의 실효성을 확보하기 위하여 연도별 투자계획을 마련하여 '제2차 지방과학기술종합계획(2005-2007년)'에 반영하고, 이를 매년 국과위의 '국가연구개발예산 조정배분'과 연계하여 추진하고 있다. 지방R&D투자의 성과와 효율성을 확보하기 위해 시설과 장비 등 인프라 구축보다는 지역의 전략산업 육성에 직접적인 효과가 있는 기술개발사업과 인력양성사업에 대한 투자를 확대할 계획이다. 아울러 국가연구개발사업을 중심으로 R&D인프라를 구축하여 기초원천기술을 개발할 예이다.

정부의 R&D투자비중 확대정책으로 정부R&D 예산 중 지방투자비중은 2003년 27.0% 수준에서 2006년 36.2% 수준으로 9.2% 상승하였다. 이 기간 중에 지방R&D 투자규모는 연평균 20% 이상 증가하여 수도권과 대전의 R&D 투자증가율 4.3%에 비해 증가율이 5개 정도 높아졌다.

〈표 3-35〉 노무현정부의 지방R&D투자 확대추이(2003-2006)

(단위: 억 원, %)

구 분	2003	2004	2005	2006	연평균증가율
정부R&D예산	55,768	60,995	67,366	72,283	9.0%
수도권+대전	40,715	41,421	44,632	46,115	4.3%
지방	15,053	19,574	22,734	26,168	20.4%
지방투자비중	27.0%	32.1%	33.7%	36.2%	-

자료: 정책기획위(2008: 114).

b. 지역기술혁신사업(RIC, TP, ITRC)

지역기술혁신사업은 지방의 자생적 성장동력 확보에 장애가 되는 부족한 기술혁신역량 강화를 위하여 지역별 특성화분야를 대상으로 연구인프라 구축, 기술개발 활동, 연구거점기관 육성, 클러스터 구축 등을 지원하기 위한 사업으로서, 2004년도에 과기부에서 기획추진한 후 2004년 10월 산업자원부로 이관되었다. 세부사업으로는 연구센터 집적과 네트워크 구축을 지원하기 위한 지역R&D클러스터구축사업, 지자체중심의 전략산업 연구개발을 위한 지자체주도연구개발지원사업, 지자체 특화산업의 고부가가치화 거점육성을 위한 지자체연구소육성사업 등이 있다. 보다 구체적인 사업으로는 지역혁신센터(RIC)사업, 테크노파크(TP)조성사업, 대학IT연구센터(ITRC)육성사업 등이 있다(정책기획위, 2008: 116-122).

첫째, 지역혁신센터(RIC)사업은 지역전략산업 육성분야 및 대학 강점분야의 장비 구축과 활용, 연구개발, 창업, 교육훈련 등의 지원으로 지역의 성장잠재력을 확충하기 위한 사업이다. 이 사업은 장비구축 위주의 TIC(기술혁신센터)사업과 연구개발 중심의 RRC(지역협력연구센터)사업을 2006년에 RRC(지역혁신센터)사업으로 통합한 것으로서, 64개의 계속과제 및 6개 신규과제에 대하여 480억 원을 지원하였다.

이 사업을 통해 1995년부터 2004년까지 장비 구축과 활용, 특허 출원 및 등록, 기술지도/이전, 교육훈련분야 등에서 가시적인 성과를 거두었다.

〈표 3-36〉 노무현정부의 지역혁신센터 운영성과(1995-2004)

장비구축활용		특 허		기술지도/이전		교육훈련	
지원기업	지원건수	출원	등록	지원기업	지원건수	지원기업	교육자
6,427개	131천건	2,600건	1,058건	8,100개/ 2,250개	27,800/ 3,400	9,077개	30,600명

자료: 정책기획위(2008: 122).

둘째, 테크노파크(TP)조성사업은 대학, 연구소, 기업, 지자체의 역량을 결집하여 창업보육시설, 시험생산시설, 연구개발시설, 기술경영지원시설을 일정한 장소에 집적함으로써 기술혁신 및 사업화를 촉진하기 위한 사업이다. 김대중 정부시기의 1997년에는 송도, 경기, 대구, 경북, 광주, 충남 TP를 지정하여 매년 50억 원씩 총 250억 원을 2003년까지 지원하였다. 그리고 참여정부에 들어와 2003년부터는 TP를 광역자치단체별 기술혁신거점기구로 육성한다는 정책방향을 설정하였고, 이를 위해 2000년 민간TP로 지정된 부산과 포함 2개소를 국비지원 테크노파크로 전환하였고, 전북 등 4개의 테크노파크를 신규 지정하였다. 2004년에는 울산 등 2개를, 2005년에는 서울 등 2개 테크노파크를 신규 지정하였다. 2003년 이후 지정된 8개 테크노파크에는 국비로 매년 25억 원을 지원하고 있다.

〈표 3-37〉 노무현정부의 전국 테크노파크 현황

대상지역	지정시기	지원기간	예산지원(5년)
송도, 경기, 대구, 경북, 광주, 충남	1997.12	1998-2003	각 205억 원
부산, 포항	2000.12	2003-2007	각 125억 원
충북, 전북, 전남, 강원	2003.12		
경남, 울산	2004.12	2004-2008	

자료: 정책기획위(2008: 117).

이러한 테크노파크사업을 통하여 2005년에 425개의 혁신형 중소기업을 창업보육하였다. 입주기업의 평균매출액은 2002년도 대비 167% 증가한 16.8억 원 규모이며, 총매출액은 309% 증가한 7,208억 원 수준이다. 또한 입주기업의 평균고용인원은 8명 정도이고 총고용은 3,508명이다.

〈표 3-38〉 노무현정부의 테크노파크(창업보육) 현황

구 분	2002	2003	2004	2005
창업보육업체수	278	296	386	429
총매출액(억 원)	1,752	3,940	5,839	7,208
평균매출액(억 원)	6.3	13.3	15.1	16.8
총고용(명)	2,398	2,958	3,226	3,508
평균고용(명)	8.6	10	8.1	8.2

자료: 정책기획위(2008: 121).

셋째, 대학IT연구센터(ITRC)육성사업은 대학에 결집되어 있는 인적 자원을 적극 활용하여 IT핵심기술을 개발하고 프로젝트 수행능력이 있는 고급 연구인력을 양성하기 위하여 시작한 사업이다. 시작연도인 2000년에 25개 연구센터를 선정한 이래 61개의 연구센터를 선정하였으나, 평가에 의하여 성과가 미비한 연구센터는 지원을 중단하였다. 이 사업은 2002년까지 국가적으로 필요한 IT분야에 대하여 지정공모를 통해 연구센터를 선정하였으나, 2003년부터는 지정공모 외에 지역균형발전을 고려하여 수도권을 제외한 지방대학을 대상으로 자유공모제도를 도입하였다. 2007년까지 수도권에 27개 센터, 지방에 27개 센터 등 총 47센터가 지정되어 운영되고 있다.

이 사업을 통하여 연간 대학원생 3,200명, 교수 500명, 연구원 500여명 등 총 4,200명이 연구에 참여하였고, 배출인력은 삼성과 LG 등 대기업과 전자정보통신연구원 등 전문연구기관에 취업(평균 취업률 94%)을 하였다. 또한 센터당 평균 SCI급 논문 20편, 특허출원 9.5개 등 과학적인 성과도 나타났다.

c. 지역연구개발거점사업(연구단지의 혁신클러스터사업)

지식기반경제가 도래하면서 과학기술지식의 창출과 활용을 통한 혁신능력이 국가경쟁력의 주요한 원천이 되고 있다. 이러한 지식창출과 기술혁신을 위한 수단으로 혁신클러스터가 가장 유효한 것으로 인식되고 있으며, 세계

각국은 국가경쟁력을 제고하고 혁신주도형 경제건설을 위해 클러스터 육성에 역점을 기울이고 있다. 참여정부는 과학기술의 발전과 기술혁신을 통해 선진경제로 도약하기 위하여 지역 및 기술발전의 혁신정책으로 혁신클러스터정책을 채택하였다. 이러한 혁신클러스터정책은 연구개발과 생산을 상호 유기적으로 연계시키는데 중점을 두고 있다(정책기획위, 2008: 203).

따라서 참여정부는 지방의 산업계와 학계 및 연구계가 한 곳에 모여 서로 유기적으로 연계와 협력을 함으로써 지역연구개발의 경쟁력을 높이고 연구개발결과의 사업화를 촉진하기 위하여 지방과학연구단지를 지역연구개발의 거점으로 육성하는 혁신클러스터사업을 추진하였다. 이에 따라 기존의 산업연구단지 중에서 연구개발거점으로서 지원할 필요성과 발전잠재력이 있는 지역을 2010년까지 총 10개 이내 지방과학연구단지로 지정 육성할 계획이다. 지정된 지역에 대해서는 '지방과학연구단지육성사업'을 지원하며, 과학연구단지와 대덕연구개발특구 간의 협력체계를 구축 지원한다. 특히 우수한 과학연구단지는 연구개발특구로 발전시킬 계획이다. 또한 과학연구단지 내에 국내외 벤처기업과 연구기관 등을 유치하여 입주한 기관에 국가연구개발사업 등을 적극 지원할 계획이다

참여정부는 2004년부터 지원중인 3개 지역(충북 오창, 전북, 광주)을 2006년 5월 10일 과학연구단지로 지정하였다. 또한 2006/2007년 과학연구단지 지정을 위해 5개 지자체(강원, 대구, 경북, 부산, 전남)로부터 5개 단지의 신청을 받아 평가위원회의 평가를 통해 2006년도 1개 단지를 지정하였다. 2007년도에는 4개 지역에 대한 평가를 통해 우선순위를 부여하고 예산확보가 이루어질 경우 신규단지를 추가 지정할 계획이다. 지정된 과학연구단지에 대해서는 5년 이내 150억 원 정도를 지원하며, 지자체가 사업비총액의 50%를 부담하게 할 예정이다(정책기획위, 2008: 118).

그리고 참여정부는 그동안 연구개발기능에 초점을 두었던 대덕연구단지를 혁신클러스터로 전환시키는 사업을 추진하였다. 1973년에 시작된 대덕연

구단지는 정부의 연구개발지원을 통해 기초원천기술개발에 치중하고, 연구개발이 공급자중심으로 이루어져 연구성과의 상업화률이 낮은 상태였다. 또한 우수한 연구개발역량에도 불구하고 첨단외국기업이나 연구소의 유치가 전무한 상태이고, 기업과 대학 및 연구소 간의 지식공유나 협력네트워크가 약하며, 금융과 마케팅 및 법률 등 기업지원서비스의 미흡이라는 문제가 존재하였다(국가균형위, 산자부, 2004: 190-191). 이러한 대덕연구단지의 한계를 인식하고 대덕연구단지를 세계적인 혁신클러스터로 육성하기 위한 사업을 본격적으로 추진하기 시작하였다.

2003년 12월 5일 대덕연구단지 30주년 기념식에서 노무현 대통령은 치사를 통하여 대덕연구단지와 인근지역의 연구개발특구 지정필요성과 이를 위한 법률과 추진체계를 언급하면서 제도적 기반마련이 시작되었다. 2004년 3월 10일 제42회 국정과제회의에서 대덕연구개발특구의 육성방침이 결정되었고, 7월 대덕연구개발특구의 육성방안 및 법률안시안이 확정되었으며, 입법예고와 국무회의 의결을 거쳐 12월에 국회를 통과하였다. 2005년 1월 27일에는 '대덕연구개발특구 등의 육성에 관한 특별법'이 제정되었고, 3월 31일 대덕연구개발특구 비전선포식이 있었다. 특별법이 7월 28일 시행됨에 따라 '대덕연구개발특구'가 탄생하게 되었다. 대전광역시 대덕구와 유성구 일원 2,130만평에 걸쳐 있다. 2005년 8월에는 연구개발특구위원회를 구성하고, 연구개발특구기획단이 6개 부처 합동으로 과학기술부 내에 설치되었고, 9월 특구를 관리할 대덕연구개발특지원본부를 설립하였다. 그리고 연구개발특구육성사업의 기본방향을 수립하기 위해 2006년부터 2010년까지의 '연구개발특구육성종합계획'을 수립하여 특구육성사업의 제도적 토대를 마련하였다(정책기획위, 2008: 204).

동 연구개발특구육성종합계획에 의하면, 대덕연구개발특구의 추진체계는 연구개발특구위원회, 연구개발특구기획단, 대덕연구개발특구지원본부 등으로 구성되어 있다. 연구개발특구위원회는 과학기술부장관을 위원장으로 하고 국가균형발전위원회 위원장과 부위원장, 관계부처 장관 및 위촉위원들로 구성되고, 특구와 관련된 주요 정책을 심의한다. 이러한 연구개발특구위원회를 실무적으로 보좌하기 위해서 과학기술부 직속기관으로 연구개발특구기획단이 설립되고, 특구육성사업을 원활히 추진하기 위한 공공법인으로 대덕연구개발특구가 만들어졌다.

또한 대덕연구개발특구의 사업내용은 다음과 같다. 첫째, 연구성과의 사업화를 촉진한다. 이를 위해 특구가 보유한 강점기술을 발굴하여 사업화를 지원하는 특구연구개발사업을 추진한다. 예컨대 공공기관이 보유한 기술을 사업화하기 위한 연구소기업의 창업을 지원한다. 둘째, 특구 벤처생태계를 조성한다. 이를 위해 7년 이상의 장기투자 형태로 운영할 대덕특구벤처투자펀드를 2006년에 400억 원을 조성하였으며, 2009년까지 1,000억 원 규모로 조성하여 초기 기술벤처를 육성할 계획이다. 셋째, 특구의 국제화와 개방화를 추진한다. 이를 위해 프랑스 소피아앙티폴리스나 중국 중관촌 등의 해외혁신클러스터와 양해각서(mou)를 체결하고 혁신클러스터 국제콘퍼런스를 개최하는 등 해외 혁신클러스터와의 교류 및 협력체계를 강화한다.

대덕연구개발특구는 2015년까지 '세계 초일류 혁신클러스터로의 도약'이라는 비전을 세우고 2015년까지 성과목표를 설정하였다. 이에 의하면 기업체를 2004년 824개에서 2015년에는 3,000개로 증가시키고, 매출액은 2004년 3조 4천 억원에서 2015년 30조 원으로 증가시키는 것이다. 해외특허 등록건수는 2004년 1,659건에서 2015년 16,000건으로, 외국연구기관도 2004년 2개에서 2015년 20개로 증가시키는 목표를 제시하였다.

〈표 3-39〉 노무현정부의 대덕연구개발특구 비전과 성과목표

연 도		2004년	2010년 목표	2015년 목표
비 전		2015년까지 세계 초일류 혁신클러스터로의 도약		
성과목표	기업체	648개	1,500개	3,000개
	매출액	3.4조 원	12조 원	30조 원
	해외특허	1,659건	5,000건	16,000건
	외국연구기관	2개	10개	20개

자료: 국가균형위(2005: 26), 정책기획위(2008: 207) 수정.

(4) 지역문화관광 및 지역경제 활성화시책

참여정부는 지역균형시책으로 균특법 제15조(지역문화관광의 육성)과 제17조(지역경제 활성화의 촉진)에 근거하여 지역문화관광사업과 지역경제 활성화사업을 추진하였다(정책기획위, 2008: 177-178).

첫째, 지역문화관광사업은 지역의 문화관광자원을 지역특성화발전의 신성장동력으로 육성하는 사업이다. 참여정부는 2003년 12월 '참여정부의 관광정책 18대 과제'를 통해 '6대 광역권개발계획'을 추진하기로 하였다. 이 계획은 기존 정부계획으로 추진 중이던 남해안관광벨트개발, 경북북부 유교문화권관광개발을 포함하여 서해안관광벨트개발, 지리산권관광개발, 동해안관광벨트개발 및 비무장지대 평화관광벨트개발로 구성되어 있다. 즉 6개 광역권개발을 통하여 지역별로 특성 있는 관광자원을 발굴하여 이를 유기적으로 연계개발하고 지역간 네트워크를 구축함으로써 관광개발의 시너지효과와 국토의 균형발전을 촉진하고자 하였다.

둘째, 지역경제 활성화사업은 유통물류구조 개선과 재래시장 육성 등을 통해 농수산물유통 활성화나 개발촉진지구 및 개발제한구역 관련 사업 등을 추진하였다. 참여정부는 재래시장 육성을 위한 특별법 제정(2004)으로 영세한 유통상인들을 보호하기 위한 노력을 강화하는 것과 같은 유통구조 개선을 통한 지역경제 활성화사업을 적극 추진하였다. 중기청에서는 재래시장의 활성화를 위하여 향후 3년간 시설개선 및 경영현대화를 위해 국비 4,678억 원

을 투입할 예정이다.

(5) 낙후지역 및 농산어촌 개발시책

국가균특법 제16조(낙후지역 및 농산어촌의 개발)에서 낙후지역 및 농산어촌의 생활환경을 개선하기 위한 사항을 국가 및 지방자치단체는 시책으로 추진하게 되어 있다.

따라서 참여정부에서 추진한 또다른 지역균형시책으로는 신활력사업, 지역특화발전특구사업, 낙후지역개발사업 등을 들 수 있다.

① 신활력사업

이전 정부부터 시행되고 있는 각종 낙후지역개발사업은 생활환경 개선과 문화복지시설의 증대 등 적지 않은 정책적 성과에도 불구하고 낙후지역의 장기적 자립발전이라는 근본적인 목표달성에는 미흡하였다. 이러한 상태에서 2003년 6월 12일 '국가균형발전을 위한 대구구상'에서 낙후지역개발대책을 주요 과제로 포함시키고, 2004년 1월 29일 신국토구상에서 낙후지역대책의 일환으로 농산어촌의 혁신을 주요 과제로 제시하였고, 2014년 7월 15일 제50회 국정과제회의 보고를 통해 낙후지역개발을 위한 '신활력지역발전구상'을 발표함으로서 신활력사업을 새롭게 추진하게 되었다. 이후 같은 해 9월에 균형위와 공공추진단이 '신활력사업 추진지침'과 10월에 행정자치부에서 만든 '신활력사업 추진지침'이 발표되었다. 2004년 9월에는 전국 234개 기초지방자치단체를 평가하여 낙후도가 심한 하위 30% 70개 시군을 신활력지역으로 고시하고 낙후도에 따라 예산지원을 A, B, C 세 등급으로 나누어 차등지급하기로 하였다.

신활력사업은 낙후지역의 내생적 자립발전역량을 강화하기 위한 선진방식의 낙후지역개발사업으로서, 관주도 및 인프라 구축위주의 기존 낙후사업과는 차별화되는 방식으로 지역이 주체가 되고 민간의 참여와 공동협력을 통하여 혁신역량을 키우고 강점을 발굴하고 특화와 상품화를 통하여 지역발전을 유도하는 소프트웨어 중심의 낙후지역개발방식이다.

<표 3-40> 노무현정부의 신활력사업과 기존낙후사업의 비교

구 분	기존낙후사업	신활력사업
사업성격	· H/W분야 · SOC, 생활환경기반시설	· S/W분야 · 지역혁신역량 강화
사업내용	· 도로 확포장 · 농어촌 상하수도시설 · 마을회관 건립 등	· 향토자원개발 · 농촌관광사업 · 인재육성, 삶의 질 향상
추진주체	· 관주도(지자체)	· 관과 민간참여(민관협력)
지역범위	· 지구/읍면 단위	· 시군 단위

자료: 농림부, 균형위(2006. 9.20.- 신활력사업 성과확산)
정책기획위(2008: 133).

2004년에 전국 234개 지방자치단체를 대상으로 경제기반이 취약한 낙후지역 70개를 선정하였는데, 지역별로는 전남이 17개, 경북이 13개, 강원도가 12개, 그리고 전북과 경남이 각각 9개 지역이다. 이렇게 선정된 신활력지역의 사업유형은 지역의 농특산품에 기반한 향토자원개발형, 지역자원의 관광활용형, 교육인재육성형, 생명건강산업육성형, 지역이미지개발형, 그리고 해양수산자원개발형 등 6개 유형으로 구분할 수 있다. 이들 유형의 빈도수를 보면 향토자원개발형이 35건으로 과반수를 차지하고, 그 다음으로 지역문화관광개발형이 12건으로 나타나고 있다.

〈표 3-41〉 노무현정부의 신활력사업유형

유 형	총 70건	대표산업(예시)
향토자원개발형 (농특산품)	35건	· 나비곤충산업 클러스터 구축(함평군) · 발효천국 순창조성사업(순창군)
지역문화관광개발형	12건	· 친환경 유기농 그린투어리즘(화천군) · 박물관고을 육성사업(영월군)
지역이미지개발형	7건	· HAPPY 700 브랜드강화(평창군) · 생태건강산촌만들기 지역마케팅(진안군)
교육인재육성형	5건	· 외국어교육특구 조성(정선군) · 국제화교육 특성화(거창군)
생명건강산업육성형	6건	· 생약초특화지역 조성(정선군) · 인삼 약초를 통한 오감체험형 건강사업(금산군)
해양수산자원개발형	5건	· 해양생물산업 경쟁력강화(완도군) · 블루투어리즘 및 특산품 브랜드화(울릉군)

자료: 정책기획위(2008: 145).

신활력사업의 예산은 3년간(2005-2007) 총 280개 사업에 약 8,183억 원이 투입된다. 사업비구성은 국비가 5,782억 원(70.7%), 지방비가 1,305억 원(15.9%), 민자 1,096억 원(13.4%)로 나타나고 있다. 2006년에 투입된 사업비는 2,770억 원으로서 시군별 평균 40억 원 규모이다(정책기획위, 2008: 133-146).

② 지역특화발전특구사업

그동안 중앙정부 주도의 지방지원정책은 지역별 실정과 특성을 반영하기에는 부족한 면이 있었고 지방의 자율적인 성장기반을 구축하는 데 한계가 있었다. 이러한 상황에서 참여정부는 지방정부발전전략을 중앙정부 주도에서 지방정부 주도로 전환한다는 전제하에, 국가균형발전 및 지역경제 활성화를 위한 사업으로 지역특화발전특구사업을 추진하였다. 이 사업은 지역의 특색있는 발전을 통한 지방경제 활성화를 위하여 지방정부가 모든 사업내용을 구상하고 민간의 참여를 통하여 수행하는 지역개발방법을 말한다.

노무현대통령은 2003년 6월 12일 '대구구상'을 통하여 국가균형발전을 위한 7대 과제의 하나로 지역발전특구를 추진하기로 공식발표하였다. 오동환 특구기획단장에 의하면, 이 제도는 당시 박병원 경제정책국장이 일본의 구조개혁특구의 법과 제도를 참고하여 도입한 것으로서, 거점도시는 기업도시로 지정하고 변방은 지역특구로 지정하여 양자를 상호보완하는 개념으로 추진한 것이라고 한다. 이러한 지역특구제도를 추진하기 위하여 2003년 10월24일 부총리주재 경제장관간담회에서 지역특구에 적용할 규제특례(총 24개 법률, 69개 특례)가 확정되었으며, 11월 18일에는 지역특화발전특구법안이 국무회의를 통과하였다. 이후 2004년 3월 2일 국회에서 동 법안은 '지역특화발전특구에 대한 규제특례법'으로 명칭이 수정되어 통과되었다. 200년 11월 3일 재정부 직제개정으로 이 사업을 담당할 지역특화발전특구기획단이 공식 출범하였고, 12월 24일 지역특구위원회가 구성되었는데, 위원구성은 재경부장관(위원장) 등 관계부처 장관 13인, 민간위원 8인 등이다.

2004년 12월 30일 제1차 지역특화발전특구위원회가 개최되어 순창장류산업특구 등 6개가 1차 특구로 지정되었다. 이후 11회에 걸친 지역특화발전특구위원회가 개최되어 2007년 4월까지 총 80개 지역이 특구로 지정되었다. 이러한 특구사업에 대한 예산을 보면 80개 특구에 2015년까지 국비 6,398억 원, 지방비 1조 405억 원, 민자 14조 4,486억 원 등 총 3조 1,289억 원이 투자될 예정이다(정책기획위, 2008: 152-159).

〈표 3-42〉 노무현정부의 지역특화발전특구사업 현황(80개)

광역지자체	주요 특구명	개소	면적 (천㎡)	예산 (억 원)
총 계		80	199,929	31,289
서 울	서울약령시 한방산업특구	1	281	297
부 산	해운대 컨벤션,영상,레저특구 등	2	12,977	175
대 구	대구약령시한방특구, 대구패션주얼리특구 등	3	773	444
인 천	인천서구 외국어교육특구, 강화약쑥특구	3	628	565
울 산	울주 언양 봉계 한우불고기특구	1	168	102
강 원	원주첨단의료건강산업특구 등	6	9,904	9,334
경 기	군포청소년교육특구, 양평친환경농업특구 등	6	95,248	2,318
충 북	괴산청정고추산업특구, 충주사과특구 등	9	8,420	1,266
충 남	금산인삼헬스케어특구 등	4	2,593	1,042
전 북	고창복분자산업특구, 순창장류산업특구 등	12	31,201	5,929
전 남	여수오션리조트특구, 순천국제화교육특구 등	9	3,932	4,510
경 북	상주곶감특구, 영천한방진흥특구 등	14	30,367	2,771
경 남	김해평생교육특구, 의령친환경골프레저특구	9	3,118	2,536
제 주	제주 최남단마라도청정특구	1	299	비예사업

자료: 정책기획위(2008: 159).

③ 낙후지역개발사업

이전 정부의 지역개발정책이 낙후소외지역보다는 도시지역에 집중지원하고 투자하는 경향이 있어 오지, 도서, 농촌 등 소외지역의 낙후성이 심화되고 있었다. 예컨대 접경지역의 지역내총생산(1999년)규모는 13조 128억 원으로 전국의 2.9%에 해당하며, 1인당 지역내총생산규모는 6,716천 원으로 전국 평균의 71.4%에 불과하다.

따라서 개발이 낙후된 오지, 도서, 접경지역, 및 농촌지역의 소득증대와 복지증진으로 정주의욕을 고취할 필요가 있다는 인식하에, 참여정부에서는 낙후지역개발사업을 추진하게 되었다. 노무현대통령은 제21회 국정과제회의에서 '낙후지역개발의 목표는 분명하게 특성화의 방향으로'라고 표현하였다, 이 사업은 소프트웨어 중심의 신활력사업과 달리 낙후지역의 정주와 생활환경에 초점을 맞춘 것들이다. 대표적인 사업으로는 오지, 도서, 접경지역 등 특수지역 지원사업, 소도읍 육성을 통한 거점지역기능 확보사업, 농어촌 생활환경 개선 및 복지여건 확충사업, 농산어촌마을 종합개발사업, 농어촌 생활용수개발 및 재해예방사업 등이 있다. 또한 낙후지역과 농어촌지역의 주민 생활환경 개선과 소득기반시설 확충 및 문화복지시설 확충으로 삶의 질의 지역 간 균형발전을 도모하고자 한다. 이를 위해서 농어촌 공공도서관 건립, 농어촌 생활환경 정비, 농어촌 의료서비스 개선, 급수취약지역 식수원 개발, 농촌 농업생활용수개발 등의 사업을 추진한다(정책기획위, 2008: 174-177).

(6) **지역공간시책**(공공기관 및 기업 지방이전사업)

국가균특법 제18조(공공기관의 지방이전)와 제19조(기업 및 대학의 지방이전)에서, 정부는 공공기관의 수도권 집중을 억제하고 지방의 특성 있는 발전을 위하여 공공기관과 기업 및 대학의 지방이전을 추진하도록 되어 있다. 이에 참여정부는 지역공간시책 중 공공기관 지방이전시책으로 신행정수도와 혁신도시를 건설하고 기업이전대책으로 기업도시 건설을 추진하였다(국토연구원, 2006; 정책기획위, 2008: 213-249).

① 신행정수도(행정중심복합도시) 건설

수도권 과밀과 지역불균형의 문제해결을 위해 1960년대 이후 정부는 많은 노력을 기울여 왔다. 이를테면 공장총량제나 과밀부담금 등을 통해 수도권의 성장을 규제하고, 지방을 위해서는 지역별 성장거점도시와 SOC 확충 및 공공기관 지방이전 등의 각종 정책을 실시하였다.

그러나 이 같은 노력에도 불구하고 과밀과 집중으로 인한 수도권 문제는 시정되지 않았고 지역균형발전도 달성하지 못하였다. 중앙의 권한을 그대로 남겨둔 채 국가균형발전은 불가능하다는 인식하에, 무엇보다도 국가중추기능의 공간적 이동과 함께 중앙정부의 권한을 지방으로 분권시킬 필요성이 대두되었다.

2002년 대통령 선거당시 노무현 대통령후보는 중앙선대위 출범식에서 수도권 집중억제와 지역경제의 근본적인 문제해결을 위하여 충청권에 행정수도를 건설하여 청와대와 중앙부처부터 이전할 것을 공약사항으로 발표하였다. 이후 참여정부의 국정과제로 추진되기 시작한 신행정수도 건설을 위한 '신행정수도 건설을 위한 특별조치법안'이 2003년 12월 29일 국회에 상정되어 재적 194명 중 167명의 압도적인 찬성으로 국회를 통과하였고, 정부에 이송된 법은 2004년 1월 13일 국무회의의 심의를 거쳐 1월 16일 공포되었으며 2004년 4월 17일부터 시행되었다.

신행정수도건설특별조치법의 제정으로 정부가 제시한 신행정수도 건설추진일정인 '2007년 착공, 2012년 이전시작'이라는 것이 가능하게 되었다. 이에 참여정부는 신행정수도 건설을 효율적으로 추진하기 위한 기구로 '신행정수도건설추진위원회'를 설치하여 신행정수도건설사업을 수행하도록 하였다. 동 위원회는 주요 국가기관 이전계획을 수립하기 위해 2004년 3월부터 행정 입법 사법부 및 학계와 전문가 등 총 13명으로 구성된 이전계획T/F팀을 구성하였고, 총 7차례의 회의를 통하여 국가기관 이전계획시안을 작성하였다, 위원회는 2004년 6월 9일의 공청회와 6월 17일부터 6월 23일까지의 관계기관 최종협의를 거쳐 헌법기관을 제외한 주요 국가기관(행정부) 이전계획을 마련하였다. 주요 국가기관 이전계획은 2004년 7월 21일 신행정수도건설추진위원회의 심의 의결과 8월 9일 대통령 승인을 얻어 2004년 8월 10일자 관보(15766호)에 고시되었다.

주요 국가기관 이전계획이 만들어진 후에, 신행정수도의 입지를 선정하는 작업이 이루어졌다. 신행정수도 도입의 기본원칙인 통합성과 상징성, 중심성, 기능성, 환경성과 안정성, 그리고 건설목표인 국가균형발전의 5가지 측면에서 평가한 결과 충청권 입지의 타당성이 입증되었다. 이후 컴퓨터시뮬레이션과 현지답사 및 관련 회의 등을 통하여 균형발전성, 개발가능성, 보전필요성 등 후보지 선정기준에 적합한 지역 중 인구 50만 명의 수용이 가능한 2,300만 평 규모의 개발이 용이한 충청권지역 중 진천음성지역(가), 천안지역(나), 연기공주지역(다), 공주논산지역(라) 등 4개 후보지가 선정되었다. 선정된 후보지에 대하여 각 시도와 관련 학회가 추천한 전문가 79인으로 구성된 평가위원회는 2004년 6월 21일부터 26일까지 후보지에 대한 비교평가를 실시하여 가장 높은 점수를 받은 연기공주지역을 최종 후보지로 선택하였다. 연기공주지역은 국가균형발전효과, 국내외에서의 접근성, 주변환경에 미치는 영향, 삶의 터전으로서의 자연조건 항목 등에서 전반적으로 높은 점수를 받았다.

그러나 순조롭게 진행되던 신행정수도 건설은 수도권이전반대국민연합과 서울시가 추축이 되어 신행정수도특별조치법에 대한 헌법소송을 냄으로써 암초에 걸리게 되었다. 2004년 10월 21일 헌법재판소는 신행정수도 건설을 위한 특별조치법이 헌법개정절차 없이 수도를 이전하는 것을 내용으로 하고 있으므로 헌법개정안에 대한 국민투표권을 규정한 헌법 제130조에 위반한다는 위헌결정을 내렸다. 이러한 판결로 인하여 신행정수도건설사업은 중단을 하게 되었고, 참여정부는 대책마련에 착수하였다.

정부는 '신행정수도의 건설을 위한 특별조치법 위헌결정에 따른 후속대책위원회'를 구성하고, 2004년 11월 18일 오전 10시에 공동위원장인 이해찬 국무총리 주재로 첫 회의를 개최하고, 11월 하순경부터 약 3개월간 후속대책에 대한 공론화를 집중적으로 추진하여, 마침내 국회 신행정수도후속대책 및 균형발전특위에서 '신행정수도후속대책을 위한 연기공주지역 행정중심복합도시 건설을 위한 특별법' 제정이라는 산출을 가져왔다. 동 법안은 2005년 2월 5일 정세균의원을 대표로 151명의 여야의원들이 공동으로 발의하여 건설교통위원회에 회부하여 의결하였다. 본회의에 상정된 특별법안은 재석 177명 중 158인의 찬성으로 의결되었고, 3월 10일 정부에 이송되어 3월 15일 국무회의 심의를 거쳐 3월 16이리 대통령의 재가를 얻은 후 3월 18일 공포되었다.

행정중심복합도시특별법에 따라 4월 7일 민관의 공동위원장(국무총리, 민간위원장)과 27인의 위원으로 구성된 '행정중심복합도시건설추진위원회'를 만들었다. 건설교통부장관은 국토의 중심부에 위치하여 국가균형발전과 지역성장효과를 달성할 수 있는 충청남도 금남면, 남면, 동면과 공주시 장기면, 반포면 일원 2,212만평을 행정도시 건설예정지역으로 지정 고시하고, 행정도시건설사업의 마스터플랜을 제시하는 건설기본계획(2005.5.-2006.7.)을 수립하였으며, 개발사업을 추진하기 위한 집행조직으로 '행정중심복합도시건설청'을 2006년 1월 5일 개청하였다. 그리고 행정자치부장관은 12부 4처 2청 등 총 49개 기관을 이전하는 중앙행정기관 등의 이전계획을 2005년 10월 5일 수립하였다.

행정중심복합도시 건설은 기본계획(2006.7)과 개발계획(2006.11) 수립과정에서 국제공모를 시행하고 도시건설의 수요자를 계획수립과정에 참여시키는 등 개방형 계획수립체계로 출발하였다. 사업시행자로 선정된 한국토지공사는 토지보상을 2005년 12월에 착수하여 2006년 말 96.7%의 실적을 달성하여 1년 만에 토지보상을 거의 마무리하였다. 이후 행정중심복합도시건설청은 2006년에 중심행정타운과 첫마을사업 등 선도사업을 적극 추진하였다. 그리고 도시명칭 제정, 행정도시의 법적 지위 및 행정구역 검토착수 등을 통해 자치단체 설립의 기반을 마련하였다. 예컨대 국민공모(06.7-9), 국민선호도조사(06.11-12, 2회), 명칭제정심의원회 및 추진위원회 심의 등을 거쳐, 2006년 12월 도시명칭을 '세종(Sejong)'으로 확정 고시하였다(정책기획위, 2008: 213-227).

② 혁신도시 건설

참여정부는 수도권 과밀과 지방침체로 야기된 국토양극화를 극복하기 위하여 국토를 수도권 일극집중구조에서 다핵분산구조로 개편하는 국가균형발전을 국정과제로 채택하였다. 특히 공공기관의 기능적 특성과 지역전략산업을 연계하여 지역발전의 토대를 구축하고자 혁신도시를 건설하여 공공기관을 지방으로 이전하도록 하였다. 이러한 공공기관 이전은 다음과 같은 성격을 가지고 있다(정책기획위, 2008: 240-241).

첫째, 175개 기관을 지방으로 이전하는 대규모 국책과제이다. 이전대상기관에는 중앙공무원교육원, 기술표준원 등 정부소속기관 67개, 한국전력, 한국자산관리공사 등 정부투자출자기관 26개, 한국해양연구원, 한국정보보호진흥원 등 정부출연기관 53개, 보훈복지의료공단, 국민연금관리공단 등 기타 개별 공공법인 29개 등 여러 유형의 공공기관들이 포함되어 있다.

둘째, 국가균형발전을 원래 대의명분이 있는 정책이나, 실천에는 많은 마찰이 수반되는 복잡한 갈등과제이다. 정부(관련 부처)와 이전기관(경영진, 노조), 지자체(수도권과 비수도권, 광역과 기초)간에 이전여부와 이전지역 등에 있어서 견해를 달리하는 다차원적 갈등구조를 형성하고 있다.

셋째, 행정중심복합도시 건설 및 수도권 발전대책 등과 연계하여 수도권의 과밀해소와 질적 발전의 계기를 마련하고 지방에는 새로운 성장동력을 제공하여 수도권과 지방의 상생발전을 도모하는 공동과제이다.

넷째, 과거와 달리 특별법에 명시된 근거에 의해 추진되는 법적 과제이다. 과거 3차례(73, 80, 90)에 걸쳐 추진된 공공기관 지방이전은 대통령이나 총리의 지시에 바탕을 두고 추진되었다. 그러나 참여정부의 공공기관 이전은 국가균형발전특별법에 근거를 두고 있다. 동법 제18조1항은 '정부는 공공기관의 수도권 집중을 억제하고 지역의 특성 있는 발전을 위하여 수도권 소재 공공기관의 지방이전시책을 추진해야 한다'고 명시하고, 동법 제18조 3항은 '관계 중앙행정기관의 장, 지자체의 장 및 이전대상 공공기관의 장은 공공기관 지방이전시책에 따른 공공기관별 이전계획수립 등 필요한 조치를 시행해야 한다'고 규정하고 있다.

참여정부가 출범 이후, 2003년 6월 12일 노무현대통령이 '국가균형발전을 위한 대구구상'발표를 통해 공공기관 지방이전 추진방침을 천명한 후, 관계부처회의와 국정과제회의 등을 통하여 공공기관 지방이전방안에 대한 본격적인 논의가 시작되었다. 그러나 헌법재판소에서 신행정수도특별법에 대한 위헌결정이 있은 후에 공공기관 지방이전에 대한 회의론이 확산되었으나, 정부는 공공기관 지방이전의 추진의지를 지속적으로 표명하였다. 이후 2005년 3월 2일 행정중심복합도시특별법이 통과하여 신행정수도 후속대책이 정리됨에 따라 공공기관 지방이전도 탄력을 받게 되었다. 공공기관 지방이전계획은 국가균형발전위원회(6월 23일) 및 국무회의(6월 24일) 심의를 거쳐 확정 발표되었으며, 또한 수도권발전종합대책을 6월 28일 발표하여 수도권과 지방의 상생발전의지를 재확인하였다.

참여정부는 공공기관의 지방이전을 위한 입지로 혁신도시 건설을 추진하였다. 2005년 7월 27일 정부에서는 '혁신도시 입지선정지침'을 시도에 제시하였고, 이 지침에 따라 각 시도는 혁신도시입지선정위원회를 구성하여 혁신도시 후보지를 선정하고 정부협의를 거쳐 혁신도시입지를 2005년 12월 발표하였다.

〈표 3-43〉 노무현정부의 시도별 혁신도시 선정현황

시 도	이전지역(면적)	이전대상 주요기관
충 북	진천군 덕산면, 음성군 명동면 일대 (275만평)	가스공사, 교육개발원 등 12개
전 북	완주군 이서면, 전주시 안성동 일대 (488만평)	토지공사, 지적공사 등 13개
광주전남	나주시 금천, 산포, 봉황면 일대 (380만평)	한전, 농업기반공사 등 18개
경 남	진주시 문산읍 소문리 일대 (106만평)	주공, 중소기업진흥공단 등 12개
부 산	영도구 동삼동, 해운대구 우동, 남구 문현동 (60.7만평)	자산관리공사, 해양연구원 등 12개
울 산	중구 우정동 일대 (84만평)	석유공사, 에너지관리공단 등 11개
경 북	김천시 농소, 남면 일대 (170만평)	도공, 교통안전공단 등 13개
대 구	동구 신서동 일대 (132.8만평)	가스공사, 한국감정원 등 12개
강 원	원주시 반곡동 일대 (105만평)	관광공사, 석탄공사 등 13개
제 주	서귀포시 서호동 일대 (18.5만평)	공무원연금관리공단, 기상연구소 등 9개

자료: 정책기획위(2008: 231).

이처럼 혁신도시의 입지선정을 한 후에 2006년 2월 21일 전주에서 혁신도시건설보고회를 열어 혁신도시의 개발방향을 제시하였고, 4월 10일에는 혁신도시 개발기본구상 수립방향을 발표하였으며, 12월말부터 시도별로 혁신도시 개발기본구상을 수립하였다.

③ 기업도시 건설

그동안 우리나라는 경제성장과정에서 인구뿐 아니라 산업의 수도권 집중으로 지방의 산업여건이 약화되는 현상이 초래되었다. 이러한 상황을 인지한 전경련은 기업의 지방투자 확대를 유도하기 위하여 2013년 10월 17일 기업도시 건설을 제안하였고, 2004년 6월 15일 외국사례조사 등 기본조사를 토대로 기업도시포럼을 개최한 후 특별법 제정을 정부에 건의하였다.

또한 전경련의 건의와 수도권 집중문제의 심각성을 인식하고 있던 건설교통부는 2004년 6월 건교부차관을 위원장으로 관계 전문가와 관계부처 국장급 등이 망라된 '기업도시실무위원회'를 구성하였고, 국가균형발전위원회와 논의를 거쳐 지역 및 도시와의 협력을 통해 기업의 가치창출을 극대화할 수 있는 기반을 다질 수 있도록 '기업도시특별법안'을 2004년 6월에 마련하였다. 동 법안은 관계기관, 전문가, 시민단체 등과의 협의를 거쳐 같은 해 12월 9일 국회를 통과하여 12월 31일 공포하였다.

기업도시특별법이 공포됨에 따라 건교부는 2005년 5월 6일 시범사업 선정 등 기업도시에 관한 중요 정책을 심의 의결할 수 있도록 국무총리를 위원장으로 하고 관계부처 장관을 당연직으로 그리고 건교부장관이 위촉하는 민간위원이 참여하는 '기업도시위원회'를 구성하였다.

정부는 2005년 7월 8일 제2차 기업도시위원회를 개최하여 기업도시 시범사업지역으로 신청받은 8개 지역 중 전남 무안(산업교역형), 충북 충주와 강원 원주(지식기반형), 전북 무주(관광레저형) 등 4개 지역을 선정하였고, 경남 사천(관광레저형)과 경남전남의 하동광양(관광레저형) 등 2개 지역을 탈락시켰다. 그리고 평가점수에서 최고점수를 받은 충남 태안(관광레저형)과 매우 우수한 점수를 취득한 전남 영암해남(관광레저형)은 7월 25일 제2차 기업도시위원회를 열어 시범지역으로 추가 선정하였다.

〈표 3-44〉 노무현정부의 기업도시 시범지역 선정현황

시범지역	유 형	사업개요	투자규모 (억 원)
전남 무안	산업교역형	항공물류, 관광휴양, 산업 및 주거단지조성 (1,220만평/ 05-11년)	27,370억 원
충북 충주	지식기반형	테크노폴리스센터, 실버타운 클리닉센터 등 (210만평/ 05-12년)	3,086억 원
강원 원주	상 동	첨단의료, 건강바이오, 문화콘텐츠단지 등 (100만평/ 06-15년)	1,603억 원
전북 무주	관광레저형	워터파크, 골프장, 콘도, 메디컬 웰빙센터 등 (245만평/ 05-15년)	18,795억 원
충남 태안	상 동	테마파크, 생태공원, 골프장, 주거단지 등 (473만평/ 05-11년)	20,357억 원
전남 영암해남	상 동	미라나, F1경기장, 호텔, 카지노, 주거단지 등 (1,000만평/ 06-12년)	105,241억 원
계	6개		176,452억 원

자료: 국가균형위(2005: 32), 정책기획위(2008: 249).

이러한 기업도시는 민간기업이 지역 및 도시와 협력하여 지역과 도시 개발에 주도적으로 참여함으로써 기업의 국내투자를 확대하고 지역경제의 활성화를 통한 국가균형발전을 제고하기 위한 사업으로서, 산업, 연구, 관광레저, 업무 등 경제활동을 위한 주된 기능은 물론 주거, 교육, 의료, 문화 등 지역주민의 삶의 질을 높이기 위한 자족적 복합기능을 함께 갖추는 도시개발모델이다.

기업도시는 기업특성화전략과 연계되도록 네 가지 유형으로 개발된다. 첫째, 전남 무안의 산업교역형 기업도시는 산업생산과 교역기능을 주목적으로 기업유치와 신규 고용창출을 통해 지역이 스스로 성장할 수 있는 기반을 마

련하기 위한 것이다. 둘째, 충북 충주와 강원 원주의 지식기반형 기업도시는 다수의 학교, 연구소, 벤처기업 등이 입지하여 산업과 연구기능을 모두 갖춘 복합도시이다. 셋째, 전북 무주, 충남 태안, 전남 영암해남의 관광레저형 기업도시는 정부기능과 관광기능을 기본기능으로 지역의 특성을 감안하여 스포츠, 휴양, 문화오락기능이 선택적으로 개발된다. 마지막으로, 지역혁신거점 육성을 목적으로 하는 혁신거점형 기업도시는 인근도시, 산업단지, 대학 등과의 연계성을 강화할 수 있는 위치에 조성된다. 특히 공공기관 지방이전을 통해 균형발전효과를 극대화할 수 있는 지역을 우선적으로 고려하여 선정할 예정이다.

건교부는 기업도시 시범지역을 개발하기 위하여 최대 총 17조 6,425억 원을 투자할 계획이다. 이렇게 투자하여 만들어지는 기업도시는 지역의 생산과 연구 및 교육기능이 집적된 혁신클러스터로 발전하여 지역혁신의 거점으로 낙후지역의 경제활성화와 지역균형발전에 기여할 것으로 기대하고 있다(정책기획위, 2008: 242-249).

4. 정책성과

지역발전정책성과는 다양한 영역별로 정책을 결정하여 집행한 결과를 말한다. 이의 성과지표는 지역경제와 지역산업 및 과학기술 측면에서 지역내총생산(GRDP), 인구, 일자리(고용), 사업체, 연구개발투자와 특허 등을 들 수가 있다.

<표 3-45> 노무현정부(2003-2007)의 지역발전정책성과

지표 \ 연도	2003		2004		2005		2006		2007	
	수도권	비수도권	수도권	비수도권	수도권	비수도권	수도권	비수도권	수도권	비수도권
지역내 총생산 (조원)	379	393	400	430	501	538	530	561	560	591
인구 (천명)	22,951	25,436	23,215	25,364	23,465	25,317	23,712	25.280	23,963	25,305
일자리 (고용) (천명)	10,554	7,586	10,897	11,662	11,135	11,724	11,363	11,790	11,596	11,837
사업체 (천개)	169	157	169	158	173	160	174	167	170	162
연구 개발비 (십억원)	12,418	6,650	14,490	7,690	15,427	8,728	17,340	10,005	20,123	11,175
특허 (개)	69,561	20,452	81,344	23,599	96,850	25,290	96,651	29,7298	90,754	37.835

자료: 통계청, 지역소득계정, 주민등록인구, 경제활동인구조사, 전국사업체통계조사 각 년도
미래창조과학부, 연구개발활동조사 각 년도
특허청, 지식재산권통계조사 각 년도
지역발전위(2017: 417-454: 2014: 4-116).
지역발전위, 한국산업기술평가관리원(2017: 12, 46, 62, 96, 110, 116)

첫째, 지역내총생산(GRDP)- 노무현정부 출범 첫해인 2003년에 수도권과 비수도권의 GRDP는 각각 379조, 393조였으나, 2007년에는 각각 560조, 591조로 증가를 하였다. 특히 수도권보다는 비수도권에서의 GRDP 증가가 크게 나타나고 있다. 이는 노무현정부에 들어와 시작한 지역혁신체계 구축과 이를 실현하기 위한 혁신클러스터사업과 여기에 연계된 지역특화산업과 지역전략산업 육성 및 지역대학과 지역과학기술 진흥, 그리고 지역혁신거점 확충 등을 통한 지역경제성장이 이루어졌기 때문이다. 다만, 지역별 GRDP 변화는 수도권에 비해 비수도권의 성장이 낮게 나타나고 있는데, 이는 권역별 지역 간 성장격차가 상이하기 때문이다.

〈표 3-46〉 노무현정부의 지역별 지역내총생산증가율

권역	전국	수도권	비수도권	충청권	호남권	대경권	동남권	강원권	제주권
연도 (2003-2007)	4.4	4.5	4.1	7.3	3.0	4.4	3.4	3.4	3.0

자료: 통계청, 지역소득계정 각 년도
지역발전위(2013: 415; 2017: 49)

둘째, 인구- 노무현정부의 수도권과 비수도권의 인구는 2003년 각각 22,951천명, 25,436천명에서 2007년 각각 23,963천명, 25,305천명을 완만한 증가를 하고 있고, 다만 수도권의 인구증가가 보다 크게 나타나고 있다. 그렇지만 비수도권에서의 인구가 감소하지 않고 있는 것은 혁신도시와 기업도시 및 과학기술특구와 같은 지역성장거점의 육성과 지역산업 육성 등의 영향을 받은 것으로 보인다. 하지만 비수도권지역의 인구증가율을 보면 충청권과 제주도를 제외하고는 감소를 하고 있다.

〈표 3-47〉 노무현정부의 지역별 인구증가율

권역	전국	수도권	비수도권	충청권	호남권	대경권	동남권	강원권	제주권
연도 (2003-2007)	0.43	1.08	-0.75	0.65	-0.75	-0.41	-0.09	-0.45	0.30

자료: 통계청, 인구이동통계 각 년도
지역발전위(2013: 419; 2017: 435)

셋째, 일자리(고용)- 노무현정부의 수도권과 비수도권의 일자리 변화는 2003년 각각 10,554천명, 11,586천명에서 2007년 각각 11,596천명, 11,837천명으로 완만하게 증가하고 있다. 이는 지역산업 육성과 지역성장거점 확충 등에 기인한다. 그러나 지역별 일자리증가율은 수도권이 비수도권에 비해 증가세가 크고, 충청권과 동남권을 제외하고 다른 권역의 일자리증가세는 약하게 나타나고 있다.

〈표 3-48〉 노무현정부의 지역별 일자리증가율(천명)

권역	전국	수도권	비수도권	충청권	호남권	대경권	동남권	강원권	제주권
연도 (2003-2007)	253	230	23	28	-12	-6	11	-2	4

자료: 통계청, 경제활동인구조사 각 년도
지역발전위(2013: 423; 2017: 439)

넷째, 사업체- 노무현정부의 수도권과 비수도권의 사업체 변화는 2003년 각각 167천개, 157천개에서 2007년 각각 170천개, 162천개로 모두 증가를 하고 있다. 이는 정부가 추진한 조세특례 등을 통한 수도권기업 이전정책과 혁신클러스터를 통한 지역산업육성정책 등이 영향을 주었다고 볼 수 있다. 다만 지역별로 사업체수의 증가추세가 상이하게 나타나고 있다. 가장 높은 곳은 충청권으로 나타나고 있다.

다섯째, 연구개발(연구개발비와 특허)- 노무현정부의 수도권과 비수도권의 연구개발활동은 수도권 집중현상이 존재하지만 비수도권의 활성화가 이루어지고 있다. 이를테면 수도권과 비수도권의 연구개발비를 보면 2003년 각각 12,418억 원, 6,650억 원에서 2007년 각각 20,123억 원, 11,175억 원으로 모두 증가를 하고 있다. 이러한 수도권과 비수도권에서의 투입요인으로 연구개발증가는 산출 측면에서 특허출원을 증가시키고 있다. 수도권과 비수도권의 특허출원은 2003년에 각각 69,561개, 20,452개에서 2007년에 각각 90,754개, 37,865개로 증가를 하였다. 특히 특허에서 비수도권에서의 성과가 향상되고 있는 것을 발견할 수 있다.

이처럼 비수도권에서의 연구개발활동이 증가를 하고 있는 것은 노무현정부에서 처음 도입한 지역혁신체제와 혁신클러스터사업을 통한 지방소재의 공공기관과 대학을 통한 연구개발과 산학연 연구개발이 활성화되고 연구개발특구와 같은 지역R&D거점 구축 등의 영향이 나타났다고 볼 수 있다.

제4절 이명박정부시기에 지역발전의 역사적 맥락과 제도 및 정책

1. 제도와 정책의 역사적 맥락

이명박정부에서 제도와 정책을 형성하거나 변화시키는 역사적 동인으로는 지역환경변화, 지역정책의 세계적 흐름, 과거지역정책의 검토와 반성, 그리고 현 정부의 국정철학과 국정과제 등을 들 수가 있는데, 이들을 상술하면 다음과 같다(지역발전위, 2008: 10-27).

1) 지역환경변화

이명박정부가 직면한 세계사적 변화는 이전 정부에 이어서 세계화, 지식정보화, 지구온난화 등 지구적 환경문제의 대두, 국제관계의 다원화, 인간중심의 보편적 가치 확산 등과 같은 문명사적 전환기의 복합적 도전에 능동적으로 대응할 필요가 있었다.

세계화의 진전과 지식기반경제로의 이행 등으로 국경보다 지역이 강조되고, 규모의 경제를 위한 수평적 연계협력과 개방형 네트워크가 강조되었다.

2) 지역정책의 세계적 흐름

20세기 후반 이후 세계 각국은 지역의 경쟁력이 곧 국가경쟁력을 좌우하는 시대라는 인식하에 지역의 경쟁력을 확보하고, 지역간 연계 · 협력으로 새로운 발전과 통합의 전기를 마련하기 위해 광역화와 분권화를 동시에 추진하고 있다(한국은행, 2008: 지역발전위, 지식경제부, 2009: 1-2).

예컨대 프랑스는 1990년 국토경쟁력개발 장관회의에서 광역권 구상을 제시한 이후, 2000년에 국토 및 지역계획단(DATAR)의 '2020년 프랑스 장기발전

구상 보고서'에서 96개 데파르망을 22개 레지옹으로 그리고 이것을 다시 6개 슈퍼레지옹이란 광역경제권을 제시하고 광역자치권의 강화를 추진하였다. 6개 광역경제권은 Grand Est, Grand Sud-Est, Grand Sud-Quest, Grand Quest, Nord, Bassin Parisien이며 평균면적은 9.1만km^2, 평균인구는 10.2백만명 규모이다.

영국은 1998년에 제정된 지역개발기관법(Regional Development Agencies Act)을 토대로 42개 카운티를 9개 광역경제권으로 구분하고 각 권역에 지역개발 정책을 담당하는 지역개발청(RDA)을 설치하였다. 9개 광역경제권은 North East, North West, Yorkshire & The Humber, East Midlands, West Midlands, East of England, London, South East, South West이며 평균면적은 1.4만㎢, 평균인구는 5.6백만 명 규모이다.

또한 일본은 2005년 국토형성계획법을 토대로 47개 도도부현을 8개 광역지방계획권으로 구분하고 지방주권성격의 도주제 도입 및 지방분권 강화를 추진하였다. 8개 광역지방계획권역은 수도, 근기, 중부, 동북, 북릉, 중국, 서국, 구주이며, 평균면적은 4.7만㎢, 평균인구는 16.0백만 명 규모이다.

3) 과거지역정책의 검토와 반성

지금까지 존재하여 온 지역발전의 현황과 문제점을 보면 첫째, 수도권 집중과 수도권 정책을 둘러싼 갈등이 심화되어 왔다. 지역 간 발전격차를 나타내는 지표인 인구집중은 국토면적의 11.8%를 차지하는 수도권이 전국인구의 46.8%가 분포하고 있고, 수도권에는 인구 외에도 풍부하고 다양한 고용기회, 질 높은 서비스, 정치와 경제권력, 문화예술 등이 집중되어 있다.

둘째, 지역 간 발전격차가 지속되어 왔다. 산업활동을 나타내는 제조업체 사업체수와 종사자수는 1990년까지 수도권의 비중이 증가하였으나 이후부터는 둔화추세이나 여전이 집중이 존재한다. 예컨대 사업체수 비중(%)은 53.1(1985) ⇒ 55.2(1995) ⇒ 57.0(2000) ⇒ 56.9(2006)으로, 그리고 종사자수 비중(%)은 45.9(85) ⇒ 46.4(95) ⇒ 46.6(00) ⇒ 46.4(06) 등으로 나타나고 있다. 지역내총생산은 1990년대 중반 이후 안정화되는 추세를 보이고 있으나 수도권의 비중은 타지역에 비해 높은 편이다. 예컨대 수도권의 비중은 43.3%(85) ⇒ 47.7(95) ⇒ 47.8(00) ⇒ 47.7(06) 등이다. 우리나라 지역내총생산(GRDP)의 지역 간 격차는 선진국에 비해 큰 수준이다. 2003년기준 한국의 지니계수는 0.18로 OECD국가 평균 0.15보다 높다. 그리고 교육, 문화, 복지, 의료 등 기본적인 삶의 질 관련 인프라 및 서비스의 지역 간, 도농 간 격차가 지속되고 있다.

셋째, 지역의 글로벌 경쟁력이 취약하다. 우리나라의 지역 중에서 수도권 외에는 글로벌 경쟁력을 갖춘 지역이 부재하였다. OECD회원국의 324개 지역 중에서 수도권은 인구 3위, 지역총생산 9위로 세계유수의 지역과 경쟁 가능한 역량을 보유하고 있으나, 동남권은 인구 29위와 지역총생산이 49위에 불과하다. 그리고 도시의 종합적인 삶의 질 수준은 선진국은 물론 아시아권에서도 하위에 위치하여 있다. Mercer(08년)의 세계 215개 도시의 삶의 질 조사에서 서울은 86위로 싱가포르 32위, 도쿄 35위, 오사카 44위, 홍콩 70위, 쿠알라룸푸르 75위, 타이페이 84위보다 낮게 평가되고 지방도시인 여수는 112위, 울산은 113위로 더 낮게 평가되고 있다.

<표 3-49> OECD국가의 324개 지역과 국내지역 비교

(단위: 순위)

경제권역	면적	인구	지역총생산(GRDP)	1인당지역총생산(GRDP)
수도권	247	3	9	213
동남권	241	29	49	81
대경권	186	60	79	216
호남권	180	61	81	221
충청권	212	70	74	194
강원권	211	208	195	224
제주권	311	294	290	232

자료: OECD.Stat에서 추출하여 계산. 지역발전위(2008: 23).
주: 면적은 2005년, 인구 및 지역총생산은 2004년 기준.

이처럼 그동안의 지역발전과정에서 여러 가지 문제점이 존재하는 상황에서 과거의 균형발전정책을 평가하여 보면 다음과 같은 문제가 발견되었다. 첫째, 광역화와 분권화 등 메가트랜드 대응이 부족하였다. 지역의 경쟁력이 국가의 경쟁력을 좌우하는 시대를 맞아, 위에서 살펴본바와 같이 세계 각국은 지역경쟁력 확보를 위해 광역화와 분권화를 적극 추진하고 있다. 그러나 우리나라는 글로벌 시각보다는 국내 관점에서 지역 간 키맞추기와 100년 전의 행정구역에 고착된 소지역이기주의가 팽배하여 지역의 발전역량과 경쟁력이 미흡한 상태에 있었다.

둘째, 균형발전정책의 동시다발적 추진과 성과가 미흡하다. 수도권 기능의 지방분산과 지방육성을 위한 지역균형발전정책을 동시다발적으로 추진하였다. 예컨대 중앙정부가 균형발전 차원에서 추진하는 행정중심복합도시, 혁신도시, 기업도시, 지역전략산업 육성 등에 대한 지방의 기대감이 높았으나 지역경제 활성화와 지역발전 등의 가시적인 성과창출은 미약하게 나타났다.

셋째, 분권이 없는 국가균형발전정책으로 신중앙집권주의가 초래되었다. 지역정책의 권한이 중앙정부에 집중되어 중앙의존성이 심화되고 지역 간 예산 확보경쟁이 심화되는 등 지역의 자구적이고 자조적 노력이 저해되었다. 이를테면 중앙정부 주도의 하향식 정책 수립 및 집행으로 지역의 참여가 형식적이고 자율성 발휘에 한계가 존재하였다. 또한 중앙부처에서 경쟁적으로 지역개발사업을 기획하고 추진하는 과정에서 목적과 내용이 유사한 사업들이 중복 추진되는 비효율성이 나타났다. 예컨대 국가권형발전특별회계의 경우 200개가 넘는 소규모 사업에 칸막이식 개별적 추진으로 성과창출이 미흡하였다.

넷째, 불합리한 수도권 규제로 지역 간 갈등이 심화되었다. 중앙정부가 강력한 국가균형발전정책을 추진하였으나 지역 간 불균형이 지속되는 가운데 수도권과 비수도권 간의 대립이 심화되어 왔다 지역 간 형평성을 중시한 정책추진으로 무임승차 기대가 유발되고 균형발전정책을 둘러싸고 수도권과 지방 간에 반목이 증폭되었다.

4) 이명박정부의 국정철학과 국정과제

이명박정부는 기존 지역발전정책의 한계를 극복하고 시대환경변화에 적응하기 위한 시대정신으로 '발전과 통합'을, 국가비전으로 '선진화를 통한 세계일류국가 건설'을, 그리고 국정목표로 신발전체제 구축을 제시하고, 이들을 달성하기 위한 5대 국정기조와 20대 국정전략 및 100대 국정과제를 설계하였다.

〈표 3-50〉 이명박정부의 국정철학과 국정과제

구 분	내 용
시대정신	발전, 통합
국가비전	선진화를 통한 세계일류국가
국가목표	신발전체제 구축
국정기조	섬기는 정부, 활기찬 시장경제, 능동적 복지, 인재대국, 성숙한 세계국가
국정전략	5개 국정기조 별 4개 국정전략, 총 20개
국정과제	20대 국정전략별 5개 과제, 총 100개

노무현정부에 이어 들어선 새 정부에서는 대한민국의 역사를 건국⇒ 산업화⇒ 민주화를 이어져온 발전과 통합의 역사로 인식하고, 세계사적 변화와 국민적 요구에 적응하기 위하여 경제와 삶의 선진화와 국제규범의 능동적 수용과 창출을 통한 세계일류국가를 국가비전으로 제시하였다. 이러한 비전을 달성하기 위해서는 국가 주도의 '선 성장, 후 복지'의 양적 성장과 대량생산체제와 낮은 신뢰사회를 특징으로 하는 산업화단계의 발전체제에서 새로운 발전체제로의 전환이 요구된다고 하면서, 국가와 사회 간의 시너지 협력을 통한 발전과 성장과 복지 간의 선순환구조를 구축하는 질적 성장, 법치의 준수하에 다원주의 가치와 개성 및 창의를 존중하고 글로벌표준과 국가표준의 조화 및 높은 신뢰사회를 강조하였다.

그리고 국가비전과 국가목표를 보다 구체화한 국정기조와 국정전략 및 국정과제를 제시하였다. 5개 국정기조로는 섬기는 정부, 활기찬 시장경제, 능동적 복지, 인재대국, 성숙한 세계국가이고, 국정운영방향 실현을 위해 5대 국정기조별로 4개 국정전략을 수립하여 20대 국정전략을 제시하였다. 국정전략 이행을 위한 정책과제로 20대 전략별로 5개 과제를 제시하여 100대 국정과제를 설정하였는데, 이러한 국정과제에서 지역발전정책과제를 도출할 수 있다.

〈표 3-51〉 이명박정부의 국정기조와 국정전략 및 지역발전정책과제

5대 국정기조	20대 국정전략	관련 지역발전정책과제
기조1: 섬기는 정부	전략1: 알뜰하고 유능한 정부 전략2: 지방분권 확대와 지역경제 활성화 전략3: 법과 원칙을 지키는 신뢰사회 구현 전략4: 안심하여 살 수 있는 안전한 나라	전략2 - 지방정부의 권한확대(과제7) - 광역경제권 구축(과제8) - 지방재원 확충(과제9)
기조2: 활기찬 시장경제	전략5: 투자환경 획기적 개선 전략6: 규제 대폭감축 전략7: 녹색성장으로 새로운 일자리 창출 전략8: 신성장동력과 서비스산업 육성	전략5 - 외국인투자 유치활성화(과제24) - 경쟁력 있는 중소기업 육성(과제25) 전략6 - 규제합리화로 수도권과 지방의 상생발전(과제30) 전략8 - 돈버는 농림수산업(과제36) - 국토를 개방형으로 재창조(과제40)
기조3: 능동적 복지	전략9: 모든 국민을 위한 평생복지 기반 마련 전략10: 맞춤형 복지 실현 전략11: 서민생활과 주거안정 전략12: 국민모두의 일을 통한 보람	전략9 - 체감할 수 있는 복지서비스와 기초안전망 구현(과제45) 전략10 - 믿고 맡길 수 있는 보육환경 조성(과제46) 전략12 - 사회적 기업 육성(과제60)
기조4: 인재대국	전략13: 학교교육의 자율성과 다양성 확대 전략14: 교육복지 확대 전략15: 세계적 수준의 우수인재 양성 전략16: 미래를 이끌 과학기술 발전	전략15 - 대학과 연구기관의 역량강화 전략16 - 과학기술투자의 전략적 확대(과제76)
기조5: 성숙한 세계국가	전략17: 한반도의 새로운 평화체제 구축 전략18: 국익우선, 세계기여, 실용외교 수행 전략19: 굳건한 선진안보체제 구축 전략20: 품격있고 존중받는 국가	

2. 제도와 기구

이명박정부는 이전 정부인 노무현정부에서 추진한 균형패러다임의 국가균형발전정책을 추진하기 위한 지역발전의 제도와 기구가 자신들이 새로운 지역발전패러다임으로 제시한 '광역화, 특화, 분권, 협력(상생발전)'이라는 핵심 기조에 적실하지 않다고 보고 국가균형발전을 지역발전으로 바꾸는 작업을 하였는데, 하나는 통치제도들인 국가균형발전특별법을 전면개정하였고, 다른 하나는 통치기구인 지역발전정책의 추진체계를 개편하였다.

1) 지역발전의 통치제도: 국가균형발전특별법 전면개정

이명박정부는 지역발전의 패러다임을 기존 정부의 균형 · 혁신 · 분산에서 상생 · 경쟁 · 분권으로 전환시키고 이를 뒷받침하기 위해 노무현정부의 국가균형발전특별법을 전면개정하는 작업을 하였다(지역발전위, 2008: 15-16).

노무현정부에서 대통령직속으로 만든 국가균형발전특별위원회(이하, 균형발전위)가 새로이 집권한 이명박정부의 지역발전정책을 수행하기 위하여 2008년 7월부터 2009년 9월까지 추진한 국가균형발전특별법의 추진경과는 다음 표와 같다.

<표 3-52> 이명박정부의 국가균형발전특별법 전면개정 추진경과

구 분	추진경과
국가균형발전특별법 전면개정법률안 (균형발전위, 정부안 마련)	08.7.21. 균형발전위, 1차 지역발전전략보고회의에서 신지역발전전략 확정 08.7.-9. 국가균형발전특별법 개정안 마련 및 관계부처 협의 08.9.10. 지역발전전략 2차 보고대회 08.9.25.10.15. 입법예고 08.10. 국가균형발전위 심의의결 08.10.30. 차관회의 심의 08.11.4. 국무회의 심의 08.11.6. 국가균형발전특별법 전면개정법률안 국회 제출
국가균형발전특별법 전면개정법률안 (국회심의)	08.12.3. 국회 지식경제위원회 상정 및 공청회 개최 08.12.8. 국회 지식경제위원회 대체토론 08.12.11. 지식경제위원회 법안심사소위원회, 정부안을 다른 안건과 병합심의키로 결정 08.12.15. 지역발전전략 3차 보고대회 09.1.6. 2월 임시국회에서 여야간 합의처리키로 결정 09.2.10. 지식경제위원회 법률안심사소위원회 협의 09.3.2. 여야정 협의회 개최 및 상정합의 cf, 법명 현행유지(국가균형발전특별법) 09.3.3. 지식경제위원회 법률안심사소위원회, 전체회의 법제사법위원회 전체회의 상정 및 의결 cf. 그러나 21:00경 개회된 본회의가 지연되어 2월 임시국회 회기(3.3일 24:00)가 종료되면서 균특법개정안 처리불발. 09.4.1. 부칙상 시행일을 '공포한 날'로 바꾼 수정안(이종혁의원발의)와 5+3광역경제권을 반영한 수정안(김동철의원발의)이 국회본회의에서 제출, 심의-이종혁의원안만 통과 09.4.1. 한나라당과 민주당이 '5+3 광역경제권 설정'요구 09.4.3. 국가정책조정회의(총리주재)에서 광역경제권 논의 09.4.7. 국가균형발전위원회 개최 및 논의 09.4.8.-4.21. 지경위 여야간사 합의에 따라 지경위 위원(25인) 대상으로 개별방문 및 '5+2 불가피성' 설명 09.4.22. 국가균형발전특별법 개정법률 공포 09.4.27. 지역발전전략 4차 보고대회
국가균형발전특별법 시행령개정안 (균형발전위)	09.4.29.-5.6. 균형발전위, 균특법 시행령개정안 입법예고 09.5.21. 차관회의 심의 09.5.26. 국무회의 심의 09.5.29. 균특법 시행개정령 공포 09.9.16. 지역발전전략 5차보고대회 09.12.2. 지역발전전략6차보고대회

자료: 지역발전위(2013a: 21-22).

지역발전위가 제시한 법 개정의 배경을 보면, 정부는 2008년 7월 21일 지역발전정책 기본구상과 전략을 통해 광역경제권, 지역특화, 연계 · 협력, 상생발전 등을 주요 내용으로 하는 지역발전정책을 발표하였는데, 기존 정부의 국가균형발전특별법은 새로운 지역발전패러다임을 효과적으로 뒷받침하는 데 한계가 있다고 보아 광역경제권 구축 등 새로운 지역발전전략의 추진에 필요한 관련 계획수립과 추진기구 및 재정지원 등의 법적 근거 마련이 필요하였다.

국가균형발전특별법의 주요 개정내용은 다음과 같다(지역발전위, 2008: 109-111).

첫째, 지역발전목표로 헌법상의 균형발전 취지와 광역화, 특화, 자율, 협력의 정책방향을 명확히 제시하였다.

〈표 3-53〉 기존법과 개정법의 목표와 정의 비교

항목	기존법(국가균형발전특별법)	전면개정법(지역발전특별법)
목적	지역 간 불균형 해소 및 지역혁신발전을 통해 자립형 지방화를 촉진하여 전국이 개성 있게 골고루 잘 사는 사회건설	지역특성에 맞는 발전과 지역 간 연계와 협력을 통해 지역경쟁력을 제고하고 주민의 삶의 질을 향상시켜 지역 간 균형 있는 발전에 기여
정의	국가균형발전, 지역혁신, 지역혁신체계, 지역전략산업, 낙후지역, 농산어촌, 공공기관	지역발전, (삭제) (삭제) 지역전략산업, 지역선도산업 3차원 공간(기초생활권, 광역경제권, 초광역개발권), 성장촉진지역, 특수상황지역, 농산어촌, 공공기관

둘째, 지역발전추진기구를 개편하여 국가균형발전위원회를 지역발전위원회로 명칭을 변경하고 광역경제권별로 광역경제권발전위원회를 설치하였다.

〈표 3-54〉 기존법과 개정법의 추진기구 비교

항목	기존법(국가균형발전특별법)	전면개정법(지역발전특별법)
중앙	국가균형발전위원회(위원회) 국가균형발전기획단(위원회내) 국가균형발전지원단(지경부내)	지역발전위원회(위원회) 지역발전기획단(위원회내) 지역발전지원단(지경부내)
지방	시도 지역혁신협의회(법정기구) 시군구 지역혁신협의회(임의기구)	광역경제권발전위원회(법정기구) 시도 지역발전협의회(임의기구) 시군구 지역발전협의회(임의기구)

셋째, 지역발전계획에서 국가균형발전5개년계획을 지역발전5개년계획으로 변경하고, 부문별 발전계획과 시도별 지역혁신계획으로 구성된 계획체계를 부문별 발전계획과 광역경제권발전계획으로 대체하였다.

〈표 3-55〉 기존법과 개정법의 계획내용 비교

항목	기존법(국가균형발전특별법)	전면개정법(지역발전특별법)
발전계획	국가균형발전계획 수립 (국가균형발전위)	지역발전5개년계획 수립 (지역발전위)
부문계획	부문별 국가균형발전계획 및 시행계획 수립 (법정계획- 중앙부처)	부문별 지역발전계획과 시행계획 수립 (법정계획- 중앙부처)
지역계획	지역혁신발전계획 수립 (법정계획- 시도)	광역경제권발전계획 수립 (법정계획- 광역발전위원회) 초광역개발권구상, 시도발전계획, 기초생활권발전계획 수립(임의계획)

넷째, 지역발전추진시책에서는 새로운 지역발전정책을 반영하여 주요 시책을 수정하고, 현재 나열식 규정을 부문별로 체계화하고 특별회계와 연계를 하였다.

〈표 3-56〉 기존법과 개정법의 추진시책 비교

항목	기존법(국가균형발전특별법)	전면개정법(지역발전특별법)
주요 시책	· 지역혁신체계의 구축 · 지역전략산업의 선정, 육성 · 지역과학기술 진흥 · 지방대학 육성 · 지역정보화 촉진 및 정보통신 진흥 · 지역문화관광 육성 · 낙후지역 및 농산어촌 개발 · 지역경제 활성화 촉진 · 공공기간, 대학 및 기업의 지방이전	· 국토의 다원적 개발과 지역발전역량 강화 · 지역산업 육성 등 지역경제 활성화 촉진 · 지역인력 양성과 과학기술 진흥 · 지역발전거점 육성과 교통물류망 확충 · 지역문화관광 육성 · 성장촉진지역 등의 개발 · 산업위기대응특별지역 지정, 지원, 해제 · 공공기관, 대학 및 기업의 지방이전

다섯째, 지역발전특별회계에서 현행 국가균형발전특별회계를 광역지역발전특별회계로 개편하고, 지자체 연계 · 협력사업 촉진을 위한 인센티브, 사업군단위의 포괄보조금, 예산편성절차의 간소화, 및 평가체계의 단일화 등을 추진하였다.

〈표 3-57〉 기존법과 개정법의 특별회계 비교

항목	기존법(국가균형발전특별법)	전면개정법(지역발전특별법)
명칭	국가균형발전특별회계 지역개발사업계정 지역혁신사업계정	광역지역발전특별회계 지역개발계정 광역발전계정 제주특별자치도계정

2) 지역발전의 통치기구: 지역발전거버넌스

이명박정부는 지역발전의 통치기구로 중앙단위에서 국가균형발전위원회를 지역발전위원회로 개편하였고, 지방단위에서는 광역권발전위원회를 설치하였는데, 이러한 지역발전정책의 추진체계인 지역발전거버넌스의 구체적 내용과 활동은 다음과 같다.

우선, 이명박정부는 국가균형발전특별법 제22조에 의거하여 중앙정부 차원에서 대통령직속으로 지역발전위원회라는 중앙지역발전거버넌스를 설치하였다. 동법 23조(조직)에 의하면 지역발전위원회는 위원장 1인을 포함한 30인 이내의 당연직 위원과 위촉위원으로 구성되는데, 그것의 1기와 2기 구성현황은 다음과 같이 정리할 수 있다.

〈표 3-58〉 이명박정부의 지역발전위원회 구성현황

구 성	1기(2008.5 - 2010.11)	2기(2011.3 - 2013.3)
위원장	1	1
당연직위원	9	9
: 중앙부처장관	지식경제부, 기획재정부, 교육과학기술부, 행정안전부, 문화체육관광부, 농림수산식품부, 환경부, 국토해양부, 보건복지부 등	동일
위촉위원	14	19
: 지방단체장	2	2
대학교수	7	10
국책연구기관	2	2
지방연구기관	1	0
경제단체	1	3
기업	1	2
총계(인)	24	29

자료: 지역발전위원회(2013a: 28) 수정.

그리고 국가균형발전특별법 제26조(지역발전기획단)와 제27조(지역발전지원단 등)에 의거하여 위원회의 사무를 처리하기 위하여 위원회 소속으로 지역발전기획단을 설치하였다. 동 기획단은 위원회의 회의준비와 안건작성 및 전문적인 조사연구 등을 위한 과업을 수행하도록 한다. 이러한 지역발전기획단의 업무를 지원하고 지방자치단체의 지역발전계획을 효과적으로 수립하여 시행할 수 있도록 지식경제부에 지역발전지원단을, 그 밖의 중앙행정기관에 지역발전지원팀을 둘 수 있게 하였다.

이렇게 조직화된 지역발전위원회는 지역발전의 효율적 추진을 위한 관련 주요정책에 대하여 심의하는 역할(기능)을 수행한다. 구체적으로는 지역발전의 기본방향과 관련 정책의 조정, 지역발전계획, 부문별 발전계획과 시행계획, 광역발전계획과 시행계획, 지역발전시책과 사업의 관리평가, 지역발전투자협약의 체결과 운영, 광역지역발전특별회계의 운용, 공공기관 등의 지방이전, 수도권 경쟁력 강화와 수도권과 지방 간의 상생발전, 기타 지역발전에 필요한 사항 등의 과업을 설계하고 실행한다.

지역발전위원회는 위의 기능을 수행하기 위해 2008년 7월 21일 상생과 도약을 위한 지역발전정책의 기본구상과 전략에 대한 국정보고회의를 시작한 이후, 2012년 1월 31일 지역과의 소통강화를 통한 지역의 상생발전 보고회의까지 9번의 국정보고회의를 개최하여 지역발전정책의 구조적 틀을 설계하는 활동을 하였다〈표 3-59〉.

〈표 3-59〉 이명박정부의 지역발전위원회 활동현황

일 시	보고회의 주제	주요내용
1차 (2008.7.21.)	상생 · 도약을 위한 지역발전정책 기본구상과 전략	· 여건변화와 시대적 요구 · 지역발전정책의 기본방향 · 지역발전정책의 추진전략
2차 (2008.9.10.)	연계 · 특화 · 협력을 통한 광역경제권 활성화전략	· 광역경제권 활성화 추진방향 · 광역경제권 활성화 3대 전략 · 광역경제권별 발전비전
3차 (2008.12.15.)	지역발전정책 추진현황과 과제 (2단계 지역발전정책 추진방향)	· 지역발전정책 향후 추진방향 · 광역경제권시책의 보완 · 지역건의사항 추진제도화
4차 (2009.4.27.)	4대강 살리기 성공적 추진방안	· 4대강 살리기 비전과 추진전략 · 4대강 살리기 성공적 추진방안 · 4대강 살리기와 연계한 지역발전전략
5차 (2009.9.16.)	꿈이 있고 살고 싶은 지역창조 (기초생활권발전의 주요시책)	· 기초생활권정책의 비전과 추진방향 · 10대 중점 추진과제 · 효율적 지원체계 구축

6차 (2009.12.2.)	개방 · 연계 · 화합의 신성장시대 구축을 위한 초광역개발권 발전추진방향	· 초광역개발권 발전전략 기본방향 · 권역별 기본구상 · 성공적 추진을 위한 실행전략
7차 (2010.4.21.)	지역발전정책의 성과와 중점 추진과제	· 지역발전정책 추진성과 · 불합리한 관행개선을 통한 정책성과제고 · 중점추진과제: 내륙초광역개발권, 지역간 연계협력사업, 창조지역
8차 (2010.9.1.)	ktx고속철도망 구축전략	· 지역발전위원회, 국가경쟁력강화위원회, 녹색성장위원회, 미래기획위원회 합동보고
9차 (2012.1.31.)	지역과의 소통강화를 통한 지역의 상생발전	· 지난 5년간 지역발전정책의 성과 및 평가 · 2012년 중점 추진과제

자료: 지역발전위원회(2013a: 29-30).

지역발전위원회는 이러한 9차에 걸친 국정보고회의를 통하여 이명박정부 지역발전정책의 비전과 전략을 설계한 후, 이를 구체화하는 작업으로 국가균형발전특별법 제4조(지역발전5개년계획의 수립)과 제7조(광역발전계획과 시행계획의 수립)에 근거하여 중앙정부 차원의 지역발전5개년계획과 지방정부 차원의 광역경제권발전계획을 수립하는 작업을 하였다.

다음으로, 이명박정부는 국가균형발전특별법 제28조(광역경제권발전위원회의 설치 등)에 의거하여 지방정부 차원에서 지역의 특성에 맞는 발전과 지역 간의 연계와 협력을 통한 광역경제권사업 등을 효율적으로 추진하기 위하여 5+2 광역경제권별로 광역경제권발전위원회와 이것을 지원하는 광역유관기관협의회와 자문단 등의 네트워크활동을 위한 광역경제권거버넌스를 구축하였다.

〈표 3-60〉 이명박정부의 광역경제권거버넌스 구성현황(인수)

광역경제권	수도권	충청권	호남권	동남권	대경권	강원권	제주권
· 광역경제권 발전위원회	15	15	15	15	15	12	14
- 지자체장	3	3	3	3	3	2	1
시도의원	0	3	3	3	2	1	0
지방연구기관	4	3	2	4	1	2	2
교수	6	1	4	1	6	1	2
경제단체	2	4	1	4	3	5	7
기타	0	1	2	0	1	2	2
· 광역유관 기관협의회	36	41	57	무	무	26	17
- 분과	5개	5개	6개	5개	5개	4개	3개
· 자문단	60	48	50	54	무	27	19

자료: 지역발전위원회(2013a: 458-648).

위의 표에서 보는 바와 같이, 지역발전위원회는 광역경제권사업 등을 효율적으로 추진하기 위하여 5+2 광역경제권역별로 해당 시도지사 공동으로 광역경제권발전위원회를 설치하도록 하고 다음과 같은 기능을 부여하였다. 광역계획과 광역시행계획의 수립, 광역경제권 내 관계 시도 간 협력사업의 발굴과 연계협력사업에 대한 재원분담, 광역경제권사업의 관리와 평가, 기타 광역경제권 협력사업의 효율적 추진을 위해 필요한 사항 등이 그들이다. 동 위원회의 업무지원을 위하여 사무국을 설치하였는데, 여기에는 광역경제권 시도 파견공무원과 외부채용 전문가 등으로 조직을 구성하였는데, 5개 광역권은 13명이고 강원권과 제주권은 7명이다.

각 광역경제권은 광역경제권사업을 지원하기 위하여 광역경제권발전위원회 산하에 권역 내 산학연관이 참여하는 광역유관기관협의회를 구성하고 세부업무를 담당하는 3개에서 6개까지의 분과를 두었다. 분과현황을 보면, 수도권은 5개 분과(산업지원 11, 인력양성 8, 문화관광 4, 교통물류 8, 금융경제 5 등 총 36인), 충청권은 5개 분과(산업지원, 인력양성, 문화관광, soc, 금융경제 등 총 41인), 호남권은 6개

분과(산단지원 8, 산업지원 12, 인력양성 11, 문화관광 10, 교통물류 9, 금융경제 7 등 총 57인), 동남권은 5개 분과(산업진흥, 금융경제, 인력양성, soc, 문화관광 등을), 대경권은 5개 분과(산업지원, 인력양성, 문화관광, soc, 금융경제 등을), 그리고 강원권은 4개 분과(산업지원 9, 인력양성 6, 선도산업 5, soc 5 등 총 26인), 제주권은 3개 분과(지역발전, 산업지원, 인력양성 등 17인)를 두었다. 이들 분과의 구성원은 교수와 경제단체(협회) 그리고 공기업이나 사기업 등이 참여하고 있다. 또한 광역위원회의 중요 정책에 자문하기 위하여 교수와 경제단체 및 기업 등 각계 대표로 구성된 자문단을 둘 수 있도록 하였다. 광역제권별 자문단 구성현황은 작게는 19명에서 많게는 60명까지의 편차를 보이고 있다.

이렇게 구성된 5+2 광역경제권역을 담당하는 광역경제권발전위원회는 각 권역별 광역경제권발전계획과 부문별 계획 및 시행계획의 구조적 틀을 설계하고 있다. 예컨대 충청권광역경제발전위원회는 충청광역경제권5개년계획(2009-2013)을 수립하였고, 호남권광역위원회도 광역경제권5개년계획과 5개년계획 중 부문별 계획에 포함된 사업을 대상으로 1년 단위 광역경제권발전시행계획을 만들었다. 대경권광역위원회도 광역발전5개년계획과 이것의 세부추진을 위한 1년 단위의 계획으로 부문별 시행계획과 광역시행계획을 수립하고 있고, 다른 광역경제권역도 동일한 계획을 설계하고 있다

한편, 국가균형발전특별법 제29조(시도발전협의회의 설치)와 제30조(시군구지역발전협의회의 설치)에 근거하여 시 · 도지사는 시도의 특성 있는 발전과 경쟁력 제고에 관한 중요 사항을 협의 · 조정 등을 위하여 시도발전협의회를 둘 수 있고, 시장 · 군수 · 구청장은 해당 시군구의 특성있는 발전과 주민의 삶의 질 향상에 대한 중요 사항에 관한 협의 · 조정을 위해 시군구지역발전협의회를 설치할 수 있게 하였다. 이러한 조직들은 동법 제8조(시도발전계획의 수립)와 제9조(기초생활권발전계획의 수립)에 근거하여 5년을 단위로 하는 시도발전계획과 기초생활권발전계획을 수립할 수 있게 하였다.

이처럼 지역발전위원회가 지역발전정책의 비전과 전략을 구체화한 지역

발전5개년계획과 광역지역발전위원회가 설계한 광역권발전계획과 시행계획을 추진하는 정책 또는 사업을 지원하는 특별회계예산으로 국가균형발전특별법 제31조는 광역지역특별회계를 설치하도록 하였다. 특별회계의 계정은 지역개발계정과 광역발전계정 및 제주특별자치도계정으로 구분하고, 각 계정별 세입과 세출의 근거를 마련하였다.

지금까지 논의한 이명박정부에서 지역발전의 제도와 기구 및 정책과 예산을 정리하면 다음과 같다〈표 3-61〉.

〈표 3-61〉 이명박정부의 지역발전의 제도와 기구 및 정책과 예산

제도	기구	정책과 예산
· 국가균형발전특별법 4조(지역발전5개년계획의 수립) 5조(부문별 발전계획과 시행계획의 수립) 31조(광역지역발전특별회계의 설치와 관리 운용)	· 중앙정부 지역발전위원회 지역발전기획단(위원회) 지역발전지원단(지식경제부)	· 지역발전5개년계획(총괄 및 부문별 발전계획과 시행계획)(법정계획) · 초광역권개발구상(임의계획) · 광역지역발전특별회계
· 국가균형발전특별법 7조(광역발전계획과 시행계획의 수립) 8조(시도발전계획의 수립) 9조(기초생활권발전계획의 수립)	· 지방정부 광역발전위원회 광역발전위사무국 광역발전유관기관협의회 광역위원회자문단	· 광역권발전계획 및 시행계획(법정계획) · 시도발전계획(임의계획) · 기초생활권발전계획(임의계획) · 광역지역발전특별회계

3. 주요 정책

1) 지역발전정책의 이론적 토대와 공간구분

이명박정부는 전면개정 국가균형발전특별법 제1조(목적)에서 지역의 특성에 맞는 발전과 지역 간의 연계 및 협력 증진을 통해 지역경쟁력 제고와 삶의 질 향상으로 지역 간의 균형발전을 달성하는 것을 설정하고, 그리고 제2조(용어)에서 주요 개념으로 지역발전, 기초생활권, 광역경제권, 초광역개발권, 지

역전략산업, 지역선도산업, 공공기관 등을 제시하였다. 여기서 지역 간 균형발전이란 목적을 제시한 것은 균형성장이론을 지향하는 것이고, 이를 달성하기 위한 지역특성에 맞는 발전은 불균형성장이론이 적용될 수 있고, 지역 간의 연계 및 협력을 강조하는 것은 신광역주의와 협력거버넌스이론을 지향하는 것이다.

또한 균특법 제10조에서 국토의 다원적 개발과 지역혁신역량의 확충을 위해 지역협력체계를 구축하고, 이를 실현하기 위해 혁신클러스터이론을 적용하여 지역전략산업의 육성과 지역인재 및 지역과학기술의 육성 등의 시책을 추진하도록 하였다. 또한 성장거점이론에 의하여 지역성장거점사업을 지속적으로 추진하고 있다.

이러한 다양한 지역발전시책을 추진하기 위하여 공간권역을 3차원 공간으로 구분하였다. 즉 이명박정부의 지역발전정책은 국토균형발전특별법 제2조(정의)에 의거하여 3차원 공간, 즉 기초생활권, 광역경제권, 초광역개발권과 그리고 기초생활권의 특수지역(성장촉진역과 특수상황지역)이라는 특수공간단위에서 추진하게 되어 있다.

첫째, 기초생활권이란 지역주민의 기본적인 삶의 질 향상을 효율적으로 추진하기 위하여 주민의 일상생활이 이루어지는 범위를 고려하여 설정한 권역으로서, 지방자치법 제2조 1항 2호에 따른 시군구 중 시군(광역시에 속한 군과 제주특별자치도를 포함한다)과 제9조에 따른 기초생활권발전계획을 공동으로 수립하는 둘이상의 시군을 말한다.

둘째, 광역경제권이란 지역 간의 연계와 협력을 통한 지역경쟁력 제고를 효율적으로 추진하기 위해 경제 · 산업권과 역사 · 문화적인 동질성 등을 고려하여 설정한 지역으로서, 대통령령으로 정하는 지역을 말한다.

셋째, 초광역개발권이란 대외개방형 국토개발 및 지역경쟁력 제고를 위해 광역경제권 간 또는 광역경제권을 초월하는 지방자치단체 간 산업과 문화관광 및 교통망 등의 연계 · 협력사업을 추진하는 권역 중 대통령령으로 정하는 지역을 말한다.

넷째, 기초생활권에 속하는 기존의 낙후지역을 성장촉진지역과 특수상황지역으로 재분류하였다. 성장촉진지역이란 기초생활권에 속하는 시군 중 생활환경이 열악하고 개발수준이 현저하게 저조하여 해당지역의 경제적, 사회적 성장을 촉진하기 위해 필요한 지역사회기반시설의 구축 등 국가와 지방자치단체의 특별한 배려가 필요한 지역으로서 소득과 인구 및 재정상태 등을 고려하여 대통령으로 정하는 지역을 말한다. 그리고 특수상황지역이란 기초생활권에 속하는 시군 중 남북분단과 급격한 사회경제적 변동에 의하여 구조적으로 불리한 여건에 처함에 따라 관계 중앙행정기관에 의한 행정지원 등 특수한 지원조치가 필요한 지역으로서 접경지역지원법 제2조 1호에 따른 접경지역 등이 포함된다.

따라서 지역발전위의 1차 지역발전5개년계획과 광역경제권의 광역경제권발전계획에 포함되는 모든 정책이나 사업들은 이러한 3차원 공간과 특수공간을 전제로 설계하고 추진하게 되어 있다. 특히 기초생활권에 속하는 성장촉진지역과 특수상황지역은 지역특성을 고려한 특화발전사업을 추진하게 되어 있다.

2) 지역발전정책과 예산

이명박정부의 지역발전정책은 크게 거시적인 지역발전정책의 비전과 전략, 그리고 이를 구체화하는 중범위적인 지역발전계획과 미시적인 지역발전시책(사업) 및 이들을 지원하는 특별회계예산으로 구성되어 있다.

<표 3-62> 이명박정부의 지역발전정책과 예산

정부차원	지역발전정책과 특별회계예산
중앙정부차원	· 지역발전정책의 비전과 전략 · 국토종합계획(제4차 국토종합계획 2차 수정계획) · 지역발전5개년계획(총괄 및 부문별 발전계획과 시행계획) · 초광역개발권계획 · 광역지역발전특별회계
지방정부차원	· 광역권발전계획과 시행계획 · 기초생활권계획 · 지역발전시책(사업) · 광역지역발전특별회계

(1) 지역발전정책의 비전과 전략

이명박정부에서 지역발전정책의 비전과 추진전략은 2008년 7월 21일 제1차 지역발전정책 보고대회에서 기본적인 틀을 제시하였고, 제2차 보고대회(2008.9.10.), 제3차 보고대회(2008.12.15.), 제4차 보고대회(2009.4.27.), 제5차 보고대회(2009.9.16.), 제6차 보고대회(2009.12.2.), 그리고 제7차 보고대회(2010.4.21.)를 통하여 구체적인 추진전략과 시책들을 제시하여 거시적인 지역발전정책틀을 만들었다(지역발전위, 2013: 7).

이렇게 만들어진 이명박정부의 지역발전정책에서는 비전을 '일자리와 삶의 질이 보장되는 경쟁력 있는 지역창조'를 제시하고, 이를 실현하기 위한 기본방향 또는 목표로 광역경제권 구축, 특성화된 지역발전, 지방분권과 자율, 그리고 지역 간 협력과 상생을 설정하고, 구체적인 추진전략은 전국토의 성장잠재력 극대화, 신성장동력 발굴 및 지역특화발전, 중앙권한의 지방이양 등 분권강화, 수도권과 지방의 상생발전, 기존시책의 발전보완을 제시하고 각 부문의 하위과제를 만들었다.

<표 3-63> 이명박정부의 지역발전정책의 비전과 추진전략

구분	내용
비 전	일자리와 삶의 질이 보장되는 경쟁력 있는 지역창조
기본방향 (목표)	· 광역경제권 구축 · 특성화된 지역발전 · 지방분권과 자율 · 지역 간 협력과 상생
추진전략과 과제	· 전국토의 성장잠재력 극대화 - 기초생활권, 광역경제권, 초광역개발권 등 3차원적 국토개발을 추진. · 신성장동력 발굴 및 지역특화발전 - 지역발전을 견인할 수 있는 선도프르젝트의 추진, 광역경제권별 선도산업을 선정, 육성하여 지역의 신성장동력 마련 및 글로벌 산업경쟁력 제고, 시도 전략산업의 연계와 융합을 통해 신산업 창출. · 중앙권한의 지방이양 등 분권강화 - 지방재정의 자율성 제고, 지역개발 관련 국고보조금의 포괄보조금화 추진, 각종 인허가권의 지방이양과 지방의 자율적 계획과 개발권 강화, 그리고 집행적 성격이 강한 특별행정기관의 지방이관. · 수도권과 지방의 상생발전 - 지방의 기업유치와 투자확대를 촉진하기 위한 정부지원확대, 지역경제 활성화를 위한 규제완화 등 제도개선, 지방발전과 연계하여 점진적으로 수도권 규제를 합리화, 수도권의 택지와 신도시개발에 따른 개발이익의 지방환원 · 기존시책의 발전보완 - 행정중심복합도시, 혁신도시, 기업도시.
제도개편	국가균형발전특별법, 균형발전특별회계 등

자료: 지역발전위원회(2008: 29: 30-32).

(2) 국토종합계획: 제4차 국토종합계획 2차 수정계획(2011-2020)

이명박정부에서 설계한 제4차 국토종합계획 2차 수정계획(2011-2020)은 국내외의 환경변화에 대응하고 새로운 국가통치패러다임(국정철학과 국정과제)을 수행하기 위하여 수정한 것이다. 이러한 제4차 국토종합계획의 2차 수정계획은 2009년에 수립된 지역발전5개년계획의 내용을 반영하여 수립한 것이라고 할 수 있다. 따라서 지역발전5개년계획이 먼저 수립되고 이를 토대로 국토종합계획 수정계획이 설계됨으로서 양 계획의 선후관계가 문제로 남아 있다.

동 2차 수정계획에서는 공간권역을 3차원 공간, 즉 초광역개발권(동서남해안벨트, 남북교류접경벨트, 내륙특화벨트)을 중심으로 초국경적 교류와 협력을 강화하고,

전국을 5+2 광역경제권으로 구분하여 거점도시권(city-region)을 육성하여 권역별 특화발전을 추진하고, 기초지자체의 기초생활권을 통해 지자체 주도로 지역개발을 추진한다.

이러한 공간권역에서 총괄적인 계획비전으로 글로벌 녹색국토를, 계획목표는 경쟁력 있는 통합국토, 지속가능한 친환경국토, 품격 있는 매력국토, 세계로 향한 열린 국토를 설정하고, 6개의 중점 추진전략과 사업을 제시하였다(국토교통부, 2013: 56-57). 첫째, 지역특화 및 광역적 협력강화를 통한 국토경쟁력의 제고를 위한 전략을 위해, 국토를 초광역개발권, 광역경제권, 기초생활권으로 구분하여 3차원 공간의 지역발전사업을 추진한다. 둘째, 지속가능하고 안전한 국토생활공간을 조성한다. 셋째, 문화도시 및 도심재생 활성화로 도시경쟁력을 제고하여 쾌적하고 문화적인 도시주거환경을 조성한다. 넷째, 녹색교통과 국토정보 통합네트워크의 구축을 위하여, 탄소배출감소와 에너지절약의 친환경교통정책수립, 글로벌 물류체계 및 첨단 국토정보인프라를 구축한다. 다섯째, 해양산업의 국제협력 및 국제경쟁력을 강화하고 해양자원 및 공간의 통합적 관리 그리고 해양산업 네트워크를 구축한다. 여섯째, 초국경적 국토경영의 기반구축을 위하여, 남북한 교류협력 확대에 대비한 기반구축 및 글로벌 국토역량과 글로벌 초국경적 지역개발 관련 국제협력을 강화한다.

(3) 지역발전5개년계획

위의 표에서 제시한 이명박정부의 지역발전정책들을 현실에 적용하기 위해 구체화된 것이 지역발전위원회가 만들은 지역발전5개년계획이다. 이러한 이명박정부의 1차 지역발전5개년계획은 다음과 같은 수립절차를 통하여 설계되었다. 첫째, 국가균형발전위원회(법개정 이후, 지역발전위원회)는 '지역발전계획 수립지침'을 작성하여 관련 중앙행정기관 및 각 광역경제권 추진팀에 시달한다. 둘째, 관련 중앙행정기관은 '부문별 발전계획'을 작성하여 지역발전위에 제출한다. 셋째, 광역경제권별 광역경제권발전위원회는 '광역경제권발전계획'을 작성하여 지역발전위에 제출한다. 넷째, 지역발전위원회는 부문별 발전계획과 광역경제권발전계획을 취합하고 협의와 조정을 통하여 '지역발전계획(안)'을 작성하여 국무회의 심의와 대통령 승인을 거쳐 최종확정한다.

〈표 3-64〉 이명박정부의 지역발전5개년계획 수립절차

단 계	내 용
계획수립지침 작성, 송부	· 위원회, 지식경제부: '계획수립지침' 작성 · 위원회, 지식경제부: 중앙부처 및 관련 시도에 지침 송부
계획(안) 작성	· 위원회: 지역발전계획의 총괄부문 작성 · 각 부처: 관련 부문별 발전계획 작성, 각 광역경제권과 관련 사업협의 · 광역경제권발전위원회(광역경제권추진팀) : 광역경제권발전계획 작성, - 광역경제권별로 계획수립 시, 주요 사항에 대하여 관계 부처 및 관할 지방정부와 협의.
중앙부처 및 광역경제권별 계획의 취합, 조정	· 주관부처: 소관 부문계획 취합 ⇒ 위원회 제출 · 광역경제권발전위원회: 광역경제권발전계획 수립 ⇒ 위원회 제출 · 위원회: 전체계획을 취합하여 부처 간 협의, 조정 ⇒ 지역발전계획 종합시안 수립
위원회 협의	· 위원회: 실무협의회, 전문위원회 검토
최종안 확정	· 지역발전위원회 심의 · 국무회의 심의 · 대통령 승인

위의 표에 의하면, 지역발전5개년계획은 부문별 발전계획안 및 광역경제권발전계획에 대한 수립지침 송부(2008.11-2009.6) ⇒ 광역계획 수립(2008.12-2009.9) 및 부문별 발전계획 수립(2008.12-2009.9) ⇒ 지역발전계획 수립(2009.9-11) ⇒ 지역발전위원회 및 국무회의 심의, 대통령 승인(2009.3.12)의 절차를 거쳐 확정하였다. 계획수립에 참여한 기관은 지역발전위, 미래부, 교육부, 안행부, 문체부, 농식품부, 산업부, 복지부, 고용부, 환경부, 여가부, 국토부, 해수부, 문화재청, 농진청, 산림청, 중기청, 행복청 등 각 정부부처 그리고 17개 시도이다.

이러한 과정을 거쳐 만들어진 이명박정부의 지역발전5개년계획은 제2차 지역발전위원회에서 대통령에 보고를 하고 이를 발표하였다. 지역발전5개년계획의 시간적 범위(계획기간)는 2009년부터 2013년까지 5년간으로 기초생활권과 광역경제권 및 초광역개발권의 3차원 공간에 적용된다. 지역발전5개년계획은 이명박정부의 새로운 지역발전정책의 비전과 전략을 구체화하고 중앙과 지방이 연계하여 추진할 지역발전과제를 총망라한 종합적인 계획으로서 다음과 같은 특징을 가지고 있다(지역발전위, 지식경제부, 2009: 3).

첫째, 지역발전5개년계획은 국가재정운영계획(국가재정법) 및 국토종합계획(국토기본법)과 연계하여 수립한다.

둘째, 동 계획은 국가균형발전특별법 제4조(지역발전5개년계획의 수립)에 근거한 법정계획이다. 균특법 제4조에서는 '정부는 지역 간의 연계 및 협력을 증진하고 지역경쟁력을 향상시키기 위하여 부문별 발전계획안과 광역경제권 발전계획을 기초로 5년 단위의 지역발전5개년계획을 수립한다'고 규정하고 있다.

셋째, 지역의 글로벌 경쟁력 확보를 위한 전략계획이다. 지역경쟁력 강화를 위한 산업 육성, 인력 양성과 과학기술 진흥, 발전거점과 SOC 및 문화관광 육성 등 분야별 정책을 포함하고 있다.

넷째, 예산과 연계한 5년 단위의 중기실행계획이다. 동 계획은 특별회계예산인 광역지역특별회계와 연계를 통해 계획의 실천성을 강화하였다.

다섯째, 중앙과 지역의 전문가 등의 참여를 통한 공동협력계획이다. 중앙부처, 지자체, 주민, 전문가 등 관련 주체가 자율적으로 참여하고 수직적, 수평적 협력을 통해 계획을 수립한다.

그리고 지역발전5개년계획은 다음과 같은 역할을 수행한다(지역발전위, 2008: 126).

첫째, 지역발전정책의 비전과 전략의 구체화- 지역발전계획은 신정부 지역발전정책의 핵심으로서 '경쟁력 있는 지역창조'를 하는데 중심적 역할을 수행한다. 동 계획의 쌍두마차인 부문별 발전계획은 중앙정부의 종합적인 지역발전정책추진계획이면서 광역경제권별 발전을 체계적으로 지원하기 위한 기본계획이며, 광역경제권발전계획은 광역경제권별 발전의 비전과 목표를 정립하고 지역의 발전잠재력을 총동원하여 목표를 달성하기 위한 세부계획으로서의 역할을 한다.

둘째, 광역경제권 내 시도 간 발전비전의 공유와 협력경험 제공- 광역경제권발전계획은 인접시도 간 자율에 기반하여 수립되는 최초의 협력계획으로, 계획수립과정에서 지역발전에 대한 비전의 공유와 협력의 경험을 축적할 수 있다.

셋째, 광역지역발전특별회계의 효율적 활용- 지역발전의 중장기적 목표달성을 위해 광역지역발전특별회계를 효율적으로 활용하기 위한 방안을 제시한다.

지역발전5개년계획은 그 배경과 기조에서 참여정부의 국가균형발전5개년계획과 차별성을 갖는 것으로, 다음과 같은 체계(내용)를 가지고 있다.

〈표 3-65〉 이명박정부의 지역발전5개년계획의 배경과 기조

구 분	국가균형발전5개년계획(04-08)	지역발전5개년계획(09-13)
배 경	· 수도권과 비수도권 간 발전격차 심화	· 지역의 글로벌 경쟁력 확보
기조	· 지역균형발전의 추구 · 기계적, 산술적 균형정책 강조 · 시도 행정단위를 계획단위로 설정	· 지역경쟁력 강화를 통한 국가발전 · 연계와 협력에 기반한 광역화 추구 · 기초, 광역, 초광역을 계획단위로 설정

자료: 지역발전위, 지식경제부(2009: 3).

그리고 지역발전계획의 체계는 크게 두 가지 범주로 나눌 수 있는데, 하나는 법정계획으로 중앙정부가 수립하는 부문별 발전계획과 5+2 광역경제권이 수립하는 광역경제권발전계획이 있고, 다른 하나는 임의계획에 속하는 초광역개발권계획과 시도발전계획 및 기초생활권발전계획이 있다. 특히 시도계

획과 기초생활권발전계획 중 광역지역발전특별회계 지원사업은 광역경제권발전계획에 포함하여 계획간 연계를 도모한다.

이명박정부의 전면개정 국가균형발전특별법 제4조(지역발전5개년계획)의 수립에 의하면, 정부는 지역 간의 연계 및 협력을 증진하고 지역경쟁력을 향상시키기 위하여 제5조 1항에 따른 부문별 발전계획안과 제6조 1항에 따른 광역경제권발전계획을 기초로 하여 5년 단위로 하는 지역발전5개년계획을 수립하여야 한다. 따라서 지역발전5개년계획은 법정계획인 부문별 발전계획과 광역경제권발전계획을 기초로 수립하는데, 제5조의 부문별 발전계획 수립 시 중앙행정기관의 장은 관계 중앙행정기관의 장과 광역경제권발전위원회 및 특별시장 · 광역시장 · 도지사 · 특별자치시와 협의를 하고 초광역개발권기본구상과 광역경제권발전계획을 고려해야 하고, 제6조의 광역경제권발전계획은 광역경제권발전위원회가 관계 중앙행정기관의 장과 협의하여 수립하게 되어 있다. 그리고 임의계획인 제7조 시도발전계획의 수립은 시도지사가 해당시도의 특성 있는 발전과 경쟁력 향상을 위하여 지역발전계획과 기초생활권발전계획을 고려하여 5년 단위로 만들고, 제7조의 2 기초생활권계획의 수립은 시장과 군수 또는 둘 이상의 시장과 군수가 해당지역의 특성 있는 발전과 경쟁력 향상과 지역주민의 삶의 질 향상을 위하여 5년 단위로 만들게 된다. 그리고 제5조의 2 초광역개발권기본구상의 수립 시에 정부는 관련 시도지사의 의견을 들어야 한다.

〈표 3-66〉 이명박정부의 지역발전5계획 구성체계

비 전	지역경제의 글로벌 경쟁력 확보, 삶의 질이 보장되는 지역공동체 창조
계 획	· 법정계획: 부문별 발전계획, 광역경제권발전계획 · 임의계획: 시도발전계획, 기초생활권발전계획
추진시책 (사업)	· 10조(국토의 다원적 개발과 지역발전역량 확충) - 초광역개발권, 광역경제권, 기초생활권, 지역산업 육성, 인력 양성, 발전거점 육성, 교통물류망 확충, 문화관광 육성 등 · 11조(지역산업 육성 등 지역경제 활성화 추진) - 지역전략산업, 지역선도산업 · 12조(지역인력 양성과 과학기술 진흥) - 지방대학과 산업체 간 산학협동(산학연협력사업) · 13조(지역발전거점 육성과 교통물류망 확충) - 지역성장거점육성사업 · 15조(지역문화관광의 육성) - 지역문화관광사업 · 16조(성장촉진지역 등의 개발) · 18조(공공기관의 지방이전) - 공공기관 지방이전사업 · 19조(기업 및 대학의 지방이전) - 기업 및 대학의 지방이전사업
법, 제도/예산/ 추진체계	· 법,제도: 전면개정 국가균형발전특별법(지역발전특별법) · 예산: 광역지역발전특별회계 · 추진체계: 지역발전위원회, 광역경제권발전위원회

위의 표에서 보는 바와 같이, 이명박정부의 지역발전5개년계획의 비전을 달성하기 위한 부문별 발전계획과 광역경제권발전계획 및 기초생활권발전계획은 서로 연계되어 있고 이러한 계획을 실행하기 위한 다양한 사업들은 3차원 공간단위인 기초생활권과 광역경제권 및 초광역개발권에서 이루어진다고 볼 수 있다.

① 광역경제권발전계획

이명박 정부에서 지역발전정책의 핵심인 광역경제권발전계획에서는 5+2 광역경제권별 지역의 특화발전이라는 비전과 글로벌 경쟁력을 갖춘 광역경제권 창조라는 목표를 달성하기 위하여 산업과 인력 및 과학기술, 그리고 인프라 등에서 선도사업을 추진하였다.

〈표 3-67〉 이명박정부의 5+2 광역경제권발전계획 총괄개요

비 전	5+2 광역경제권 특화발전
목 표	글로벌 경쟁력을 갖춘 광역경제권 창조
선도사업 (시책)	· 지역산업 육성 · 지역인력 및 과학기술 육성 · 지역문화관광 육성 · 인프라 확충(고도 인프라, 발전거점 육성)

〈표 3-68〉 이명박정부의 5+2 광역경제권발전계획 내용

광역경제권역	수도권	충청권	호남권
비 전	선진일류국가를 선도하는 글로벌비즈니스 허브	과학기술과 첨단산업의 중심, 대한민국 실리콘벨리	21세기 문화예술과 친환경 녹색산업의 창조지역
목 표	· 지식기반서비스산업 육성 · 광역발전거점 및 인프라 구축 · 저탄소 녹색성장기지 조성 · 법제도 및 기업환경 개선	· IT, BT산업의 핵심거점 · 과학기술 및 인재 경쟁력 강화 · 과학기반형 광역거점 육성 · 첨단 문화 환경 융합지역 창출	· 친환경녹색산업거점 육성 · 문화예술과 해양생태관광 육성 · 지식창출 기능고도화 · 통합인프라 구축 · 풍요롭고 살기 좋은 녹색 공동체
선도사업	· 선도산업: 없음 · 인재양성: 없음 · 선도인프라: 제2외곽순환도로, 원시-소사-대곡복선전철, 인천지하철2호선	· 선도산업: New IT, 의약바이오 · 인재양성: 한국기술교육대, 호서대, 순천향대, 충남대, 충북대 · 선도인프라: 세정시, 대전-세종-오송 신교통수단, 물류고속도로, 서해안복선전철, 동서4축고속도로	· 선도산업: 신재생에너지, 친환경부품소재 · 인재양성: 목포대, 전북대, 전남대, 조선대 · 선도인프라: 새만금개발, 여수엑스포, 서남해안연육교, 호남고속철도, 광주외곽순환도로
성장잠재력	· 33개 기초생활권〈서울, 경기, 인천〈서해안 골든벨트, 접경벨트 · 인천경제자유구역, 황해경제자유구역, 인천국제공항, 인천항	· 28개 기초생활권〈대전, 충남북〈서해안 골든벨트 · 대덕특구, 첨단의료복합단지, 오송생명과학단지, 청주국제공항	· 36개 기초생활권〈광주, 전남북〈 서해안골든벨트, 무안공항, 광양항

공간발전 구상	4대 산업축 · 국제업무거점축: 서울-인천 · 지식서비스거점축: 서울 동남-경부축 · 산업및물류거점축: 인천-서해안 · LCD등 신산업축: 서울서북-경의.	1허브 3대 산업발전축 · 허브: 세종시 중심 · 첨단부품소재,에너지발전축: 북부 · 그린산업발전축: 남부 · BIGT산업발전축: 오송, 오창, 음성	4대 산업발전축 · 녹색산업축: 새만금과 전주권 연계 · 녹색에너지축: 광주와 목포권 연계 · 기간산업축; 광주와 광양만권 연계 · 첨단지식산업축: 광주와 전주권 연계

광역경제권역	동남권	대경권	강원권	제주권
비 전	환태평양시대의 기간산업 및 물류중심지	전통문화와 첨단지식산업의 신성장시대	환동해권 관광휴양 및 웰빙산업의 프론티어	아시아 최고수준의 국제자유도시
목 표	· 고부가가치 클러스터 형성과 융합기지화 · 물류와 교통 등 신성장벨트 구축 · 첨단해양산업의 세계일류화 · 글로벌 경제네트워크 구축	· 녹색성장 기반구축 · 지식기반산업 융복합화 · 지역 간 상생네트워크 · 한국속 한국관광 구현	· 생명건강산업 육성 · 다른 광역권과의 연계강화 · 녹색신성장거점 조성 · 동북아거점화 SOC 확충	· 국제자유도시 기반구축 · 관광,녹색성장을 통한 신성장동력 구축 · 6차 산업화를 통한 자립형경제 기반구축
선도사업	· 선도산업: 수송기계, 융합부품소재 · 인재양성: 한국해양대, 창원대, 부산대, 부경대 · 선도인프라: 경복선 복선전철, 동서8축 고속도로, 동북아 제2허브공항, 마산-거제 연육교, 부산 외곽순환도로	· 선도산업: 그린에너지, IT융복합 · 인재양성: 영남대, 금오공과대, 경북대, 계명대 · 선도인프라: 동서4축, 동서6축 간선도로, 남북7축 고속도로, 3대 문화권조성, 대구외곽순환도로	· 선도산업: 의료융합, 의료관광 · 인재양성: 강원대, 한림대 · 선도인프라: 동서2축 고속도로, 남북7축 고속도로, 원주-강릉철도, 제2영동 고속도로	· 선도산업: 물산업, 관광레저 · 인재양성: 제주대 · 선도인프라: 서귀포 크루즈항, 제주해양과학관, 영어교육도시
성장잠재력	· 22개 기초생활권〈부산, 울산, 경남〈 남해안 선벨트, 동해안블루벨트 · 부산진해경제자유구역, 마산자유무역지역, 부산항, 김해공항	· 24개 기초생활권〈 대구, 경북〈 동해안블루벨트 · 대구경북경제자유구역, 첨단의료복합단지, 포항자유무역지역	· 18개 기초생활권〈 강원〈 동해안블루벨트, 접경벨트 · 동해자유무역지역, 원주의료기기테크노벨리, 녹색생태지원	· 2개 기초생활권〈 제주 · 제주국제공항, 국제자유도시, 해양관광자원

공간발전구상	4대 산업발전축 · 물류,비즈니스축: 부산대도시권 · 자동차,조선축: 울산대도시권 · 로봇,기계,해양풀랜축: 진해만환상권 · 항공우주,소재축: 사천만환상권	G1 산업발전축 · 생태환경축: 백두대간 중심 · 문화경제축: 낙동강 중심 · 지식기반축: 구미-대구-포항 연계 · 해양연계축: 동해안 중심	3대 산업발전축 · 관광산업축; 수도권 연계 · 의료산업축: 충청권 연계 · 엔터지부품소재: 동해안 연계	3대 산업발전축 · 관광,교육,의료축: 영어교육도시 · 마이스(MICE)산업축: 서귀포시 · IT, BT산업축: 바이오 사이언스파크

자료: 지역발전위, 지식경제부(2009: 23-29).

위의 표에서 보는 바와 같이, 5+2 광역경제권의 선도프로젝트의 핵심영역은 핵심 지역선도산업의 육성과 이와 연계한 지역인력 양성과 과학기술 진흥 그리고 이들을 뒷받침하는 인프라 구축으로 나눌 수가 있다.

② 기초생활권발전계획

이명박정부의 기초생활권에서는 국토공간의 정주체계상 지역발전을 위한 최하위단위인 기초자치단체 163개 시군(자치구 제외) 중 하나의 생활권을 형성한 단일 또는 다수 시군을 대상으로 전국 시군 어디에서 살든지 기본적인 삶의 질이 보장되는 비전과 이를 조직화한 4대 목표, 즉 특성화 차별화된 개발, 삶의 질과 소득 제고, 차등적인 생활기반 확충, 연계협력 활성화 등을 설정하고, 개별목표를 달성하기 위한 추진전략과 사업(시책)을 제시하였다. 이를테면 기초자치단체의 쾌적한 생활환경 조성을 위한 10대 중점 추진과제로는 지역의 지속적인 성장잠재력을 발굴토록 하는 5대 내발적 발전과제와 주민의 최저한의 삶의 질을 보장토록 5개 국가적 지원과제를 제시하였는데, 경제, 교육, 사회복지, 문화관광 등 다양한 정책영역을 포함하고 있다.

<표 3-69> 이명박정부의 기초생활권발전계획 총괄개요

비 전	전국 어느 시군에 살든지 주민의 기본적인 삶의 질 보장
목 표	특성화 차별화된 개발, 삶의 질과 소득 제고, 차등적인 생활기반 확충, 연계협력 활성화
추진전략과 사업(시책)	· 5대 내발적 발전과제 - 지역부존자원의 성장동력화, 향토지역연고산업의 고부가가치화, 역사문화의 장소마케팅, 지역리더의 활성화, 지역 간 연계협력체제의 구축 · 5대 국가적 지원과제 - 지역의료복지 여건개선, 지역문화복지 수준향상, 지역교육 활성화, 지역생활 여건개선, 지역의 녹색성장
제도적 기반	· 지자체 자율계획 수립 · 포괄보조금 전면도입 · 성과평가 및 인센티브

자료: 지역발전위(2008: 54) 수정보완.

위의 표에서 제시한 기초생활권의 4대 목표별 10대 중점 추진과제를 효율적으로 추진하기 위하여 163개 시군을 인구와 소득, 재정 및 서비스접근성 등을 기준으로 도시형, 도농연계형, 농산어촌형 등으로 구분하였다.

<표 3-70> 이명박정부의 기초생활권 세 가지 유형

구 분	도시형	도농연계형	농산어촌형
개 념	대도시와 인접해 있거나 자족적 발전이 가능한 도시지역	중심도시와 인근농촌지역의 연계발전이 가능한 시군지역	도시와 멀리 떨어진 농산어촌의 군지역
발전방향	대도시와 연계 광역도시권 개발	중심도시와 농촌지역 간 도농통합적 개발	인접군지역 간 통합적 개발

그러면 기초생활권의 4대 목표별 추진사업에 어떤 것이 있는가를 살펴보자(지역발전위, 2008: 55-59).

첫째, 전략1(기초생활권 유형별 특성화, 차별화된 개발)

- 중앙정부는 인구와 소득 및 서비스접근성 등을 기준으로 기초생활권을 도시형, 도농연계형, 농산어촌형으로 나누어 중점 개발방향을 제시하고, 시

군은 지역실정에 맞는 유형을 자율적으로 선택하여 발전계획을 수립하여 사업을 추진한다.

예컨대 도시형은 특별시나 광역시에 인접한 시 혹은 대도시 주변에 위치하여 인구와 소득이 지속적으로 증가하며 문화와 교육 등 정주여건이 양호하여 자족적인 생활권 형성이 가능한 시군으로서, 구도심의 쇠퇴와 주거환경 악화 등 성장능력에 한계가 존재하므로 구도심 정비 및 재생, 주거환경 개선, 지역산업 육성 및 전통시장 현대화 등의 활성화 시책을 추진한다.

도농연계형에 속하는 시군은 인구감소와 고령화 및 소득과 일자리 부족 등으로 기본적인 생활여건과 특히 교육 의료 문화부문에서 미흡한 실정이므로 중소도시와 농산어촌지역의 통합적 개발에 주력한다. 중심도시는 지역경제 및 생활서비스의 거점기능을 강화하여 인접군지역의 서비스(의료, 교육 등) 접근성을 개선하고 군지역은 농공단지 등을 활용하여 지역경제 활성화 및 농산어촌을 거점지역화하는 시책을 추진한다.

그리고 농산어촌형은 중심도시가 없거나 중심도시에서 멀리 떨어진 군으로 정주여건이 열악하고 자족적인 생활권 자체가 형성되기 곤란하고 특히 인구유출과 고령화가 심각하여 인접 군 사이에 통합적 연계개발이 중요하다. 소득과 고용기회의 다각화, 생활기반시설의 공동개발, 소규모개발사업의 연계화, 중심 읍면 육성, 읍면 간 서비스전달체계의 연계 등의 시책을 추진하여야 한다.

둘째, 전략2(살고 싶은 정주공간의 형성과 삶의 질 향상)

- 광역경제권 수혜대상에서 소외될 우려가 있는 시군에 대하여 살고 싶은 정주공간의 형성과 삶의 질 향상이라는 목표를 달성하기 위하여 도로와 건물 및 시설 등과 같은 하드웨어 개발과 교육 의료 문화 환경 등 소프트웨어 개발을 강화하는 시책을 추진한다. 예컨대 교육여건이 불리한 농산어촌에 기숙형 공립고 육성, 방과후 학교운영비 지원확대, 평생학습중심대학을 확대하고, 보건소 및 지방의료원의 공공보건의료기능과 맞춤형 의료서비스(이동 암 검진과

찾아가는 산부인과 등)를 강화하고 소규모 보육시설과 노인장기요양시설 등 지역 복지서비스 기반을 확충한다. 또한 상하수도 기반시설의 획기적 확충과 저탄 소녹색마을 조성한다.

한편, 지역특화자원과 체험관광자원 등 향토자원의 융복합화와 시군 간 연계협력에 의한 소득 및 고용을 창출하는 시책을 추진한다. 예컨대 향토기업 지원 및 인재양성체계 구축, 미니창업보육센터, 선도품목클러스터 등 농산어촌형 R&D지원 기반을 구축하고, 지역별 종합마케팅체제 구축, 다양한 직거래네트워크 개척, 시군 간 공동마케팅 활성화, 브랜드파워 개선 등 지역 브랜드가치를 제고하며, 농공단지의 지역경제거점기지화를 추진한다.

셋째, 전략3(낙후 및 소외지역의 차등적 생활기반 확충)

- 농산어촌 및 지방중소도시 등의 정주기반을 확충하여 전국 어디서든지 최소한의 생활기반을 보장하는 사업을 추진한다. 농산어촌은 마을단위 기초생활인프라를 완비하는 한편 중심 읍면의 활성화 등 관련 사업을 연계 추진한다. 중소도시는 주거환경 정비와 구도심 재생 등을 통하여 중소도시와 농산어촌을 연결하는 자립적 지역발전거점으로 조성한다.

한편, 낙후도가 심한 지역(낙후도 상위 30%수준이 시군- 50개 내외)은 성장촉진지역으로 지정하여 도로 등 기반시설 확충과 국고보조율 상향조정 등을 통하여 차등적으로 재정지원을 확대한다. 접경지역 등 특수상황지역에 대해서는 별도의 지원책을 강구한다.

넷째, 전략4(시군 간 연계협력 활성화를 통한 시너지효과 극대화)

- 지역 간에 문화관광, 환경, 복지, 의료 등 분야에서의 연계협력 촉진으로 규모의 경제화 및 지역개발정책의 시너지효과를 창출하는 사업과 환경 등 자치단체가 선호하지 않는 비선호시설의 공동사업을 활성화하는 사업을 추진한다. 이러한 시군 간 협력모범사례에 대해서는 평가를 통해 재정적인 인센티브를 부여한다.

이상의 기초생활권의 4가지 목표별 추진전략과 사업(시책)을 추진하는데 필요한 예산지원체계는 다음과 같다.

〈표 3-71〉 이명박정부의 기초생활권발전계획과 예산지원체계

기초생활권을 구성하는 모든 분야사업을 포괄하는 종합발전계획 수립	
7개 정책군 21개 포괄사업 (광역지역발전특별회계)	지자체 자체사업 (지방세/교부금)
문화관광체육, 농림수산, 산업중소기업, 보건복지, 환경, 수자원교통, 기초생활기반 확충	일반행정, 문화환경, 사회복지, 경제개발 등

자료: 지역발전위(2008: 61).

위의 표에서 보는 바와 같이, 시군 간 연계협력을 촉진하기 위해 기초생활권발전계획을 공동수립하도록 하고, 협력모범사례에 대해서는 포괄보조금과 사업선정 등 재정적 인센티브를 부여한다. 그간 지역개발 국고보조금은 소액으로 분산 지원하였고 지방의 자율성과 창의적 발전전략에 제약요인으로 작용하였다. 이러한 한계를 극복하기 위하여 중앙부처별로 소액으로 분산 지원된 200여개 유사사업을 21개 사업군으로 통합하고(2008년 예산기준 3.2조원), 중앙정부는 최소한의 가이드라인만 제시하고 자치단체가 원하고 필요로 하는 사업을 직접 설계할 수 있도록 패키지형으로 지원하기 위해 포괄보조금제도(black grants)를 도입한다. 자치단체는 포괄보조금 한도 내에서 세부사업을 자율적으로 기획추진하되, 중앙정부는 엄정한 사후평가를 실시하여 차등적인 인센티브를 부여한다.

③ 초광역개발권발전계획

그동안 한국은 폐쇄적이여 내국적인 행정구역단위의 균형발전정책에 초점을 두어 왔다. 그러나 이명박정부에 들어와서는 한국가의 미래를 좌우하는 거대경제접경지역 육성과 거대지역 간의 연계협력이 중요해지면서 기존의 행정구역경계를 넘어 시군 또는 시군구 간에 네트워크를 강조하게 되었다.

이에 2008년 12월 15일 3차원 지역발전정책의 하나로 초광역개발권구상

을 발표하였다. 초광역개발권은 해안선과 접경지역을 4대 초광역개발권으로 설정하고 유라시아와 환태평양을 지향하는 정자형 국토개발축과 개발효과를 내륙으로 확대하도록 해안선 및 접경지역벨트와 연계한 내륙초광역개발권을 설정하였는데, 그것의 비전과 목표 및 추진전략과 사업(시책)은 다음과 같다.

〈표 3-72〉 이명박정부의 초광역개발권계획 총괄개요

비 전	글로벌 경쟁력 강화와 광역경제권 간 상생발전을 위한 개방형 신성장지대 구축
목 표	· 동북아 초국경적 협력개발 기반구축 · 광역경제권 간 기능연계 및 네트워크 구축 · 국토의 녹색성장잠재력 극대화
추진전략과 사업(시책)	· 동북아 초국경적 경제협력 강화 · 초국경 및 초광역 인프라 구축 · 국가 신성장동력 육성 및 거점 연계강화 · 초광역 공유자원을 활용한 지역공동발전 · 한반도 통일시대에 대비한 국토 기반조성

자료: 지역발전위(2013a: 286) 수정보완.

위의 표에서 보는 추진전략의 내용을 보면, 첫째 동북아 초국경적 경제협력 강화는 러시아나 일본과 에너지 관광분야 협력(환동해권), 중국 동부연안 연계생산네트워크(환황해권), 남해안과 서일본 간 경제협력지대 조성(환태평권)으로 추진하는 것이다. 둘째, 초국경 및 초광역 인프라 구축은 아시안 하이웨이, 중국횡단철도(TCR), 시베리아횡단철도(TSR) 등 대륙연결교통망을 구축하고 거점공항과 항만을 육성한다. 또한 고속화철도망과 자전거도로망 및 해안선일주경관도로를 추진한다. 셋째, 국가 신성장동력 육성 및 거점 연계강화는 지역주력산업과 신성장산업을 연계한 세계수준의 산업벨트 구축 및 해안과 도서 등을 활용한 글로벌 녹색휴양관광지대 조성을 추진하는 것이다. 넷째, 초광역 공유자원 및 문화권을 활용한 지역공동발전 도모는 문화권, 관광자원, 유역, 혁신도시 및 기업도시, R&D특구 및 테크노폴리스 등 공유자원의 초광역적 개발 및 지역 간 협력을 촉진하는 것이다. 다섯째, 한반도 통일시대를 대비한 국토 기반조성은 남북관계 진전에 따라 남북교류거점 조성 및 교통망 연계를 추진하는 것이다.

이러한 초광역개발권의 추진전략을 실행하는 사업으로는 남해안선벨트, 서해안신산업벨트, 동해안에너지관광벨트, 남북교류접경벨트, 내륙특화벨트 등이 있다.

〈표 3-73〉 이명박정부의 초광역개발권의 벨트별 세부사업과 예산 내용

남해안 선벨트	비전	새로운 경제, 물류, 휴양 허브의 선벨트 조성
	사업과 예산	· 세계적 해양관광 휴양지대 조성, 9.9조 원 · 글로벌 경제물류거점 조성, 9.3조 원 · 통합 인프라 및 초국경네트워크 구축, 3.7조 원 · 동서통합 및 지역발전거점 육성, 1.4조 원 총예산: 24.3조 원
서해안 신산업벨트	비전	환황해경제권을 주도하는 지식첨단산업의 융복합벨트
	사업과 예산	· 국제비즈니스거점 및 환황해권 협력체계 조성, 0.9조 원 · 초일류 첨단산업벨트 구축, 10.9조 원 · 글로벌 해양생태문화관광벨트 조성, 9.7조 원 · 역내외 연계인프라 구축, 3.7조 원 총예산: 25.2조 원
동해안 에너지관광벨트	비전	녹색성장을 선도하는 에너지와 관광의 블루파워벨트
	사업과 예산	· 에너지산업벨트 구축, 5.6조 원 · 산업부문 간 연계강화를 통한 기간산업 고도화, 5.9조 원 · 국제관광거점 기반조성 및 창조산업 육성, 6.4조 원 · 인프라 확충 및 환동해권 교류협력 강화, 6.9조 원 총예산: 24.8조 원
남북교류 접경벨트	비전	한반도 중심의 생태평화벨트 조성
	사업	· DMZ 생태관광벨트 조성 · 세계평화협력 상징공간 조성 · 동서, 남북 간 교통인프라 구축 · 남북한 교류협력지구 조성 · 저탄소 녹색성장지역 조성
내륙특화벨트	비전	지역 간 공유자원의 공동개발 및 해안과 내륙연계를 통한 지역균형성장의 견인지대
	사업	· 내륙 기업도시, 혁신도시, R&D거점 연계 첨단벨트 조성 · 문화권, 유역권, 물관리 등 지역 간 공동개발 · 백두대간의 청정환경 등을 활용한 녹색성장벨트

자료: 지역발전위(2013a: 288-311).

(4) 특별회계예산: 광역지역발전특별회계

특별회계예산은 정부가 특별한 비전과 목표를 달성하기 위하여 편성하는 예산이다. 이처럼 이명박정부가 지역발전5개년계획을 구체화한 지역발전정책과 사업을 추진하기 위하여 편성한 예산이 광역지역발전특별회계이다.

이명박정부는 국가균형발전특별법을 전면개정하여 제31조(광역지역발전특별회계의 설치와 관리운용)와 제32조(계정의 구분)에서 이전 정부의 특별회계명칭을 국가균형발전특별회계에서 광역지역발전특별회계로, 그리고 특별회계의 계정 구분을 지역개발사업계정과 지역혁신사업계정 및 제주특별자치도계정에서 지역개발계정과 광역발전계정 및 제주특별자치도계정으로 변경하였다.

〈표 3-74〉 이명박정부의 특별회계예산의 변경

구 분	노무현정부	이명박정부
예산명칭	국가균형발전특별회계	광역지역발전특별회계
계정구분	지역개발사업계정 지역혁신사업계정 제주특별자치도계정	지역개발계정 광역발전계정 제주특별자치도계정

위의 표에서 보는 광역지역발전특별회계는 균특법 제31조에 의해 지역별 특성과 비교우위에 따른 지역의 특화발전을 지원하고 광역경제권의 경쟁력 제고를 위한 다양한 사업을 효율적으로 추진하기 위해 설치한 예산으로서, 균특법 제34조, 제35조, 제36조에 의해 지역개발계정의 세입과 세출과 광역발전계정의 세입과 세출 그리고 제주특별자치도의 세입과 세출로 나눌 수가 있다. 이들 각 계정의 세입과 세출의 내용을 정리하면 다음과 같다.

〈표 3-75〉 이명박정부의 지역개발계정과 광역발전계정 및 제주특별자치도계정의 세입과 세출

계정구분	세 입	세 출
지역개발계정	· 주세의 100분의 40(주세법) · 부담금(수도권정비계획법, 개발이익환수에 관한 법률) · 전입금과 수익금(일반회계나 특별회계) · 예수금(공공관리자금기금법) · 일시차입금 · 결산상 잉여금	· 기초생활권사업 · 지역발전을 촉진하기 위한 조사연구사업
광역발전계정	· 주세의 100분의 40(주세법) · 부담금(개발제한구역특별조치법, 대도시권광역교통관리특별법) · 전입금과 수익금(일반회계나 특별회계) · 예수금(공공관리자금기금법) · 일시차입금 · 결산상 잉여금	· 광역경제권사업 · 광역경제권사업 활성화를 위한 조사연구사업
제주특별자치도계정	· 전입금과 수익금(일반회계와 특별회계) · 일시차입금 · 결산상 잉여금	· 제주도지역개발사업

3) 지역발전시책(사업)

이명박정부의 전면개정 국가균형발전특별법(지역발전특별법) 제3장(지역발전시책의 추진)에서는 제2장 지역발전5개년계획에서 제시한 추진전략을 실행하기 위한 다양한 지역발전사업(시책)을 설계하고 있다.

〈표 3-76〉 이명박정부의 지역발전정책(계획)과 시책(사업) 및 예산

구 분	내 용
지역발전정책(계획)과 예산	· 지역발전정책의 비전과 전략 · 지역발전5개년계획- 부문별 발전계획, 초광역개발권발전계획, 광역경제권발전계획, 기초생활권발전계획 · 특별회계예산- 광역지역발전특별회계
지역발전시책(사업)과 예산	· 지역개발시책총괄 - 3차원 공간의 지역발전: 지역협력체계 - 광역경제권 발전목표, 광역경제권사업, 기초생활권사업, 초광역개발권사업 · 지역산업시책 - 지역전략산업과 지역선도산업의 육성사업 - 산업집적지경쟁력강화사업(산업단지의 혁신클러스터사업) · 지역인재 및 과학기술시책 - 지역인재 및 대학 양성사업(광역경제권 선도산업인재양성사업, 산학연협력사업) - 지역과학기술진흥사업(연구개발거점사업-연구단지의 클러스터사업) · 지역문화관광시책 -지역문화관광사업 · 지역인프라시책 - 지역교통물류망과 발전거점 확충사업 · 성장촉진지역 등 개발시책 - 성장촉진지역, 특수상황지역, 도시활력증진지역, 일반농산어촌지역의 특화발전사업 · 지역공간시책 -공공기관 및 기업 지방이전사업 · 지방재정분권화시책 · 특별회계예산- 광역지역발전특별회계(지역개발계정, 광역발전계정)
법,제도/예산/추진체계	· 법, 제도: 전면개정 국가균형발전특별법 · 예산: 광역지역발전특별회계 · 추진체계: 지역발전위원회, 광역경제권발전위원회

따라서 이하에서는 이명박정부에서 추진한 지역개발시책(사업)의 내용과 예산현황을 살펴본다.

(1) 지역개발시책총괄(3차원 공간의 지역발전: 지역협력체계)

① 지역협력체계의 의미

노무현정부에서 균특법 제10조(지역혁신체계의 구축)를 토대로 혁신주도형 경제발전을 위하여 지역혁신체계를 지역개발시책총괄체계로 설정한 데 대응하여, 이명박정부에서는 균특법 제10조(국토의 다원적 개발과 지역발전역량의 확충)에 근거하여 지역발전시책총괄체계로 3차원 공간에서 지역간의 연계와 협력을 통하여 지역개발을 추진하는 시스템인 지역협력체계를 설정하였다.

이명박정부는 전국토의 성장잠재력이 극대화할 수 있도록 3차원의 지역발전체계를 실현하기 위해 공간단위를 기초생활권과 광역경제권 및 초광역개발권의 3차원 공간으로 구분하고, 각 권역별로 시책(사업)을 추진하게 되어 있다.

〈표 3-77〉 이명박정부의 3차원 공간의 지역협력체계

공간차원	개발권역	목 적	계획체계
163개 시군 (1차원)	기초생활권	국민의 기본수요 충족	기초생활권발전계획
5+2 광역권역 (2차원)	광역경제권	지역경쟁력 강화	광역경제권발전계획
4+3초광역벨트 (3차원)	초광역개발권	국가경쟁력 강화	초광역개발권기본구상

첫째, 기초생활권은 원칙적으로 단일 시군을 권역으로 설정하되, 2개 이상 시군이 공동 수립할 수 있는데, 일상생활의 범위를 고려하여 지역주민의 기본적인 삶의 질 향상을 목표로 한다.

둘째, 광역경제권은 광역지자체 16개 시도를 대상으로 설정하여 경제산업권과 역사문화적 응집성 및 인구규모 등을 고려하여 지역 간 연계 협력을 통한 지역경쟁력 강화를 목표로 한다.

셋째, 초광역개발권은 광역경제권 간 또는 다른 광역경제권에 속하는 지리, 산업, 문화, 관광, 교육 등의 연계협력을 추진하는 것으로 상생발전을 위한 개방형 신성장시대를 구축하여 국가경쟁력 강화를 목표로 한다.

② 지역협력체계의 정책방향(지역 간 연계협력사업)

전면개정 국가균형발전특별법 제12조(국토의 다원적 개발과 지역발전역량 확충)를 보면 국가와 지방자치단체는 3차원 공간(기초생활권, 광역경제권, 초광역개발권)에서 지역의 여건과 특성을 고려한 국토의 다원적 개발과 지역발전역량 확충을 위해 첫째 기초생활권의 삶의 질 향상과 지역주민의 참여활성화에 관한 사항, 둘째 광역경제권의 경쟁력 제고 및 수도권과 지방의 상생발전에 관한 사항, 셋째 국토의 초광역개발 촉진에 관한 사항 등의 지역발전과 연계사업(시책)을 추진해야 한다. 따라서 3차원 공간에서 실시되는 지역개발사업은 궁극적으로 지방정부 간의 연계와 협력을 하는 사업이라고 할 수 있다.

지역 간 연계협력(상생발전)사업은 지역 간의 유사중복투자 방지를 통한 지역경쟁력을 높이고 지역별 비교우위요소를 연계협력을 통하여 공동활용 함으로써 상생발전과 지역경쟁력을 도모하는 사업을 말한다. 이러한 사업의 추진배경은 지금까지 지역발전정책에서 관행으로 지속되어 왔던 기존 행정구역단위의 소규모 분산 · 중복투자와 지역 간의 소모적인 대립과 갈등을 지양하고 생활권과 경제권의 확대로 인한 광역적 행정수요에 적극적으로 대응하며 연계협력을 통한 지역의 경쟁력 강화를 실현하겠다는 이명박정부의 정책의지를 반영한 것이다(지역발전위, 2013: 354-355).

이명박정부는 지역발전정책의 하나로 2008년 7월 1일 제1차 지역발전위 국정보고(지역발전정책의 기본구성과 전략)에서 '지역 간 연계협력을 통한 상생발전'을 제시하고, 이를 반영하는 국가균형발전특별법을 전면개정하였다. 동법 제1조(목적)에서 지역 간의 연계협력 증진을 통한 지역경쟁력을 높이고 삶의 질을 향상시킴으로써 지역 간 균형발전을 도모한다고 규정하고, 이러한 목표를 달성하기 위해 제2조(정의)와 제4조(지역발전5개년계획 등)에서 3차원 공간(기초생활권, 광역경제권, 초광역개발권)에서 지역발전5개년계획을 수립하여 구체적인 추진전략과 사업을 추진하는 근거를 제시하였다.

위의 국가균형발전특별법규정을 보면, 지역 간 연계협력사업은 3차원 공간으로 나누어 추진하게 되므로, 기초생활권에서는 시군구 간의 연계협력사업을, 광역경제권에서는 시도 간의 연계협력사업을, 그리고 초광역개발권에서는 광역경제권 간 연계협력사업을 주요한 정책영역으로 설정하고 있다. 예컨대 기초생활권 연계협력사업은 지역발전위원회의 사업가이드라인에 따라 시군구의 사업발굴, 관계 부처의 사업내용협의, 지역발전위원회의 심의 및 선정, 관계 부처의 차년도 예산반영의 절차를 거쳐 추진하고 있다. 광역경제권 연계협력사업은 산업, 문화, 관광 등 다양한 분야를 의도하였으나 주로 R&D와 기업지원 등 산업분야의 사업이 선정되었다. 초광역개발권 연계협력사업은 동서남해안권 및 접경지역 초광역개발기본구상에 따라 광역경제권 간 연계협력사업을 추진하였다.

지역 간 연계협력사업이 처음 시작된 2010년에는 광역경제권 연계협력사업으로 30개 사업과 초광역개발권 연계협력사업으로 5개 사업을 선정하였으며, 2011년에는 기초생활권 연계협력사업으로 10개 사업을 선정하고, 광역경제권 연계협력사업은 기존사업 외에 16개 사업을 추가하고, 초광역개발권 연계협력사업도 기존사업 외에 1개 사업을 추가하였다. 2012년에 들어와서 지역 간 연계협력사업의 범위를 보면 기초생활권에서 12개 사업과 123억 원 예산, 광역경제권에서 56개 사업과 1,150억 원 예산, 그리고 초광역개발권에서 11개 사업과 265억 원 등 총 79개 사업에 총예산 1,547억 원이 투입되고 있다.

<표 3-78> 이명박정부의 지역 간 연계협력사업과 예산 현황

공간구분	연계단위	2010년		2011년		2012년	
		사업수	예산	사업수	예산	사업수	예산
기초생활권	시군구	-	-	10	83	12	132
광역경제권	시도	30	540	46	1,000	56	1.150
초광역개발권	광역권간	5	67	6	148	11	265
총 계		35	607	62	1,231	79	1,547

자료: 지역발전위(2013a: 356).

위의 표에서 제시한 지역간 연계협력사업의 3차원 공간별 구체적인 사업과 예산내용은 다음과 같다.

<표 3-79> 이명박정부의 기초생활권의 연계협력사업과 예산 현황

연 도	참여주체		사업명	예산(백만 원)		
	부부처 (계정)	지자체		2010	2011	2012
2011	문화부 (시도)	영월,평창,제천, 단양,영주,봉화	중부내륙중심권 관광상품 개발 및 공동마케팅	-	780	1,111
	문화부 (시도)	영월,충주,제천, 단양,괴산,문경	중부내륙 숲관광 메가시티 조성	-	985	986
	농식품부 (시도)	영월,봉화,영양, 청송	사과 공공가공 제품화 및 농기업 창업보육	-	1,220	1,875
	문화부 (시도)	부여,공주,논산, 서천,익산,군산	생태관광 금강연계사업	-	300	-
	농심품부 (시군구)	남원,장수,구례, 함양,산청,하동	지리산 에코빌리지 조성	-	1,568	2,136
	산림청 (시도)	서산,당진,예산, 홍성	내포문화 숲길 조성	-	1,936	1,500
	문화부 (시군구)	목포,나주,함평, 무안,영암화순, 장성,담양	영산강 히스토리 투어	-	240	240
	문화부 (시도)	천년한지문화산업권 조성	전주,완주,임실	-	400	1,260
	문화부 (시도)	영월,평창,태백, 정선	지질관광코스 및 프로그램 개발	-	100	200

	농식품부(시도)	정선,동해,평창	햄프(Hemp) 지역특화산업 육성	-	750	278
2012	농식품부(시도)	고흥,보성,순천,여수,광양,하동,남해,사천,진주	남중권 농산어촌 생태 문화 관광 연계	-	-	2,400
	농식품부(시군구)	임실,남원,순창	섬진강 A+A타운벨트 조성	-	-	1,172

자료: 지역발전위(2013a: 365) 수정.

〈표 3-80〉 이명박정부의 광역경제권의 연계협력사업과 예산 현황

연 도	참여주체		사업명	예 산(억 원)		
	광역경제권내	광역경제권간		2010	2011	2012
2010	수도권	+ 창원	고창출형 IMT산업 혁신클러스터육성사업	30	25.5	25.5
	수도권	+ 대구	지능형 로봇서비스산업 지원사업	20	15.5	19
		평창,함양,제천,안동,문경,상주,금산,진안,산청,장흥,영천,강화	한방약초 신시장 창출을 위한 광역적 연계협력 기반조성	10	7.0	9.5
	충청권		미래사회 적응을 위한 대충청권 녹색생태관광사업	12	9.3	10.7
			충청권 패키지산업 육성사업	28	23.8	24.9
			태양전지의 효율극대화를 위한 존자전달증대장치 개발	9	6.3	7.7
			석회석 자원 등을 활용한 저탄소산업 육성사업	20	17	19
			New-IT부품과 부품산업용 금형열처리 기술지원사업	17	17	14.5
		+ 원주	생체진단 의료기기용 핵심센서 및 키트개발사업	10	7.8	8.9
	호남권		글로벌 그린몰드메카 구축사업	18	15.3	16
			헬스케어소재 국제상호인증 제품화 지원사업	28	28.0	28
			에코-인쇄전자 사업화촉진 지원사업	23	19.6	19.6
			고강도 소재응용 근린부품 실용화사업	28	21.7	26.6

			청정기술 활용 피톤치드의 가능성을 이용한 의료제품 개발 및 사업화	11	7.7	9.8
			승용, 상용 전기자동차 겸용 급속충전시스템 개발사업	10.5	8.9	9.3
		+ 마포	천일염 생산자, 소비자 직거래체제 운영지원사업	7	5.4	6.7
	동남권		선박의 안전항해를 위한 근거리/원거리 Rader시스템 개발 및 상용화	23	19.6	23
			BLCD모터 표준화 및 표준모델보급사업	30	23.3	28.5
			부생가스를 이용한 녹색기술 실용화 기술개발사업	25	25	21.3
		+ 대구, 경북, 구미	전자파환경 유해성대책 Green Belt사업	11.5	8.1	10.2
2010	대경권		대경권 블루골드클러스터 육성사업	16	12.4	14.2
			멘탈소재 및 치과기공클러스터 활성화사업	25	25	22.3
			대경 자동차부품 상용화 및 기업지원사업	26	22.1	26
			인플루엔자 백신원료 맞춤형 생산시설 구축	24	14	19
			힐링용 로컬푸드 활성화사업	8	6.2	8
		봉화,영양,청송,영월	BY2C 연계협력사업	10	8.5	9.5
	강원권	+ 인천, 충남, 전남	처세대 마그네슘제련 국산화를 통한 초경량부품소재개발 광역연계사업	23	17.8	20.5
			DMZ인접지역의 커뮤니티비즈니스형 지리공원(Geopark) 조성사업	7	6	6.7
	제주권		증강체험형 개발/관광/테마파크 상품 생산기반 확립	9.5	9.5	9.5
			제주유배문화의 녹색관광자원화를 위한 스트리텔링콘텐츠 개발사업	4.5	3.5	4.3
2011	수도권	+ 부산, 경북	쇼설네트워크서비스에 기반한 스마트프로덕트 신산업육성사업	-	30	28.5

	충청권		의약바이오 글로벌 실용화 연계지원사업		45	40.1
			리튬이온전지 부품소재 국산화		35	33.3
	호남권		터치융복합산업클러스터 육성사업		45	38.3
		+ 부산	탄소섬유기반 해양스포츠레저장비 개발		35	35
		+ 인천	3G-Bio연계 친환경 생물소재 고도화사업		30	28.5
	대경권		IT융합 금형기술 고도화사업		35	33.3
		+ 강원	백두대간 Greenmine비즈니스구축사업		30	25.5
		+ 부산	수송용 소재산업 기술개발사업		20	20
	동남권		동남권 해상풍력부품 실용화 개발사업		35	31.2
			해양플랜트 Subsea초고압 시험인증 구축사업		20	17.8
		+ 경북, 구미	대중소 연계형 이차전지 핵심소재 실용화사업		30	26.7
		+ 경북	뿌리신업지원을 위한 IT융복합로봇 생태계 조성		23	20.5
	강원권	+ 전남, 대구	구조용 부품소재 상용화 개발 및 플랫폼 구축		35	33.3
		+ 경북, 충남	가축질병 제어를 위한 Bio Security System 개발		50	47.5
	제주권	+ 경기, 경북	제주권 광역연계 코그메틱클러스터 형성		50	44.5
2012	수도권	+ 진주, 산청, 제주	한라-지리산 천연물자원기반 약물성정보DB구축 및 신약개발	-	-	15
	충청권	+ 울산, 전남, 경기	기능성 화학소재 플랫폼 구축 및 상용화 지원			15
			태양광시스템 열화진단 및 발전성능향상 기술개발			15
	호남권	+ 충북	호남, 충청권 연계 50+시니어케어 식의약제품개발			15
	대경권		열응용 뿌리산업의 제조공정 혁신지원사업			15
			식물공장 산업생태계 조성지원사업			15

	동남권	+ 포항	글로벌 역량강화를 위한 동남권 원전기자재기술 기반구축			15
	강원권		웰니스산업 Biz플랫폼 구축 및 일자리창출산업			15
		+ 경기	플라즈마 기반 대형 Display용 Flexible 방열소재/부품 상용화사업			15
	제주권	+ 전남, 영광	전기차산업 활성화를 위한 차량부품 및 운영시스템 개발			15

자료: 지역발전위(2013a: 366-368) 수정.

<표 3-81> 이명박정부의 초광역개발권의 연계협력사업과 예산 현황

연 도	권역과 참여주체		사업명	예 산(억원)		
				2010	2011	2012
2010	동서남해안권	남해	동서화합연안 뱃길 조성			
		하동,광양	섬진강 테마로드 조성			
		고성,울진	관광8경 녹색경관길 조성			
		부안 등 5개소	해안마을미관 개선			
		동해 등 12개소	해안경관 조망공간 조성	계 66.5	60	92
2012	내륙초광역개발권	백두대간권	백두대간체험형 휴양-레저 활성화사업			
			백두대간 역사문화 생태탐방 열차 운행			
		내륙첨단산업권	미래철도 신교통클러스터 조성 및 산학연 연계협력사업			
			외국인을 위한 휴양형 첨단의료관광 연계협력사업			
		대구-광주권	특화예술공연 공동제작 및 순회공연	계		10
2011	접경지역벨트		평화누리길 조성사업		88	81.6
2012	접경지역벨트		동서녹색평화도로 조성사업			81.7

자료: 지역발전위(2013a: 369) 수정.

③ 지역발전체계의 거버넌스조직: 광역경제권발전위원회, 시도발전협의회, 시군구발전협의회

이명박정부 지역발전정책의 새로운 패러다임인 광역화, 특성화, 분권화,

상생발전의 기조 하에서 기초생활권과 광역경제권 및 초광역개발권 등의 계획을 체계적으로 추진하기 위하여 거버넌스체계를 구성하였다. 이를테면 중앙단위에서 국가균형발전위원회를 지역발전위원회로 명칭을 변경하였고, 지방단위에서는 법정기구인 광역경제권발전위원회와 임의기구인 시도발전협의회 및 시군구발전협의회를 설치하도록 하였다.

여기서 광역경제권발전위원회는 인접한 광역시도가 공동의 지역발전목표를 달성하기 위해 설치한 합의체조직으로, 주요 역할은 광역계획 수립, 시도간 협력사업의 발굴 및 재원분석, 광역경제권사업의 관리와 평가 등을 담당한다. 위원회의 구성은 광역경제권에 속하는 시도지사를 공동위원장으로 하고 총 15명 이내의 위원을 두도록 하였는데, 5+ 2 광역제권별 위원회 구성현황은 다음과 같다.

〈표 3-82〉 이명박정부의 광역경제권발전위원회 구성현황

권 역	계	지자체장	시도의원	연구소	교수	경제계	기타
수도권	15	3	-	4	6	2	-
충청권	15	3	3	3	1	4	1
호남권	15	3	3	2	4	1	2
동남권	15	3	3	4	1	4	-
대경권	15	3	2	1	6	3	1
강원권	12	2	1	2	1	5	2
제주권	14	1	-	2	2	7	2
총 계	101	16	12	18	21	26	8

자료: 지역발전위(2013a: 31).

(2) 지역산업시책(지역선도산업과 지역전략산업의 육성사업, 산업집적지경쟁력강화사업)

① 지역선도사업과 지역전략산업의 육성사업

이명박정부 지역발전정책의 핵심인 광역경제권에서는 광역경제권발전계

획의 5+2 광역경제권별 지역의 특화발전이라는 비전과 글로벌 경쟁력을 갖춘 광역경제권 창조라는 목표를 달성하기 위한 추진전략과 사업(시책)으로 선도프로젝트(핵심선도산업 육성, 지역인력 양성, 인프라 구축)를 추진하기로 하였다. 이를테면 광역경제권의 지역개발사업인 5+2 광역경제권의 성장잠재력을 확충하기 위해 산업과 인력 및 SOC분야 별 선도산업을 추진하는 것으로, 주로 지역산업 육성에 초점을 두고 이를 지원하기 위해 지역인력 양성과 과학기술 진흥 및 인프라 확충 등을 제시하고 있다.

우선, 이명박정부가 추진하는 지역선도산업은 지역발전 및 국가경쟁력 향상에 기여도가 높은 광역경제권의 산업으로서 균특법 제11조(지역산업 육성 등 지역경제 활성화 촉진)에 따라 선정된 산업을 말한다. 광역경제권의 지역선도산업육성사업은 2008년 1월 대통령인수위원회에서 새로운 지역발전정책패러다임으로 '새 정부의 창조적 지역발전전략'을 발표하고 5+2 광역경제권을 추진하면서, 2008년 7월 지역발전위 주도로 '광역경제권 선도산업육성계획'을 수립하고 그해 9월 지역발전위 국정보고대회를 통해 '광역경제권별 신성장선도산업 육성방안'을 발표하면서 시작하였다.

동 사업은 시도 간 연계를 통한 규모의 경제와 광역경제권의 산업경쟁력 제고 등을 위해 광역권별로 대표적인 선도산업을 1-2개 선정하여 R&D와 브랜드화 등 고부가가치화를 유도하려는 것으로서 그동안의 1단계와 2단계 추진현황은 다음과 같다.

<표 3-83> 이명박정부의 광역경제권 선도산업 1단계, 2단계 사업의 추진현황

광역경제권	1단계사업(09-2011)		2단계사업(2012-2013)	
	선도산업	프로젝트	선도산업	프로젝트
충청권	의약바이오	의약바오허브연계,신약실용화	의약바이오	차세대의약
	New IT	차세대무선통신,그린반도체	New IT	무선통신융합,반도체,디스플레이
			차세대에너지	태양광(부품),이차전지,나노융합소재(화학소재기반)
			융합기계부품	동력기반기계부품
호남권	신재생어너지	태양광,풍력	신재생에너지	태양광(소재),풍력시스템 모듈
	친환경부품소재	하이브리드카,광기반	라이프케어	바이오식품,바이오활성화소재
			광융복합	광부품및시스템,신광원조명
			친환경소송기계	친환경차량및부품, 그린에너지선박
동남권	수송기계	그린카,해양플랜트	수송기계	지능형기계부품,침환경차량부품
	융합부품소재	기계기반,안전편의	에너지플랜트	풍력부품,원전설비
			그린화학소재	화학융합소재
			조선해양	해양플랜트기자제, 그린선박조선기자재
대경권	그린에너지	태양에너지,수소연료전지	그린에너지	태양광(장비),연료전지
	IT융복합	의료기기,실용로봇	IT융복합	의료기기(치료/헬스케어기기),실용로봇
			스마트기기부품	스마트자동차부품,스마트모바일
			첨단융합소재	첨단금속세라믹소재, 하이테크섬유소재
강원권	의료융합	의료융합	기능성신소재	세락믹.비철소재부품
	의료관광	의료관광	바이오메디칼	의생명바이오,전자의료기기
			헬스케어	헬스테인먼트
제주권	물산업	물산업	풍력서비스	제주형 풍력서비스
	관광레저	MICE	차세대식품융합	청정헬스푸드,뷰티향장
			MICE	휴양형 MICE

자료: 지역발전위(2013a: 43: 44) 통합.

위의 표에서 제시한 광역경제권 선도사업은 1단계로 2009년부터 2011년까지 수도권을 제외한 4+2 광역경제권별로 2개의 선도사업들을 발굴하여 총 12개 선도산업에 대한 20개 프로젝트를 수행하는데 9,000억 원을 투입하기로 하였다. 동 사업의 연도별 투자규모는 2009년 2,017억 원, 2010년 2,755억 원, 2011년 2,850억 원 등 총 7,622억 원을 지원하였다. 이러한 광역경제권 선도산업의 1단계 사업이 2014년 4월에 종료함에 따라 2단계 사업은 2012년 5월부터 2013년까지 추진하기로 하였다. 이에 2단계 사업에서는 1단계의 선도산업에 지역의 주력산업을 추가발굴하여 4개의 광역경제권역별로 4개의 선도산업과 8개의 프로젝트와 2개의 특별경제권역은 3개의 선도산업과 4개의 프로젝트를 선정하여 총 22개 선도산업과 40개 프로젝트를 수행하는데 1조 원을 투입하기로 하였다.

다음으로, 지역전략산업이란 지역발전 및 국가경쟁력 향상에 기여도가 높은 시도의 산업으로서 제11조에 따라 선정된 산업이다. 지역전략산업육성사업은 노무현정부에서 2002년부터 2007년까지 지역산업진흥계획에 의해 추진한 지역혁신체계 구축을 위한 지역전략산업진흥사업을 계승한 것이다. 이명박정부는 2008년 9월 지역경제의 근간인 지역전략산업에 대한 지속적 지원을 통한 지역경제 활성화와 국가경쟁력 강화를 위해 기존의 4+9사업에 이은 새로운 지역전략산업진흥사업(post 4+9)추진계획을 발표하고, 2009년에는 기존의 전략산업진흥사업과 지역혁신거점육성사업을 '지역전략산업육성사업'으로 통합하였고, 2010년부터는 지역산업진흥계획을 통해 시도별로 자기지역의 여건에 맞는 사업을 추진하도록 하였다.

정부는 1999년 대구(섬유), 부산(신발), 광주(광산업), 경남(기계) 등을 대상으로 4개 시도 지역전략산업육성사업에 착수를 하였고, 이후 2002년에 비수도권의 나머지 9개 시도를 대상으로 하는 지역전략산업육성사업을 신규로 착수함으로써 전체 시도(13개)로 사업의 범위가 확대되었다. 비수도권 13개 시도별로 전략산업(시도별 4개)을 선정하고 해당 전략산업의 경쟁력 강화를 위해 센터장비 구축 등 인프라 확충의 하드웨어사업과 R&D, 인력양성, 마케팅 등 소프트웨어사업의 비중을 확대하여 지원하였는데, 동 사업에 투입된 예산은 1999년부터 2012년까지 총 4조 870억 원에 이르고 있다. 이중 하드웨어사업에 1조 9,962억 원(46.4%), 소프트웨어사업에 2조 1,908억 원(53.6%)을 지원하였다(지역발전위, 2013: 49-51).

② 산업집적지경쟁력강화사업(산학융합지구조성사업)

노무현정부에서는 산업단지가 생산중심의 공장 등이 밀집하여 생산기능은 뛰어난 반면 연구개발기능이 매우 약한 실정임을 감안하여, 산업단지의 혁신클러스터사업을 추진하였다. 이를 위하여 2005년 4월 창원, 구미, 울산, 반월시화, 광주, 원주, 군산 등 7개 국가산업단지를 혁신클러스터의 시범단지로 선정하였고, 2007년 말에 남동, 오창, 성서, 녹산, 대불 등 5개 산업단지가 추가 지정되었다. 이러한 혁신클러스터추진 산업단지에서는 산업주체와 R&D주체 간의 네트워크 구축을 위하여 산학연협의체인 미니클러스터(Mini-Custer, MC)를 구성하여 운영하였다.

이후 집권한 이명박정부에서는 '산업단지의 혁신클러스터사업' 명칭을 '산업집적지경쟁력강화사업'으로 변경하고, 이 사업을 광역권역사업으로 편입시켜 산학융합지구조성사업을 추진하였다. 해외의 선진적인 클러스터들(시스타 시이언스시티, Research Triangle Park, 오울루 테크노폴리스 등)은 대학과 기업들이 공간적으로 융합되어 연구개발 및 생산을 하는데 비해, 산업단지는 생산기능에만 치중하여 우수한 인력 유치와 연구개발 추진에 어려움이 있다는 인식하에, 새로이 도입된 산업단지의 혁신클러스터사업이 2011년부터 추진된 '산학융합지구조성사업'이다.

동 사업은 교육부와 산업자원부가 협력체계를 통하여 추진하는 것으로, 산업단지에 대학과 기업연구소를 유치하여 청년들이 일과 학업을 병행할 수 있는 공간(산학융합지구)을 조성하여 생산중심의 산업단지를 생산과 교육 및 연구개발이 어우러지는 복합공간으로 재창조하려는 사업이다. 이 사업을 추진하기 위해 201년 4월부터는 5+2 광역경제권정책에 따라 전국의 산업집적지로 사업범위를 확대하였다. 2011년도에는 반월시화(경기), 구미왜관(경북), 군산새만금(전북), 2012년도에는 대불(전남), 오송(충북), 울산, 2013년도에는 당진(충남), 2014년도에는 창원(경남), 2015년에는 부산, 여수(전남), 2016년에는 제주, 인천, 나주(전남)을 선정하였다.

이처럼 선정된 산업단지에서의 클러스터를 활성화하는 데는 이전 정부에서 추진한 산학연협의체인 미니클러스터를 구성하여 운영하였다. 2016년 말 전국에 총 85개의 미니클러스터가 구성되었으며, 9,582명의 산학연 관계자가 활동하였다. 클러스터를 통하여 발굴된 과제는 산업집적지경쟁력강화사업비 지원을 통하여 협력과제로 진행되며, 2016년 기준 1,002건의 협력과제를 진행하였다. 또한 2016년까지 시화, 군산, 대불, 구미, 오송, 당진 등 6개 지구에서 총 14개 대학 32개 학과 8,260명, 기업연구소 202개소가 이전을 완료하여 대학중심으로 산학공동프로젝트 등을 추진하고 있다(지역발전위, 2017: 176-178).

이처럼 이명박정부에서 추진한 산학융합지구조성사업이 기존의 산업단지의 클러스터사업과 차별화되는 점은 이 사업을 광역권역사업으로 편입시켜 전국 산업단지로 확대하였다. 또한 노무현정부에서는 산학연네트워크 구축 및 운영, R&D역량 강화, 맞춤형 특성화에 초점을 두었으나, 이명박정부에 들어와서는 기존 사업 외에 농공단지 클러스터, 초광역 클러스터, 지식산업집적 그리고 녹색융합기술개발 등으로 확대하였다. 이들 사업에 투입된 예산은 노무현정부에서 1,232억 원, 이명박정부에서 2,734억 원으로 증가하고 있다(장재홍, 2013: 553-554).

〈표 3-84〉 노무현정부와 이명박정부에서 산업단지의 혁신클러스터사업내용과 예산

주요사업	노무현정부			이명박정부				
	2005	2006	2007	2008	2009	2010	2011	2012
산학연네트워크의 구축 운영	264	362	294	394	462	513	492	548
R&D역량 강화	-	-	158	108	-	-	-	-
맞춤형 특성화	33	31	140	240	170	-	-	-
농공단지클러스터				56	56	61	56	-
초광역클러스터						36	36	32
지식산업집적						48	-	-
녹색융합기술개발						10	30	-
총 계	297	393	542	798	688	668	614	580

자료: 한국산업단지공단(2013), 주성재(2013: 555).

(3) **지역인력 및 과학기술시책**(인력양성사업과 혁신클러스터사업)

이명박정부는 전면개정 국가균형발전특별법 제14조(지역인력 양성과 과학기술 진흥)에서 광역경제권별 선도산업 발전을 위하여 필요한 지역인재양성과 지역과학기술역량강화사업을 추진하였다.

① 지역인력 및 대학 양성사업(광역경제권 선도산업인재양성사업과 산학연협력사업)

우선, 국가와 지방자치단체는 지방대학의 발전과 지역발전에 필요한 우수인력의 양성을 위해 다음과 같은 사항에 대한 시책을 추진해야 한다. 예컨대 지방대학과 산업체 간 산학협동을 통한 고용촉진에 관한 사항, 지방대학졸업생의 채용장려제와 지역정착을 위한 지원사항, 지역의 인적 자원 개발과 산학연 협력사업의 활성화에 관한 사항, 그리고 지방대학의 육성과 지역의 인적 자원 개발에 필요한 사항 등이다.

이에 이명박정부에서 새롭게 개편한 교육과학기술부에서는 2009년 3월 5+2 광역경제권의 선도산업육성계획과 연계하여 '광역경제권 선도산업인재양성사업 기본계획'을 수립하였다. 이러한 계획에 의한 광역경제권 선도산업

을 육성하기 위해 지역인재양성사업을 추진한 것은 지역대학이 지역선도산업 발전에 필요한 지역우수인재를 양성 공급함으로써 지역발전을 위한 인프라 구축 및 지방대학 경쟁력 제고를 통해 글로벌 경쟁력을 갖춘 광역경제권 창조에 기여하게 하려는 것이다.

수도권을 제외한 6개 광역경제권에서 선정한 광역경제권 선도산업과 연계된 지역인재양성사업인 산학연협력사업을 위하여 2009년부터 2011년까지 지역대학에서 선도산업별 1-2개 대학으로 총20개 대학의 21개 인재양성센터를 선정하였고, 투입된 예산을 보면 2009년 1,000억 원, 2010년 1,020억 원, 2011년 1,000억 원 등이다.

〈표 3-85〉 이명박정부의 광역경제권 선도산업인력양성사업 현황

광역경제권	선도산업	인재양성대학
충청권	New IT	한국기술교육대, 호서대
	의약바이오	순천향대, 충남대
호남권	신재생에너지	목포대, 전북대
	친환경부품소재	전남대, 조선대
동남권	수송기계	한국해양대, 창원대, 울산대
	융합부품소재	부경대, 부산대
대경권	그린에너지	금오공대, 영남대
	IT융복합	경북대, 계명대
강원권	의료융합	강원대
	의료관광	한림대
제주권	물산업	제주대
	관광레저	제주대

자료: 지역발전위(2013a: 74).

지금까지 추진한 광역경제권의 선도산업과 대학을 연계하는 산학연협력사업이 이공계 중심에 편중되어 있었는데, 이를 대학 전체로 확대하기 위하여 2012년부터 산학협력선도대학육성사업(LINC: Leaders in Industry-university Cooperation)이 추진되었다. 동 사업은 지역대학의 인재유출을 방지하고 대학

졸업생과 산업계 인력수요가 분리되는 취업부조화를 해소하기 위하여 산학협력을 통한 교육시스템 개선과 지역산업의 성장을 견인하기 위해 추진되었다. 예컨대 기존의 산학협력사업인 광역경제권 선도산업인재양성사업, 산학협력중심대학육성사업, 지역거점연구단육성사업 등을 통합하여 산학협력선도대학육성사업으로 개편하였다. 새로이 개편한 동 사업은 학부와 대학원이 중심이 되는 기술혁신형사업과 학부가 중심이 되는 현장밀착형사업으로 추진되는데, 2012년도에 기술혁신형에 15개교 내외와 현장밀착형에 35개 내외의 선정을 추진하여 총 51개 대학을 선정하였다. 이들 사업에 투입예산은 기존의 3개 산학협력사업에서 44개교를 대상으로 1,455억 원이 지원되었으나, LINC사업에서는 51개교를 대상으로 1,700억 원을 지원하고 있다(지역발전위, 2013a: 77-78).

〈표 3-86〉 이명박정부의 산학협력인재양성사업의 변화

기존의 인재 양성사업(2011년)			LINC인재 양성사업(2012년)		
유형	사업비	지원대학	유형	사업비	지원대학
광역권 선도산업인재	1,000억 원	20개교	기술혁신형사업	평균 30-50억 원 내외	권역별 15개 내외
산학협력중심대학	310억 원	17개교	현장밀착형사업	평균 20-40억 원 내외	권역별 35개 내외
지역거점연구단	145억 원	7개교			
총계	1,455억 원	44개교	총계	1,700억 원	51개교

자료; 지역발전위(2013a: 78: 79) 통합

〈표 3-87〉 이명박정부의 산학협력선도대학육성사업 선정대학 현황

유형별 권역별	기술혁신형	현장밀착형	합계
수도권	성균관대, 한양대(ERICA)	카톨릭대, 동국대, 서울과학기술대, 인하대, 한국산업기술대	7
충청권	공주대, 충남대, 충북대	건양대, 단국대(천안), 순천향대, 우송대, 한국교통대(구, 충주대), 한국기술교육대, 한밭대, 호서대	11
호남권+제주권	전남대, 전북대, 조선대	광주대, 군산대, 동신대, 목포대, 순천대, 우석대, 호남대, 제주대	11
동남권	경상대, 부경대, 부산대	동명대, 동서대, 동아대, 동의대, 영산대, 울산대, 창원대, 한국해양대	11
대경권+강원권	강원대, 경북대, 영남대	강릉원주대, 경운대, 계명대, 금오공과대, 대구카톨릭대, 대구대, 안동대, 연세대(원 주)	11
합계	14	37	51

자료: 지역발전위(2013a: 81).

② 지역과학기술진흥사업(연구단지의 혁신클러스터사업)

한편, 국가와 지방자치단체는 지역발전에 필요한 과학기술의 진흥을 위하여 다음과 같은 사항에 대한 시책을 추진한다. 이를테면 지역의 과학기술기관 육성에 관한 사항, 지역개발을 위한 연구개발의 증진에 관한 사항, 지역연구개발인력의 확충 등 과학기술역량의 제고에 관한 사항 등이다. 이러한 지역의 과학기술진흥사업으로는 위에서 살펴본 산학협력중심대학 등과 같은 지역의 다양한 기술지원기관을 활용한 산학연 공동R&D의 활성화와 지역의 우수한 연구성과를 사업화로 연결시키는 혁신클러스터사업으로서의 연구개발특구를 확대하였다.

정부는 과학기술과 산업을 융합하는 혁신클러스터사업으로 국가 및 지역성장거점으로 만들어진 연구개발위주의 대덕연구단지를 2005년부터 연구개발특구로 지정하고 연구개발성과를 사업화하는 혁신클러스터로 전환을 추

진하는 동시에 2011년 1월에는 광주와 대구, 2012년 11월에는 부산을 연구개발특구로 지정하였는데, 구체적인 추진내용과 예산현황은 다음과 같다.

〈표 3-88〉 이명박정부의 4대의 연구개발특구 기본현황

구 분	대덕특구	광주특구	대구특구	부산특구
지정연도	05. 7	11. 1	11. 1	12. 11
범 위	대전시 유성구, 대덕구 일원	광주시 광산구, 동구, 북구 및 전남 장성군 일원	대구시 동구, 북구, 달서구, 달성군 및 경북 경산시 일원	부산시 강서구, 금정구, 남구, 영도구, 사하구, 부산진구, 연제구 일원
면 적	67.8㎢	18.7㎢ (광주15.0,장성 3.7)	22.2㎢	14.1㎢
특화분야	· IT융복합 · 바이오메디컬 · 나노융합 · 정밀기기	· 광기반융복합 · 바이오소재 · 친환경자동차부품 · 스마트그리드	· 스마트IT융복합 · 의료기기융복합 · 그린에너지융복합 · 메카트로닉스융복합	· 해양플렌트엔지니어링 및 서비스 · 조선해양플랜트기자재 · 그린해양기계

자료: 지역발전위(2013a: 94).

〈표 3-89〉 이명박정부의 연구개발특구육성사업내용

사업명	세부내용
연구성과의 사업화	· 기술사업화역량 강화 · 기술평가거래 활성화 · 공공연구기관의 연구성과 사업화 촉진
벤처생태계 조성	· 선도기업 육성 및 첨단기술의 공급 · 특수기술금융의 활성화 · 입주용지 및 시설 확충 · 전문인력 양성 · 전방위 마케팅 및 경영서비스 지원 · 산학연 연계 활성화
글로벌환경 구축	· 외국기업 사업환경 조성 · 외국인정주 여건개선 · 글로벌 네트워크 구축 · 과학생물문화인프라 확충
특구운영성과의 확산	· 타 지역거점과의 연계추진 · 특구기술정보체계의 구축운영 · 타 지역과의 교류 활성화

자료: 지역발전위(2013a: 92).

〈표 3-90〉 이명박정부의 연도별 연구개발특구육성사업예산 현황

(단위: 백만 원)

사업명	2005	2006	2007	2008	2009	2010	2011	2012
· 연구개발특구 육성(R&D)	6,908	12,950	23,060	25,517	34,110	33,116	33,316	34,706
- 연구성과 사업화	4,500	9,890	18,500	20,982	26,325	26,416	27,216	28,906
- 밴처생태계 육성	2,408	3,060	4,560	4,535	7,785	6,700	5,900	5,800
· 연구개발특구 육성(비R&D)	3,092	12,074	26,940	35,983	31,980	10,602	13,502	29,046
- 글로벌 환경 구축	2,270	7,950	22,220	30,902	26,806	5,365	6,670	22,404
- 대덕특구지원본부 운영지원	822	4,124	4,720	5,081	5,084	5,237	6,832	6,642
· 추가연구개발특구 육성(R&D)							10,000	14,000
- 연구성과 사업화							8,600	12,540
- 밴처생태계 조성							1,400	1,550
· 연구개발특구 기술사업화지원								10,000
총 계	10,000	25,204	50,000	61,500	66,000	43,718	56,618	87,752

자료: 지역발전위(2013a: 93).

(4) 지역인프라시책(지역발전거점과 교통물류망 육성사업)

이명박정부는 5+2 광역경제권역의 기반시설 확충을 위해 30대 선도프로젝트사업을 추진하였다. 2008년 8월 지역발전위는 제2차 국정보고대회를 통해 '광역경제권발전 선도프로젝트추진방안'을 발표하고 2009년부터 시작을 하였다. 광역경제권 선도프로젝트는 권역별 성장거점 육성과 교통물류인프라 확충을 위해 전략적으로 추진하는 사업으로서 지역의 우선순위, 국가상위계획과의 부합성, 광역경제권의 특화발전비전과의 연계성 등을 고려하여 선정하였다. 광역경제권별 선도프로젝트의 세부사업과 예산현황은 다음과 같다.

<표 3-91> 이명박정부의 광역경제권별 선도프로젝트의 세부사업과 예산 현황

광역경제권역	세부사업명	사업기간	예산(억 원) (공공/민간)	추진현황
합계(30건)			1,212,546 (702,954/509,592)	
수도권(3건)	1. 제2외곽순환고속도로	05-21	114,364 (55,240/59,124)	(세부사업 12건) 완료 1, 공사중 3, 협상 또는 타당성조사 8
	2. 원시-대곡 복선전철	03-17	33,270 (3,352/29,918)	(원시-소사)11.3착공/16.4 준공. (소사-대곡)12.11 실시협약 협상중
	3. 인천지하철2호선	07-14	21,644 (21,644/-)	09.6 착공/14.12 준공
충청권(5건)	4. 행정중심복합도시건설	06-30	225,000 (85,000/140,000)	08.12 청사착공/09.3 첫마을 착공/ 30.12 준공예정
	5. 서해선(홍성-원시)복선전철	09-18	39,284 (39,284/-)	11.2 기본 및 실시설계착수/ 12.12 완료/ 13.2 착공예정
	6. 대전-행정도시-오송 신교통수단	09-15	1,920 (1,920/-)	07.12 착공/ 15.12 준공예정
	7. 대체고속도로	09-24	90,785 (53,575/37,210)	(제2경부) 15.6 착공예정 (제2서해안)16.12 착공예정
	8. 동서6축(음성-제천) 고속도로	05-14	17,706 (9,673/7,403)	(음성-충주) 07.8 착공 (충주-제천) 09. 7 착공
호남권(5건)	9. 새만금개발	09-30	80,630 (69,250/11,380)	10.9 방조제 준공/ 12.2 농업용지 조성착공/ 11.12 새만금신항 착공
	10. 여수엑스포	07-14	121,244 (85,478/35,766)	12.5 박람회 개최
	11. 서남해안 연육교	09-19	9,045 (9,045/-)	(화양-적금) 11.12 착공 (압해-암태) 10.9 착공
	12. 호남고속철도	06-17	106,987 (53,493/53,494)	09.12 착공
	13. 광주외곽순환도로	07-20	4,481 (2,517/1,964)	12.12 실시설계 착수/ 13.6 완료예정
동남권(5건)	14. 경전선 복선전철	03-18	26,804 (12,443/14,361)	(부산-마산) 12.11 실시협약 협상중 (진주-광양) 09.1 착공
	15. 동서2축(함양-울산) 고속도로	13-20	58,862 (31,031/27,831)	10.9 실시설계 착수/ 13.12 완료예정
	16. 동남권신공항	중단	-	중단
	17. 부산외곽순환고속도로	10-15	20,189 (11,969/8,220)	1012 착공/ 15.12 준공예정
	18. 마산-거제 국도건설	11-19	12,124 (12,124/-)	(육지구간) 12.7 착공/19.12 준공. (바다구간) 착수시기 검토중.

광역경제권역	세부사업명	사업기간	예산	추진현황
대경권(5건)	19. 동서4축(상주-영덕) 고속국도	09-15	27,349 (15,403/11,946)	09.12 착공/15.12 준공
	20. 동서5축(영주-울진)	04-17	5,816 (5,816/-)	(법전-소천) 11.12 준공 (소천-서면) 09.2 착공/14.12 준공 (서면-근남) 106. 착공/17.12 준공예정
	21. 남북7축(울산-포항-영덕)고속도로	09-20	29,907 (16,578/13,329)	(울산-포항) 09.7 착공/14.12 준공 (포항-영덕) 11.12 실시설계착수/ 13.4 완료예정
	22. 대구외곽순환도로	09-21	13,270 (7,920/5,350)	(안심-지천) 12.12 실시설계 착수/ 13.4 완료예정 (성서-지천) 12.10 타당성조사완료./13.12 착공예정
	23. 3대 문화권 문화생태 관광조성	10-19	35,309 (31,886/3,423)	11.4 간이예타 완료
강원권(4건)	24. 원주-강릉 복선전철	97-18	39,411 (39,411/ -)	12.6 착공
	25. 동서8축(춘천-양양) 고속도로	04-14	28,286 (14,932/13,354)	(춘천-동홍천) 09.12 준공 (동홍천-양양) 08.12 착공/14.12 준공
	26. 제2영동고속도로(광주-원주)	11-16	15,397 (3,483/11,914)	11.11 착공
	27. 남북7축(동해-속초) 고속도로	03-16	14,256 (8,225/6,301)	(동해-삼척) 09.3 착공 (주문진-속초) 04.12 착공
제주권(3건)	28. 서귀포 크루즈항	09-14	534 (534/-)	11.12 실시설계 완료
	29. 제주해양과학관	08-12	1,226 (97/ 1,129)	09.12 착공/ 12.7 준공
	30. 영어교육도시	08-15	17,806 (1,318/16,175)	10.9 건축착공/ 10.12 지원시설 착공/ 12.12 부지조성공사 준공

자료: 지역발전위(2013a: 107-108).

(5) 성장촉진지역 등 개발시책

이명박정부에서는 균특법 제16조(성장촉진지역 등의 개발)를 근거로 이전 정부의 낙후지역 및 농산어촌개발시책을 수정하여 기존의 낙후지역을 성장촉진

지역과 특수상황지역으로 재분류하여 지역특성을 고려한 특화발전을 추진하였다.

이러한 지역별 특화발전을 도모하기 위해 지역별 여건과 발전잠재력 등에 대한 진단을 토대로 지역유형화를 시도하였다. 이를테면 기초생활권 시군을 인구, 소득, 재정상황, 서비스접근성 등을 기준으로 3+1 유형으로 구분하고 지역유형에 따른 특화발전을 도모하기로 하였다.

3+1 유형 중 3개 지역유형은 특수상황지역과 도시활력증진지역 및 일반농산어촌지역을 말한다. 특수상황지역은 군사목적 등의 각종 규제로 개발이 정체된 지역을 말하며 15개 접경지역 시군 및 일부 도서지역이 포함된다. 도시활력증진지역은 특별시와 광역시의 군구와 도농복합형태의 시 중 인구 50만 이상의 시군으로서 96개 시군구를 말한다. 일반농산어촌지역은 도농복합형태의 시와 군지역인 120개 시군을 의미한다. 여기에 더하여 +1에 해당하는 지역은 성장촉진지역인데, 이것은 앞의 3가지 유형에 속하는가와 관계없이 생활과 환경 및 개발 등의 여건이 지극히 불리한 지역으로 70개 낙후 시군과 186개의 도서지역이 포함된다. 이러한 지역유형 구분에 따라 지역특화발전을 추진하기 위해, 예산지원방식을 기존에 부처별로 단위사업중심으로 분산지원하던 사업들을 기초생활권단위의 포괄지원방식으로 전환하였다. 이러한 3+1지역에서 추진된 지역특화발전사업을 보면 다음과 같다(지역발전위, 2013: 180-190).

① 성장촉진지역의 특화발전사업

전면개정 균특법 제2조(용어)에 의하면 성장촉진지역이란 생활환경이 열악하고 개발수준이 현저하게 저조하여 해당지역의 경제적, 사회적 성장을 촉진하기 위해 필요한 도로와 상수도 등 지역사회기반시설의 구축에 국가와 지방자치단체의 특별한 배려가 필요한 지역으로, 오지 도서나 개발촉진지구 등을 말한다.

이러한 성장촉진지역의 성장기반시설을 지원하기 위하여 '제3차 도서종합개발10개년계획(08-17)'을 근거로 관광휴양사업(리조트, 골프장, 스키장, 온천 등 지역경제 활성화 촉진), 지역특화사업(화훼단지, 도예단지, 한우육성단지 등 소득기반 조성), 기반시설설치사업(도로 등 접근교통망시설, 상하수도 등 생활환경 개선)에 대하여 2010년부터 2012년까지 17개 시군에 1,550억 원이 지원되었다.

② 특수상황지역의 지역발전사업

전면개정 균특법 제2조(용어)에 의하면 특수상황지역은 남북분단상황 또는 급격한 사회경제적 여건의 변동에 따라 구조적으로 불리한 환경에 처하게 되어 일정기간동안 관계 중앙행정기관에 의한 행정지원과 같은 특수한 지원조치가 필요한 지역으로서, 접경지역 등이 그 예이다.

이러한 지역에 대한 사업은 주민의 복리증진 및 소득증대 등을 위하여 역사문화생태관광사업과 특화체험사업 및 향토산업육성사업 등을 추진하였다.

③ 도시활력증진지역의 특화발전사업

도시활력증지지역은 특별시와 광역시의 군구, 도농복합형태의 시 중 인구 50만 이상의 지역으로서, 주거지와 중심시가지 재생사업, 기초생활기반확충사업, 지역역량강화사업을 추진하였다. 여기서 주거지재생사업은 기반시설이 불량하거나 노후 불량건축물이 밀집한 주거지역 등에 대한 주거환경개선사업을 말하고, 중심시가지재생사업은 쇠퇴한 중심시가지 재생을 통해 지역의 경제기반을 구축하는 사업이다. 그리고 기초생활기반확충사업은 도시민의 생활에 필요한 기초생활기반시설을 건설하거나 정비하는 사업이고, 지역역량강화사업은 지속가능한 도시재생을 위한 역량강화 및 프로그램 개발과 운영사업을 말한다.

이러한 도시활력증진지역개발사업의 연도별 추진현황을 다음과 같다.

<표 3-92> 이명박정부의 도시활력증진지역개발사업의 연도별 추진현황

(단위: 개, 백만 원)

구 분	2010년		2011년		2012년	
	지원금	사업수	지원금	사업수	지원금	사업수
합 계	101,337	101	96,400	115	96,396	116
계속사업	86,396	72	83,608	83	85,996	92
신규사업	14,941	29	12,792	32	10,400	24

자료; 지역발전위(2013a: 188).

④ 일반농산어촌지역의 특화발전사업

일반농산어촌지역은 도농복합형태의 시와 군 지역으로서, 162개 기초생활권 시군 중 120개 시군이 포함되어 있어 기초생활권정책의 방향과 전략을 대표할 수 있는 지역이다. 따라서 이 지역에서는 기초생활인프라를 정비하고 정주형태별 농어촌 지역개발을 통해 지역주민의 삶의 질을 촉진하는데 주력하였다.

예컨대 농어촌의 기초생활인프라 정비를 위하여 111개소를 대상으로 거점 읍면종합개발사업을 통하여 농어촌지역의 거점공간인 읍면 소재지에 교육, 문화, 복지시설을 확충함으로써 기초서비스기능을 향상시켰고, 114개소에 농어촌지역의 생활환경정비사업을 추진하였고, 333개소를 대상으로 농촌생활용수 개발과 소규모 용수공급 등의 사업을 추진하였다. 또한 농어촌의 정주체계별 특성을 반영한 맞춤형 지역개발로 농어촌의 어메니티 및 소득증대에 기여하였다. 농어촌정주체계의 최소단위인 마을에는 92개의 전원마을 조성사업이 이루어졌고, 권역단위의 농촌마을 종합개발사업을 통해 478개소의 소생활권 정비를 추진하였다. 이에 더하여 농어촌다움을 유지하기 위해 농어촌의 지역경관 및 환경과 조화로운 개발을 추진하고자 하였다.

(6) 지역공간시책(공공기관 및 기업 지방이전사업)

노무현정부에서 추진하여 온 공공기관 이전사업은 전면개정 국가균형발전특별법 제3장(지역발전시책의 추진)에서 제5조(지역발전거점 육성)와 제18조(공공기관의 지방이전) 및 제19조(기업과 대학의 지방이전)에 근거조항이 존재한다.

동법 제5조에서 국가와 지방자치단체는 지역발전 및 지역 간 협력촉진을 위해 행정중심도시와 혁신도시 및 기업도시 등 지역성장거점도시의 육성을 위한 사업(시책)을 추진하도록 되어 있다. 이러한 사업의 범주에는 공공기관의 지방이전과 대학과 기업의 지방이전사업이 있는데, 이들이 입지하는 지역으로는 세종시와 혁신도시 및 기업도시 등이 있다.

노무현정부에 이어 이명박정부에서 추진된 구체적인 사업내용을 보면 다음과 같다.

① 행정중심복합도시(세종시) 건설

이명박정부는 수도권의 과도한 집중에 따른 부작용을 시정하고 국가균형발전을 위하여 노무현정부에서 시작된 세종시 건설작업을 지속하고 있다. 이전 정부에서는 2005년 3월부터 행정중심복합도시 건설을 추진하기로 한 후에, 2010년 1월 이명박정부는 세종시의 도시성격을 행정중심복합도시에서 교육과학중심경제도시로 변경시키기 위해 '세종시 발전방안'을 발표하고 '행정중심복합도시특별법'의 전면개정을 추진하였으나 국회에서 부결되었다.

이후 중앙행정기관 이전계획을 9부 2처 2청 등 36개 기관, 1만 452명으로 변경하고 '세종특별자치시 설치 등에 관한 특별법'을 제정하여 세종시 건설을 추진하면서 2012년 7월에 세종특별자치시가 출범하였다. 정부청사 1단계 사업은 공사완료 후 총리실(9.14-)을 시작으로 국토해양부와 농림수산식품부(11.16-) 등이 단계별로 이전하였고, 2단계 사업은 착공 후(2011. 11) 공사 중이고, 3단계 사업은 실시설계를 마치고 2012년 9월 착공하였다. 세종시 건설을 위한 총사업비 22.5조 원(정부 8.5조 원, LH 14조 원)의 투자계획 중 2012년 11월 말 93,322억 원(41.5%)이 집행되었다. 정부재정(2조 5217억 원, 29.7%)은 주로 광역도로(1조 700억 원)와 정부청사(9,490억 원) 등 공공시설 건축에 투입되었고, LH투자부분(6조 8105억 원, 48.6%)은 용지보상(4조 4043억 원), 부지조성 및 기반시설 건설(2조 4602억 원)에 주로 사용되었다.

〈표 3-93〉 이명박정부의 세종시 건설사업비(예산) 현황

정부투자					LH투자				
총 계	1단계(07-15)		2단계 (16-20)	3단계 (21-30)	총 계	1단계(07-15)		2단계 (16-20)	3단계 (21-30)
	계획	투입				계획	투입		
85,000	60,300	18,722 (31.1)	17,500	7,200	140,000	109,900	61,649 (56.1)	16,900	13,200

자료: 지역발전위(2013a: 128).

위의 표에서 제시한 세종시 건설을 토대로 이명박정부에서 세종시에 이전한 중앙행정기관과 소속기관의 현황은 다음과 같다.

〈표 3-94〉 이명박정부의 정부부처와 소속기관 이전현황

단계구분(연도)	부처영역	중앙행정기관	소속기관
1단계(2012년 이전) (12개, 4139명)	중심관리	국무총리실	조세심판원
		기획재정부	복지위원회
		공정거래위원회	-
	국토관리	국토해양부	중앙토지수용위원회, 항공철도사고조사위원회, 중앙해양안전심판원
		환경부	중앙환경분쟁조정위원회
	농림해수	농림수산식품부	-
2단계(2013년 이전) (18개, 4116명)	교육문화	교육과학기술부	교원소청심사위원회
		문화체육관광부	해외문화진흥원
	산업과학	지식경제부	경제자유구역기획단, 지역특화발전특구기획단. 무역위원회, 전기위원회, 광업등록사무소, 연구개발특구기획단

	사회복지	보건복지부	-
		고용노동부	중앙노동위원회, 최저임금위원회, 산업재해보상보험심사위원회
		국가보훈처	보훈심사위원회
3단계(2014년 이전) (6개, 2197명)	중심관리	법제처	-
		국민권익위원회	-
	독립배치	국세청	-
		소방방재청	-
			한국정책방송원
			우정사업본부
총계 36개 기관 (10,452명)		16개 기관 (9부 2처 2청, 1실, 2위원회)	20개 기관

자료: 지역발전위(2013a: 133).

② 공공기관 지방이전과 혁신도시 건설

2003년 노무현정부부터 추진 중인 공공기관 지방이전정책은 수도권 소재 공공기관을 10개 혁신도시 및 지방으로 이전시키고 해당지역의 기업, 대학, 연구소, 공공기관 등과 상호 협력할 수 있는 혁신여건을 마련함으로써 새로운 지역거점을 형성하고 지방의 자립적 발전을 촉진시키기 위한 것이다. 혁신도시는 공공기관 지방이전을 계기로 지역의 성장거점지역에 조성되는 미래형 도시로서, 그것의 개발유형은 지역발전을 선도하는 혁신거점도시, 지역별 테마를 가진 개성있는 특성화도시, 누구나 살고 싶은 친환경녹색도시. 그리고 학습과 창의적 교류가 활발한 교육문화도시로 설정하였다.

노무현정부에서는 2003년 6월에 수도권 집중해소와 지역특성화 발전전략에 맞추어 수도권 소재 공공기관의 지방이전계획을 발표하고 전체 345개 공공기관 중 180개를 이전대상으로 선정하였고 25005년 12월 10개 혁신도시 입지선정을 완료하였다. 그러나 이명박정부에서 들어와서는 공기업 선진화에 따른 통폐합 등으로 최종 147개 이전기관을 확정하고 이전을 추진하였다.

2012년 9월 기준 공공기관의 이전청사는 신축대상 121개 중 98개 기관이 착공하였고 총리와 부처장관 등이 참석하여 모든 혁신도시에서 착공식을 개최하였다. 그리고 2011년까지 이전공공기관현황을 보면 다음과 같다.

〈표 3-95〉 이명박정부의 이전공공기관 현황(2011년)

계	정부소속기관	정부투자기관	정부출자기관	정부출연기관	공공법인
147개	43개	21개	5개	49개	29개
	농촌진흥청, 법무연수원, 중앙공무원교육원, 국립해양조사원, 국립방제연구소 등	한국전력공사. 한국토지주택공사, 한국농어촌공사, 한국석유공사, 한국도로공사 등	한국자산관리공사, 한국주택금융공사, 대한주택보증, 한국가스공사, 한국감정원 등	국토연구원, 한국개발연구원, 한국해양연구원, 에너지경제연구원, 교통안전공단 등	한국산업단지공단, 한국사학진흥재단, 전력거래소, 국민연금공단, 대한지적공사 등

자료: 지역발전위(2013a: 137).

이와 같이 공공기관이 이전하는 지역인 혁신도시는 이명박정부에 들어와서 차질없이 진행 중이다. 부지조성사업의 공정률은 2009년 22.6%, 2010년 55.6%에서 2012년 9월 87.6%(이전기관부지 97.8%)로 진척이 빠르게 진행되었다. 그리고 기반시설 건설사업은 10개 혁신도시의 진입도로 87.%와 상수도 96.5%를 건설하였다. 2012년 9월 혁신도시의 용지분양은 전체 유상공급면적 2,733만㎡ 중 1,857만㎡가 분양되어 68%를 유지하였다.

〈표 3-96〉 이명박정부의 혁신도시 부지공급 현황(2012년 9월)

구 분		유상면적	용도별 현황(만㎡, %)							
			이전기관	클러스터	산업용지	단독주택	공동주택	업무용지	공공시설	기타
면적(만㎡)		2,733	1,040	198	140	252	560	158	302	83
분양률 (%)	12.9.	68	98.6	1.1	17.4	65.7	73.9	41.7	54.6	3.9
	10년	43.7	89.1	0.6	7.7	22.3	31.0	10.7	4.3	0.5

자료: 지역발전위(2013a: 138).

③ 기업도시 건설

노무현정부에서 전경련의 정책건의를 받아들여 시작한 기업도시 건설은 2004년 '기업도시건설법'을 제정하고, 2005년 8월 6개 시범지역을 선정하였고, 2007년 태안기업도시 착공을 하였다.

이명박정부에 들어와서는 6개 시범사업에 대하여 각 사업별 참여기업과 지자체 주도로 전담기업을 설립하고 기업도시 건설사업이 본격 시도되었다. 2008년 6월 충주, 7월 원주, 2013년 1월에 영암해남 등이 착공을 하였으나, 국제금융위기와 경영악화에 따라 사업시행자의 사업포기로 2011년 무주기업이 취소된 이후 무안기업도시도 2013년 2월 사업이 최소화되는 등 기업도시사업이 전반적으로 부진한 상황이었고 이의 건설추진은 다음 정부로 넘어가게 되었다.

(7) 지방재정분권시책

이명박정부는 지역발전의 핵심가치를 '규모화, 광역화, 차별화, 공생발전'에 두고 지방자치단체 스스로 발전할 수 있는 제도정비에 주력하였다. 동 정부에서는 비전을 '자조적, 공생적 지역발전'으로 설정하고, 이들 달성하기 위한 추진전략과 시책으로 지방소득세와 소비세 도입, 포괄보조금 도입, 지역상생발전기금 설치, 그리고 지방재정건전화를 시도하였다.

<표 3-97> 이명박정부의 지방재정분권화의 비전과 추진전략 및 사업(시책)

비 전	자조적, 공생적 지역발전
추진전략과 사업(시책)	1. 지방소득세, 소비세 도입 - 자주재원 확충 및 자조적 발전역량 강화 - 안정적 재정지원(분권교부세 연장, 법정교부율 유지) 2. 포괄보조금 도입 - 광특회계 지역개발계정사업 포괄보조금화 - 자치계획권 확대 및 창조적 지역발전 촉진 3. 지역상생발전기금 설치 - 수도권과 비수도권의 공생발전 - 자방채제도 선진화 4. 지방재정 건전화 - 지방재정 자율성 책임성 강화 - 재정위기 자치단체 사전경보
당면현안과 추진배경	- 국세위주의 조세체계 - 취약한 수입구조 - 사회복지수요 급증 - 재정건전성 약화

자료: 지역발전위(20123a: 321).

위의 표에서 보는 바와 같이, 지방재정의 분권화를 추진하는 배경은 다음과 같은 요인 때문이다(지역발전위, 2012: 318-320). 첫째, 지방자치역사가 20여년이 지났지만 국세와 지방세 비중은 8: 2수준에 불과하다. 둘째, 2011년 기준 지방자치단체의 자체재원을 보면 재산세가 45.3%, 지방소비세가 25.5%, 지방소득세가 16.6%, 기타 12.7%로 나타나고 있다. 그리고 외부에 대한 의존재원 가운데 용도가 지정되고 지방비 부담을 수반하는 국고보조금이 크게 증가하였다. 국고보조금규모가 2008년부터 21조원 수준이던 것이 2012년 34조원으로 연평균 7.8%의 증가속도를 보이고 있다. 이는 지방세입 증가속도를 넘어선 것으로 그 만큼 지방자치단체의가 자율적으로 사용할 수 있는 재원인 점점 줄어들고 있음을 의미한다. 국고보조금의 증가와 함께 이에 대한 매칭 지방비부담률도 2008년 35%에서 2012년 39%로 인상되어 지방비 부담을 가중시키고 있다. 셋째, 저출산과 고령화로 중앙정부가 도입하고 있는 사회복지제도와 사업이 증가하고 있다. 이에 따라 지방재정의 복지예산부담도 가중되고 있는데, 사회복지 관련 지방예산의 연평균 증가율이 9.2%에 달하여 전체 지방예산증가율 4.9%를 넘어서고 있다. 사회복지비의 대표적 재원인 분권교부세는 연평균 8.2% 증가하는데 비하여 이것으로 지원해야 할 사업의 지방비부담은 연평균 18.6%에 달하고 있다. 넷째, 경제위기 극복을 위한 조기집행과 일부 지방정부의 방만한 재정운영으로 지방재정의 건전성에 대한 우려가 지속되고 있다. 타당성이 부족한 사업이나 과대청사, 불요불급한 지방행사와 축제 등의 사례가 빈번하게 발생하여 왔고 그 결과 지방채무가 지속적으로 늘어났다.

이상의 지방재정의 현실을 감안하여 지방세입의 안정적 확보와 재정운영의 자율성 확대를 위하여 자조적, 공생적 지역발전이라는 비전 하에 4대 추진전략과 사업을 추진하였다.

첫째, 지방소득세와 소비세 도입은 이명박정부의 분권정책과 지역발전정책의 핵심가치를 실현하기 위한 제도로, 재정분권적 차원에서 자주재원의 확충과 재정자립도를 향상시키고 지방단체의 자율과 경쟁을 통한 공생발전을 도모하기 위하여 도입하였다.

둘째, 포괄보조금제도는 유사하거나 중복된 지역개발사업을 통폐합하여 지방정부가 주도하는 자율적인 사업에 대한 지원을 위해 도입한 것이다.

셋째, 지역상생발전기금은 경제위기를 극복하고 세계 대도시와 경쟁할 수 있는 수도권의 경쟁력 강화와 더불어 비수도권의 지역발전을 위하여 도입한 것이다.

넷째, 지방재정의 방만 운영을 방지하기 위하여 지방재정위기 사전경보체제를 구축하였다. 사전경보시스템은 재정수지와 지방채무 및 세입결손과 자금현황 등을 상시적으로 모니터링하여 정상⇒ 주의⇒ 심각으로 분류한 후 일정한 조치를 취하는 것이다. 예컨대 주의등급에는 채무감축과 세출구조조정 등 자체적인 재정건전화계획을 권고하고, 심각등급의 경우에는 재정위단체로 지정하여 지방채 발행과 신규사업 제한을 골자로 하는 재정건전화계획을 의무적으로 수립하여 시행하고 그 결과를 지방의회와 행정안전부장관에게 보고하여야 한다.

4. 정책성과

지역발전정책성과는 다양한 영역별로 정책을 결정하여 집행한 결과를 말한다. 이의 성과지표는 지역경제와 지역산업 및 과학기술 측면에서 지역내총생산(GRDP), 인구, 일자리(고용), 사업체, 연구개발투자와 특허 등을 들 수가 있다.

〈표 3-98〉 이명박정부(2008-2012)의 지역발전정책성과

연도 \ 지표	2008		2009		2010		2011		2012	
	수도권	비수도권	수도권	비수도권	수도권	비수도권	수도권	비수도권	수도권	비수도권
지역내총생산(조원)	575	604	579	608	616	648	636	672	650	688
인구(천명)	24,186	25,355	24,379	25,394	24,857	25,658	24,928	25,746	25,133	25,816
일자리(고용)(천명)	11,716	11,863	1,667	11,838	11,929	11,901	2,205	12,039	12,372	12,310
사업체(천개)	161	158	160	159	165	161	173	167	184	176
연구개발비(십억원)	22,131	12,367	24,308	13,660	28,218	15,636	32,061	17,829	37,230	18,220
특허(개)	87,853	39,058	85,740	41,430	87,123	44,561	89,380	48,639	94,719	53,403

자료: 통계청, 지역소득계정, 주민등록인구, 경제활동인구조사, 전국사업체통계조사 각 년도
미래창조과학부, 연구개발활동조사 각 년도
특허청, 지식재산권통계조사 각 년도
지역발전위(2017: 417-454: 2014: 4-116).
지역발전위, 한국산업기술평가관리원(2017: 12, 46, 62, 96, 110, 116).

첫째, 지역내총생산(GRDP)- 이명박정부 출범 첫해인 2008년에 수도권과 비수도권의 GRDP는 각각 575조 원과 604조 원이었으나, 2012년에는 각각

650조 원과 688조 원으로 증가를 하였다. 특히 수도권보다는 비수도권에서의 GRDP 증가가 크게 나타나고 있다. 이는 이명박정부에 들어와 시작한 광역경제권 선도산업 육성, 과거 정부에서 시작된 지역특화산업과 지역전략산업 육성, 그리고 지역산업거점 확충 등과 같은 지역산업육성사업을 통한 지역경제성장이 이루어졌기 때문이다. 다만, 지역별 GRDP 변화는 지역 간 성장격차가 크고 충청권의 성장이 크다고 볼 수 있다.

〈표 3-99〉 이명박정부의 지역별 지역내총생산증가율

권역	전국	수도권	비수도권	충청권	호남권	대경권	동남권	강원권	제주권
연도 (2008- 2012)	3.2	3.1	3.3	5.4	2.9	2.7	2.5	2.4	4.2

자료: 통계청, 지역소득계정 각 년도
지역발전위(2017: 429)

둘째, 인구- 이명박정부의 수도권과 비수도권의 인구는 2008년 각각 24,186천명, 25,355천명에서 2012년 각각 25,133천명, 25,816천명을 완만한 증가를 하고 있고, 다만 수도권의 인구증가가 보다 크게 나타나고 있다. 그렇지만 비수도권에서의 인구가 감소하지 않고 있는 것은 혁신도시와 기업도시 및 과학기술특구와 같은 지역성장거점의 육성과 30대 선드프로젝트 등 광역인프라구축사업 등의 영향을 받은 것으로 보인다. 하지만 비수도권지역의 인구증가율을 보면 지역인구증가 격차가 크고 충청권의 인구증가가 크게 나타나고 있다.

〈표 3-100〉 이명박정부의 지역별 인구증가율

권역	전국	수도권	비수도권	충청권	호남권	대경권	동남권	강원권	제주권
연도 (2008-2012)	0.70	0.96	0.45	1.04	0.26	0.18	0.32	0.49	1.01

자료: 통계청, 인구이동통계 각 년도
지역발전위(2017: 435)

셋째, 일자리(고용)- 이명박정부의 수도권과 비수도권의 일자리 변화는 2008년 각각 11,716천명, 11,863천명에서 2012년 각각 12,372천명, 12,310천명으로 완만하게 증가하고 있다. 이는 지역산업 육성과 지역성장거점 확충 등에 기인한다. 그러나 지역별 일자리증가율은 수도권이 비수도권에 비해 증가세가 크고, 충청권을 제외하고 다른 권역의 일자리증가세는 약하게 나타나고 있다.

〈표 3-101〉 이명박정부의 지역별 일자리증가율

권역	전국	수도권	비수도권	충청권	호남권	대경권	동남권	강원권	제주권
연도 (2008-2012)	276	164	112	39	18	22	27	5	2

자료: 통계청, 경제활동인구조사 각 년도
지역발전위(2017: 439)

넷째, 사업체- 이명박정부의 수도권과 비수도권의 사업체 변화는 2008년 각각 161천개, 158천개에서 2012년 각각 184천개, 176천개로 모두 증가를 하고 있고 비수도권에서의 사업체수도 크게 증가를 하고 있다. 이는 정부가 추진한 조세특례 등을 통한 수도권 기업이전정책과 광역경제권을 통한 지역산업육성정책이 영향을 주었다고 볼 수 있다. 다만 지역별로 사업체수의 증가추세가 상이한데 가장 높은 곳은 충청권으로 나타나고 있다.

〈표 3-102〉 이명박정부의 지역별 사업체수증가율

권역	전국	수도권	비수도권	충청권	호남권	대경권	동남권	강원권	제주권
연도 (2008-2012)	2.5	2.8	2.2	3.4	2.3	2.0	1.9	1.7	2.7

자료: 통계청, 전국사업체통계조사 각 년도
지역발전위(2017: 439)

넷째, 연구개발(연구개발비와 특허)- 이명박정부의 수도권과 비수도권의 연구개발활동은 수도권 집중현상이 존재하지만 비수도권의 활성화가 이루어지고 있다. 이를테면 수도권과 비수도권의 연구개발비를 보면 2008년 각각 22,131억 원, 12,367억 원에서 2012년 각각 37,230억 원, 18,220억 원으로 모두 증가를 하고 있다. 이러한 수도권과 비수도권에서의 투입요인으로 연구개발증가는 산출측면에서 특허출원을 증가시키고 있다. 수도권과 비수도권의 특허출원은 2008년에 각각 87,853개, 39,508개에서 2012년에 각각 94,719개, 53,403개로 증가를 하였다. 특히 특허에서 비수도권에서의 성과가 크게 향상되고 있는 것을 발견할 수 있다.

〈표 3-103〉 이명박정부의 지역별 특허출원증가율

권역	전국	수도권	비수도권	충청권	호남권	대경권	동남권	강원권	제주권
연도 (2008-2012)	3.9	1.9	8.1	5.5	4.0	8.5	11.8	9.4	5.2

자료: 특허청, 지식재산권통계 각 년도
지역발전위(2017: 453)

이처럼 비수도권에서의 연구개발활동이 증가를 하고 있는 것은 산업정책과 과학기술정책 및 교육정책을 통한 R&D지원사업으로 지방소재의 공공기관과 대학을 통한 연구개발과 산학연 연구개발이 활성화되고 광역경제권 선도산업 육성을 위한 기술개발 지원 및 연구개발특구와 같은 지역R&D거점 구축 등의 영향이 나타났다고 볼 수 있다.

제5절 박근혜정부시기에 지역발전의 역사적 맥락과 제도 및 정책

1. 제도와 정책의 역사적 맥락

이명박정부에서와 같이, 박근혜정부에서 제도와 정책을 형성하거나 변화시키는 역사적 동인으로는 지역환경변화, 지역정책의 세계적 흐름, 과거지역정책의 검토와 반성, 그리고 현 정부의 국정철학과 국정과제 등을 들 수가 있는데, 이들을 상술하면 다음과 같다.

1) 지역환경변화

박근혜정부가 직면한 세계사적 변화는 이명박정부에서 처럼 세계화와 지식정보화, 및 지구온난화 등 지구적 환경문제의 대두, 국제관계의 다원화, 인간중심의 보편적 가치 확산 등 문명사적 전환기의 복합적 도전에 능동적으로 대응할 필요가 있었다.

2000년대 중반 이후 세계경제의 자유화 물결과 FTA확산 등으로 국가 간 · 지역 간에 장소경쟁이 치열한 가운데 지역의 글로벌 경쟁력 강화가 중요한 과제로 등장하였다(지역발전위, 2013b: 16).

2) 지역정책의 세계적 흐름

21세기에 들어와 세계 여러 나라에서는 분권화와 지방화의 흐름을 반영하고 국가와 지역의 경쟁력을 확보하기 위해 광역권단위와 중앙정부의 역할을 축소하고 생활권 및 경제권과 지방의 역할을 중시하는 정책으로 전환되고 있는 현상이 나타나고 있다. 이러한 현상은 인구감소와 고령화, 지역쇠퇴와 지방재정 악화 등이 가시화되면서 지역 간 협력을 기반으로 생활권단위에서 사업 추진과 공공서비스 제공의 필요성 때문이다.

예컨대 영국은 2012년부터 9개 RDA로 대표되는 광역권정책을 폐지하고 주민의 생활권과 지역의 경제권을 기반으로 하는 30개 LEP(Local Enterprise Partnership: 기능적 생활면제권)정책을 새로이 도입하고 있고, 프랑스는 2009년부터 지역별 특화발전과 도시재생정책을 추진하며, 일본은 2009년부터 중심도시와 주변지역(시정촌)이 자발적으로 구성한 정주자립권을 통해 지역주민이 필요한 의료와 복지 및 문화 등 기초적 생활서비스를 제공하는 정주자집회정책을 추진하였다(지역발전위, 2013c: 6; 지역발전위, 2016: 11).

3) 과거지역정책의 검토와 반성

이명박정부의 지역발전정책은 지역경쟁력 강화에 초점을 두고 전국을 5+2 광역경제권으로 분류하여 일자리 창출과 광역경제권 간 상호경쟁과 협력을 통하여 지역발전을 유도하였다. 또한 사업의 단위를 광역화하여 시도별로 사업을 추진할 경우 발생하였던 중복과 과잉투자 등의 문제를 해결하고자 하였다.

이러한 지난 정부의 지역발전정책은 지역경쟁력 강화에 기여를 하였지만, 광역경제권과 초광역개발권 등 인위적으로 정해진 공간권역은 지역의 현실과 동떨어져 설정되었고 이 때문에 지역이 스스로 발전을 할 수 있는 능력을 기르는데 도움을 주지 못하였다. 권역설정에서부터 모든 정책과 사업이 하향식(top-down)방식으로 추진되어 지역주민의 참여가 부족하였고 추진과정에서 협의도 부족하였으며 주민이 피부로 느끼지 못하는 상태에 있었다. 특히 남북교류접근권과 백두대간권 등 초광역개발권사업은 집행주체나 수단이 없어 구상단계에 머물렀다. 이처럼 인위적 광역화를 통한 정책효과는 지역주민에게 충분히 전달되지 못하였을 뿐 아니라 지역의 자생적 발전역량을 제고하지 못하였고, 시도의 관심저조와 주민의식 결여 및 권역 내 나눠먹기식 사업추진 등의 문제점이 나타났다.

지난 정부는 지역정책을 주민들의 일상생활이 벌어지는 생활권을 고려하지 않고 경제적 관점에서만 접근하여 주민생활과 괴리되고 교육과 문화 및 복지 등 주민의 삶의 질과 직결된 분야에 대한 지원이 미흡하여 농어촌 및 낙후지역은 삶의 질이 도시에 비해 매우 취약한 상황이었다. 예컨대 전국 기초지자체 5개 중 1곳은 응급의료기관이 전무하고(227개 중 52개), 약국이 없는 읍면소재지가 50.2%, 슈퍼마켓과 편의점이 없는 읍면소재지가 29.7%이며, 그리고 최근 농어촌 초등학교 441개가 감소하였다(2000년 2,691개⇒ 2011년 2,250개). 그러나 소득수준이 향상되면서 삶의 질 등 다양한 분야의 수요가 증가하고 있지만, 수도권과 비수도권은 경제와 삶의 질 측면에서 격차가 지속되고 있고 비수도권에서서의 소득격차는 확대되는 양상을 보이고 있다.

이러한 문제를 해결하고자 박근혜정부는 지난 정부의 지역발전정책의 문제점을 수정 보완하여 지역경제력 제고뿐 아니라 주민의 삶의 질 향상을 목표로 광역경제권을 폐지하고 지역자율에 의한 시도 및 지역생활권 중심으로 지역정책을 수립하도록 하였다. 그러나 지역발전정책을 관할하는 지역발전위원회는 총괄조정기능이 약하여 지역현안사업 뿐 아니라 부처 간 사업조정이 미흡한 문제가 나타나게 되어 이를 보완하는 제도개편이 있었다(지역발전위, 산업통상자원부, 2014: 6-7; 산업통상자원부, 2014. 1.7. 보도자료).

4) 박근혜정부의 국정철학과 국정과제

박근혜정부는 국가비전으로 '희망의 시대: 국민행복과 국가발전이 선순환하는 새로운 패러다임의 시대'를 제시하고, 이를 달성하기 위한 4대 국정기조 '경제부흥, 국민행복, 문화융성, 평화통일 기반구축'을 토대로 13대 국정전략과 140개 국정과제를 채택하였는데, 이러한 국정과제에서 지역발전정책과제를 도출할 수 있다.

<표 3-104> 박근혜정부의 국정철학과 국정과제 및 관련 지역발전정책과제

구 분	내 용
시대정신	희망의 시대: 국민행복과 국가발전이 선순환하는 새로운 패러다임의 시대
국가비전	경제부흥, 국민행복, 문화융성, 평화통일 기반구축
국정전략	13개 추진전략
국정과제	104개 국정과제
국정과제관련 지역발전정책 과제	0 국정과제 102(국민대통합을 위한 지역균형발전) - 중추도시권 육성, 지역산업 육성 및 산업단지 재창조, 지역발전추진체계 개편 0 국정과제 103(지방대학 지원확대) - 지역의 산업발전 및 인력양성을 주도할 수 있도록 지역대학을 지역성장거점으로 육성 0 국정과제 104(지방재정 확충 및 건전성 강화) - 지자체 자체재원 비중확대, 지방재정조정제도 개선, 지방재정의 건전성 및 투명성 대폭강화 0 국정과제 106(지역경제와 산업의 활력제고) - 일자리 창출중심의 지역산업 재정비, 지역투자 여건개선, 지자체의 자율성과 연계성 확대, 노후산단 재창조 및 지역특구제도 정비

자료: 관계부처합동(2013), 박근혜정부 국정과제.

2. 제도와 기구

박근혜정부는 자신의 국정기조와 지역발전정책과제를 추진하기 위하여 통치제도들인 국가균형발전특별법을 일부개정하였고, 통치기구인 지역발전정책의 추진체계를 개편하였다.

1) 지역발전의 통치제도: 국가균형발전특별법 일부개정

박근혜정부의 지역발전위원회는 새로이 들어선 정부의 국정철학과 비전을 담은 지역발전패러다임을 수행하기 위하여 국가균형발전특별법을 일부개정하였는데, 그것의 추진경과는 다음 표와 같다.

〈표 3-105〉 박근혜정부의 국가균형발전특별법 일부개정 추진경과

구 분	추진경과
국가균형발전특별법 일부개정법률안 (지역발전위, 정부안 마련)	2013. 8.27. 지역발전위 제2차 회의심의 9.- 10. 법률일부개정안 입법예고 10.31. 국가균형발전특별법 일부개정법률안 국회 제출
국가균형발전특별법 일부개정법률안 (국회심의)	2013. 2.26.- 9.10. 국회차원의 국가균형발전특별법 일부개정안 발의 : 2.28. 3.26. 김동철 의원 등 11인 발의 상정 : 9.10. 박완주 의원 등 18인 발의 상정 2013. 12.10. 제320회 국회 임시회, 산업통상자원위원회 상정 : 제안설명, 검토보고, 대체토론, 소위원회 회부 12.11.-18. 제321회 국회 임시회, 법률안소위원회 개최 : 국회의원이 발의한 국가균형발전특별법 일부개정안을 병합심사하고 이를 통합 조정하여 위원회 대안을 마련. 12.18. 제321회 국회 임시회, 산업통상위원회 심의 : 위원회대안 반영 폐기 12. 26. 제321회 국회 임시회, 정부안 본회의 통과.

지역발전위와 산업통상자원부가 발의한 법 개정의 배경으로는 주민의 삶의 질 향상과 지역경쟁력 강화를 위하여 새로운 지역발전정책의 핵심공간개념인 지역생활권과 경제협력권을 신설하여 기초생활권과 광역경제권 등 기존권역을 대체하고, 지역생활권 도입 등에 따른 지역발전계획체계를 개편하며, 지역발전을 위한 중점 과제로서 일자리 창출과 지역산업 육성 등 지역경제 활성화 촉진 및 생활기반 확충, 지역복지와 보건의료 등 지역주민의 삶의 질 향상과 관련되는 주요 시책을 반영하는 한편, 예산의 효율적인 뒷받침을 도모하기 위하여 광역지역발전특별회계를 지역발전특별회계로 개편하는 등 현행제도의 운영상 나타난 문제점을 개선 보완하려는 것이다.

박근혜정부에서 국가균형발전특별법의 일부개정의 주요내용은 다음과 같다(지역발전위, 2013: 3-130).

첫째, 지역발전목표와 용어의 정의규정을 개정하였다. 이를테면 지역발전목표에서 종전처럼 지역 간의 균형 있는 발전을 제시하면서 하위목표를 일부

수정하였고, 용어정의에서 기존의 기초생활권과 광역경제권 및 초광역개발권 등 3차원 공간범주를 2차원 공간범주인 지역생활권과 경제협력권으로 대체하고 기존의 지역전략산업과 지역특화산업을 지역특화산업과 경제협력권 산업으로 변경하였다.

〈표 3-106〉 기존법과 일부개정법의 목표와 정의 비교

항목	전면개정법(지역발전특별법)	일부개정법(국가균형발전특별법)
목적	지역특성에 맞는 발전과 지역 간 연계 협력을 통해 지역경쟁력을 제고하고 주민의 삶의 질을 향상시켜 지역 간 균형 있는 발전에 기여	지역 간 특성을 고려한 지역 간의 균형 있는 발전과 상호협력 증진을 통하여 주민생활기반을 확충하고 지역경제를 활성화함으로써 주민의 삶의 질 향상을 통한 지역 간 균형발전
정의	지역발전, (삭제) (삭제) 지역전략산업, 지역선도산업 3차원 공간(기초생활권, 광역경제권, 초광역개발권), 성장촉진지역, 특수상황지역, 농산어촌. 공공기관	지역발전, (삭제) (삭제) 지역특화산업, 경제협력권산업 2차원 공간(지역생활권, 경제협력권), 성장촉진지역, 특수상황지역, 농산어촌, 산업위기대응특별지역. 공공기관

둘째, 박근혜정부에서는 지역발전위원회가 부처 간 협업과 지역소통의 창구를 할 수 있도록 위상과 권한을 강화하였다. 이를테면 핵심 지역정책에 대한 컨트롤타워기능을 강화하기 위해 심의사항을 확대하고 지역발전과 관련한 대 중앙행정기관 의견제시권한을 강화하였다. 그리고 광역경제권을 추진하기 위한 광역경제권위원회를 폐지하고 시도의 권한을 강화하는 시도생활권발전협의회를 17개 시도에 설치하여 시도의 발전 및 지역행복생활권 관련 심의 협의 조정을 하게 하였다.

〈표 3-107〉 기존법과 일부개정법의 추진기구 비교

항목	전면개정법(지역발전특별법)	일부개정법(국가균형발전특별법)
중앙	지역발전위원회(위원회) 지역발전기획단(위원회내) 지역발전지원단(지경부내)	지역발전위원회(위원회) 지역발전기획단(위원회내) 지역발전지원단(산통부내)
지방	광역경제권발전위원회(법정기구) 시도 지역발전협의회(임의기구) 시군구 지역발전협의회(임의기구)	(삭제) 시도생활권발전협의회(법정기구)

셋째, 박근혜정부의 지역발전계획체계는 중앙정부 차원의 지역발전5개년계획과 부문별 발전계획을 계승하고, 지역 차원에서 종전의 광역발전계획과 초광역개발권구상을 시도발전계획에 포함시키고 종전의 기초생활권발전계획을 대체하여 시장 군수 구청장이 인근 시군구와 연계하여 공동수립하는 지역생활권발전계획을 새로이 만들었다.

〈표 3-108〉 기존법과 일부개정법의 계획내용 비교

항목	전면개정법(지역발전특별법)	일부개정법(국가균형발전특별법
발전계획	지역발전5개년계획 수립 (지역발전위)	지역발전5개년계획 수립 (지역발전위)
부문계획	부문별 지역발전계획과 시행계획 수립 (법정계획- 중앙부처)	부문별 지역발전계획과 시행계획 수립 (법정계획- 중앙부처)
지역계획	광역경제권발전계획 수립 (법정계획- 광역발전위원회) 초광역개발권구상, 시도발전계획, 기초생활권발전계획 수립(임의계획)	시도발전계획 (법정계획- 시도) 지역생활권발전계획 (임의계획-시군구)

넷째, 박근혜정부는 지역발전정책인 지역희망프로젝트의 6대 중점 추진방향을 주요 시책에 반영하여 기존 지역발전정책의 이슈였던 지역의 복지와 보건의료 및 환경보전에 관한 사항을 추가하였다.

〈표 3-109〉 기존법과 일부개정법의 추진시책 비교

항목	전면개정법(지역발전특별법)	일부개정법(국가균형발전특별법)
주요시책	· 국토의 다원적 개발과 지역발전역량 강화 · 지역산업 육성 등 지역경제 활성화 촉진 · 지역인력 양성과 과학기술 진흥 · 지역발전거점 육성과 교통물류망 확충 · 지역문화관광의 육성 · 성장촉진지역 등의 개발 · 공공기관, 대학 및 기업의 지방이전	· 주민생활기반 확충과 지역발전역량 강화 · 지역산업 육성 및 일자리 창출 등 지역경제 활성화 촉진 · 지역교육 여건개선과 인재 양성 및 과학기술 진흥 · 지역거점 육성과 교통물류망 확충 · 지역문화관광 육성 및 환경보전 · 지역의 복지 및 보건의료 확충 · 성장촉진지역 등의 개발 · 산업위기대응특별지역의 지정지원 해제 · 공공기관, 대학 및 기업의 지방이전

다섯째, 박근혜정부는 새로운 지역발전정책을 효율적으로 뒷받침하기 위하여 광역지역발전특별회계를 지역발전특별회계로 개편하고, 지역발전계정을 생활기반계정으로 그리고 광역발전계정을 경제발전계정으로 변경하면서, 제주특별자치도계 외에 세종특별자치시계정을 신설하고 포괄보조금편성권을 현행 시도에서 시군구까지 확대하는 등 현행제도 운영상 나타나는 미비점을 개선 보완하였다. 이러한 변경은 새로운 지역발전정책의 방향이 기초생활권과 광역경제권 등 행정구역 중심의 인위적 구역에서 벗어나 주민의 일상 생활공간을 기반으로 한 지역생활권과 경제협력권으로 정책대상이 전환한데 기인한다.

〈표 3-110〉 기존법과 일부개정법의 특별회계 비교

항목	전면개정법(지역발전특별법)	일부개정법(국가균형발전특별법)
명칭	광역지역발전특별회계 지역개발계정 광역발전계정 제주특별자치도계정	지역발전특별회계 생활기반계정 경제발전계정 제주특별자치도계정 세종특별자치시계정

2) 지역발전의 통치기구: 지역발전거버넌스

박근혜정부는 국가균형발전특별법 제22조에 의거하여 중앙정부 차원에서 대통령직속으로 지역발전위원회라는 중앙지역발전거버넌스를 설치하였다. 동법 제23조(조직)에 의하면 지역발전위원회는 위원장 1인을 포함한 31인 이내의 당연직 위원과 위촉위원으로 구성되는데, 그것의 1기와 2기 구성현황은 다음과 같이 정리할 수 있다.

〈표 3-111〉 박근혜정부의 지역발전위원회 구성현황

구 성	1기(2013.7.8 – 2015.7.7)	2기(2015.7.8 – 2017.7.7)
위원장	1	1
당연직위원	12	12
: 중앙부처장관	지식경제부, 기획재정부, 교육과학기술부, 행정안전부, 문화체육관광부, 농림수산식품부, 환경부, 국토해양부, 보건복지부 등	기재부, 교육부, 미래창조과학부, 안전행정부(-) 행정자치부), 문화체육관광부, 농림축산식품부, 산업통상자원부, 보건복지부, 환경부, 국토교통부, 해양수산부, 여성가족부
위촉위원	19	19
: 지방단체장	1	1
대학교수	11	11
국책연구기관	3	3
지방연구기관	1	2
경제단체	1	2
ngo	2	0
기업	0	0
총계(인)	32	32

자료: 지역발전위원회(2016: 21) 수정.

그리고 국가균형발전특별법 제26조(지역발전기획단)와 제27조(지역발전지원단 등)에 의거하여 위원회의 사무를 처리하기 위하여 위원회 소속으로 지역발전기획단을 설치하였다. 동기획단은 위원회의 회의준비와 안건작성 및 전문적인 조사연구 등을 위한 과업을 수행하도록 한다. 이러한 지역발전기획단의 업무를 지원하고 지방자치단체의 지역발전계획을 효과적으로 수립하여 시행할 수 있도록 산업통상자원부에 지역발전지원단을, 그 밖의 중앙행정기관에 지역발전지원팀을 둘 수 있게 하였다.

이렇게 조직화된 지역발전위원회는 부처 간 협업과 지역소통의 창구로서 제 역할을 할 수 있도록 지역정책에 대한 컨트롤타워기능을 강화하기 위하여 지역생활권계획과 지역발전시책 및 사업의 조사 · 분석 · 조정 그리고 지역개발에 대한 지표의 개발과 관리 등 심의사항을 확대하고, 각 부처의 주요지역정책에 대한 의견제시 및 추진상황 점검과 기재부 예산편성 시 지역위의 의견반영을 신설하였다.

지역발전위원회는 위의 기능을 수행하기 위해 2013년 7월부터 2017년 3월까지 지역발전정책의 구조적 틀을 설계하는 활동을 하였다〈표 3-112〉.

〈표 3-112〉 박근혜정부의 지역발전위원회 활동현황

일 시	장소	주요안건
1차(2013.7.18.)	영빈관 (대통령)	· 지역희망(HOPE) 프로젝트
2차(2013.8.27.)	지역위	· 2012년도 지역발전계획에 대한 연차보고서안 · 지역발전위 운영세칙 개정안 · 국가균형발전특별법 일부개정안 · 지역행복생활권 추진전략 · 2014년도 지역발전 예산편성에 관한 의견
3차(2013.10.30.)	지역위	· 지역행복생활권 추진가이드라인안 · 2014년도 지역발전사업 평가계획안 · 제2차 지역발전5개년계획 수립추진계획안
4차(2014.3.12.)	영빈관 (대통령)	· 지역주도발전전략
5차(2014.4.4.)	서면심의	· 2차 지역발전5개년계획 수립지침안
6차(2014.5.16.)	지역위	· 지역산업육성 개편(재정비)안 · 지역행복생활권 추진상황 및 향후일정
7차(2014.6.17.)		· 2013년 지역발전사업 평가결과 · 지역발전5개년계획안 수립현황 및 향후추진계획 · 2014년 지역행복생활권 선도사업 선정결과 및 향후추진계획

8차(2014.7.18.)		· 2013년도 지역발전계획에 대한 연차보고서 · 지역발전정책 1년 추진실적 및 향후계획
9차(2014.9.16.)		· 지역행복생활권, 특화발전 프로젝트안
10차(2014.11.12.)		· 지역발전5개년계획안
11차(2015.3.24.)	서면심의	· 2015년 지역발전시행계획
12차(2015.5.28.)	지역위	· 2014년 지역발전사업 평가결과
13차(2015.7.7.)		· 2014년 지역발전계획에 관한 연차보고서
14차(2015.10.14.)	지역위	· 지역희망(HOPE) 프로젝트 추진안 · 2016년 지역행복생활권 사업추진계획
15차(2015.11.27.)	서면심의	· 2016년 부문별 지역발전시행계획 및 시도시행계획 수립 지침
16차(2015.12.14.)	지역위	· 창조경제 지역전략산업 선정안
17차(2016.2.3.)		· 2016년 지역행복생활권 선도사업 선정결과
18차(2016.3.29.)		· 2016년 지역발전시행계획
19차(2016.5.30.)		· 2015년 지역발전사업 평가결과
20차(2016.8.2.)		· 2015년 지역발전사업에 대한 연차보고서
21차(2016.10.18.)		· 2017년 지역행복생활권협력사업 추진계획
22차(2017.2.22.)	서면심의	· 2017년 지역행복생활권 선도사업 선정결과 및 향후추진 계획
23차(2017.3.15.)	지역위	· 2017년 지역발전시행계획안
24차(2017.5.30.)		· 2017년 지역발전사업 평가결과안 · 지역행복생활권 성과분석결과

자료: 지역발전위원회(2016: 22-24).

지역발전위원회는 이러한 활동을 통하여 국가균형발전특별법 제4조(지역발전5개년계획의 수립)와 제7조(시도발전계획과 지역행복생활권계획)에 근거하여 지역발전5개년계획과 지역행복생활권계획 및 지역발전정책을 수립하는 작업을 하였다.

다음으로, 박근혜정부는 국가균형발전특별법 제29조(시도생활권협의회 등의 설치 등)에 의거하여 지방정부 차원에서 이전 정부의 광역경제권발전협의회를 폐지하고 시도발전협의회를 시군구발전협의회로 변경시켰다. 동 협의회는 시도의 특성 있는 발전과 지역생활권에 관한 중요 사항에 대한 협의와 조정 등을 위해 만들어진 것으로서 구성과 운영 등에 필요한 사항은 대통령령으로 정하도록 되어 있다.

이러한 조직들은 동법 제7조(시도발전계획의 수립)와 제7조의 2(지역생활권발전계획의 수립)에 근거하여 시도발전계획과 지역행복생활권계획을 수립하게 되어 있다.

이처럼 지역발전위원회가 지역발전정책의 비전과 전략을 구체화한 지역발전5개년계획과 그리고 광역 및 기초지방정부가 설계한 시도발전계획 및 지역생활권계획을 추진하기 위한 정책 또는 사업을 지원하는 특별회계예산으로 국가균형발전특별법 제30조는 지역발전특별회계를 설치하도록 하였다. 특별회계의 계정은 생활기반계정과 경제발전계정 및 제주특별자치도계정 및 세종특별자치시계정으로 구분하고, 각 계정별 세입과 세출의 근거를 마련하였다.

지금까지 논의한 박근혜정부에서 지역발전의 제도와 기구 및 정책과 예산을 정리하면 다음과 같다〈표 3-113〉.

〈표 3-113〉 박근혜정부의 지역발전의 제도와 기구 및 정책과 예산

제도	기구	정책과 예산
· 국가균형발전특별법 4조(지역발전5개년계획의 수립) 5조(부문별 발전계획과 시행계획의 수립) 30조(지역발전특별회계의 설치와 관리 운용)	· 중앙정부 지역발전위원회 지역발전기획단(위원회) 지역발전지원단(산업통상자원부)	· 지역발전5개년계획(총괄 및 부문별 발전계획과 시행계획)(법정계획) · 지역발전특별회계
· 국가균형발전특별법 7조(시도발전계획의 수립) 9조(지역생활권발전계획의 수립)	· 지방정부 시도생활권발전협의회	· 시도발전계획(범정계획) · 지역생활권발전계획(임의계획) · 지역발전특별회계

3. 주요 정책

1) 지역발전정책의 이론적 토대와 공간구분

박근혜정부는 부분개정 국가균형발전특별법 제1조(목적)에서 지역 간의 불균형을 해소하고 지역의 특성에 맞는 발전과 지역 간의 연계 및 협력 증진을

통해 지역경쟁력 제고와 삶의 질 향상으로 지역 간의 균형발전을 달성하는 것을 설정하고, 그리고 제2조(용어)에서 주요 개념으로 지역발전, 지역생활권, 경제협력권, 지역특화산업, 경제협력권산업, 공공기관 등을 제시하였다. 여기서 지역 간 균형발전이란 목적을 제시한 것은 균형성장이론을 총체적으로 전제하는 것이고, 이를 달성하기 위한 지역특성에 맞는 발전은 불균형성장이론이 적용될 수 있고, 지역 간의 연계 및 협력을 강조하는 것은 신광역주의와 협력거버넌스이론을 적용하는 것을 암시한다.

신광역주의 차원의 협력거버넌스를 통한 지역발전정책의 추진체계로는 창조경제체계를 설계하였다. 창조경제론은 종전의 혁신주도형 경제의 연속선상에서 그 한계를 보완하여 보다 진화시킨 새로운 지역발전모형으로 공간혁신모형에서 논의하는 창의성, 혁신, 지역혁신체제, 혁신클러스터 등을 통해 지역특화산업이나 경제협력권산업의 육성과 지역인재 및 지역과학기술의 육성 등 다양한 지역발전시책을 추진하도록 하였다. 또한 성장거점이론에 의하여 지역성장거점사업을 지속하고 있다.

종합하면 박근혜정부의 지역발전정책의 이론적 틀은 균형법 제1조(목적)과 제2조(용어)에서 암시하는 바와 같이, 노무현정부와 이명박정부의 지역발전 이론들을 결합한 것이라고 할 수 있다.

이러한 다양한 지역발전시책을 추진하기 위하여 공간권역을 2차원 공간으로 구분하였다. 즉 박근혜정부의 지역발전정책은 국토균형발전특별법 제2조(정의)에 의거하여 2차원 공간, 즉 지역생활권과 경제협력권, 기초생활권의 특수지역(성장촉진역과 특수상황지역, 농산어촌), 그리고 주력산업밀집지역의 쇠퇴에 대응한 산업위기대응특별지역이라는 특수공간단위를 설정하고 추진하게 되어 있다.

첫째, 지역생활권이란 지역주민의 삶의 질 향상에 필요한 일자리 및 교육, 문화, 복지, 주거, 안전, 환경 등의 생활기반을 확충하기 위하여 시(특별시, 광역시, 특별자치시 및 제주특별자치도의 행정시를 포함), 군(광역시의 군을 포함), 구(자치시)가 인근 시군구와 협의하여 설치한 지역이다.

둘째, 경제협력권이란 지역의 경제발전과 성장잠재력 확충에 필요한 산업 및 교통 등의 협력사업 추진을 위하여 특별시, 광역시, 특별자치시, 및 도와 특별자치도(이하 시도라 함)가 협력하여 설정한 권역을 말한다.

셋째, 기존의 낙후지역을 성장촉진지역과 특수상황지역 그리고 산업위기 대응특별지역으로 재분류하였다. 성장촉진지역이란 기초생활권에 속하는 시군 중 생활환경이 열악하고 개발수준이 현저하게 저조하여 해당지역의 경제적, 사회적 성장을 촉진하기 위해 필요한 지역사회기반시설의 구축 등 국가와 지방자치단체의 특별한 배려가 필요한 지역으로서 소득과 인구 및 재정상태 등을 고려하여 대통령으로 정하는 지역을 말한다. 그리고 특수상황지역이란 기초생활권에 속하는 시군 중 남북분단과 급격한 사회경제적 변동에 의하여 구조적으로 불리한 여건에 처함에 따라 관계 중앙행정기관에 의한 행정지원 등 특수한 지원조치가 필요한 지역으로서 접경지역지원법 제2조 1호에 따른 접경지역 등이 포함된다. 또한 산업위기대응특별지역이란 지역의 주된 산업이 위기에 처하여 지역경제여건이 악화되거나 악화될 우려가 있어 일정 기간동안 정부의 지원이 필요한 지역을 말한다.

따라서 지역발전위의 지역발전5개년계획에 포함되는 모든 정책이나 사업들은 이러한 2차원 공간을 전제로 설계하고 추진하게 되어 있다. 특히 낙후지역에 속하는 성장촉진지역과 특수상황지역 및 산업위기대응특별지역은 지역특성을 고려한 특화발전사업을 추진하게 되어 있다.

2) 지역발전정책과 예산

박근혜정부의 지역발전정책은 크게 거시적인 지역발전정책의 비전과 전략, 그리고 이를 구체화하는 중범위적인 지역발전계획과 미시적인 지역발전시책(사업) 및 이들을 지원하는 특별회계예산으로 구성할 수 있다.

<표 3-114> 박근혜정부의 지역발전정책과 예산

정부차원	지역발전정책과 특별회계예산
중앙정부차원	· 지역발전정책의 비전과 전략 · 국토종합계획(제4차 국토종합계획 2차 수정계획) · 지역발전5개년계획(총괄 및 부문별 발전계획과 시행계획) · 지역발전특별회계
지방정부차원	· 시도발전계획 · 지역생활권발전계획 · 지역발전시책(사업) · 지역발전특별회계

(1) 지역발전정책의 비전과 전략

박근혜정부는 2013년 7월 18일 제1차 지역발전위원회 회의를 개최하여 지역발전정책의 비전과 전략으로 '제1단계 지역희망프로젝트(HOPE)'를 설계하였다. 여기서 제시된 지역발전정책의 비전은 '국민에게 행복을, 지역에 희망을'로, 4대 목표로는 국민이 실생활에서 행복과 희망을 체감하고(Happiness), 행복한 삶의 기회를 고르게 보장하고(Opportunity), 자율적 참여와 협업의 동반자관계를 통해(Partnership), 전국 어디에서나 정책의 사각지대 해소(Everywhere)를 제시하였다.

이러한 지역발전정책의 비전과 목표를 달성하기 위한 3대 추진전략은 지역행복생활권 구현, 맞춤형패키지 지원, 지역주도 및 협업강화이다. 첫째, 지역행복생활권전략은 전국 어디서나 국민의 일상생활에서 불편이 없도록 상수도와 하수도 등 기초인프라 뿐 아니라 일자리와 교육, 문화와 복지 등에서 질 좋은 서비스 제공을 지향하는 것이다. 둘째, 맞춤형패키지전략은 지역주민의 행복증진효과가 높은 사업을 집중 지원하되 부처 간 협업이 필요한 사업이나 지역에서 여러 사업의 연계가 필요한 경우 부처 간 시책을 조정하여 패키지형태로 지원하는 것이다. 셋째, 지역주도 및 협력강화전략은 사업기획과 집행과정에서 지자체의 재량과 책임을 확대하고 지역 간의 유사중복사업 조정을 통한 지역 간 협력을 촉진하는 것이다. 이러한 비전과 추진전략을 중점적으로 추진할 수 있는 시책(사업)으로 6대 추진분야 17개 추진과제가 제시되었다. 그리고 이러한 지역발전정책의 비전과 전략을 추진하기 위한 제도적 기반으로 국가균형발전특별법 일부개정과 지역발전위의 정책컨트롤타워기능을 강화하였다.

<표 3-115> 박근혜정부의 제1단계 지역희망프로젝트(HOPE)의 비전과 전략

비 전	국민에게 행복을, 지역에 희망을
기본방향 (목표)	· Happiness(국민이 실생활에서 행복과 희망을 체감) · Opportunity(행복한 삶의 기회를 고르게 보장) · Partnership(자율적 참여와 협업의 동반자관계) · Everywhere(어느 곳에서나 정책사각지대 해소)
추진전략과 분야 및 과제	· 추진전략- 지역행복생활권 구현, 맞춤형패키지 지원, 지역주도 및 협업강화 · 추진분야 및 과제(6대 추진분야 및 17개 추진과제) - 지역행복생활권 기반확충(지역중심지 활력증진, 국민체감 생활환경개선, 주민주도 협력발전체계 구축) - 일자리 창출을 통한 지역경제 활력제고(일자리 창출중심으로 지역산업정책의 전환, 지역특화촉진을 통한 일자리 창출, 산업단지를 창조경제의 거점으로 육성, 농어촌 일자리 확충) - 교육 여건개선과 창의적 인재 양성(지방초중고교육 여건개선, 지방대학 특성화, 지역인재와 기업의 선순환성장) - 지역문화융성과 생태복원(문화역량 강화 및 특성화발전, 지역 간 문화격차 해소, 생태자연환경의 보존활동) - 사각없는 지역복지의료(지역맞춤형 복지지원, 취약지역 공공의료체계 정비) - 지역균형발전 지속추진(혁신도시와 세종시 보완발전, 지역공약 이행지원)
제도개편	국가균형발전특별법 일부개정, 지역발전특별회계 개편 및 평가체계 구축, 지역발전거버넌스시스템 개편(지역발전위의 정책컨트롤 기능강화 등)

자료: 지역발전위원회, 산업통상자원부(2014: 11).

이처럼 박근혜정부는 제1단계 지역희망프로젝트를 수행하기 위하여 지역발전5개년계획을 수립하고 지자체 주도의 지역행복생활권사업과 지역경제, 교육, 문화, 복지의료분야에서 다양한 사업을 수행하였다. 그러나 지역주도의 상향식 발전방법이나 정부의 맞춤형 패키지지원이 충분히 작동하기 못한다는 지적을 수용하여, 2015. 10, 14. 정부는 지역발전위원회 제16차 회의를 통해 지난 2년간 추진되어온 지역발전정책의 장점을 살리되 미흡한 부분을 보완하기 위하여 '제2단계 지역희망프로젝트(HOPE)'를 만들었다.

제2단계 지역희망프로젝트(HOPE)는 비전으로 '국민행복체감시대 구현'을, 3대 목표로 '국민행복체감시대 실현, 지역경제의 새로운 도약, 선진한국 기반 확립'을 제시하고, 이의 실현을 위한 3대 추진전략과 9대 추진과제를 제시하였다. 첫째, 행복생활권정책 고도화전략으로는 행복생활권사업 확대, 지역산업 개편, 제도적 인프라 강화가 있다. 둘째, 창조경제 확산을 통한 경쟁력 제고전략으로는 창조경제 기반을 통한 지역특화발전, 지역문화와 산업기술의 융합, 혁신도시 육성, 센터와 생활권사업 간 협업 강화를 제시하였다. 셋째, 국민통합과 공동체 회복전략으로는 낙후지역 지원강화 및 지역격차 해소, 고향희망심기 추진 등이 있다.

〈표 3-116〉 박근혜정부의 제2단계 지역희망프로젝트(HOPE)의 비전과 전략

비 전	국민행복체감시대 구현
기본방향 (목표)	· 국민행복체감시대 실현 · 지역경제의 새로운 도약 · 선진한국 기반확립
3대 추진전략과 9대 추진과제	· 행복생활권정책 고도화전략 - 행복생활권사업 확대, 지역산업 개편, 제도적 인프라 강화 · 창조경제 확산을 통한 경쟁력 제고전략 - 창조경제 기반을 통한 지역특화발전, 지역문화와 산업기술의 융합, 혁신도시 육성, 센터와 생활권사업 간 협업 강화 · 국민통합과 공동체 회복전략 - 낙후지역 지원강화 및 지역격차 해소, 고향희망심기 추진

자료: 지역발전위원회, 산업통상자원부(2014: 12).

(2) 국토종합계획과 지역발전5개년계획

박근혜정부에서는 이명박정부에서 만들은 국토종합계획인 제4차 국토종합계획 2차 수정계획(2011-2020)을 그대로 활용하고 있다. 반면에 지역발전5개년계획은 박근혜정부의 새로운 국가통치패러다임(국정철학과 국정과제)을 반영

하여 이전 정부와 상이한 내용으로 설계를 하였다. 위의 표에서 제시한 박근혜정부의 지역발전정책들이 현실에 적용하기 위해 구체화된 것이 지역발전위원회가 만든 지역발전5개년계획이다. 지역발전위원회는 박근혜정부 지역발전정책의 비전과 목표 및 전략을 추진하기 위한 지역발전5개년계획(2014-2018)을 수립지침 작성(2013.10-2014.4), 중앙부처 및 시도 초안 작성과 수정(2014.1-10), 지역발전5개년계획안 마련(2014.9-10), 관계 부처와 지자체 협의(2014.9-11), 지역발전위 심의(2014.11.12), 국무회의 심의 및 대통령 승인(2014.12.2)을 받아 확립하였다. 이러한 계획수립에 참여한 기관은 지역발전위, 18개 부와 청(기재부, 미래부, 교육부, 안행부, 문체부, 농식품부, 산업부, 복지부, 환경부, 고용부, 여가부, 국토부, 문화재청, 농진청, 산림청, 중기청, 행복청)과 17개 시도이다(지역발전위, 산업통상자원부, 2014: 6; 지역발전위, 2016: 27).

이러한 과정을 거쳐 만들어진 박근혜정부의 지역발전5개년계획은 그간 수립하여 발전시켜 온 지역발전의 비전과 정책을 중앙부처 및 시도의 실천계획으로 구체화하고 중앙과 지방이 연계하여 추진할 지역발전과제를 총망라한 종합적인 계획으로서 다음과 같은 특징을 가지고 있다(지역발전위, 산업통상자원부, 2014: 5-6).

첫째, 지역발전5개년계획은 국가재정운용계획(국가재정법) 및 국토종합계획(국토기본법)과 연계하여 수립한다.

둘째, 동 계획은 국가균형발전특별법 제4조(지역발전5개년계획의 수립)에 근거한 법정계획이다. 균특법 제4조에서는 '정부는 지역 간의 연계 및 협력을 증진하고 지역경쟁력을 향상시키기 위하여 5년 단위의 지역발전5개년계획을 수립한다'고 규정하고 있다.

셋째, 지역의 경쟁력 강화와 주민의 삶의 향상을 위한 전략계획이다. 지역경쟁력 강화를 위한 산업 육성, 인력 양성과 과학기술 진흥, 발전거점과 SOC 및 문화관광 육성 등 분야별 정책을 포함하고 있다.

넷째, 예산과 연계한 5년 단위의 중기실행계획이다. 동 계획은 특별회계에

산인 지역특별회계와 연계를 통해 계획의 실천성을 강화하였다.

다섯째, 중앙정부와 지방정부가 협력하여 수립한 범정부계획이다. 지역위와 18개 부와 청 및 17개 시도 등 관련 주체가 자율적으로 참여하고 수직적, 수평적 협력을 통해 계획을 수립한다.

여섯째, 지역발전정책의 비전과 전략을 구체화한 최상위계획이다. 이를테면 지역발전5개년계획은 2014년부터 2018년까지 5년 간의 지역발전정책 추진과제를 망라한 종합계획이다.

일곱째, 지역정책과 관련하여 체계적인 계획수립을 위하여 '국가재정운용계획'(국가재정법)과 '국토종합계획'(국토기본법) 등 다른 계획과 연계를 한다.

여덟째, 지역발전5개년계획은 중앙부처의 지역발전정책인 '부문별 발전계획'과 시도별로 수립된 '시도발전계획'을 기초로 하여 수립한다. 따라서 지역발전계획의 체계는 크게 두 가지 범주로 나눌 수 있는데, 하나는 법정계획으로 중앙정부가 수립하는 부문별 발전계획과 시도별로 수립하는 시도발전계획이 있고, 다른 하나는 임의계획에 속하는 지역생활권발전계획이 있다.

박근혜정부의 일부개정 국가균형발전특별법 제4조(지역발전5개년계획)의 수립에 의하면, 정부는 지역 간의 연계 및 협력을 증진하고 지역경쟁력을 향상시키기 위하여 제5조 1항에 따른 부문별 발전계획안과 제7조 1항에 따른 시도발전계획을 기초로 하여 5년 단위로 하는 지역발전5개년계획을 수립하여야 한다. 따라서 지역발전5개년계획은 법정계획인 부문별 발전계획과 시도발전계획을 기초로 수립하는데, 제5조의 부문별 발전계획 수립 시 중앙행정기관의 장은 관계 중앙행정기관의 장과 특별시장·광역시장·도지사·특별자치시와 협의를 하고 시도발전계획을 고려해야 하고, 제7조의 시도발전계획은 시도지사가 해당시도의 특성 있는 발전과 경쟁력 향상을 위해 관계 중앙행정기관의 장과 협의하여 수립하게 되어 있다. 그리고 임의계획인 제7조의 2 지역생활권계획의 수립은 시장과 군수 또는 구청장이 해당 지역생활의 특성 있는 발전과 지역주민의 삶의 질 향상을 위해 5년 단위로 만들게 되어 있다.

<표 3-117> 박근혜정부의 지역발전5계획 구성체계

비 전	국민에게 행복을, 지역에게 희망을
계 획	· 법정계획: 부문별발전계획(5조), 시도발전계획(7조) · 임의계획: 지역생활권발전계획(7조의 2)
추진시책 (사업)	· 10조(주민생활 기반확충과 지역발전 역량강화) - 지역생활권, 경제협력권, 지역산업 육성, 인력 양성, 과학기술 진흥, 교통물류시설 확충, 문화관광 육성, 환경보전, 복지보건의료 등 · 11조(지역산업 육성 및 일자리 창출 등 지역경제 활성화 추진) - 지역특화산업, 경제협력권산업 · 12조(지역교육 여건개선과 인재 양성 및 과학기술 진흥) - 지방대학과 산업체 간 산학협동(산학연협력사업) · 15조(지역문화관광 육성 및 환경보전) - 신설, 지역문화관광 및 환경보전사업 · 15조의 2(지역의 복지 및 보건의료의 확충) - 지역복지 및 보건의료사업 · 16조(성장촉진지역 등의 개발) · 18조(공공기관의 지방이전) - 공공기관 지방이전사업 · 19조(기업 및 대학의 지방이전) - 기업 및 대학의 지방이전사업

위의 표에서 보는 바와 같이, 박근혜정부의 지역발전5개년계획의 비전을 달성하기 위한 부문별 발전계획과 시도발전계획 및 지역생활권발전계획은 서로 연계되어 있고 이러한 계획을 실행하기 위한 다양한 사업들은 2차원 공간단위인 지역생활권과 경제협력권에서 이루어진다고 볼 수 있다.

① 부문별 발전계획

부문별 발전계획은 중앙행정기관의 장(산업부장관)이 관계 중앙정기관의 장 및 17시도의 자체단체장과 협의하고 시도발전계획을 고려하여 5년 단위로 수립하게 되어 있다. 동 계획의 사업내용은 다음과 같다(지역발전위, 산업통상자원부, 2014: 12-29).

첫째, 지역행복생활권 활성화- 지역주민의 실생활 속 불편을 해소하고 주민행복 증진에 필수적인 기초생활 인프라를 확충하기 위하여 지역주도 협력사업 확충, 주민체감 생활인프라 구축, 지역중심지 활력증진, 지역교통물류망 개선 등을 추진한다.

둘째, 일자리 창출을 통한 지역경제 활력제고- 지역의 특성과 산업생태계를 고려하여 지역주력산업과 특화발전프로젝트 등 지역산업을 육성하고 투자를 촉진함으로써 일자리를 확대한다. 이를 위하여 일자리 창출중심의 지역대표산업 육성, 지역투자촉진 기반확대, 산업단지 고도화로 창조경제 구현, 지역기반연구 활성화로 창조경제의 지역확산, 지역성장 거점도시 육성, 농산어업 경쟁력 강화를 추진한다.

셋째, 교육 여건개선 및 창의적 인재 양성- 지역의 초중고교 및 대학의 혁신을 통해 지역의 인재들이 지역에서 교육받고 지역을 위해 일하는 선순환구조를 형성한다, 이를 위하여 지방초중고교 교육환경 개선, 창의적 인재를 키우는 지방대학 육성, 일과 학습 병행을 통한 지역인재 양성, 100세 시대 지역평생학습체제 구축 등을 시행한다.

넷째, 지역문화 융성과 생태복원- 지역의 문화자원과 자연환경을 활용하여 브랜드 있는 지역을 육성하며 지역민의 문화향유기회를 확대하고 삶의 질 개선을 위하여 지역문화 역량강화 및 특성화지원, 맞춤형 문화서비스를 통한 문화격차 해소, 지역관광산업 육성, 생태자연환경의 보전과 활용 등을 추진한다.

다섯째, 사각 없는 지역복지의료- 전국 어디에 살든 기본적인 삶을 보장받을 수 있는 지역복지체계를 구축하고 응급의료체계 등 생활기반을 마련하기 위하여 주민밀착형 복지전달체계 구축, 수혜자특성을 반영한 맞춤형 복지시책 추진, 취약지역 응급의료체계 구축 및 의료인프라 확충을 추진한다.

② 시도발전계획

시도발전계획은 시도지사가 해당시도의 특성있는 발전과 경쟁력 향상을 위하여 관계 중앙행정기관의 장과 협의하고 17개 시도의 지역별 비전과 잠재력, 5대 중점 분야별 지역발전계획과 지역생활권발전계획을 고려하여 수립하는데, 다음의 시책이 포함되어야 한다. 이를테면 시도별 발전목표, 시도별 현황과 여건분석, 산업 육성 및 일자리 창출, 인재 양성, 과학기술 진흥, 지역발전거점 육성과 교통물류망 확충, 문화관광 육성 및 환경보전, 보건복지의료, 시도 간 연계 및 협력 발전, 지역생활권발전계획 등이다. 보다 구체적으로 17개 시도에서 설계한 시도발전계획을 내용을 정리하면 다음과 같다(지역발전위, 산업통상자원부, 2014: 31-64).

〈표 3-118〉 박근혜정부의 시도발전계획 총괄개요

비전	시도의 비전
목표	시도의 발전목표
사업(시책)	· 지역생활권사업 · 시도 간 연계협력사업(경제협력권사업) · 지역경제사업(지역주력산업, 경제협력권산업, 특화발전프로젝트) · 지역인력 및 과학기술사업 · 지역문화 및 환경사업 · 지역복지의료사업 · 지역발전거점사업
공간발전 구상	시도별 구상
지역생활권	농어촌생활권, 도농연계생활권, 중추도시생활권

<표 3-119> 박근혜정부의 시도발전계획 내용

〈 특별시, 광역시 〉

시도	서울특별시	부산광역시
비전	소통과 배려가 있는 행복한 시민도시	사람과 기술, 문화로 융성하는 부산
목표	대한민국의 수도로 핵심중추기능, 기업본사, 교육기관 등이 집적되어 있는 국가경제성장의 엔진	대륙과 해양을 잇는 지정학적 이점과 신항만, 5개 전략산업 경쟁력확보로 환태평양시대의 거점도시, 북극항로와 유라시아대륙의 관문도시로 도약
주요사업	· 지역행복생활권- 동북부 시범생활권 삶의 질 개선 · 일자리,경제- 서울의 산업구조에 적합한 일자리 창출, G밸리 활성화 등을 통해 경제거점 활력화 · 문화,복지,교육- 주요 문화유산을 활용한 관광산업 활성화, 사회적 약자 등 복지취약계층을 위한 지원확대	· 지역행복생활권- 구도심 활력증진 및 주민체감 인프라 확충 · 일자리,경제- 첨단산업 성장거점 육성 · 문화,복지,교육- 문화향유기회 확대 및 생태하천 복원
공간발전 구상	· 한양도성-강남-여의도, 영등포를 잇는 도심을 국제적 중심지로 육성 · 내외사산 중심 환경녹지축과 도시-용산공원-한강의 남북녹지축 조성	· 원도심 재생과 북항재개발, 해양특화금융중심지 조성, 해양경제특구 지정 · 동부산권 의료관광클러스터 구축 및 서부산 글로벌시티 조성
지역생활권	수도권동북부시범권	부산중추도시권

시도	대구광역시	인천광역시
비전	남부경제권의 창조경제 중심도시	새로운 인천, 행복한 시민
목표	29개 대학과 DIGIST, 교육학술 및 공공기관이 집적되고, 기계, IT, 의료, 로봇 등 주력산업과 신산업 융합을 선도하는 남부경제권의 중심	항만, 국제공항, 경제자유구역의 입지를 바탕으로 GCF 등 국제기구 유치와 2014년 아시안게임 성공개최를 통한 도시브랜드 향상
주요사업	· 지역행복생활권- 대구중추도시생활권 주민행복 기반향상 · 일자리,경제- 주력산업(기계, 섬유, IT)과 신성장산업(로봇, 의료) 경쟁력 강화 · 문화,복지,교육- 문화와 산업이 융합된 컬커노믹스 실현	· 지역행복생활권- 수도권 광역교통망 및 광역물류네트워크 구축 · 일자리,경제- 서부수도권(인천, 부천, 김포) 경제문화공동체 육성 · 문화,복지,교육- 인천지역 문화자원 발굴
공간발전 구상	· 동대구벤처밸리, 창조경제타운 중심의 창조산업벨트 구축 · 경부산업축의 주력 및 신성장산업, 낙동강산업축의 R&D거점 조성	· 구월-동인천-부평을 잇는 도심재생축 구축으로 도시기능 강화 · 송도-영종-청라-검단의 광역발전축 형성으로 글로벌 브랜드 가치제고
지역생활권	대구중추도시권	인천시범권

시도	대전광역시	광주광역시
비전	인간과 과학, 자연이 함께하는 세계 리더도시	더불어 사는 행복도서
목표	고속도로, 고속철도 결절지로서 광역교통의 중심, 과학비즈니스벨트를 비롯한 고급인력 보유	첨단산업중심의 발전과 호남고속철도 신설개통을 통해 서남권 교통물류의 중심, 국립아시아문화전당 개관을 계기로 문화중심도시로 성장
주요사업	· 지역행복생활권- 대전권 지역공생형 연계협력 강화 · 일자리, 경제- 자연과 문화의 융복합 커뮤니티공간 조성 · 문화, 복지, 교육- 공공보건의료 강화 및 취약아동 학습지원	· 지역행복생활권- 광역생활교통망 확충 · 일자리,경제- 광주자동차산업밸리 육성 · 문화, 복지, 교육- 광주생활권 의료서비스 강화
공간발전 구상	· 산업개발축과 과학비즈니스벨트를 연계하여 과학중심도시 조성 · 중부권 의료관광중심축과 계룡시를 잇는 미래창조국방중심축 형성	· 성장축으로 신성장동력축, R&D선산업축, 영산강미래비전축을 구축 · 도심을 중심으로 문화적 내부도심재생권의 구축
지역생활권	대전중추도시권	빛고을중추도시권

시도	울산광역시	세종특별자치시
비전	산업과 문화가 공존하는 고품격 창조도시	대한민국의 새로운 중심, 행복도시
목표	산업수도의 메카	행정중심복합조시 건설을 통한 국가중추도시로서의 역할과 특별자치시로서의 위상강화, 인구유입 등 급성장하는 신행정도시
주요사업	· 지역행복생활권- 시민과 함께하는 자연친화적이고 안전한 도시 조성 · 일자리,경제- 창의와 혁신을 통한 지역산업구조 고도화 · 문화,복지,교육- 지역맞춤형 복지서비스 확충	· 지역행복생활권- 세종-공주 간 기능적 상호보완, 행복도시 내 주민공동체 활성화 · 일자리,경제- KTX, 경부선, 충북선 등과 연계한 특화산업단지 조성, 예정지역과 읍면지역의 조화로운 상생발전 · 문화,복지,교육- 세종시 문화정체성 함양과 자연과 함께하는 삶, 맞춤형 복지지원체계 구축
공간발전 구상	· 울산동부권에 산업 및 해양관광형 창조공간조성 · 서부권에 역사문화관광공간, 도심에 R&D생태계 거점지구 형성	· 공공청사 및 시설의 성공적 건립으로 도시의 자족기능 강화 · 교통물류망, 생활기본인프라, 첨단기업 유치로 지역 간 상생발전 도모
지역생활권	울산중추도시권	세종공주중추도시권

〈 도 〉

시도	경기도	강원도
비전	일자리 넘치는 안전하고 따뜻한 경기도	어메니티산업 1번지, 세계속의 생명건강 허브
목표	전국 최대인구와 수도권 경기활성화로 다양한 일자리 조성과 현장중심의 생명 안전망 구축. 복지향상 등 합리적 도정 수행	강원도 전체 시군이 공동발전할 수 있는 생태계 마련, 동계올림픽을 기회요인으로 활용한 지역발전 추진
주요사업	· 지역행복생활권- 따뜻한 복지공동체 실현 · 일자리,경제- 미래형 신성장동력 발굴을 통한 지역경제의 세계화 · 문화,복지,교육- 한강문화실크로드 개발	· 지역행복생활권- 지역주도 생명건강 지역행복생활권 구축 · 일자리,경제- 강원도형 창조산업 육성 · 문화,복지,교육- 2018년 평창동계올림필 성공을 위한 기반확충
공간발전 구상	· 북부권에 접경지역 생태문화벨트를 형성하여 남북경제통합 준비 · 서남부의 국제물류 및 첨단산업축과 동남권 문화관광거점 조성	· 춘천, 원주, 강릉 등 3개 성장거점지대와 연계한 지역균형발전 · 북방관광벨트 및 북방자원물류벨트 구축으로 북방경제 진출도모
지역생활권	평안권, 경기동북부권, 경원축권	춘천중추도시권, 치악산중추도시권, 동계올림픽권, 양구인제권, 영북권, 백두대간권

시도	충청북도	충청남도
비전	함께하는 충북, 행복한 도민	아시아경제시대를 선도하는 환황해권 중심지
목표	꾸준한 인구증가와 세종시-충북혁신도시-충주기업도시-충북경제자유구역과 연계를 통한 시너지 창출	환황해시대를 선도하기 위해 집적된 국가기간산업을 바탕으로 경쟁력 있는 초일류 첨단산업벨트 구축
주요사업	· 지역행복생활권- 행복하고 불편함 없는 충북안심마을 · 일자리,경제- 주민과 함께하는 문화힐링 · 문화,복지,교육- 행복한 건강안심 충북도만들기	· 지역행복생활권- 지역 간 생생협력 기반구축 · 일자리,경제- 권역별 자족성 확충을 통한 환황해권 경제거점 실현 · 문화,복지,교육- 충남 문화자원 발굴 및 지역가치화
공간발전 구상	· 내륙첨단벨트 등 3개 벨트를 통해 지역연계협력 강화 · 신성장동력발전축, 동서연계발전축, 균형발전축, BIO발전웰빙축 등 4개 발전축 구축	· 북부첨단산업발전축과 세정-대전을 연계하는 도시네트워크거점 구축 · 서해안지역의 국제교류해양관광축과 동서를 잇는 금강생태문화축 형성
지역생활권	진천음성괴산증평권, 청주중추도시권, 보은옥천영동권, 충주중추도시권, 제천단양권	서산당진태안권, 홍성예산중추도시권, 보령서천권, 천안아산중추도시권, 공주부여청양권, 논산계룡금산권

시도	전라북도	전라남도
비전	한국 속의 한국, 생동하는 전라북도	생명의 땅, 청년이 돌아오는 전남
목표	중국의 부상으로 서해안시대가 도래하고 지속적인 기업유치와 산업구조고도화로 도약의 발판마련	해양과 대륙이 만나는 한반도의 태평양 관문으로서의 지정학적 이점과 섬, 해안선, 갯벌 등 우리나라의 섬 해양관광모델지역으로 발전
주요사업	· 지역행복생활권- 지역중심지 활력증진 및 생활인프라 확충 · 일자리,경제- 새만금을 글로벌 경제거점으로 육성 · 문화,복지,교육- 한문화수도 조성	· 지역행복생활권- 국민의 안전한 먹거리를 책임지는 친환경 1번지 · 일자리,경제- 지역연고 중소기업 고도화 · 문화,복지,교육- 문화자원 세계유산 등재
공간발전 구상	· 탄소산업벨트 구축과 새만금 국가성장거점 조성으로 신산업 육성 · 전통문화와 농식품자원기반 한문화창조벨트 및 첨단농생명벨트 조성	· 남북 3축을 통해 에너지, 생태문화, 역사문화, 신소재산업 육성 · 동서 3축을 통해 신산업 산림휴양, 물류교육교류, 해양관광의 활성화
지역생활권	전북중추도시권, 전북서남부권, 전북동남부권, 전북동북부권	전남서북부권, 전남중부권, 전남서남부중추도시권, 전남중남부권, 전남중부중추도시권, 구곡담권

시도	경상북도	경상남도
비전	환동해시대를 열어가는 글로벌 창의경북 실현	당당한 경남. 미래 50년의 행복한 약속
목표	환동해경제권의 중심	서남부 대개발을 추진하여 동서 지역간 균형발전을 실현하고, 경남 미래 50년 전력산업 육성으로 지역산업구조의 고도화
주요사업	· 지역행복생활권- 3촌(농촌, 산촌, 어촌)의 행복체감형 생활공동체 실현 · 일자리,경제- 경북형 경제엔진 가동 · 문화,복지,교육- 3대가 고루 행복한 복지 경북 달성	· 지역행복생활권- 동부와 서부의 격차해소 및 편리한 생활기반 확충 · 일자리,경제- 5+1 전략산업 육성으로 지역산업구조 재편 · 문화,복지,교육- 지역, 문화. 복지, 교육기반 확충으로 행복한 삶의 질 제고
공간발전 구상	· 북부의 미래농생명산업벨트, 동해안의 환동해해양신산업벨트 조성 · 서남부의 스마트융합벨트 및 창의지식서비스벨트로 창조경제 구현	· 서부에 항공특화산단 조성 및 한방중심항노화산업클러스터 구축 · 동부 및 남해안지역에 나노융합, 로봇기계, 조선해양플렌트벨트 조성
지역생활권	영주봉화권, 상주문경예천권, 의성군위권, 구미중추도시권, 고령성주권, 경산영천청도권, 포함중추도시권, 안동중추도시권, 영덕영양울진권	경남서북부권, 경남서부중추도시권, 경남동남부권, 경남동부중추도시권, 경남동북부권

시도	제주특별자치도
비전	자연 · 문화 · 사람의 가치를 키우는 세계가 찾는 제주, 세계로 가는 제주
목표	천혜의 자연환경, 동북아 중심의 섬이라는 지리적 특성을 활용하여 세계적인 관광휴양지로 위상을 확보하고 연관 서비스업과 지식기반산업 육성
주요사업	· 지역행복생활권- 제주 특산 농수산물을 활용한 6차 산업화 · 일자리,경제- 제주형 제조업(물응용산업, 휴양형 MOE산업, 화장품뷰산업) 진흥 · 문화,복지,교육- 제주 생태자원을 활용한 국민행복관광지 조성
공간발전 구상	· 해안순환선을 따라 생태관광지구, 휴양거주단지, 청정환경특구 조성 · 제주시 IT융복합, 서귀포시 의료관광, 구좌읍 용암수, 신재생에너지 육성
지역생활권	제주권

③ 지역생활권발전계획

지역생활권발전계획은 박근혜정부에서 시도하는 새로운 지역발전정책으로 주민의 삶의 질에 중점을 두고 주민과 지자체가 중심이 되어 지역 간의 상생협력을 추진하는 계획을 말하는 것으로서 다음과 같은 성격을 가지고 있다 (지역발전위, 2013: 17-18: 29-30).

첫째, 국가균형발전특별법(7조의 2항)에 의한 법정자율계획이다. 계획수립을 의무화하지는 않되, 계획의 수립여부와 구상을 지자체 간의 협의체의 자율에 위임하고 있다.

둘째, 관련 지역의 공동발전을 위한 핵심사업 위주, 즉 기초인프라. 일자리, 교육, 문화, 복지 등 지역주민의 행복을 증진시키기 위한 다양한 분야의 사업 중 지역에 필요한 핵심 사업 및 우선순위 위주의 전략계획이다.

셋째, 생활권을 공유하는 시군이 공동으로 단일한 계획을 수립하는 지자체 간의 협력적 계획이다. 이를 위하여 지역위는 계획수립 시 지자체 간에 연계추진이 가능한 사업위주로 특정지자체 일방의 주도보다는 관련 지자체 간의 합의와 지자체 간의 동등한 지위에서 연계와 협력사업을 추진하도록 하고 있다.

넷째, 생활권에 거주하는 주민들의 생활서비스 등의 주민의 필요와 수요가 반영되는 참여계획이다. 계획수립과정에서의 주민참여를 활성화하기 위해 필요한 경우 지역주민대상의 수요조사와 토론회 등을 통한 폭 넓은 의견 수렴과 반영을 하고 사업추진 시 지역사회와 주민의 지지확보 및 의회의 안정적 지원을 받게 하였다.

다섯째, 시군에서 지역주민의 행복을 극대화하기 위해 계획기간동안 추진해야 할 중기투자계획이다.

이러한 지역생활권발전계획의 수립절차는 지역위의 생활권발전계획 수립 가이드라인 제시⇒ 지자체의 생활권협의회 구성 및 생활권발전계획 수립⇒ 시도발전계획에의 반영 및 수립⇒ 지역위 및 관계 부처의 생활권발전계획과 시도발전계획을 검토⇒ 지역발전5개년계획 확정 등의 단계로 이루어지고 있다.

<표 3-120> 박근혜정부의 지역생활권발전계획 수립절차

단계와 수립절차	주 체	내 용
1단계: 생활권 가이드라인 마련	지역위	· 관련 부처 및 지자체 협력
2단계: 생활권협의회 구성	특별시, 광역시장, 시장, 군수	· 생활권 구성 및 사업발굴 · 공동 발전목표 및 비전 설정 · 역할, 추진방향, 추진체계 등 정립(규약 등 제정)
3단계: 생활권발전계획 수립	특별시, 광역시장, 시장, 군수, 2이상	· 생활권발전계획 수립 · 생활권협의회 의결
4단계: 시도발전계획 수립	시도지사	· 시도발전계획 수립 · 관할 시도 내 생활권계획 반영 · 타 시도에 걸친 경우, 각자 반영 · 필요시 시도 조정
5단계: 시도발전계획 검토	지역위, 관계부처	· 관계 부처와 지역위 계획검토
6단계: 지역발전계획 확정	국무회의 의결, 대통령 승인	· 지역발전5개년계획 확정 · 시도계획, 부문별계획을 기초로 지역발전계획 수립, 확정

* 자료: 지역위(2013a: 21).

이러한 지역생활권발전계획의 주요내용을 정리하면 다음과 같다.

<표 3-121> 박근혜정부의 지역생활권발전계획 주요내용

구 분		내 용
계획범위	시간적 범위	2014 - 2018년
	공간적 범위	생활권 구성 및 발전계획에 참여하는 시군 전체
	내용적 범위	· 생활권 비전 구현을 위한 목표 및 전략적 사업계획 · 생활인프라, 일자리 및 경제활동, 교육 문화 의료 복지 등 5대 분야 중 중점추진사업 발굴 · 생활권사업 추진체계 및 지자체 재정투융자계획 등
기본구상	비 전	특정지자체 보다는 생활권 전체에 해당하는 바람직한 미래의 생활권 모습을 함축적으로 기술
	목 표	· 비전 달성을 위한 생활권의 공동목표를 도출 제시 · 보다 구체적인 목표 제시를 위해 부문별 발전목표 수립도 가능 · 목표 달성을 위한 성과지표도 함께 제시
	발전전략	· 비전과 목표를 달성하기 위한 구체적인 발전전략 수립 · 생활인프라, 일자리, 교육문화, 생태환경, 의료복지 등 핵심 분야의 발전전략 수립 · 지역의 자원을 최대한 활용하면서 지자체 간 연계협력을 통한 시너지 창출이 가능한 분야를 중심으로 발전전략 수립 · 지역에서 발생하는 다양한 주민수요를 충족하기 위해 지역 간 대등한 수평적 교류와 협력을 지속할 수 있도록 전략 수립
전략적 사업계획		· 생활권별로 주민행복 증진에 필요한 분야의 협력사업을 공동으로 발굴하여 우선순위를 설정하는 생활권발전계획 수립 · 예산 지원을 위한 인위적 협력사업 개발을 지양하고 주민행복에 실질적으로 보탬이 되는 5대 분야 중 필요사업 발굴 · 특정지역의 사업이지만 생활권 전체의 주민불편 해소 및 주민의 삶의 질 개선을 위한 사업도 포함 · 예산사업 뿐 아니라 제도개선 및 규제완화의 필요성과 구체적 내용 제시

집행관리계획	· 생활권발전계획의 사업발굴 추진 시 우선순위 고려사항 - 광역수요: 정책수요가 높으나 단일 시군으로 대응할 수 없는 사업을 발굴하는 데 중점 - 사업효과성: 주민의 정책요구가 높고 삶의 질 개선에 기여할 수 있는 사업을 우선 추진 - 연계협력수준: 참여지자체 간의 연계와 협력의 필요성이 인정되고 공동추진여건이 갖추어진 사업을 선정 - 사업의 지속가능성: 보조금 지원이후에도 지속될 수 있는 안정적 추진체계를 갖춘 사업을 선정 - 유사중복배제: 기존에 추진해온 단독사업이 아니라 지자체 간 협력의 취지에 부합하는 사업을 발굴 - 낙후지역 우선고려: 생활권 내에서도 기초인프라, 일자리, 교육문화, 복지 서비스 충족이 상대적으로 낙후된 지역에 우선적으로 사업을 배정 - 재원확보: 자체재원 또는 의존재원의 확보가 용이하거나 기 확보된 사업을 우선
추진체계	· 생활권 참여지자체가 모두 참여하는 형태로 협의를 통하여 각 지역실정에 맞는 추진체계 구성 · 참여지자체 간에는 조합, 행정협의회, 협의회, 사업단 등 다양한 방식으로 구성

자료: 지역위(2013a: 22-29).

(3) 특별회계예산: 지역발전특별회계

특별회계예산은 정부가 특별한 비전과 목표를 달성하기 위하여 편성하는 예산이다. 이처럼 박근혜정부가 지역발전5개년계획을 구체화한 지역발전정책과 사업을 추진하기 위하여 편성하는 예산이 지역발전특별회계이다.

박근혜정부는 국가균형발전특별법을 일부 개정하여 제30조(지역발전특별회계의 설치와 관리운용)와 제32조(계정의 구분)에서 이전 정부의 특별회계명칭을 광역지역발전특별회계에서 지역발전특별회계로, 그리고 특별회계의 계정구분을 지역개발계정과 광역발전계정 및 제주특별자치도계정, 그리고 세종특별자치시계정에서 생활기반계정과 경제발전계정 및 제주특별자치도계정으로 변경하였다.

〈표 3-122〉 박근혜정부의 특별회계예산 변경

구 분	이명박정부	박근혜정부
예산명칭	광역지역발전특별회계	지역발전특별회계
계정구분	지역개발계정 광역발전계정 제주특별자치도계정	생활기반계정 경제발전계정 제주특별자치도계정 세종특별자치시계정

위의 표에서 보는 지역발전특별회계는 균특법 제34조, 제35조, 제36조에 의해 생활기반계정의 세입과 세출과 경제발전계정의 세입과 세출 그리고 제주특별자치도의 세입과 세출로 나눌 수가 있다. 이들 각 계정의 세입과 세출의 내용을 정리하면 다음과 같다.

〈표 3-123〉 박근혜정부의 생활기반계정과 경제발전계정 및 제주특별자치도계정, 세종특별자치시계정의 세입과 세출

계정구분	세 입	세 출
생활기반계정	· 주세의 100분의 40(주세법) · 부담금(수도권정비계획법, 개발이익환수에 관한 법률) · 전입금과 수익금(일반회계나 특별회계) · 예수금(공공관리자금기금법) · 일시차입금 · 결산상 잉여금	· 지역생활권사업 · 지역발전을 촉진하기 위한 조사연구사업
경제발전계정	· 주세의 100분의 40(주세법) · 부담금(개발제한구역특별조치법, 대도시권광역교통관리특별법) · 전입금과 수익금(일반회계나 특별회계) · 예수금(공공관리자금기금법) · 일시차입금 · 결산상 잉여금	· 경제협력권사업 · 광역경제권사업 활성화를 위한 조사연구사업
제주특별자치도계정	· 전입금과 수익금(일반회계와 특별회계) · 일시차입금 · 결산상 잉여금	· 제주도지역개발사업
세종특별자치시계정	· 전입금과 수익금(일반회계와 특별회계) · 일시차입금 · 결산상 잉여금	· 세종시지역개발사업

3) 지역발전시책(사업)

박근혜정부의 일부개정 국가균형발전특별법 제3장(지역발전시책의 추진)에서는 제2장 지역발전5개년계획에서 제시한 내용을 실행하기 위한 다양한 지역발전사업(시책)을 설계하고 있다.

〈표 3-124〉 박근혜정부의 지역발전정책(계획)과 시책(사업) 및 예산

구 분	내 용
지역발전정책(계획)과 예산	· 지역발전정책의 비전과 전략 · 지역발전5개년계획- 부문별 발전계획, 시도발전계획, 지역생활권발전계획 · 특별회계예산- 지역발전특별회계
지역발전시책(사업)과 예산	· 지역개발시책총괄 - 2차원 공간의 지역창조: 창조경제체계 · 지역산업시책 - 지역주력산업과 경제협력권산업의 육성사업 - 산업집적지경쟁력강화사업(산학융합지구조성사업) · 지역인재 및 과학기술사업 - 지역인력 및 대학 양성사업(대학특성화사업, BK21플러스사업, 산학연협력사업) -지역과학기술진흥사업(지역연구개발거점사업: 연구단지의 혁신클러스터사업) · 지역인프라시책 - 지역교통물류망과 발전거점 확충사업 · 지역문화관광 및 환경보전시책 - 지역문화관광사업 - 지역환경보전사업 · 지역복지 및 보건의료시책 - 지역복지사업, 보건의료사업 · 성장촉진지역 등 개발시책 - 농촌중심지활력사업(기존사업통합) - 도시재생사업(-〉 도시활력증진지역개발사업에 통합) - 도시활력증진지역개발사업 · 지역공간시책(공공기관이전사업) - 세종시, 혁신도시, 기업도시 · 특별회계예산- 지역발전특별회계(생활기반계정, 경제발전계정)
법,제도/예산/추진체계	· 법, 제도: 국가균형발전특별법 일부개정 · 예산: 지역발전특별회계 · 추진체계: 지역발전위원회, 시도생활권발전의회

따라서 이하에서는 박근혜정부에서 추진한 지역발전시책(사업)의 내용과 예산현황을 살펴본다.

(1) **지역개발시책총괄**(2차원 공간의 지역창조: 창조경제체계)

① 창조경제체계의 배경과 의미 및 이론토대

창조경제론이 나오게 된 배경은 1998년 외환위기 이후 2000년대에 들어오면서 기존 경제성장모델의 전환과 연결된다. 국민의 정부에서는 '지식기반경제', 참여정부에서는 '혁신주도형 경제', 그리고 이명박정부에서는 '추종자에서 선도자로 전환'을 추진하였으나, 별다른 가시적인 성과를 내지 못하였다. 이에 박근혜정부에서는 그동안의 시행착오를 학습하여 새로운 국가성장모형으로 창조경제론을 추진하였다. 이를 추진하게 된 배경은 첫째, 지난 40년간 우리경제의 성장을 이끈 추격형 전략이 글로벌 경제위기와 신흥산업국가의 추격 등에 따라 한계에 직면하고 있고, 둘째, 고용 없는 성장과 청년실업 및 저출산 고령화 등으로 성장과 복지가 선순환하는 열망이 나타났기 때문이다(장윤종, 2013: 28).

2012년 8월 박근혜 대선후보는 창조경제를 핵심공약으로 내세웠는데, 창조경제를 미래 우리나라를 이끌어 나가는 새로운 경제발전패러다임으로 인적자본과 과학기술 중심의 질적 성장전략 그리고 상상력과 창의성 및 과학기술에 기반한 경제운영을 통해 새로운 성장동력을 창출하고 새로운 일자리와 시장을 만들어내는 정책으로 정의하였고, 그 후 2013년 2월 대통령 취임사에서는 창조경제를 과학기술과 산업이 융합하고 문화와 산업이 융합하며 산업 간의 벽을 허문 경계선에 창조의 꽃을 피우는 것이라고 말하였다. 또한 2013년 2월 국정과제보고회의에서는 창조경제체계란 자본투입 중심의 추격형 전략에서 벗어나 과학기술과 인적 자본을 바탕으로 생산성을 획기적으로 높이고자하는 세계시장 선도형 성장전략으로, 모든 분야에 상상력과 창의성을 접목시키고 과학기술과 ICT 및 산업 간의 융합을 통하여 새로운 부가가치와 일자리를 창출하는데 역점을 두는 시스템으로 정의하였다(최병두, 2014: 611-612).

창조경제체계의 이론적 토대는 1998년 외환위기 이후 한국경제의 새로운 성장모델을 찾기 위해 노력해 왔던 지식경제론과 혁신경제론의 연속선상에서 그 한계를 보완하고 완성하려는 신성장모델의 증보판이라고 할 수 있다. 창조경제론은 지식경제나 혁신경제와 맥을 같이 하기 때문에 창의성, 융합, 생태계, 혁신체계, 클러스터, 신성장동력(창조산업) 등의 새로운 개념을 도입하고 기존 개념들을 재해석하는 성장모형라고 할 수 있는 것으로, 다음과 같은 특징을 가지고 있다(장윤종, 2013: 12-14: 31). 첫째, 산업정책과 과학기술정책의 범위를 기술과 지식 확보로부터 신산업 창출을 위한 일련의 과정을 포함하는 혁신생태계로 확장한다. 둘째, 신성장동력으로 창조산업과 같은 신산업을 강조한다. 셋째, 중소기업을 창조경제의 주역으로 위치시킨다. 넷째, 융합형 과학기술인재 양성을 강조한다. 다섯째, 연계와 생태계를 강조한다. 생태계는 협력과 공진화가 이루어지는 활동을 위해 중추기관과 연결기관이 존재한다. 여섯째, 개방형 혁신과 협업을 강조한다.

이상에서 논의한 창조경제체계를 보면, 그것은 지역혁신체제나 혁신클러스터 그리고 협력거버넌스가 혼합된 것이라고 할 수 있다. 차두원 · 유지연(2013)은 창조경제정책을 추진하기 위해서 지역R&D와 관련하여 중앙부처와 지자체 및 R&D추진주체 간에 협력거버넌스를 강화하고, 기초과학⇒ 개발응용연구⇒ 사업화에 이르는 국가연구개발혁신시스템을 구축해야 한다고 주장하고, 이종호(2014)는 창조경제란 클러스터를 통해 공간적으로 구현된다고 한다.

따라서 박근혜정부의 새로운 국가성장모형으로서의 창조경제체계를 구축하기 위해서는 지역산업-과학기술생태계 조성을 통해 지역주력산업과 경제협력권산업 등의 성장동력산업을 육성함과 동시에 이를 지원하고 활성화시키는 지역R&D 기반확충과 혁신클러스터사업을 추진해야 한다. 창조경제정책은 결국 2003년 노무현정부가 출범하면서 지역혁신 및 지역발전정책으로 추진된 지역혁신체제의 구축과 혁신클러스터정책이 부활한 것이라고 할 수 있다. 이러한 지역혁신체제와 혁신클러스터는 지역의 혁신주체들 간의 네트워크와 협력을 통한 지역성장을 추진하는 혁신주도형 지역발전모형이라고 할 수 있다.

② 창조경제체계의 정책방향(지역연계협력사업)

박근혜정부는 첫 번째 국정목표로 '일자리 중심의 창조경제'를 설정하고 그것의 추진전략으로 창조경제생태계 조성, 일자리 창출을 통한 성장동력 강화. 중소기업의 창조경제 주역화, 창의와 혁신을 통한 과학기술발전, 원칙이 바로서는 시장질서 확립, 그리고 성장을 뒷받침하는 경제운영 등을 제시하였다. 이러한 전략에 제시된 창조경제 관련 국정과제는 경제성장을 유도하기 위한 창조경제생태계, 벤처중소기업, 신산업과 신시장 개척, 창의인재, 과학기술, ICT, 외에 연계와 혁신 등이 포함된다.

박근혜정부는 이러한 창조경제를 추진하기 위하여 2013년 6월 국무회의에서 '창조경제실현계획-창조계획생태계 조성방안'을 확정 발표하였는데, 6대 전략 74개 과제에 약 7조 원의 예산을 투입하기로 하였다.

〈표 3-125〉 박근혜정부의 창조경제계획 내용

6대 전략	24개 추진과제	예산(억원)
1.창의성이 정당하게 보상받고 창업이 쉽게 되는 생태계 조성	1.1. 창의적 아이디어, 기술에 대한 투자 확대 1.2. 손쉬운 창업 여건조성 1.3. 아이디어, 기술의 지식재산화 및 보호 활용촉진 1.4. 창의적 자산의 사업화 1.5. 재도전이 가능한 창업안전망 구축	6,900
2.벤처중소기업의 창조경제 주역화 및 글로벌 진출강화	2.1. 벤처중소기업의 성장발판 마련 2.2. 벤처중소기업의 글로벌 시장개척 지원 2.3. 대, 중소기업간 상생협력 촉진 2.4. 벤처중소기업 인력난 등 애로사항 해소	3,700

3. 신산업, 신시장 개척을 위한 성장동력 창출	3.1. 과학기술과 ICT 융합으로 기존산업의 신성장활력 창출 3.2. SW, 인터넷기반 신산업 및 고부가가치 콘텐츠산업 육성 3.3. 사람중심 기술혁신을 통한 새로운 시장 진출 3.4. 미래유망 신산업 발굴육성을 통한 신시장 개척 3.5. 규제합리화를 통한 산업융합 및 시장창출 촉진	32,600
4. 꿈과 끼, 도전정신을 갖춘 글로벌 창의인재 양성	4.1. 융합형 창의인재 양성강화 4.2. 도전정신, 기업가정신 고취를 위한 교육 확대 4.3. 창의인재의 해외진출 및 국내유입 활성화	10,100
5. 창조경제의 기반이 되는 과학기술과 ICT 혁신역량 강화	5.1. 잠재력 확충과 사업화 강화를 위한 R&D시스템 개선 5.2. 창조경제 가속화를 위한 ICT 혁신역량 강화 5.3. 일자리창출 중심의 산학연, 지역협력 강화 5.4. 글로벌문제를 해결하는 과학기술, ICT 역할 강화	14,800
6. 국민과 정부가 함께 하는 창조경제문화 조성	6.1. 창의성과 상상력이 발휘될 수 있는 창의문화 육성 6.2. 정부3.0을 통한 공공자원과 국민의 아이디어 융합 6.3. 창조경제 실현을 위한 정부의 일하는 방법 혁신	1,300

자료: 관계부처합동(2013), 최병두(2014: 612).

위의 창조경제계획에서 사용하고 있는 핵심 용어는 창의적 아이디어와 기술, 창업, 벤처중소기업, 대중소기업 간의 협업, 신산업, 신시장, 창의인재, 과학기술과 ICT, 혁신, R&D시스템, 산학연협력, 지역협력, 창의문화 등이다. 이러한 용어들은 지식기반경제나 혁신주도형 경제의 국가 또는 지역의 성장모형인 지역혁신체제나 혁신클러스터의 구성개념들과 연결된다.

또한 박근혜정부는 2015년 '제2단계 지역희망프로젝트(HOPE+)'에서 비전으로 국민행복체감시대를, 3대 목표의 하나로 '지역경제의 새로운 도약'을 제시하고, 이를 달성하기 위한 전략으로 창조경제 확산을 통한 경쟁력 제고를 위한 추진과제로 창조경제 기반구축을 제시하였다.

위의 표에서 제시한 창조경제실현계획과 제2단계 지역희망프로젝트 중 창조경제 기반구축은 구체적으로 2차원 공간의 지역연계협력사업과 여러 지역개발시책을 통하여 추진된다.

박근혜정부는 새로운 지역발전정책(희망프로젝트)의 6대 중점 추진분야를 주요 지역발전시책(사업)에 반영하였는데, 국특법 제10조를 개정하여 국토의 다원적 개발에 의한 지역발전역량 확충을 지역주도의 발전역량 강화로 전환시켰다. 즉 이명박정부에서 인위적으로 설정한 3차원 공간(초광역개발권, 광역경제권, 기초생활권)에서 하향식(top-down) 방식으로 수행되던 정책과 사업을 실제 생활공간을 기반으로 하는 지역생활권과 지역경쟁력 강화를 위한 경제협력권 등 2차원 공간에서 지방정부 스스로가 결정하는 상향식(bottom-up) 방식의 정책과 사업 수행으로 전환하였다. 여기서 지역생활권은 기존의 기초생활권을 그리고 경제협력권은 기존의 광역경제권과 초광역개발권을 대체한 것이다. 이에 지역의 자율성을 위해 시도 중심으로 지역발전계획을 추진하도록 변경되었는데, 기존의 광역경제권발전계획을 폐지하고 시도발전계획으로 대체하고 기초생활권계획은 지역생활권계획으로 전환되었다.

따라서 일부개정 국가균형발전특별법 제10조(주민생활 기반확충과 지역발전역량 강화)를 토대로 2차원 공간에서 수행하는 지역개발시책에는 지역생활권계획에 의한 지역생활권사업과 시도발전계획에 의해 시도 간의 연계협력발전을 추진하는 경제협력권사업 등 지역연계사업으로 나눌 수가 있다. 첫째, 지역행복생활권사업은 2013년에 신설된 지방자치단체 간 연계협력사업을 2014년부터 확대 개편한 것으로, 지역주민이 해당 단일 시군 내에서 충족하지 못하는 산업 · 복지 · 교통 · 관광 등의 서비스를 확충하기 위해 2개 이상 지자체 간 공동사업을 포괄적으로 지원하는 사업이다. 동사업의 예산은 지역발전특별회계 생활기반계정에서 지원한다(지역발전위, 2016: 34).

지역행복생활권(이하 지역생활권)이란 전국 어디서나 양질의 기초인프라, 일자리, 교육, 문화, 의료복지서비스를 향유할 수 있는 주민의 일상생활공간이고 이웃 시(특별시와 광역시 포함)와 군이 자발적으로 협력하여 구성하는 권역으로 중심도시와 농어촌중심지(읍면), 및 인근마을을 포괄하는 개념이다. 여기서 지역생활권의 중심도시는 고차서비스, 농어촌중심지(읍면)는 복합서비스, 그리고 인근마을은 기초생활서비스를 분담한다(지역위, 2013a: 2-3).

이러한 지역생활권은 기존의 광역경제권 및 기초생활권과 비교하여 정책 목표와 권역 구성방식 및 중점 추진분야 등에서 차이가 있다. 광역경제권은 지역의 글로벌 경쟁력 강화를 위하여 광역선도산업 및 관련 인력 양성과 광역기반시설 확충에 중점을 두고, 기초생활권은 주민의 기본적인 삶의 질 향상을 위해 개별 시군단위의 지역개발 및 생활기반 확충에 초점을 둔다. 반면에 지역생활권은 주민행복 및 지역경쟁력 증진을 위해 복수의 지자체 간에 생활권을 구성하고 다양한 주민체감형사업을 추진한다.

〈표 3-126〉 박근혜정부의 지역행복생활권과 광역경제권 및 기초생활권의 비교

구 분	광역경제권	기초생활권	지역행복생활권
목적	글로벌 지역경쟁력 제고	기본적 삶의 질 보장	주민행복과 지역경쟁력 증진
권역설정	· 정부주도 · 인위적 권역 설정	· 정부주도 · 인위적 권역 설정	· 지자체 자율 · 자연적 생활권 보장
권역단위	2-3개 시도를 하나로 연계하여 설정	시군단위로 설정	복수의 시군을 연계하여 설정
추진기구	광역경제권 발전위원회	없음	· 시군(자율적 협의체) · 시도(조정 지원기구)
중점분야	· 광역선도산업 육성 · 선도산업인력 양성 · 광역기반시설 확충	· 개별 시군단위의 지역개발 및 생활기반 확충	· 생활권단위의 다양한 주민체감형 사업 추진 · 도시재생, 지역공동체 육성 · 지역산업, 일자리 창출 · 지역인재와 지방대학 육성 · 문화 환경 복지 의료

자료: 지역위(2013a: 5)

따라서 지역생활권의 유형은 농어촌생활권(농어촌 시군- 농어촌 성격이 강한 지역으로 상호연계성이 높아 지역별로 기능별 특화 및 역할분담이 중요한 시군으로 구성되는 생활권)과 도농연계생활권(중소도시 및 인근 농어촌- 지역의 거점기능을 수행하는 중소도시와 연계성이 높은 주변 농어촌지역으로 구성되는 중소도시생활권) 그리고 중추도시생활권(대도시권 및 중소연담도시권- 광역시 등 지역중추기능을 수행하는 대도시와 특화된 중소규모도시가 연담된 도시지역을 중심으로 구성되는 대도시생활권)으로 구분한다.

이러한 지역생활권의 유형을 설정하는데 있어서 생활권의 기본구성단위로 도지역은 시(특별자치도는 행정시)와 군, 특별시와 광역시는 특·광역시 단위로 구성하되 예외적으로 특·광역시의 구와 군도 가능하도록 하였고, 기본적으로 2개 내지 4개의 지리적으로 연속된 지자체로 구성한다. 이러한 생활권은 지자체 간의 접근성, 기능적·지리적 연계, 기타(역사문화적 동질성, 주민들이 인식하여 희망하는 협력적 생활권, 기존의 연계협력사업권), 그리고 지자체의 협력의지 등을 감안한 연계성이 높은 지역으로 구성한다.

이처럼 구성되는 지역행복생활권에서 사업의 기본방향은 첫째 지역의 자율적 의사에 따라 상향식으로 생활권을 설정하고, 둘째 지자체 간 협력사업 및 주민체감형사업을 우선지원하며, 셋째 지역의 준비와 필요에 따라 단계적 점진적으로 추진한다는 것이다.

이처럼 지역생활권유형별 기준에 따라 구성된 박근혜정부의 지역생활권은 총 63개가 만들어졌다.

〈표 3-127〉 박근혜정부의 지역행복생활권의 구성현황

시도	중추도시권(20)	도농연계권(14)	농어촌권(21)	수도권시범권(8)
서울(1)				서울+의정부+남양주+양주+구리+고양+파주+부천+성남+하남
인천(1)				인천+부천+김포
부산(1)	부산+김해+양산+울주			
대구(1)	대구+영천+경산+군위+청도+고령+성주+칠곡+합천			
대전(1)	대전+옥천+금산+계룡+논산			
광주(1)	광주+나주+담양+화순+함평+장성			
울산(1)	울산+양산+경주+밀양			

세종(1)	세종+공주			
경기(10)		· 의정부+양주+포천+동두천+연천 · 광주+이천+여주+양평+가평 · 평택+안성 · 화성+오산		· 고양+파주+김포 · 안산+시흥 · 군포+의왕 · 안양+과천 · 성남+용인+광주+하남 · 수원+용인
강원(6)	· 춘천+홍천+화천+철원+양구 · 원주+횡성	강릉+동해+삼척+태백	· 영월+평창+정선 · 속초+고성+양양 · 인제+양구	
충북(5)	· 청주+청원+증평+보은+괴산+진천 · 충주+제천+음성	제천+단양	· 옥천+보은+영동 · 음성+진천+증평+괴산	
충남(6)	· 천안+아산 · 홍성+예산	당진+서산+태안	· 공주+부여+청양 · 논산+계룡+금산 · 보령+서천	
전남(6)	· 목포+무안+신안+해남+진도 · 여수+순천+광양+보성+고흥		· 나주+화순 · 영암+장흥+강진+완도 · 장성+영광+함평 · 담양+곡성+구례	
경북(9)	· 포항+경주+영덕+울진+울릉 · 구미+김천+칠곡 · 안동+예천+의성+청송+영양	· 영주+봉화 · 상주+문경+예천 · 경산+청도+영천	· 의성+군위 · 성주+고령 · 울진+영양+영덕	
경남(5)	· 창원+김해+함안 · 진주+사천+남해+하동	통영+거제+고성	· 창령+의령+밀양+합천 · 거창+함양+산청	
제주(1)		제주+서귀포		
도간(3)			· 포천+연천+철원 · 영동+무주+김천 · 단양+영월+영주	

위의 표에서 보는바와 같이, 전국의 지역행복생활권은 63개가 구성되었고, 2013년도에 32개 사업을 선정하여 30,000백만 원을 지원하였고, 2015년에는 35개 사업에 65,000백만 원을 지원하였으며, 2015년도에는 42개 사업에 65,000백만 원을 그리고 2016년도에 30개 사업에 65,020백만 원을 지원하였다.

둘째, 경제협력권사업은 기존의 광역경제권사업을 폐지하고 대신에 지역의 경제발전과 성장잠재력 확충에 필요한 산업 및 교통 등의 협력사업을 추진하도록 시도 간의 연계와 협력을 위하여 만든 사업이다. 동사업의 예산은 지역발전특별회계 경제발전계정에서 지원한다. 박근혜정부는 시도 간 자발적 협력을 통하여 구성된 경제협력권 내 핵심 대표산업을 육성하여 일자리와 부가가치를 창출하고 지역경제의 활력을 제고하기 위해 2015년부터 경제협력권산업의 육성을 추진하였다.

(3) 창조경제체계의 거버넌스조직: 창조경제혁신센터

위의 논의를 종합하면 창조경제체계의 거버넌스는 산업-과학기술혁신생태계를 설계하는 것이다, 산업-과학기술혁신생태계는 과학기술과 ICT의 융합을 토대로 가치사슬을 구성하는 대학, 연구소, 기업(산업), 시장, 그리고 지자체 등이 유기적인 결합과 상호작용을 통하여 부가가치를 창출하는 개방시스템이라고 할 수 있다. 이러한 산업-과학기술혁신생태계를 추진하는 혁신거버넌스조직(플랫폼)으로 창조경제혁신센터가 있다.

박근혜정부는 창조경제혁신센터를 전국 17개 광역시도에 구성하여 지역창조경제 구현의 핵심 역할을 하도록 육성할 계획이다. 이것은 기존의 창업보육센터나 테크노파크 등 지역발전 관련 기관을 중앙정부 주도로 추진했던 사업과 중첩되며, 이미 존재하였던 지역선도산업이나 지역전략산업의 지원프로그램과 연결되는 사업이다. 즉 창조경제혁신센터모형은 기존의 테크노파크(TP)나 지역기술혁신센터(TIC) 및 지역협력연구센터(RRC) 등의 모형을 답습한 것으로, 혁신클러스터에서 나타나는 신뢰에 기반한 사회자본이 형성된 공간 내에서 암묵지식의 교류를 통해 지식의 네트워크와 확산(spillover) 및 창의적이고 혁신적인 신기업의 창출(spin-off)이 이루어지는 것을 목표로 한다(남기범·송정은, 2014: 637-639).

따라서 창조경제혁신센터는 지역의 혁신자원과 역량을 총결집하기 위해 대학(인재, 교육), 연구소(R&D, 기술), 산업단지(기업, 생산), 금융기관(자금), 그리고 지자체(정책) 등의 연계와 협력을 추진하는 플랫폼, 즉 대기업의 참여와 정부의 적극적 지원 하에 혁신클러스터 구성원들- 대학(인재와 교육), 연구소(R&D, 기술), 금융기관(자금), 정부(정책), 산업단지(생산), 디자인센터(디자인, 마케팅)- 간의 유기적 연결을 하는 중개조직으로서 지역창업생태계의 구심점(멘토링, 사업모델, 기술지원, 투자 등)과 지역혁신의 거점(테크노파크, 산업단지, 디자인센터, 연구소, 대학), 그리고 지역일자리 창출의 허브(고용복지센터, 대학창조일자리센터)로 기능한다.

박근혜정부에서 2014년 9월 대구창조경제혁신센터 출범을 시작으로 2015년 7월 전국 17개 지역센터 설립을 완료하였다. 그리고 2016년 10월에는 혁신센터가 성과창출을 극대화하고 지속가능한 창조경제의 플랫폼으로 뿌리내리도록 주요 특화기능의 강화, 대규모 창업거점 구축, 전담기업체제 강화, 지역전략산업 육성 등을 내용으로 하는 "혁신센터 맞춤형 발전방안"을 만들었다. 미래창조과학부와 산업자원부는 미래의 성장동력산업으로 19개 분야를 제시하였고, 17개 시도의 혁신센터는 1개씩의 지역특화산업을 선정하였다. 혁신센터의 지역특화산업은 기존에 선정한 지역특화산업과 연관된 사업 중에서 선정하고 이들의 연계를 통하여 육성하도록 하였다.

〈표 3-128〉 박근혜정부의 미래성장동력 19개 산업(미래부-산업부 공동)

미래신산업	지능형 로봇, 착용형 스마트기기, 실감형 콘텐츠, 스마트바이오생산시스템, 가상훈련시스템
주력산업	스마트자동차, 심해저 해양플랜트, 5G이동통신, 수직이착륙무인기
공공복지/에너지산업	맞춤형 헬니스케어, 신재생 하이브리드, 재난안전시스템, 직류송배전시스템, 초임계CO2발전시스템
기반산업	융복합소재, 지능형 반도체, 사물인터넷, 빅데이터, 첨단소재가공시스템

자료: 이석준(2015: 20).

<표 3-129> 박근혜정부의 전국 창조경제혁신센터 현황

시도센터	특화산업	시도센터	특화산업
서울	도시라이프	강원	빅데이터
인천	물류	충북	바이오 뷰티
경기	IT 융합	경북	스마트 팩토리
충남	태양광 에너지	대구	전자 섬유
세종	ICT 농업	포함	에너지 소재
대전	ICT	울산	조선 해양플랜트
전북	탄소섬유	경남	스마트 기계
광주	자동차	부산	유통 영화
전남	농수산식품	제주	스마트 관광

자료: 이석준(2015: 20).

2016년 말 기준 창조경제혁신센터는 3,870개에 달하는 창업기업과 중소기업을 육성 지원하여 4,329억 원의 투자유치 성과를 창출하였다(지역발전위, 2017: 189).

(2) **지역산업시책**(지역특화산업과 경제협력권산업의 육성사업, 산업집적경쟁력강화사업)

① 지역특화산업과 경제협력권산업의 육성사업

박근혜정부의 지역산업시책은 지역희망프로젝트를 구현하는 지역발전5개년계획의 시책(사업)이라고 할 수 있다. 2013년 초반에 기존의 광역선도산업, 지역전략산업, 지역특화산업 등의 3단계 지원체계에서 2013년 7월 지역희망프로젝트를 통해 지방정부가 주도하는 지역특화산업(시도)과 경제협력권산업(시도 간 연계)의 2개 산업으로 변경하였다(지역발전위, 2016: 135-143).

우선 지역특화산업은 지역의 특성과 여건을 활용하여 추진하는 시도의 산업으로서 제11조 1항(지역산업육성 및 일자리 창출 등 지역경제 활성화 촉진)에 따라 선정된 산업을 말한다. 박근혜정부는 중앙과 지역 간 협업을 통해 2016년 지역산업진흥계획을 수립하고, 광역시도단위의 수요와 집적도 그리고 특화도 및 육성의지를 반영하여 지역별로 63개의 주력산업을 선정하였다. 또한 미래성장동력 배양을 위해 시도별 발전비전과 전략에 부합하는 '특화발전프로젝트'를 시도별로 1개씩 선정하여 2015년부터 해당분야의 기술과제를 집중지원하고 있다.

〈표 3-130〉 박근혜정부의 지역특화산업 선정현황

지역	특화산업	지역	특화산업
대전	**무선통신융합**, 로봇자동화, 금속가공, 메디바이오, 지식재산서비스	대구	**스마트지식서비스**, 스마트분산형에너지, 정밀성형, 소재기반바이오헬스, 의료기기
충남	**디스플레이**, 자동차부품, 인쇄전자부품, 동물식의약, 디지털영상콘텐츠	경북	**디지털기기부품**, 모바일융합, 에너지소재부품, 성형가공, 기능성바이오소재
세종	**자동차부품**, 바이오소재	부산	**디지털콘텐츠**, 지능형기계부품, 초정밀융합부품, 금형열처리, 바이오헬스
충북	**바이오의약**, 반도체, 전기전자부품, 태양광, 동력기반기계부품	울산	**에너지부품**, 정밀화학, 조선기자재, 자동창, 환경
광주	**디자인**, 스마트가전, 초정밀생산가공시스템, 생체의료용소재부품, 복합금형	경남	**항공**, 기계소재부품, 지능형생산기계, 풍력부품, 항노화바이오
전남	**바이오식품**, 석유화학기반고분자소재, 에너지설비, 금속소재가공	강원	**웰니스식품**, 세라믹신소재, 스포츠지식서비스
전북	**건강기능식품**, 기계부품, 복합섬유소재, 해양설비기자재, 경량소재성형	제주	**물응용**, 관광디지털콘텐츠, 청정헬스푸드, 풍력, 전기차서비스

굵은 글씨: 시도 특화발전프로젝트산업

위의 지역특화산업에 대하여 정부는 주력산업 기술개발 545개 과제(846억 원), 창의융합R&D육성 158개 과제(264억 원), 뿌리기업 육성 62개 과제(341억 원), 지역연고산업 육성 33개 과제(181억 원), 지역혁신센터 조성 16개 과제(76억 원), 그리고 지방이전 공공기관 연계 지역산업 육성 41개 과제(120억 원)를 지원하였다.

다음으로, 경제협력권산업이란 지역발전 및 국가경쟁력 향상에 기여도가 높은 경제협력권의 산업으로서 제11조 1항(지역산업 육성 및 일자리 창출 등 지역경제 활성화 촉진)에 따라 선정된 산업을 말한다. 박근혜정부는 2013년 7월 지역희망프로젝트에서 인위적 광역경제권을 탈피하여 시도 간 자발적 협력을 통해 구성된 경제협력권 내 지역산업을 육성하기로 하고, 경제혁신3개년계획(2014년 2월)을 통해 비수도권 14개 시도를 대상으로 2-3개의 시도가 1개의 협력산업을 선정하게 하여 총 17개의 경제협력권산업을 선정하였다. 이러한 경제협력권 내 산업과 기업의 육성을 위하여 기술개발과 기업지원서비스를 하고 있다.

〈표 3-131〉 박근혜정부의 시도 간 경제협력권산업 선정현황

협력시도		경제협력권산업	협력시도		경제협력권산업
주관	참여		주관	참여	
경남	전남	조선해양플랜트1	제주	강원	휴양형 micare
부산	울산	조선해양플랜트2	충남	충북	이차전지
충북	제주	화장품뷰티	대전	충남	기능성화학소재
강원	충북	의료기기	경북	대구, 대전	지능형기계
충남	세종	기계부품	광주	전북	에너지부품
광주	대전	광전자융합	전남	전북, 강원	바이오활성소재
대구	경북, 부산	기능성하이테크섬유	경북	대구, 울산	자동차융합부품
전북	광주	친환경자동차	부산	경남	차량부품
울산	경남, 전남	나노융합소재		총계	17개

경제협력권산업의 기술개발(R&D)에 대하여는 2015년 1,642억 원(국비 1,234억 원, 지방비 408억 원), 2016년 1,924억 원(국비 1,434억 원, 지방비 490억 원), 그리고 2017년에 1,949억 원(국비 1,456억 원, 지방비 493억 원)을 지원하였다. 그리고 비R&D에 대하여는 2015년 741억 원(국비 457억 원, 지방비 284억 원), 2016년 761억 원(국비 477억 원, 지방비 284억 원), 2017년 703억 원(국비 419억 원, 지방비 284억 원)을 지원하여 협력권산업의 생태계 조성을 위한 기업지원서비스를 제공하고 있다.

② 산업집적지경쟁력강화사업(산업단지의 혁신클러스터사업)

참여정부에서는 혁신클러스터사업을 크게 산업단지의 혁신클러스터사업

과 연구단지의 혁신클러스터사업으로 나누어 추진하였다. 이 중에서 산업단지의 혁신클러스터사업은 양적 성장시대의 요소투입형 생산 중심의 기존 산업단지를 혁신적인 지식과 기술을 연계하여 혁신주도형 클러스터로 전환시키려는 것이다. 이것은 기존 산업단지에서 대학과 연구기관 및 기업이 지식과 기술을 공유하여 혁신을 창출하고 기업의 경쟁력을 강화시키는 것을 목표로 한다.

노무현정부에서는 2004년 7개 산업단지를 시범단지로 지정하였고, 2007년 5개(남동, 명지녹산, 성서, 대불, 오송)을 추가하였다. 2008년에 집권한 이명박정부는 이 사업을 광역권역사업으로 편입시켜 전국 산업단지로 확대하였다. 노무현정부에서는 산학연네트워크 구축 및 운영, R&D역량 강화, 맞춤형 특성화에 초점을 두었으나, 이명박정부에 들어와서는 기존 산업단지 외에 농공단지 클러스터, 초광역클러스터, 지식산업집적 그리고 녹색융합기술개발 등으로 확대하였다. 이들 사업에 투입된 예산은 노무현정부에서 1,232억 원, 이명박정부에서 2,734억 원으로 증가하고 있다(장재홍, 2013: 553-554).

한편, 2013년 박근혜정부에서 들어와서는 창조경제가 핵심 정책기조로 등장하면서 이러한 창조경제정책을 실현하는 모형으로 혁신클러스터모형을 지속하고 있다. 이에 지역발전5개년계획에서는 일자리 창출을 통한 지역경제 활력제고를 위하여 산업단지 고도화를 통한 창조경제구현을 제시하였다. 이는 노무현정부와 이명박정부에서 추진되었던 산업단지의 혁신클러스터사업 또는 산업집적지경쟁력강화사업(산학융합지구조성사업)을 지속하겠다는 것을 암시한다.

예컨대 산학융합지구조성사업은 이명박정부 후반기인 2011년도부터 추진되었는데, 그해에 반월시화(경기), 구미왜관(경북), 군산새만금(전북), 2012년도에 대불(전남), 오송(충북), 울산 등을 사업지구로 선정하였고, 그리고 박근혜정부에 들어와서 2013년도에는 당진(충남), 2014년도에는 창원(경남), 2015년도에는 부산, 여수(전남), 2016년도에는 제주, 인천, 나주(전남) 등이 선정되었다.

또한 산업단지의 R&D네트워크 구축을 위해 산학연협의체인 미니클러스터(Mini-cluster)사업을 지속하여 2016년 12월말 전국 산업단지에 총 85개의 미니클러스터가 구성되어 9,582명의 산학연 관계자가 활동하고 있다. 교류활동을 통해 발굴된 과제는 산업집적지 경쟁력강화 사업비의 지원을 받게 되고, 2016년 말 1,002건의 협력과제를 진행하였다(지역발전위, 2017: 176-177).

〈표 3-132〉 박근혜정부의 전국 미니클러스터(MC) 현황

구 분	기업	대학	연구소	지원기관	합 계	비고
개사(명)	7,804	765	281	732	9,582	85개 MC

자료: 지역발전위(2017: 177).

〈표 3-133〉 박근혜정부의 미니클러스터 공동협력과제 지원현황

(단위: 건)

연 도	R&D	시제품	산재권	마케팅	교육	기타	기관연계	합 계
2015	232	-	192	226	22	47	276	995
2016	223	76	222	226	15	87	153	1,002

자료: 지역발전위(2017: 177).

(3) 지역인력 및 과학기술시책(인력양성사업과 혁신클러스터사업)

① 창조경제와 인력 및 과학기술혁신

창조경제는 산업화시대와 정보화시대를 연결하는 새로운 지식경제패러다임으로서 1990년대 후반 영국 및 UN을 중심으로 문화사업 등의 창조산업과 도시 및 지역정책분야에서 활발하게 논의되어 왔고, 이후 각국은 창조성기반의 새로운 성장동력 및 일자리 창출을 위한 혁신정책으로 추진하여 왔다. UNDP는 2010년에 발표한 "창조경제보고서"에서 창조경제를 경제성장과 발전잠재성이 있는 창조적 자산에 기반한 모든 지식경제활동으로 정의한다(차두원·이지연, 2013).

박근혜정부는 지역경제가 직면한 성장의 한계를 벗어나 지속가능한 경제발전을 실현하기 위해서 창조경제패러다임을 지역경제로 확산을 추진하였다. 이를 위해 2013년 6월 "창조경제실현계획"에서 창업생태계 조성을 통한 중소기업 창조경제 주역화, 과학기술과 ICT혁신을 통한 미래 성장동력 창출, 그리고 글로벌 창의인재 육성 및 창조경제문화 조성 등을 목표로 제시하고, 이를 위한 사업으로 창조경제의 플랫폼으로서의 창조경제혁신센터 구축과 신산업 창출을 위한 미래 신기술과 산업의 발굴과 육성, 기업가정신 교육 등을 통한 창의적 인재 육성 그리고 지역 R&D의 기반구축 및 역량강화를 추진하였다(이석준, 2015). 따라서 창조경제 패러다임은 산업활성화를 위한 인력양성사업과 과학기술진흥사업이 핵심으로 등장한다.

따라서 박근혜정부는 국가균형발전특별법 제7조(시도발전계획의 포함사항)에서 산업 육성, 인재 양성, 과학기술 진흥, 지역발전거점 육성 등을 수립하게 되어 있고, 제12조(지방교육 여건개선 및 과학기술 진흥)에서 지역인재양성사업과 지역과학기술진흥을 위한 산학협력 및 산학연협력 강화 등의 혁신클러스터사업을 추진하게 되어 있다.

② 지역인력 및 대학 양성사업(대학특성화사업, BK21플러스사업, 산학연협력사업)

박근혜정부는 지방대학과 지역산업을 연계한 산학협력을 강화하고 특성화를 통해 지방대학의 경쟁력을 높이고자 대학특성화사업, BK21플러스사업, 학부교육선도대학육성사업, 산학협력선도대학육성사업 등을 추진하였다(지역발전위, 2016: 271-287).

첫째, 대학특성화사업은 2014년을 시작으로 2018년까지 총 5년간 지원하는 사업으로 4년제와 전문대학으로 구분하여 운영되며 대학의 강점분야중심 특성화를 통해 지식기반산업 및 지역경제의 역량 있는 핵심 인재양성을 목적으로 추진하였다. 동 사업은 지역사회 및 산업과 연계한 실무능력을 갖춘 인재 양성을 유도하고자 지역산업(동남권- 영상/해양, 충청권- 국방/디스플레이. 바이오, 호남

제주권- 농식품/관광, 대경강원권- IT, SW/환경 등) 및 지역전략과 밀접히 연계한 특성화를 추진하여 지역사회와 동반성장을 도모하고 있다. 사업추진현황을 보면 2014년 7월 지방대학 79개교 264개 사업단을 선정하여 연간 1,925억 원을 지원하였고, 2016년 9월에는 중간평가를 실시하여 지방대학 77개교 258개 사업단을 선정하여 2018년까지 3년간 5,250억 원을 지원하였다.

둘째, BK21플러스사업은 1999년부터 추진해온 학문후속세대양성사업으로 모든 학문분야에 있어 창조경제를 견인할 석박사급 창의인재 양성 및 국내 대학원의 교육과 연구의 역량강화를 목적으로 한다. 동 사업은 2013년 9월부터 2020년 8월까지 매년 약 900억 원의 사업비를 투자하여 지방 36개 대학 239개 사업단을 지원하였다.

셋째, 학부교육선도대학육성사업은 잘가르치는 대학육성을 목표로 대학의 건학이념과 비전 및 인재상 등을 구현하는 선도적 학부교육 우수모델의 창출과 확산을 목표로 하고 있다. 동 사업은 2010년 대학교육역량강화사업의 일환으로 신설된 학부교육지원사업으로 총 32개 대학(수도권 12개, 지방 20개)을 선정하여 4년(2+2)년간 평균 20억 원씩 총 594억 원을 지원하였다.

넷째, 산학협력선도대학육성사업은 대학과 지역기업을 연계하여 다양한 산학협력 선도모델의 창출과 확산으로 산업체의 수요에 부응하는 우수인력 양성과 기술혁신을 지원하기 위해 4년제 대학을 대상으로 2012년부터 2016년까지 총 5년간 지원하였다.

〈표 3-134〉 박근혜정부의 산학협력선도대학육성사업 지원현황

지원연도	2012	2013	2014	2015	2016
대학수	51	51	56	57	57
예산액 (백만원)	166,600	216,900	238,832	223,982	224,000

다섯째, 산학연협력활성화사업- 정부는 대학에서 개발된 기술을 민간으로

이전 및 사업화를 촉진하기 위하여 2006년부터 커넥트 코리아(Connect Korea) 사업의 일환으로 대학 TLO지원사업을 통해 대학 산학협력산학단 내 기술이전전담조직(TLO: Technology Licensing Office)을 설치하여 지식재산권과 기술의 발굴 및 이전, 마케팅 등 기술사업화업무를 하도록 하였다.

2016년부터는 미래창조과학부의 대학TLO지원사업과 산업통상자원부의 기술지주회사지원사업을 통합하여 대학TMC(Technology Management Center) 지원사업으로 일원화하여 기술이전사업화거버넌스를 체계화하였다. 이러한 사업의 성과를 보면 대학TMC를 통하여 이루어진 대학 보유기술의 기업이전 건수 및 기술료 수입은 지속적으로 증가하여 왔고, 기술지주회사와 자회사의 성장도 이루어지고 있다〈표 3-135〉〈표 3-136〉.

〈표 3-135〉 박근혜정부의 대학TMC(TLO) 기술이전 실적(단위: 건, 억 원)

구분	제1기 TLO(2006-2010)					제2기 TLO(2011-2015)					TMC
	2006	2007	2008	2009	2010	2011	2012	2013	2014	2015	2016
건수	314	507	564	680	693	1,123	1,152	1,295	1,605	1,953	3,426
수입	64	114	181	205	249	376	447	370	400	490	647

자료: 지역발전위(2017: 197).

〈표 3-136〉 박근혜정부의 대학TMC 기술지주회사 및 자회사 설립 실적

(단위: 건, 누적)

구 분	2011	2012	2013	2014	2015	2016
기술지주회사	16	23	26	35	36	48
자회사	74	118	145	201	271	426

자료: 지역발전위(2017: 197).

이처럼 대학의 연구성과를 기업에 이전하는 정부지원사업은 일정한 성과를 가져왔지만, 국내 기업들이 신기술과 제품의 개발과정에서 R&D나 공동연구성과의 사업화과정에서 개방적 협력이 부족한 점을 보완하기 위하여 박

근혜정부에 들어와서 산학연협력클러스터사업을 추진하게 되었다. 2013년대에는 "2단계 산학협력중심대학 육성"의 세부사업으로 2009년부터 추진된 "산학협력연계망구축사업"을 통합하여 산학연 연구협력네트워크인 "지식클러스터 지원"과 "핵심융합기술개발 지원"을 추진하였다. 여기서 지식클러스터 지원은 2개 이상 기술분야의 산학연 및 관련 기술전문가가 네트워크를 구성하여 기술과 정보 교류, 기업수요의 단기 애로기술개발 및 기술로드맵 구축, 융합아이템 및 단기사업화과제 발굴을 하는 것을 지원하는 사업이다. 그리고 핵심융합기술개발 지원은 지식클러스터 활동을 통하여 발굴한 융합아이템 및 단기 사업화과제에 대한 공동연구를 지원하여 기업수요 중심의 산학연공동연구 및 기업주도의 자발적 기술혁신을 유도하는 사업이다. 이들 사업의 추진실적을 보면 두 가지 사업예산이 2014년부터 2015년까지 매년 2,400백만 원을 지원하였다.

③ 지역과학기술진흥사업(혁신클러스터사업, 산학연협력사업)

박근혜정부의 지역과학기술진흥사업은 창조경제의 플랫폼으로 창조경제혁신센터를 구축하고, 지역 R&D 기반구축과 역량강화를 위해 지역성장거점이고 지역연구개발거점의 하나로서 과학기술혁신지구인 연구개발특구와 국제과학비즈니스벨트사업을 지속적으로 추진하였고, 그리고 산학연네트워크를 통한 연구사업의 사업화 추진 등과 같은 혁신클러스터사업을 지속하였다.

첫째, 지역연구개발거점(연구개발특구) - 연구개발특구법 제1조에 의하면 연구개발특구는 특구 내 대학과 연구소 및 기업의 연구개발 촉진과 상호 협력을 활성화하고, 연구개발성과의 사업화와 창업을 지원하여 국가기술혁신 및 국민경제발전에 이바지하도록 만들어진 지역이다. 이를 위하여 "지식창출-기술확산-창업의 생태계가 약동하는 4만 달러 혁신경제로의 도약"이라는 비전과 지속발전형 혁신클러스터 육성, 기술-창업-성장이 선순환하는 창조생태계 조성, 특구 커뮤니티 강화, 창조적 연구사업화공간 구축 및 생활환경 개선 등을 목표로 설정하고, 연구성과의 사업화 추진, 기술창업 지원, 특구 간 연계 및 특구 인프라 개발관리 등의 사업을 추진하여 왔다.

그동안의 추진상황을 보면, 노무현정부에서 2005년에 지정된 대덕연구개발특구를 시작으로, 이명박정부에서 2011년 광주와 대구 연구개발특구, 2012년 부산연구개발특구가 새로이 지정되었고, 그리고 박근혜정부에 들어와 2015년 전북연구개발특구를 지정하였다.

<표 3-137> 박근혜정부의 연구개발특구 현황

구 분	대덕특구	광주특구	대구특구	부산특구	전북특구
지정연도	05. 7	11. 1	11. 1	12. 11	15.8
범 위	대전시 유성구, 대덕구 일원	광주시 광산구, 동구, 북구 및 전남 장성군 일원	대구시 동구, 북구, 달서구, 달성군 및 경북 경산시 일원	부산시 강서구, 금정구, 남구, 영도구, 사하구, 부산진구, 연제구 일원	전주시 완산구, 덕진구 및 정읍시 일원
면 적	67.8㎢	18.7㎢ (광주15.0,장성3.7)	22.2㎢	14.1㎢	16.3㎢
특화분야	· IT융복합 · 바이오메디컬 · 나노융합 · 정밀기기	· 광기반융복합 · 바이오소재 · 친환경자동차부품 · 스마트그리드	· 스마트IT융복합 · 의료기기융복합 · 그린에너지융복합 · 메카트로닉스융복합	· 해양플렌트 엔지니어링 및 서비스 · 조선해양플랜트기자재 · 그린해양기계	· 융복합소재부품 · 농생명융합

자료: 지역발전위(2017: 204).

그동안의 연구개발특구 성과를 보면 처음 지정된 2005년 입주기업수는 687개였으나, 2015년말 4,468개로 약 550% 증가를 하였고, 매출액은 2005년 2.5조 원에서 2015년 44.6조 원으로 증가를 하여 왔다, 그리고 코스닥상장 기업수는 2005년 11개에서 2015년 77개로 점진적인 증가를 하고 있다. 그리고 혁신역량면에서 연구개발투입규모가 2005년 1.8조 원에서 2015년 9.6조 원으로 확대되었고, 연구인력은 2005년 16,759명에서 2015년 68,932명으로 증가를 하고 있다(지역발전위, 2017: 204).

둘째, 국제과학비즈니스벨트- 국제과학비즈니스벨트사업은 창조적인 연구환경 조성을 통해 세계적인 과학인들을 육성하고 기초과학과 비즈니스가 융합한 국가성장네트워크를 구축하기 위한 사업이다. 그동안 우리나라 과학기술분야가 선진국을 모방해서 성장해 왔지만, 모방전략의 한계를 인식하고 기초연구역량을 강화해 창조경제를 달성하는 사업으로 추진되었다. 기초과학을 획기적으로 진흥시키고 기초과학 역량에서 신성장동력을 창출해 세계 일류국가로 발돋움하는 것을 목표로 하고 있다. 이 사업은 이명박정부에서 시작하여 박근혜정부에서도 사업완공을 하지 못하고 있다.

(4) 지역인프라시책(지역교통물류망과 발전거점 확충사업)

박근혜정부는 지역의 교통과 물류망 개선을 위하여 4개 분야에 전략적 목표를 수립하여 총 39개(도로 23개, 철도 4개, 항만 9개, 교통물류 3개)의 과제를 수행하였다(지역발전위, 2017: 105-106).

첫째, 도로정체구간 감소 및 통행속도 개선분야에서는 여월택지-남부순환로 등 광역도로 9건 준공으로 기존 통행시간을 40% 이상 단축하였고, 신매-오얼 등 국가지원지방도 7개 구간 47 km개통으로 물류비 절감 및 지역균형개발 촉진을 도모하였으며, 울산국가산단, 여월택지-남부순환로 등 대도시권 혼잡도로 5건 준공으로 기존 통행시간을 201% 이상 단축하였다.

둘째, 전국 고속철도 및 도시철도망 구축분야에서는 현재 광역철도로 지정된 중앙선(청라-덕소) 등 19개 사업에 대해 2015년까지 6조 8,763억 원을 투입하는 등 광역교통난이 심각한 수도권 위주로 광역철도교통사업을 추진 중에 있고, 도시철도는 2016년 말 기준 41조 6,340억 원이 투입되어 23개 노선, 674.2 km에 이르고 있다.

셋째, 항만인프라 개선분야에서도 지속적인 항만인프라 확충사업을 추진하고 있다.

넷째, 교통물류 원활화지원분야에서는 대도시권 교통난 해소 및 대중교통 이용 활성화를 위하여 저비용-고효율의 대중교통수단인 '간선급행버스체제(Bus Rapid Transit, BRT)'를 구축하고 있고, 물류단지 진입도로 건설지원을 통하여 물류단지개발사업을 지원하고 있다.

또한 지역의 성장거점도시 조성을 위하여 세종시 건설, 혁신도시와 기업도시의 육성 및 활성화, 정부기관의 지방이전, 제주국제자유도시 조성, 그리고 새만금사업의 지속추진을 시도하였다.

(5) 지역문화관광 및 환경보전시책

박근혜정부는 지역문화 융성과 생태 복원을 위해 지역문화의 역량강화 및 특성화 발전지원, 맞춤형 서비스를 통한 문화격차 해소, 지역관광산업 육성, 생태자연환경 보존활용 등의 사업을 추진하였다(지역발전위, 2016: 311).

첫째, 지역문화진흥법(2014년)을 제정하고 지역문화진흥기본계획을 수립(2015년)함으로써 지역문화진흥기반을 마련하였다. 문화특화지역 조성, 환경과 문화 중심의 도시개발, 지역문화산업 기반조성, 국제영화제 지원, 산업단지와 폐산업시설 문화재생 등을 추진하였다. 문화특화지역조성사업은 지역의 특화된 문화자원을 창조적으로 발굴하고 활용하여 지역의 대표브랜드로 육성하고 국민 문화향유기회를 확대하기 위한 사업이다. 동 사업은 2014년부터 새로이 추진한 것으로서 문화도시 조성의 경우 매년 3억 원씩 5년간, 문화마을의 경우 매년 0.8억 원씩 3년간 국비를 지원하고 있다. 2014년 남원문화도시 조성, 공주(상신마을) 및 부여(규암마을) 문화마을 조성 등 문화도시 1개소, 문화마을 2개소를 시작으로 2016년도에는 문화도시 17개소, 문화마을 29개소를 지원하였다. 환경과 문화 중심의 도시개발은 개발논리에 밀려 훼손이나 멸실되거나 주변경관과 조화를 이루지 못하고 방치되고 있는 산업유산의 가치를 재인식하고 문화와 예술 및 관광진흥의 관점에서 활용가능성을 검토하여 도심재생 및 지역문화예술 활성화에 기여하기 위해 2008년부터 추진한 사업이다. 지역문화산업연구센터지원사업은 전국 14개 지방문화산업지원기관 또는 문화산업진흥원을 중심으로 해당지역 산학연으로 이루어진 구성체가 연구개발을 통하여 지역문화에 기반한 특화상품을 기획하여 개발할 수 있도록 지원한다. 산업단지와 폐산업시설 문화재생사업은 사회경제적 구조변화로 인해 폐기 또는 방치되고 있는 다양한 형태의 유휴공간을 문화예술 창작 및 체험 등을 통한 문화예술 융복합공간으로 재탄생시키는 사업으로, 2014년 12개 사업(콘텐츠지원 2개 사업포함)을 시작으로 2016년에는 대구와 경기 등 6개 사업지에 215억 원을 투입하였다.

둘째, 문화기반시설과 생활밀착형 문화시설 확충을 위해 노력하였다. 그 결과 도서관과 박물관 및 미술관 등 문화기반시설이 2014년 2357개소에서 2015년 2595개소로 늘어났고 2014년부터 2016년까지 생활문화센터 105개소, 작은 도서관 30개소가 지원을 받았다.

셋째, 지역관광산업 육성을 위해 산업관광 활성화, 관광도시 선정과 육성, 평창동계올림픽특구 관광개발, 동북아해양관광레저특구 조성사업, 크루즈관광 활성화 지원 등을 추진하였다. 예컨대 정부는 산업관광인프라 조성 및 산업관광 수용태세 개선, 산업관광 콘텐츠 및 프로그램 개발을 위해 지자체 공모를 통해 2012년부터 산업관광 육성을 위한 사업을 선정하여 지원하였다. 2012년 6개 시범사업이 추진된 이후 매년 3내지 6개소 내외사업을 선정하여 지원하며 2012-2017년간 지원되는 사업은 24개 지자체, 27개 사업으로 2012년 15억 원이 지원된 이후 매년 10억 원 정도의 예산을 지원하였다.

넷째, 하천과 산림 생태계 보전 및 복원, 도시생태자원의 복원과 확충, 농촌경관 보존활용을 위해 노력하였다. 환경부를 중심으로 생태하천 복원, 국가생태문화탐방로 조성, 생태탐방체험시설 및 에코촌 조성, 백두대간 마루금 생태축 복원을 추진하였다. 도시생태환경 향상을 위하여 2016년까지 자연마당 8개소와 생태놀이터 54개소를 조성하였다.

(6) 지역복지 및 보건의료시책

박근혜정부는 사각 없는 지역복지의료를 실현하기 위해 보건복지부를 중심으로 지역밀착형 복지전달체계 구축, 맞춤형 복지시책 추진, 취약지역 응급의료체계 구축과 응급의료인프라 확충을 위한 사업을 추진하였다(지역발전위, 2016: 385-386).

첫째, 지역밀착형 복지전달체계 구축을 위해 지역자율형 서비스투자사업과 복지공동체 활성화 및 지역사회통합건강증진사업 등을 실시하였다. 지역자율형 서비스투자사업은 지역사회가 지역별 특성과 주민욕구를 반영하여 지역실정에 맞는 사회서비스를 주도적으로 개발하여 제공하도록 지원하는 사업으로 지원대상을 2016년에 전국가구 월평균 소득 65% 이하에서 기준 중위소득 80% 이하로 확대하였다. 복지공동체 활성화를 위하여 민과 관이 협력하는 지역사회보장협의체를 만들었다. 2016년 지역사회보장협의체는 전국 229개 시군구, 3,467개 읍면동에 구성하여 운영하고 있다. 그 업무를 효율적으로 수행하기 위하여 시군구에 대표실무협의체를 두고 지자체 여건에 따라 실무협의체 내에 노인과 고용 및 주거 등 복지대상자별, 기능별 실무분과를 설치하여 운영하고 있다. 그리고 지역사회통합건강증진사업은 2013년에 지자체의 여건과 수요에 부합하는 맞춤형 건강증진서비스를 자체적으로 개발, 집행하도록 도입한 것으로서 인력운용과 서비스제공방식을 지역특성과 주민수요에 맞추어 능동적이고 자율적으로 기획하여 실행하게 하였다.

둘째, 맞춤형 복지시책 추진을 위해 수혜자특성을 고려한 주민지원시책을 확대하였다. 종합적 아동복지정책인 드림스타트지원사업의 경우 모든 기초지자체로 확대되었으며 지원대상아동이 2016년 134,853명으로 증가하였다. 지역아동센터지원사업(방과 후 돌봄)은 방과 후 돌봄이 필요한 아동의 건전한 육성을 위해 보호교육, 건전한 놀이와 오락의 제공, 보호자와 지역사회의 연계 등 종합적인 복지서비스를 제공하여 홀로 방치할 수 있는 지역 내 아동들에게 사회적 안전망 제공을 목적으로 한다. 전국적으로 지역아동센터 4,107

개, 초등돌봄교실 11,920실, 방과후 아카데미 250개소가 연계하여 범정부 방과 후 돌봄통합지원체계를 구축하였다. 또한 지역사회특성을 고려한 복지서비스 제공을 위해 농촌고령자 공동시설지원사업(공동생활홈, 공동급식시설, 작은 목욕탕)을 수행하였다.

셋째, 취약지역 응급의료체계 구축 및 응급의료인프라 확충을 추진하였다. 농어촌 취약지는 인구가 적고 면적은 넓은 반면에 의료인프라는 부족하여 적절한 의료서비스를 받기 어려운 지역에 대한 취약지역 응급의료기관을 지정 육성하는 사업을 하였다. 2013년부터 모든 군지역 응급의료기관에 보조금을 지원하여 응급의료안전망을 운영하였고, 2015년부터는 지원대상을 현재 행정구역상 군 지역(83개)에서 응급의료취약도가 높은 도농복합시(19개)까지 확대하여 지원하였다. 군 지역 응급의료기관에 대한 지원예산은 2006년 37억 원에서 2017년 249억 원까지 증가하였다. 또한 공공기관의료에 관한 법률(2013년 2월 시행)로 의료공급이 부족한 의료취약지를 지정하고 필수의료취약지 거점의료기관을 2014년 1개소, 2015년 2개소, 2016년 4개소, 2017년 5개소를 선정하여 취약지역의 의료를 지원하였다.

(7) 성장촉진지역 등의 개발시책

박근혜정부에서는 노무현정부나 이명박정부에서 추진하였던 낙후지역 및 농산어촌의 개발사업을 추진하고 있는데, 지역중심지의 활력증진을 위하여 농촌중심지활력사업과 도시재생사업 및 도시활력증진지역개발사업을 시행하였다(지역발전위, 2017: 98-104).

첫째, 농촌중심지란 도농복합시와 군지역의 읍면소재지 중에서 주민들에게 교육과 문화 및 복지 등 일상생활서비스의 공급중심지 및 경제활동과 지역공동체활동의 거점역할을 하는 곳이다. 일반농산어촌지역에서 농촌중심지 관련 사업은 2010년부터 2014년까지 읍(동)면소재지 종합정비사업 등 308지구를 추진하여 읍면의 기초생활인프라를 개선하고 서비스기능을 개선하였다. 다만, 사업이 도로나 시가지 정비 등 하드웨어 중심의 추진으로 한계가 있었다. 이에 박근혜정부에 들어와서 지역행복생활권정책에 따라 2013년 12월 농촌지역개발정책의 개편을 통하여 '농촌중심지활성화사업'으로 정비되었다.

농촌중심지활성화사업은 농촌중심지를 그 잠재력과 고유의 테마를 살려 특성과 경쟁력을 갖춘 농촌발전거점으로 육성하고 농촌중심지를 배후마을과 도시를 연결하는 연결거점으로서 지역행복생활권의 중심적인 역할을 하도록 하는 목표를 가지고 있다. 동 사업에 대해 2014년에는 283개 지구를 대상으로 2,984억 원을 지원하였으며, 2015년도에는 선도지구 15개 지구 11,374백만 원, 일반지구 63개 31,131백만 원을 지원하였다. 또한 2016년도에는 선도지구 32개 29,833백만 원, 일반지구 131개 73,679백만 원을, 20147년도에는 선도지구 49개 51,540백만 원, 일반지구 218개 163,956백만 원으로 시간이 흐름에 따라 사업이 확대되고 있는 것을 알 수 있다.

둘째, 도시재생사업은 도지재생선도지역(국가와 지자체가 도시재생의 활성화를 도모하는 지역)에 대하여 추진하는 사업으로서, 두 가지 유형이 존재한다. 하나는 경제기반형 도시재생사업은 노후산단과 그 주변 재생, 항만 및 배후지 활성화, 역세권 개발, 공공청사, 군부대, 학교 등 이전적지의 복합적 활용, 지역고유의 역사 문화 관광자산 활용 등 경제회복효과가 큰 핵심시설의 정비 및 개발과 연계하고, 복합적 개발사업 등을 통해 도시에 새로운 기능부여 및 고용기반 창출이 가능한 지역을 중심으로 하는 사업이다. 다른 하나인 근린재생형 도시재생사업은 쇠퇴한 구도심 및 중심시가지 등의 활성화가 필요한 지역과 생활여건이 열악한 노후-불량 근린주거지역을 중심으로 하는 사업이다.

2013년 12월 '도시재생활성화 및 지원에 관한 특별법'이 제정된 후, 2014년 5월 도시재생선도지역 13곳을 선정하였고, 2015년에 선도지역에 대한 활성화계획의 수립을 완료하였다. 선정된 지역 중 경제기반형 재생사업의 개수는 2개로 각각 250억 원이 지원되고, 근린재생형 도시재생사업의 경우 일반규모 6개에 각각 100억 원, 소규모 5개에 각각 60억 원 등의 예산을 자원한다.

셋째, 도시활력증진지역개발사업은 2010년부터 추진된 국토부 소관의 살고 싶은 도시만들기사업 및 주거환경개선사업을 포함하여 타 부처에서 추진되던 전원마을 조성, 농촌생활환경 정비, 어촌종합개발사업 등 17개 시군구 자율편성사업을 통폐합하여 만들어진 사업이다. 동 사업은 국토교통부가 정부의 지역발전정책에 따라 지자체 스스로의 발전을 할 수 있도록 99개 지자체(특별시와 광역시 군구, 인구 50만 이상 시지역 등)를 대상으로, 도시 내 주거환경이 불량한 지역을 계획적으로 정비하고, 노후불량 건축물을 개량함으로써 도시환경의 개선 및 주거생활의 질을 향상시키고, 도시활력 증진 및 지역공동체 복원을 통해 지역경제 활성화와 도시경쟁력 제고를 목표로 하고, 연평균 약 1,000억 원을 지원하였다.

2016년부터 도시활력증진지역대상을 143개 지자체(특별시와 광역시의 군구 및 일반시, 도농복합지역)로 확대하였으며, '도시재생 활성화 및 지원에 관한 특별법'에 의하여 '도시재생사업'이 '도시활력증진지역개발사업'에 통합되어 경제기반형 도시재생사업, 중심지 근린재생형 도시재생사업, 일반근린재생형 도시재생사업, 도시생활환경개선사업, 지역역량강화사업의 5개 유형으로 개편하고, 1,452억 원을 지원하고 있다. 여기서 첫째, 경제기반형 도시재생사업은 공공의 선투자를 통해 민간투자를 유발하여 민관합동으로 경제거점을 형성하고 주변 노후도시지역 등과 상생을 도모하는 사업이다. 둘째, 중심지 근린재생형 도시재생사업은 원도심 등 중심시가지의 행정업무, 상업, 역사, 문화, 관광, 공공복지, 도심주거 등의 기능증진과 회복을 위한 사업이다. 셋째, 일반근린재생형 도시재생사업은 낙후된 주민생활환경 개선 및 상권 활성화를 통한 지역주민의 삶의 질 향상과 지역공동체 회복을 위한 사업이다. 넷째, 도시생활환경개선사업은 소규모 마을단위의 생활기반시설 확충, 거주환경 개선, 지역역량강화사업, 골목상권 개선 등과 함께 공동체 활성화를 위한 사업이다. 마지막으로, 지역역량강화사업은 지속가능한 지역공동체거버넌스 구축을 통한 지역주민 등의 역량강화 프로그램을 개발 운영하는 소프트웨어사업을 말한다.

이러한 도시활력증진지역개발사업은 도시의 지속가능성과 경쟁력 향상 및 지역주민의 생활환경 개선과 삶의 질을 증진시키는데 목표를 두고 있다.

(8) **지역공간시책**(공공기관 및 기업의 지방이전사업)

노무현정부에서 추진하여 온 공공기관 이전사업은 이명박정부와 박근혜정부에서도 지속되어 일부개정 국가균형발전특별법 제3장(지역발전시책의 추진)에서 제4조(지역발전거점 육성)와 제18조(공공기관의 지방이전) 및 제19조(기업과 대학의 지방이전)에 근거조항이 존재한다.

동법 제5조에서 국가와 지방자치단체는 지역발전 및 지역 간 협력 촉진을 위해 행정중심복합도시와 혁신도시 및 기업도시 등 지역성장거점도시의 육성을 위한 사업(시책)을 추진하도록 되어 있다. 이러한 사업의 범주에는 공공기관의 지방이전과 대학과 기업의 지방이전사업이 있는데, 박근혜정부에서 추진된 구체적인 사업내용을 보면 다음과 같다.

① 세종시 건설

박근혜정부는 행복도시(세종시)를 명품도시로 조성하기 위한 사업을 추진하였다. 세종시는 수도권 집중완화, 국가균형발전 실현, 수도권과 지방의 상생발전, 그리고 국가경쟁력 강화를 위하여 추진한 사업으로 인구 50만 명의 자족도시 건설을 목표로 중앙행정기능을 중심으로 한 도시행정, 대학연구, 의료복지, 첨단산업 등의 기능을 수행하는 도시로 2007년부터 2030년까지 3단계에 걸쳐 단계적으로 추진하여 오고 있다.

자족기능 확충을 위한 여건조성을 위해 '행복도시건설특별법'(2013년 8월)을 개정하였고, 행복도시의 신성장동력 확보를 위해 4대 생활권을 중심으로 '산학연클러스터 조성기본계획'(2014년 9월)을 수립하고, BT, ET, IT 융복합중심 첨단산업 육성을 통한 성장거점 마련을 위하여 4생활권 일부(약 75만㎡)를 도시첨단산업단지(세종테크노밸리)로 지정하였다(2015년 6월). 기업과 관련하여 세종테크노밸리에 33개사를 입주예정기업으로 확정하였고 행복도시 최초의 대기업인 한화에너지와 MOU를 체결(2016년 7월)하여 본사이전을 완료하였다(2017년 1월). 대학과 연구기관으로는 아일랜드 국립 Tyndall연구소 및 Cork 대학과 산학연클러스터 내 생명과학협력 등의 MOU를 체결하였고(2015년 10월), 행복청-코크대 약대-고려대 약대 간의 연구개발협력 등에 대한 MOU도 체결하였다(2016년 1월). 또한 산학연클러스터의 산학융합생태계 활성화를 위해 서울대 공과대학 및 행정대학원, KAIST창업원 등과 MOU를 체결하였으며(2016년), 아일랜드 트리니트대(7월), 오스트리아 프로이드대(9월), 체코 브로노예술원(9월)과도 공동학위 개설 및 산학협력 등의 MOU를 체결하였다(2016년). 그리고 행복도시 내 기업, 대학, 연구소, 지원기관들의 긴밀한 협력체계를 구축하기 위해 세종Bio-IT융복합 미니혁신클러스터를 구성(2016년 6월)하여 산업단지 발전의 토대를 만들고 있다(지역발전위, 2017: 210-211).

② 혁신도시 건설

박근혜정부는 또한 혁신도시를 지역성장거점으로 육성하는 사업을 추진하였다. 혁신도시는 지방이전 공공기관 및 산학연관이 서로 긴밀히 협력할 수 있는 최적의 혁신여건과 수준 높은 주거와 교육 및 문화 등 외부환경을 갖춘 새로운 차원의 미래형 도시로서, 2005년 6월 24일 '공공기관 지방이전계획'을 발표하고 수도권에 소재하는 공공기관을 11개 광역시도에서 선정된 10개 혁신도시에 이전하는 사업이다. 이전대상기관은 수도권 소재 공공기관 345개 중 175개 기관을 선정하였으나, 세종시로 중앙행정기관 이전과 공기업선진화방안(2008년 8월)에 의한 기관통폐합으로 인하여 2014년에 최종 154개 기관이 선정되었다.

<표 3-138> 박근혜정부의 혁신도시 이전공공기관 배치현황(154개)

지역	이전기관	지역	이전기관
부산 (해운대구등)	대한주택보증, 한국자산관리공사, 영화진흥위원회 등 13개	대구 (동구)	한국가스공사, 한국산업기술평가원, 한국학술진흥재단 등 11개
광주/전남 (나주)	한국전력, 한전KPS, 한국전력거래소 등 16개	울산 (중구)	한국석유공사, 한국산업인력공단, 국립방재연구소 등 9개
강원 (원주)	한국광물자원공사, 국가건강보험공단, 한국관광공사 등 12개	충북 (진천/음성)	정보통신정책연구원, 한국과학기술기획평가원, 한국교육개발원 등 11개
전북 (완주/전주)	농촌진흥청, 한국식품연구원, 국민연금공단 등 12개	경남 (진주)	한국토지주택공사, 중소기업진흥공단, 국방기술품질원 등 11개
경북 (김천)	한국도로공사, 한국전력기술, 국립농산물품질관리원 등 12개	세종시	한국개발연구원, 법제연구원 등 20개
제주 (서귀포)	한국국제교류재단. 국토교통인재개발원, 공무원연금관리공단 등 8개	개별이전	국방대학교, 경찰대학교, 경찰수사연구원 등 19개

자료: 국토교통부 공공기관지방이전추진단.

정부는 각 시도에 구성된 입지선정위원회를 통해 2005년 말 10개 혁신도시의 입지선정을 하고, 혁신도시개발 기본구상(2006년 2-12월)을 수립하였으며, '공공기관 지방이전에 따른 혁신도시 건설 및 지원에 관한 특별법(이하 혁신도시특별법)'(2017년 2월 12일)을 제정하여 시행하고 있다. 이후 정부는 10개 혁신도시를 모두 개발예정지구로 확정 고시하였으며(2007년 3-4월), 개발계획과 실시계획 등 개발절차를 수립 완료하였으며(2007년 5월- 2008년 12월), 10개 혁신도시의 용지보상은 2014년 10월에 마무리하였다. 혁신도시건설사업은 2007년 9월 제주와 경북을 시작으로 2009년 말까지 10개 혁신도시 42개 모든 공구에서 착공을 하여 2016년 12월말 기준 전체 평균공정률 99.9%(9개 혁신도시, 41개 공구 완료)로 2017년 완공을 목표로 추진하였다. 공공기관 지방이전은 2016년까지 143개 기관(92.9%)이 완료를 하였다.

그리고 정부는 국가경쟁력 강화 및 일자리 창출 등 지속가능한 지역발전을 도모하고 이전공공기관과 관련있는 기업과 대학 및 연구소 등을 혁신도시에 유치하여 지역성장거점으로 육성하기 위해 2007년부터 혁신도시 산학연클러스터사업을 추진하고 있다. 2012년까지 지자체 중심으로 혁신도시별로 특화된 산학연클러스터 구축계획을 수립하였으며, 2014년부터는 이전기관과 연관성이 높고 파급효과가 큰 핵심산업 위주로 수요를 분석하고 유치전략을 검토하여 클러스터 구축계획을 수정 보완하였다. 2015년 12월에는 혁신도시특별법을 개정하여 산학연클러스터 입주목적에 적합한 기관을 유치할 수 있도록 입주승인, 양도제한, 승인취소 등 사전적 · 사후적 관리방안에 대한 법적 근거를 마련하였다. 그리고 2017년 1월 17일 혁신도시특별법을 개정하여 혁신도시 이전공공기관과 기업 및 대학 등 지역의 혁신주체가 협의하여 혁신도시와 인근지역의 발전을 효과적으로 도모할 수 있도록 '이전공공기관 연계 혁신도시 지역발전계획'수립에 관한 법적 근거를 마련하였다.

현재 혁신도시는 2017년까지 공공기관 이전을 대부분 마무리하고, 2단계로 산학연클러스터 조성을 추진하는 단계에 있다. 하지만 혁신도시 전체 용지분양률(2016년 12월 기준 92.0%)에 비하여 클러스터 용지분양률(2016년 12월 기준 57.1%)은 미흡한 상태이다(지역발전위, 2017: 211-215).

③ 기업도시 건설

박근혜정부는 지역성장거점으로서의 기업도시를 지속하여 추진하였다. 기업도시는 산업입지와 기업활동을 위해 민간기업주도로 개발하는 도시로서 기업 자신이 필요한 용지를 개발하여 생산과 연구개발 등 유관산업과의 연계성과 효율성을 극대화함과 동시에 정부에 필요한 주택과 교육 및 의료 등 자족적 복합기능을 가진 도시로 개발한다.

노무현정부는 2004년 12월 '기업도시개발특별법'을 제정하였고, 이를 토대로 2005년 8월 충주, 원주(지식기반형), 무안(산업교역형), 태안, 무주, 영암, 해남(관광레저형) 등 6개 시범사업을 선정하였다.

이명박정부에 들어와서 이들 시범사업도시는 각 사업별 참여기업과 지자체 주도로 전담기업을 설립하고 2007년 10월 태안기업도시의 착공을 시작으로 2008년 충주(6월), 원주(7월), 2013년 영암해남 구성지구(1월)가 사업을 착공하였으나 국제금융위기 및 국내경기침체에 따른 경영악화에 의해 사업시행자의 포기로 전반적으로 부진한 실정이었다,

이에 박근혜정부는 2013년과 2015년 '기업도시개발특별법'을 개정하여 부진한 기업도시의 활성화를 위해 입지규제 완화, 개발유형 통합, 최소개발면적 축소, 용지율 완화, 거점확장형 개발방식 도입, 개발이익환수제 완화, 국토의 계획 및 이용에 관련 법률에 관광 특례제도 도입 등 제도개선을 추진하였다. 이후에 충주도시개발사업은 2012년 12월 준공되었고, 2017년 1월기준 원주도시개발사업은 공정률 73%를 달성하였으며, 영남 해남기업도시와 태안기업도시는 사업이 진행 중이다(지역발전위, 2017: 221-222).

<표 3-139> 박근혜정부의 기업도시 사업개요 및 추진현황

지 역	면적(만㎡)	총사업비(억 원)	사업추진현황	분양 및 입주현황
충주	701	5,343	준공(201.12)	분양률 86.7%, 17개사 입주완료, 9개사 공장설계
원주	529	9,722	착공(2008.1)	공정률 73%, 분양률 51.2%, 10개사 입주완료
무안	-	-	사업취소(2013.2)	
무주	-	-	사업취소(2011.1)	
태안	1,547	12,084	착공(2007.1)	공정률 37.8%, 골프장 4개소 완료 및 운영
영암해남	3,391	18,640	착공(2013.1)	공유수면매립공사 및 골프장건설공사

자료: 지역발전위(2017: 222).

4. 정책성과

지역발전정책성과는 다양한 영역별로 정책을 결정하여 집행한 결과를 말한

다. 이의 성과지표는 지역경제와 지역산업 및 과학기술면에서 지역내총생산(GRDP), 인구, 일자리(고용), 사업체, 연구개발투자와 특허 등을 들 수가 있다.

〈표 3-140〉 박근혜정부(2013-2017)의 지역발전정책성과

지표 \ 연도	2013		2014		2015		2016		2017	
	수도권	비수도권	수도권	비수도권	수도권	비수도권	수도권	비수도권	수도권	비수도권
지역내 총생산 (조원)	668	708	693	728	717	745				
인구 (천명)	25,258	25,883	25,364	25,964	25,471	26,059	25,590	26,016		
일자리 (고용) (천명)	12,527	12,541	12,841	12,760	12,987	12,948	13,164	13,071		
사업체 (천개)	187	183	201	196	210	203				
연구 개발비 (십억원)	40,145	19,156	42,952	20,783	44,369	21,590				
특허 (개)	104,156	55,794	105,875	58,173	107,205	80,045				

자료: 통계청, 지역소득계정, 주민등록인구, 경제활동인구조사, 전국사업체통계조사 각 년도
미래창조과학부, 연구개발활동조사 각 년도
특허청, 지식재산권통계조사 각 년도
지역발전위(2017: 417-454).
지역발전위, 한국산업기술평가관리원(2017: 12, 46, 62, 96, 110, 116).

첫째, 지역내총생산(GRDP)- 박근혜정부 출범 첫해인 2013년에 수도권과 비수도권의 GRDP는 각각 668조 원과 708조 원이었으나, 2015년에는 각각 717조 원과 745조 원이 되었다. 특히 수도권보다는 비수도권에서의 GRDP 증가가 크게 나타나 양권역 간의 격차가 줄어들고 있다. 이는 이전 정부의 지역산업육성정책의 누적과 박근혜정부에 들어와 시작한 지역주력산업과 경제협력권산업 등 지역산업육성정책을 추진하고 지역특화발전프로젝트나 창조경제 구현을 위한 기반확충과 연구활성화 등의 효과가 나타나는 현상이라

고 할 수 있다. 다만, 지역별 GRDP 변화에서 비수도구권의 지역 간 성장격차가 나타나고 있다.

〈표 3-141〉 박근혜정부(2013-2015)의 지역별 지역내총생산증가율

권역	전국	수도권	비수도권	충청권	호남권	대경권	동남권	강원권	제주권
연도 (2013-2015)	3.1	3.7	2.5	4.0	2.1	2.1	1.5	3.0	4.9

자료: 통계청, 지역소득계정 각 년도
지역발전위(2017: 429)

둘째, 인구- 박근혜정부의 수도권과 비수도권의 인구는 2013년 각각 25,258천명, 25,883천명에서 2016년 각각 25,590천명, 26,106천명으로 완만한 증가를 하고 있다. 그렇지만 수도권 인구집중문제가 완화되고 비수도권에서의 인구가 감소하지 않고 있는 것은 역대 정부로부터 추진되어 온 지역발전정책의 효과가 영향을 주고 있다고 할 수 있다. 하지만 비수도권지역의 인구증가율을 보면 지역 간 인구증가격차가 나타나고 있다. 충청권은 인구가 증가하고 있는데 비해 호남권과 대경권은 감소를 하고 있다.

〈표 3-142〉 박근혜정부(2013-2015)의 지역별 인구증가율

권역	전국	수도권	비수도권	충청권	호남권	대경권	동남권	강원권	제주권
연도 (2013-2015)	0.36	0.44	0.29	1.07	-0.10	-0.10	0.11	0.18	2.61

자료: 통계청, 인구이동통계 각 년도
지역발전위(2017: 435)

셋째, 일자리(고용)- 박근혜정부의 수도권과 비수도권의 일자리 변화는 2013년 각각 12,527명, 12,541천명에서 2016년 각각 13,164천명, 13,071천명

으로 완만하게 증가하고 있다. 이는 그동안 역대 정부가 추진한 지역일자리 창출을 위한 지역주도 대표산업 육성과 지역성장거점 확충 등에 기인한다. 그러나 지역별 일자리증가율은 수도권이 비수도권에 비해 증가세가 크고, 충청권을 제외하고 다른 권역의 일자리증가세는 약하게 나타나고 있다.

〈표 3-143〉 박근혜정부(2013-2016)의 지역별 일자리증가율(천명)

권역	전국	수도권	비수도권	충청권	호남권	대경권	동남권	강원권	제주권
연도 (2013-2016)	390	212	177	51	26	24	34	15	16

자료: 통계청, 경제활동인구조사 각 년도
지역발전위(2017: 439)

넷째, 사업체- 박근혜정부의 수도권과 비수도권의 사업체 변화는 2013 각각 187천개, 183천개에서 2015년 각각 210천개, 203천개로 모두 증가를 하고 있고 비수도권에서의 사업체 수도 크게 증가를 하고 있다. 이는 역대 정부로부터 추진한 기업의 지역투자에 대한 인센티브 제공과 박근혜정부의 지역전략산업과 경제협력권산업 등 지역산업육성정책이 영향을 주었다고 볼 수 있다. 다만 지역별로 사업체수의 증가추세가 상이한데, 가장 높은 곳은 충청권으로 나타나고 있다.

〈표 3-144〉 박근혜정부(2013-2016)의 지역별 사업체수증가율

권역	전국	수도권	비수도권	충청권	호남권	대경권	동남권	강원권	제주권
연도 (2013-2016)	3.7	4.1	3.4	4.3	3.6	2.8	2.9	3.0	4.2

자료: 통계청, 전국사업체통계조사 각 년도
지역발전위(2017: 439)

넷째, 연구개발(연구개발비와 특허)- 박근혜정부의 수도권과 비수도권의 연구

개발활동은 수도권집중현상이 존재하지만 비수도권의 활성화가 이루어지고 있다. 이를테면 수도권과 비수도권의 연구개발비를 보면 2013년 각각 40,145억 원과 19,156억 원에서 2015년 각각 49,369억 원과 21,590억 원으로 모두 증가를 하고 있다. 이러한 수도권과 비수도권에서의 투입요인으로 연구개발 증가는 산출 측면에서 특허출원을 증가시키고 있다. 수도권과 비수도권의 특허출원은 2013년에 각각 104,150개, 55,794개에서 2015년에 각각 107,205개, 80,045개로 증가를 하였다. 특히 특허에서 비수도권에서의 성과가 향상되고 있는 것을 발견할 수 있다.

<표 3-145> 박근혜정부(2013-2015)의 지역별 특허출원증가율

권역	전국	수도권	비수도권	충청권	호남권	대경권	동남권	강원권	제주권
연도 (2013-2015)	2.3	1.5	3.7	3.0	8.7	0.1	4.0	8.4	4.0

자료: 특허청, 지식재산권통계 각 년도
지역발전위(2017: 453)

이처럼 비수도권에서의 연구개발활동이 증가를 하고 있는 것은 산업정책과 과학기술정책 및 교육정책을 통한 R&D지원사업으로 지역기반 연구활성화를 통한 창조경제의 지역확산과 지역인재 양성을 위한 지방소재의 공공기관과 대학을 통한 연구개발과 산학연 연구개발이 활성화되고 지역연구개발특구와 같은 지역연구개발거점 구축 등의 지속적이고 다방면의 지원정책이 작용한 결과라고 볼 수 있다.

제6절 한국 지역발전의 종합비교
- 역사적 맥락과 제도 및 정책의 진화 -

지금까지 역사적 제도주의관점에서 한국 지역발전의 역사적 진화과정을 국토종합계획시기와 지역발전계획시기로 나누고, 역대 정부에서 추진된 지역발전의 이론적 토대와 역사적 맥락, 및 제도와 정책에 대한 개별분석을 하였는데, 이들을 종합하여 비교분석하고자 한다.

1. 지역발전의 이론적 토대 비교

넓게 지역발전이론을 정의하면 지역발전의 공간적 현상을 설명하고 이를 달성할 수 있는 정책에 관련된 논리적 체계나 방법론을 말한다(이원종 외, 2015: 10). 이러한 지역발전이론은 시대환경흐름에 따라 변화하여 왔는데, 전통적 지역발전이론과 대안적 지역발전이론으로 나눌 수가 있다. 여기서 전통적 지역발전이론은 안정된 기술과 대량생산 및 대량소비구조로 특징되는 산업사회를 전제로 하는 것으로, 균형성장이론(고전파성장이론, 수출기반이론)과 불균형성장이론(중심-주변이론, 성장거점이론) 등이 있다. 제2차 세계대전 이후 세계 각국의 지역발전정책의 목표는 경제성장을 효율적으로 달성하는 것에 초점을 두어, 1960년대 이후 1970년대의 지역발전이론은 경제적 효율성에 의한 경제성장을 추구하는 성장거점이론으로 대변되는 불균형성장이론이 주도를 하였다.

그러나 1980년대에 들어와 선진국에서 대두된 산업사회의 문제점이 나타나고 기술혁신과 정보통신기술혁명을 통한 정보화사회(후기산업사회)로 진입함에 따라 대량생산체제는 지식과 기술을 기반으로 한 유연적 생산체제로 전환됨과 동시에 세계화가 진전되면서 국가 간의 자본과 기술 및 인력의 장벽이 없어졌다. 이에 따라 전통적 지역발전이론에 대한 비판이 제기되어 대안적 지역발전이론이 등장하였는데, 이것의 범주에는 기술변화와 혁신을 통한 신산업성장과 지역발전을 추구하는 공간혁신모형(산업지구론, 신산업지구론, 신산업공간이론, 학습지역론, 지역혁신체제론, 혁신클러스터론)과 지역발전정책의 공간단위로 지역의 중요성을 강조하며 지역 간 또는 지역혁신주체들 간의 연계와 협력을 통한 지역발전을 추구하는 신지역주의이론과 협력거버넌스모형이 등장하였다.

이러한 지역발전이론들이 특정국가의 정책에 반영될 때에는 국가성장단계와 집권정부의 통치패러다임(국정철학)에 의해 결정된다. 우리나라의 경우 1960년대 이후 1990년대까지 권위주의체제하에서 경제성장을 달성하기 위한 산업화를 추구함에 따라, 지역발전정책의 이론적 토대는 전통적 지역발전이론 중에서 성장거점이론에 의한 불균형성장이론의 논리에 의해 성장거점개발체계를 통해 성장거점개발전략을 채택하여 왔으며, 정책추진과정에서 발생하는 문제점에 대응하기 위해 균형성장이론과 광역적 차원의 신지역주의이론을 도입하여 광역권개발과 지역생활권개발을 추진하기도 하였고, 전통적 공간혁신모형인 Marshall의 공업화이론, 즉 산업지구론을 통해 집적이익을 추구하는 국가와 지방의 산업단지 건설을 추진하였다.

이처럼 전통적 지역발전이론에 의해 국가와 지역의 발전정책을 추진해 오는 과정에서, 2000년대에 들어와서는 그동안 국토종합계획에서 나타난 문제점과 정보화와 세계화 및 민주화와 지방화 등과 같은 새로운 환경에 대응하기 위하여 지역발전정책의 이론적 토대를 수정하는 작업이 이루어졌다. 이를테면 노무현정부에서는 혁신주도형 경제를 달성하기 위하여 새로운 공간혁신모형인 지역혁신체제론과 혁신클러스터론에 의한 지역혁신체계를 중심으로 지역발전정책을 추진하였고, 이명박정부에서는 전국토의 성장잠재력이 극대화될 수 있도록 지역 간의 연계와 협력을 위한 지역협력체계를 구축하고 협력거버넌스모형에 의한 지역발전정책을 시도하였다. 그리고 박근혜정부는 창조경제를 달성하기 위하여 창조경제체계를 실현하는데 노무현정부의 공간혁신모형과 이명박정부의 협력거버넌스모형을 결합하여 지역발전정책을 추진하였다. 그리고 이들 세 정부 모두는 성정거점이론에 의하여 지역성장거점을 육성하는 전략을 지속하여 왔다.

〈표 3-146〉 한국 지역발전정책의 이론적 토대 비교

시 기	역대 정부	지역발전이론
국토종합계획 시기 (1960-1990년대)	박정희정부 - 김대중정부	· 불균형성장론, 균형성장론- 특정지역발전, 균형발전 · 구지역주의론: 단일공간의 성장거점개발체계 구축 · 성장거점이론- 성장거점개발 · 신지역주의론- 광역권개발, 지역생활권개발 · 산업지구론- 집적경제, 공업화, 산업단지개발
지역발전계획 시기 (2000년대 이후)	노무현정부	· 균형성장론- 국가균형발전 · 구지역주의론: 단일공간의 지역혁신체계 구축 · 공간혁신모형(지역혁신체론, 혁신클러스터론)- 혁신주도형 지역발전, 혁신클러스터사업 · 성장거점이론- 자립형 지방화, 지역성장거점 육성
	이명박정부	· 균형성장, 불균형성장론- 지역균형발전, 지역특성발전 · 협력거버넌스론- 지역 간의 연계와 협력 · 신지역주의론- 3차원 공간의 지역협력체계 구축 · 공간혁신모형(혁신클러스터론)- 지역인재와 대학 육성 및 과학기술 진흥 · 성장거점이론- 지역성장거점 육성
	박근혜정부	· 균형성장, 불균형성장론- 지역균형발전, 지역특성발전 · 협력거버넌스론- 지역 간의 연계와 협력 · 신지역주의론- 2차원 공간의 창조경제체계 구축 · 공간혁신모형(혁신클러스터론)- 지역인재와 대학 육성 및 과학기술 진흥 · 성장거점이론- 지역성장거점 육성

2. 제도와 정책의 역사적 맥락 비교

한국 지역발전의 역사를 논의할 때 가장 먼저 직면하는 문제는 과거 정부부터 현재 정부까지 지역발전의 제도와 정책이 어떻게 변화하여 왔는가를 설명하는 것이다. 이러한 제도와 정책의 변화동인을 살펴보는 것은 그것이 형성되고 변화시키는 역사적 맥락을 추적해야 한다.

본 연구에서는 제도와 정책의 역사적 맥락을 지역정책의 세계적 흐름, 이

정정부의 지역정책의 검토와 반성 그리고 집권정부의 국정철학(비전, 목표, 전략, 과제) 등을 통하여 분석하였는데, 시기별로 제도와 정책의 역사적 맥락동학을 정리하면 다음과 같다.

<표 3-147> 역대 정부에서 제도와 정책의 역사적 맥락 비교

구 분	국토종합계획시기	지역발전계획시기		
	박정희정부-김대중정부	노무현정부	이명박정부	박근혜정부
환경변화	· 1960-70년대 - 권위주의화, 산업화 - 1차, 2차, 3차, 4차 경제개발5개년계획 · 1980-90년대 - 민주화, 지방화 - 5차, 6차, 7차 경제사회발전5개년계획	· 세계화 · 정보화 · 민주화 · 지방화 · 국토종합계획	· 세계화 · 정보화 · 민주화 · 지방화 · 국토종합계획	· 세계화 · 정보화 · 민주화 · 지방화 · 국토종합계획
지역정책흐름	· 경제성장	· 국가 및 지역 경쟁력 · 지역혁신	· 국가 및 지역 경쟁력 · 광역단위의 지역 간 협력	· 국가 및 지역 경쟁력 · 생활권단위의 지역 간 협력
과거지역 정책의 검토와 반성	· 대도시 인구집중 · 지역 간 격차 · 사회간접자본 부족 · 환경문제	· 지역 간 발전 격차와 통합	· 수도권 집중과 수도권정책을 둘러싼 갈등 · 지역 간 발전 격차 심화 · 지역의 글로벌 경쟁력 약화	· 광역권역의 지역현실과 괴리 · 하향식정책추진으로 지역주민참여 부족 · 권역 내 나눠먹기식 사업추진 · 수도권과 비수도권의 지역격차 심화
통치이념 (국정철학)	· 정부의 국정철학	· 비전: 분권형 균형발전국가 · 목표: 더불어 사는 균형발전 실현	· 비전: 선진화를 통한 세계일류 국가 · 목표: 신발전 체제 구축	· 비전: 경제부흥, 국민행복, 문화융성 · 목표: 창조경제

위의 표에 의하면 첫째, 한국의 지역발전을 둘러싼 환경변화는 단절적이기 보다는 경로의존적이다. 국토종합계획시기의 산업화는 1980년 이후 정보

통신기술혁명을 토대로 등장한 후기산업사회(정보화사회)와 연속선상에 있다. 또한 국토종합계획시기에서 지역발전계획시기로 이동한 노무현정부와 이명박정부 및 박근혜정부가 직면한 환경은 세계화, 정보화, 민주화, 지방화라고 할 수 있다. 그러나 시대가 변화함에 따라 과거의 환경이 지속적이기도 하지만 4차 산업혁명과 같은 새로운 환경이 등장하여 보다 복잡하고 소용돌이환경으로 진화를 하고 있다.

둘째, 지역정책의 세계적 흐름은 단절과 연속이 반복되고 있다. 노무현정부에서는 정보화와 세계화 및 분권화시대에 국가와 지역의 경쟁력 강화를 위하여 지역혁신을 강조하는 균형발전정책을 추진하였다. 이명박정부시절 세계 각국은 국가와 지역의 경쟁력을 위하여 중앙정부 주도로 광역화와 분권화를 통해 광역권단위의 지역개발정책을 수행하였다면, 박근혜정부에서는 분권화와 지방화 흐름을 반영하여 국가와 지역의 경쟁력을 강화하기 위한 지방정부의 역할증대와 기초생활권단위의 지역개발사업을 추진하였다.

셋째, 과거 지역정책의 검토와 반성에서 역대 정부들은 이전 정부의 정책의 문제점을 보완하려는 노력을 하고 있어 경로의존적인 학습행태를 보이고 있다. 그러한 환경변화로 인하여 과거 정부로부터 박근혜정부까지 진행된 지역발전정책은 지속적으로 일정한 성과를 가져오는 동시에 기존의 문제를 누적시키면서 새로운 문제들이 결합하여 보다 복잡한 지역문제를 발생시키고 있다.

넷째, 집권정부의 국정철학을 보면, 국토종합계획시기의 역대 정부와 지역개발계획시기의 역대 정부는 단절적이라고 할 수 있다. 특히 노무현정부와 이명박정부 및 박근혜정부는 자신들이 공약으로 내세운 국정철학을 토대로 지역발전정책의 제도와 정책을 결정하여 실행하고 있다.

3. 제도와 기구 비교

국토종합계획시기의 박정희정부부터 김대중정부까지는 1960년에 제정된 국토종합개발계획법에 근거한 국토종합개발계획과 각 부처의 개별법률에 의하여 각 정부부처별로 지역발전정책을 수립하여 추진하였다. 그런데 이 시기의 국토종합개발계획은 5년마다 만들어진 경제개발5개년계획의 실현수단으로 기능하였다고 볼 수 있다. 예컨대 경제개발계획에서 설정한 경제성장목표를 달성하기 위하여 국토종합계획에서는 사회간접자본이나 공업단지의 건설에 주력하였다.

반면에, 이러한 국토종합계획과 연계를 하지만 체계적인 국가균형발전을 추진하기 위하여 2004년 노무현정부에서 국가균형발전특별법이 처음으로 제정되었고, 이후 집권한 이명박정부와 박근혜정부에서도 전면개정과 부분개정을 하여 왔다. 이처럼 5년마다 만들어진 국가균형발전특별법의 개정방향이나 내용은 위에서 설명한 제도와 정책의 역사적 맥락으로서 환경변화와 정책수요, 과거정책의 검토와 반성, 국정철학(비전, 목표, 전략), 그리고 제도와 정책을 설계하는 중앙정부와 지방정부 및 전문가와 민간단체 등의 신념과 이익(이해관계) 등이 반영된 정책산출물이라고 할 수 있다.

이러한 국가균형발전특별법의 제정과 개정과정을 보면, 국가균형발전특별법의 전체적 틀(명칭과 구조(체계)), 즉 제1장 총칙, 제2장 계획, 제3장 시책, 제4장 추진체계, 제5장 특별회계, 그리고 부칙은 지속성을 가짐으로써 경로의존적 변화를 하여 왔다고 볼 수 있다. 이명박정부에서 지역발전특별법으로 명칭을 변경하려는 시도가 있었지만, 국가균형발전특별법이란 명칭이 지속적으로 유지된 배경은 비수도권지역의 국회의원과 공무원 및 지역주민 등을 중심으로 균특법이 지역균형발전의 의지를 담고 있는 기본법으로서 그 상징성 때문에 최소한 법명칭을 유지해야 한다는 공감대의 산물로 이해할 수 있다(송우경, 2018: 42). 예컨대 이명박정부에서는 노무현정부와 차별화를 위하여

'지역균형발전특별법'이라는 명칭을 사용하기도 하지만, 보편적으로는 이전 정부처럼 국가균형발전특별법이라는 명칭을 사용하고 있고 박근혜정부에서도 동일명칭을 사용하고 있다.

이와 같이 국가균형발전특별법의 명칭과 거시적 구조는 일관성을 유지하고 있지만, 그 세부내용을 들여다보면 경로의존적 또는 단절적 변화가 나타나고 있는 현상을 발견할 수 있다.

첫째, 균특법의 목적을 보면, 노무현정부에서는 지역 간 불균형 해소, 지역혁신 및 특성에 맞는 발전, 국가균형발전을 강조하는 반면에, 이명박정부에서는 지역특성에 맞는 발전, 지역 간의 연계 및 협력, 지역균형발전을 강조하고 있다. 그리고 박근혜정부에서는 균특법 목적으로 노무현정부와 이명박정부의 목적을 통합한 것으로서 지역 간 불균형 해소, 지역특성에 맞는 발전, 지역 간의 연계 및 협력, 지역균형발전을 제시하였다. 따라서 목적에서는 적응에 의한 재생산이나 층화를 통한 경로의존적 변화를 하고 있다.

둘째, 균특법의 정의에 규정한 주요 용어 및 공간단위를 보면, 노무현정부에서는 국가균형발전, 지역혁신, 지역혁신체계, 지역전략산업, 공공기관, 낙후지역, 농산어촌지역을 핵심개념으로 사용하고 있고, 이명박정부에서는 지역발전, 지역전략산업, 지역선도산업, 공공기관, 기초생활권, 광역경제권, 초광역개발권, 성장촉진지역, 특수상황지역, 농산어촌의 개념을 사용하고 있다. 또한 박근혜정부의 핵심개념은 지역발전, 지역특화산업, 경제협력권산업, 공공기관, 지역생활권, 경제협력권, 성장촉진지역, 특수상황지역, 농산어촌, 산업위기대응특별지역을 사용하고 있다. 따라서 공간단위에서는 노무현정부의 1차원 공간에서 이명박정부의 3차원 공간으로 분화는 해체라는 단절적 균형을 하다가, 박근혜정부에서는 2차원 공간으로 분류하여 전환을 통한 경로의존성을 보이고 있다. 산업단위에서는 지역전략산업에 새로운 산업분류가 추가되어 층화를 통한 경로의존성이 나타나고 있다. 그리고 공공기관은 적응에 의한 재생산을 하고 있으며, 특수지역분류는 적응에 의한 재생산과 층화를 통한 경로의존적 변화를 하고 있다.

셋째, 균특법의 계획체계를 보면, 노무현정부와 이명박정부 및 박근혜정부에 모두 5년을 단위로 하는 지역발전계획을 수립하고 있는데, 명칭과 계획수립에서 경로의존적 변화를 하여 왔지만, 그 계획내용에서는 경로의존적이거나 단절적 변화가 있어 왔다. 중앙정부계획으로 노무현정부는 국가균형발전5개년계획을, 이명박정부와 박근혜정부에서는 지역발전5개년계획을 수립하여 적응에 의한 재생산과정을 통하여 경로의존적 변화를 하고 있다. 다음으로 지방정부계획으로 노무현정부는 지역혁신발전계획(시도단위)을 수립한 반면에, 이명박정부에서는 초광역개발권기본구상(초광역개발권단위), 광역경제권발전계획(광역경제권단위) 및 기초생활권발전계획(시군구단위)을, 그리고 박근혜정부는 지역생활권발전계획(지역생활권단위)을 만들면서 단절적 변화가 나타나고 있다. 여기서 이명박정부의 초광역개발권구상과 광역경제권발전계획 및 기초생활권발전계획은 이전 노무현정부에서 없던 계획이 새로이 만들어진 것으로 대체를 통한 단절적 균형이 이루어졌고, 이후 박근혜정부에서는 초광역개발권구상은 해체되고 기초생활권발전계획은 지역생활권발전계획으로 전환하고 있다. 그리고 계획의 평가는 적응에 의한 재생산과정을 통하여 경로의존적 변화를 하고 있다.

넷째, 균특법의 주요 시책은 지역발전을 추진하기 위한 주요한 사업들을 말한다. 지역발전시책의 내용은 노무현정부에서 이명박정부 그리고 박근혜정부로 이어오면서 기존의 시책을 지속하면서 새로운 시책을 추가하여 경로의존적 또는 단절적 변화를 통하여 내용이 확대를 하고 있는 것을 볼 수가 있다. 노무현정부는 국가균형발전이라는 목표를 달성하기 위하여 지역혁신체계라는 총괄체계를 중심으로 지역전략산업의 선정 및 육성, 지방대학 육성, 지역과학기술 진흥, 지역정보화 촉진 및 정보통신 진흥, 지역문화관광 육성, 낙후지역 및 농산어촌 개발, 지역경제 활성화 촉진, 공공기관의 지방이전, 기업 및 대학의 지방이전 등 12개를 제시하였다.

이명박정부는 지역발전이라는 목표를 달성하기 위하여 3차원 공간의 지역협력체계를 구축하고 국토의 다원적 개발과 지역발전역량 확충, 지역산업 육성 등 지역경제 활성화 촉진, 지역인력 양성과 과하기술 진흥, 지역발전거점 육성과 교통물류망 확충, 지역문화관광 육성, 성장촉진지역 등의 개발, 공공기관의 지방이전, 기업 및 대학의 지방이전 등 10개를 제시하였다.

그리고 박근혜정부는 지역발전을 달성하기 위한 시책으로 창조경제체계를 중심으로 주민생활기반 확충과 지역발전역량 강화, 지역산업 육성과 일자리 창출 등 지역경제 활성화 촉진, 지역교육 여건개선과 인재 양성 및 과학기술 진흥, 지역발전거점 육성과 교통물류망 확충, 지역문화관광 육성 및 환경보전, 지역복지 및 보건의료 확충, 성장촉진지역 등의 개발, 산업위기대응특별지역의 개발, 공공기관의 지방이전, 기업 및 대학의 지방이전 등 12개를 제시하였다. 이상의 균특법의 주요 시책의 변화내용은 다음의 주요 시책 비교에서 구체적으로 논의한다.

다섯째, 균특법의 추진체계를 보면, 노무현정부에서 이명박정부 그리고 박근혜정부로 이어오면서 명칭과 추진기구의 경로의존적 또는 단절적 변화가 있었다. 중앙기구에서 노무현정부는 국가균형발전위원회를 구성하였고, 이명박정부와 박근혜정부는 명칭을 변경하여 지역발전위원회를 만들었지만, 구성이나 역할에서는 차이가 없어 적응에 의한 재생산과정을 통하여 경로의존적 변화를 하고 있다. 그러나 지방기구에서는 해체나 대체를 통한 단절적 변화가 발견되고 있다, 이를테면 노무현정부는 법정기구로 시도지역혁신협의회를 구성하였지만, 이명박정부는 법정기구로 광역경제권발전위원회와 임의기구로 시도발전협의회를 설치하였고, 박근혜정부는 법정기구로 시도생활권발전협의회를 설치하였지만 각각의 구성과 역할에서 차이점이 존재하고 있다.

여섯째, 균특법의 특별회계를 보면, 회계의 명칭과 구성 및 회계운용방식에서 차이가 존재하여 경로의존적 변화를 하고 있다. 특별회계예산은 노무현정부에서 이명박정부와 박근혜정부로 이동하면서 기존 제도가 새로운 제도로 대체되는 경로의존적 변화가 있었다면, 계정구분에서는 전환과 대체와 적응에 의한 재생산이 혼합된 경로의존적인 변화가 나타났다. 그리고 회계운용방법에서는 층화현상이 나타났다. 예컨대 노무현정부는 처음으로 국가균형발전특별회계를 설치하고 지역개발사업계정, 지역혁신사업계정, 제주도특별자치계정으로 구분하여 운용하는데, 예산편성절차상의 특례와 세출예산의 차등지원을 할 수 있도록 규정하였다. 이명박정부는 특별회계와 하위계정의 명칭을 변경하여 국가균형발전특별회계를 광역지역발전특별회계로, 하위계정도 지역개발사업계정을 지역개발계정으로, 지역혁신사업계정을 광역발전계정으로 변경하고 지방재정의 자율성을 보장하기 위해 최초로 지역개발계정에 포괄보조금을 도입하였다. 그리고 박근혜정부는 특별회계명칭을 지역발전특별회계로, 하위계정의 명칭도 지역개발계정을 생활기반계정으로, 광역발전계정을 경제발전계정으로 변경하고 세종특별자치시계정을 도입하였고, 이전 정부에서 도입한 포괄보조금제도를 확대하였다.

지금까지 설명한 노무현정부와 이명박정부 및 박근혜정부의 국가균형발전특별법을 요약정리하면 다음 표와 같다.

〈표 3-148〉 노무현정부와 이명박정부 및 박근혜정부의 국가균형발전특별법 비교

구분차원	노무현정부 (최초제정 국가균형발전특별법)	이명박정부 (전면개정 국가균형발전특별법)	박근혜정부 (일부개정 국가균형발전특별법)
0 제1장 총칙			
1조(목적)	지역 간 불균형 해소와 지역혁신 및 특성에 맞는 발전을 통한 자립형 지방화를 촉진하여 국가균형발전 **: 단절적 균형**	지역의 특성에 맞는 발전과 지역 간의 연계와 협력증진을 통한 지역경쟁력 제고와 삶의 질 향상으로 지역 간 균형발전 **: 경로의존성(적응에 의한 재생산)**	지역 간 불균형 해소와 지역의 특성에 맞는 발전과 지역 간의 연계와 협력증진을 통한 지역경쟁력 제고와 삶의 질 향상으로 지역 간 균형발전 **: 경로의존성(층화)**

2조(정의, 용어)	국가균형발전 **: 단절적 균형**	지역발전 **: 경로의존성(적응에 의한 재생산)**	지역발전 **: 경로의존성(적응에 의한 재생산)**
	x	기초생활권, 광역경제권, 초광역개발권 **: 단절적 균형(대체)**	지역생활권, 경제협력권, x **: 경로의존성(전환)**
	낙후지역, 농산어촌 **: 경로의존성**	성장촉진지역, 특수상황지역 **: 경로의존성(충화)**	성장촉진지역, 특수상황지역, 농산어촌, 산업위기대응특별지역 **: 경로의존성(충화)**
	지역전략산업 **: 경로의존성**	지역전략산업, 지역선도산업 **: 경로의존성(충화)**	**지역특화산업,** 경제협력권산업 **: 경로의존성(대체)**
	공공기관 **: 단절적 균형**	공공기관 **: 경로의존성,**	공공기관 **: 경로의존성**
0 제2장 발전계획			
4조(계획수립)	국가균형발전5개년계획 **: 단절적 균형**	**지역발전5개년계획** **: 경로의존성(전환)**	**지역발전5개년계획** **: 경로의존성(전환)**
5조(부문계획수립)	- 부문별 발전계획 및 시행계획 **: 단절적 균형**	- 부문별 발전계획 및 시행계획 **: 경로의존성(적응에 의한 재생산)** - 초광역개발권기본구상 **: 단절적 균형(대체)**	- 부문별 발전계획 및 시행계획 **: 경로의존성(적응에 의한 재생산)** - x **: 단절적 균형(해체)**
6조(지역계획수립)	지역혁신발전계획 **: 단절적 균형**	**광역경제권발전계획** **: 단절적 균형(대체)**	x **: 단절적 균형(해체)**
7조(지역계획수립)	- 시도발전계획 **: 단절적 균형**	- 시도발전계획 : 경로의존성(적응에 의한 재생산) **- 기초생활권발전계획** **: 단절적 균형(대체)**	- 시도발전계획 : 경로의존성(적응에 의한 재생산) **- 지역생활권발전계획** **: 경로의존성(전환)**

9조(계획평가)	시행계획의 평가 **: 단절적 균형**	시행계획의 평가 **: 경로의존성(적응에 의한 재생산)**	시행계획의 평가 **: 경로의존성(적응에 의한 재생산)**
0 제3장 발전시책(사업)			
10조(공간개발사업)	지역혁신체계 구축 **: 단절적 균형**	**국토의 다원적 개발과 지역발전역량확충- 기초생활권, 광역경제권, 초광역개발권** **: 단절적 균형(대체)**	**주민생활 기반확충과 지역발전역량강화- 지역행복생활권, 경제협력권** **: 경로의존성(적응에 의한 재생산)**

11조(지역산업)	지역전략산업 선정 및 육성 **: 경로의존성**	지역산업 육성 등 지역경제 활성화 촉진- 지역전략산업, 지역선도산업 **: 경로의존성(충화)**	지역산업 육성 및 일자리 창출 등 지역경제 활성화 촉진- 지역특화산업, 경제협력권산업 **: 경로의존성(충화)**
12조(지역인재)	지방대학 육성 **: 단절적 균형**	지역인력 양성과 과학기술 진흥 **: 경로의존성(적응에 의한 재생산)**	지역교육 여건개선과 인재 양성 및 과학기술 진흥 **: 경로의존성(적응에 의한 재생산)**
13조(지역과학기술)	지역과학기술 진흥 **; 단절적 균형**	12조로 통합	12조로 통합
14조	지역정보화 촉진 및 정보통신 진흥 **: 단절적 균형**	지역발전거점 육성과 교통물류망 확충 **: 단절적 균형(해체)**	지역발전거점 육성과 교통물류망 확충 **: 경로의존성(적응에 의한 재생산)**
15조(지역문화관련)	지역문화관광 육성 **: 단절적 균형**	지역문화관광의 육성 **:경로의존성(적응에 의한 재생산)**	지역문화관광의 육성 **: 경로의존성(적응에 의한 재생산)** 환경보전, 지역의 복지 및 보건의료 확충 **: 단절적 균형(대체)**
16조(기초행정구역개발)	낙후지역 및 농산어촌 개발 **: 경로의존성(적응에 의한 재생산)**	성장촉진지역, 특수상황지역 및 농산어촌의 개발 **: 경로의존성(전환)**	성장촉진지역, 특수상황지역 및 농산어촌의 개발, 산업위기대응특별지역 **: 경로의존성(충화)**
17조(지역경제)	지역경제활성화 촉진 **: 단절적 균형**	11조로 통합 **: 경로의존성(전환)**	11조 통합 **: 경로의존성(전환)**
18조(공공기관이전)	공공기관의 지방이전 **: 단절적 균형**	**공공기관의 지방이전** **: 경로의존성(적응에 의한 재생산)**	: 공공기관의 지방이전 **: 경로의존성(적응에 의한 재생산)**
19조(기업과 대학이전)	기업 및 대학의 지방이전 **: 단절적 균형**	**기업 및 대학의 지방이전** **: 경로의존성(적응에 의한 재생산)**	대학 및 기업의 지방이전 **: 경로의존성(적응에 의한 재생산)**
20조(연차보고)	지역발전계획에 대한 연차보고 **: 단절적 균형**	지역발전계획에 대한 연차보고 **: 경로의존성(적응에 의한 재생산)**	지역발전계획에 대한 연차보고 **: 경로의존성(적응에 의한 재생산)**

0 제4장 조직(기구)			
22조(기구설치)	국가균형발전위원회 **: 단절적 균형**	지역발전위원회 **: 경로의존성(적응에 의한 재생산)**	지역발전위원회 **: 경로의존성(적응에 의한 재생산)**

23조(기구구성)	위원장 1인 포함 30인 이내 위원 (당연직위원과 위촉위원)	위원장 1인 포함 30인이내 위원 (당연직위원과 위촉위원)	위원장 1인 포함 **31인**이내 위원 (당연직위원과 위촉위원)
26조(중앙산하조직)	국가균형발전기획단	지역발전기획단	지역발전기획단
27조(중앙산하조직)	국가균형발전지원단	지역발전지원단	지역발전지원단
28조(지방산하조직)	시도지역혁신협의회 **: 단절적 균형**	**광역경제권발전위원회** **: 단절적 균형(해체)**	x **: 단절적 균형(대체)**
29조(지방산하조직)	시군구지역혁신협의회	시도발전협의회	**시도생활권발전협의회**
0 제5장 특별회계			
30조(특별예산)	국가균형발전특별회계 **: 단절적 균형**	**광역지역발전특별회계** **: 경로의존성(대체)**	**지역발전특별회계** **: 경로의존성(대체)**
32조(계정구분)	지역개발사업계정, 지역혁신사업계정, 제주특별자치도계정 **: 단절적 균형**	**지역개발계정,** **광역발전계정,** 제주특별자치도계정 **: 경로의존성(전환, 대체, 적응에 의한 재생산)**	**생활기반계정,** **경제발전계정,** 제주특별자치도계정, 세종특별자치시계정 **: 경로의존성(전환, 대체, 적응에 의한 재생산, 층화)**
34조(세입세출)	지역개발사업계정의 세입세출	지역개발계정의 세입세출	생확기반계정의 세입세출
35조(세입세출)	지역혁신사업계정의 세입세출	광역발전계정의 세입세출	경제발전계정의 세입세출
35조2(세입세출)	제주특별자치도계정의 세입세출	제주특별자치도계정의 세입세출	제주특별자치도계정의 세입세출
35조3(세입세출)	세종특별자치시계정의 세입세출	세종특별자치시계정의 세입세출	세종특별자치시계정의 세입세출

4. 주요 정책 비교

국토종합계획시기와 지역발전계획시기에 역대 정부에서 추진된 주요한 지역발전정책은 구체적으로 지역발전시책(사업)으로 나타나는데, 이들 시책의 변화과정은 다음 표와 같다.

<표 3-149> 역대 정부에서 주요 지역발전시책 비교

국토종합계획시기	지역발전계획시기		
박정희정부-김대중정부	노무현정부	이명박정부	박근혜정부
· 지역개발시책총괄 - 성장거점개발체계	· 지역개발시책총괄 - **지역혁신체계**	· 지역개발시책총괄 - **지역협력체계**	· 지역개발시책총괄 - **창조경제체계**
· 산업단지와 전략산업시책 - 산업단지개발사업 - 전략산업육성사업	· 지역산업시책 - **지역전략산업**육성사업 - **산업단지의 혁신클러스터사업**	· 지역산업시책 - **지역전략산업과 지역선도산업** 육성사업 - **산업집적지경쟁력강화사업(산학융합지구조성사업)**	· 지역산업시책 - **지역주력산업, 경제협력권사업** 육성사업 - 산업집적지경쟁력강화사업(산학융합지구조성사업)
· 수도권억제시책	· 지역인재 및 과학기술시책 - 지역인재 및 대학 육성사업(**지방대학혁신역량강화사업**, 산학연협력사업) - 지방과학기술진흥사업(**지역기술혁신사업**, 지역연구개발거점사업: 연구단지 혁신클러스터사업)	· 지역인재 및 과학기술시책 - 지역인재 및 대학 육성사업(**광역경제선도사업인재양성사업**, 산학연협력사업) - 지방과학기술진흥사업(지역연구개발거점사업: 연구단지 혁신클러스터사업)	· 지역인재 및 과학기술시책 - 지역인재 및 대학 육성사업(**대학특성화사업, BK21플러스사업**, 산학연협력사업) - 지방과학기술진흥사업(지역연구개발거점사업: 연구단지 혁신클러스터사업)
· 특정지역과 인프라시책 - 낙후지역개발사업 - 개발촉진지구개발사업	· 지역문화관광시책	· **지역인프라시책** - 지역교통물류망과 발전거점사업	· 지역인프라시책 - 지역교통물류망과 발전거점사업
	· 지역경제 활성화시책	· 지역문화관광시책	· 지역문화관광 및 **환경보전시책** - 지역문화관광사업 - 지역환경보전사업
	· **낙후지역 및 농산어촌 개발시책** - 신활력사업 - 지역특화발전특구사업 - 낙후지역개발사업	· **성장촉진지역 등 개발시책** - 성장촉진지역의 특화발전사업 - 특수상황지역의 특화발전사업 - 도시활력증진지역의 특화발전사업	· **지역복지 및 보건의료시책** - 지역복지사업 - 지역보건의료사업

	· 지역공간시책(공공기관 및 대학의 지방이전) - 신행정도시 - 혁신도시 - 기업도시	· 지역공간시책(공공기관 및 대학의 지방이전) - 신행정도시 - 혁신도시 - 기업도시	· **성장촉진지역 등 개발시책** - 농촌중심지활력사업 - 도시재생사업 - 도시활력증진지역개발사업
			· 지역공간시책(공공기관 및 대학의 지방이전) - 신행정도시 - 혁신도시 - 기업도시

국토종합계획시기(1970-1990년대)까지 우리나라의 지역개발정책은 국가경제성장을 위한 공업화의 보완수단으로 실행되었다고 볼 수 있다. 경제적 효율성에 중점을 두고 성장거점을 중심으로 한 산업입지정책에 의한 산업단지개발과 사회간접자본 투자를 통한 산업집적 및 낙후지역개발사업을 추진하였다.

그러나 이러한 지역개발방식은 지역의 고유한 특성과 잠재력을 고려하지 않은 채 이루어졌기 때문에 지방산업을 육성하고 지역발전을 하는 데는 한계가 있었다. 또한 낙후지역을 개발하기 위한 지역개발시책들은 지역의 생활여건을 개선하였으나 낙후지역을 발전시키는 동력을 창출하기에는 미흡하였다(이희연, 2014: 854-855).

이러한 국토종합계획을 통한 지역발전정책에 한계가 나타나자, 2000년대 초반에 출범한 노무현정부에서는 국토종합계획과 별도의 종합적인 국가균형발전계획을 수립하여 다양한 지역개발시책을 추진하였다. 국토종합계획시기의 산업단지와 인프라 중심의 하드웨어적인 지역개발정책에서, 세계지역정책의 흐름인 혁신주도형 경제를 기반으로 혁신주도형 발전정책을 추진하게 되었다. 혁신주도형 지역발전시책의 총괄체계는 지역혁신체계를 구축하는 것으로서, 이를 토대로 지역산업이나 지역인재 및 지역과학기술 등의 육성을 위한 혁신클러스터사업을 시행하였다. 또한 지역균형을 위한 지역문화관광시책과 낙후지역개발사업 및 성장거점을 확충하는 지역공간시책으로 공공기관 및 기업의 지방이전사업을 추진하였다.

이명박정부는 전국토의 성장잠재력을 극대화할 수 있는 3차원 공간의 지역 간 연계와 협력을 추구하는 지역협력체계를 중심으로, 다양한 지역개발시책을 추진하였다. 이명박정부는 노무현정부와 지역개발의 총괄체계에서는 상이한 시스템을 구축하여 단절성이 강하지만, 구체적인 지역개발시책에서는 경론의존적 변화를 하고 있다. 이를테면 지역산업의 육성이나 지역인재 및 지역과학기술 진흥사업 그리고 낙후지역개발사업이나 지역문화관광시책 및 지역공간시책에서는 노무현정부의 시책을 계승하며 보완하는 측면이 강하다. 그러나 이전 정부와 단절된 새로운 시책으로 지역인프라시책을 추진하였다.

그리고 박근혜정부는 그동안의 시행착오를 학습하여 노무현정부의 지역혁신체계와 이명박정부의 지역협력체계를 결합하여 창조경제체계를 구축하고, 이를 토대로 지역개발시책을 추진하였다. 이에 박근혜정부에서 추진된 여러 지역개발시책들은 노무현정부와 이명박정부에서 추진된 시책들을 계승하고 있는데. 예컨대 지역산업시책, 지역인재 및 지역과학기술시책, 지역문화관광시책, 낙후지역개발시책, 그리고 지역공간시책에서 그 현상을 발견할 수가 있다. 단지, 이전 정부와 단절되어 박근혜정부에 들어와 새로이 추진된 시책으로는 지역환경보전시책과 지역복지 및 보건의료시책 등이었다.

이상에서 논의한 바와 같이, 지역개발시책의 총괄체계는 국토종합계획시기에 성장거점개발체계를 설정하였고, 그 이후 지역협력계획시기에 노무현정부는 지역혁신체계를, 이명박정부는 지역협력체계를, 그리고 박근혜정부는 창조경제체계를 제시하여 단절적 변화를 보이고 있다. 그러나 지역개발총괄체계를 중심으로 추진되는 여러 지역개발시책들은 경로의존적 변화가 중심이 되고 이에 부가하여 새로운 시책이 추가되는 단절적 변화도 나타나고 있다.

첫째, 지역산업시책을 육성하는 산업의 명칭은 상이하게 사용하고 있으나, 궁극적으로는 지역전략산업을 육성하는 것이다. 단, 세월이 흐르면서 전통적인 전략산업에 부가하여 첨단기술을 강조하는 신산업이 추가되고 있다. 이러한 전략산업을 육성하기 위하여 국토종합계획시기에는 전통적 공간혁신모형인 Marshall의 집적경제를 추구하는 산업지구론을 통하여 산업단지의 개발과 확장에 초점을 두었다면, 지역발전계획시기에는 새로운 공간혁신모형을 적용하여 지역산업을 한 곳에 집적하는데서 나아가 지역대학이나 연구소 및 지자체 등과의 네트워크를 형성하는 혁신클러스터론을 통하여 산업단지의 혁신클러스터 개발을 추진하였다.

둘째, 지역인재 및 지역과학기술시책은 국토종합계획시기로부터 지역발전계획시기로 들어오면서 단절적으로 추진되었다. 노무현정부에서 처음으로 시작된 지역인재 및 지방대학 육성사업(산학연협력사업)과 지역과학기술진흥사업(연구단지의 혁신클러스터사업)은 경로의존적으로 진화를 하여 왔다.

셋째, 낙후지역 및 인프라시책은 국토종합계획시기에도 지속적으로 추진되다가, 지역발전계획시기에 와서는 각 정부마다 다양한 유형의 사업으로 확대되고 있다.

넷째, 지역문화관광시책은 노무현정부에서 시작되어 이명박정부와 박근혜정부에서도 지속되고 있다.

다섯째, 지역환경보전시책과 지역복지 및 보건의료시책은 이전 정부와 단절되어 박근혜정부와 들어와 처음 도입하였다.

여섯째, 지역공간시책인 공공기관 및 기업의 지방이전시책은 노무현정부에서 시작되어 이명박정부와 박근혜정부에서도 계승되고 있다.

5. 정책성과 비교

국토종합계획시기에서 지역발전계획시기로 이동하면서 지역발전정책의 성과지표를 비교하여 보면, 아래 표에서 나타나듯이, 지역발전계획시기에 들어오면서 수도권의 발전도 이루어지고 있지만 비수도권의 지역발전이 크게 진전되고 있음을 알 수가 있다. 이러한 성과는 노무현정부에서 처음으로 종합적인 지역발전계획을 수립하고 이후 이명박정부와 박근혜정부에서 지속이 됨으로서 정책의 누적효과가 나타나는 것임을 알 수 있게 한다.

〈표 3-150〉 역대 정부의 지역발전정책성과 비교

연도 / 지표	국토계획종합시기		지역발전계획시기							
	박정회정부-김대중정부		노무현정부				이명박정부		박근혜정부	
	1999		2003		2007		2012		2015	
	수도권	비수도권	수도권	비수도권	수도권	비수도권	수도권	비수도권	수도권	비수도권
지역내 총생산 (조원)	270	280	379	393	560	591	650	688	717	745
인구 (천명)			22,951	25,436	23,963	25,305	25,133	25,816	25,471	26,059
일자리 (고용) (천명)			10,554	11,586	11,596	11,837	12,370	12,360	12,987	12,948
사업체 (천개)			169	157	170	162	184	176	210	203
연구 개발비 (십억원)			12,418	6,650	20,125	11,177	37,230	18,220	44,369	21,590
특허 (개)			66,561	20,452	90,754	37,835	94,719	53,403	107,205	80,045

6. 한국 지역발전의 역사적 진화모형

위에서 국토종합계획시기와 지역발전계획시기에 추진한 역대 정부의 지역발전의 역사적 맥락과 제도 및 정책을 개별분석한 것을 비교분석한 결과를 종합하면 한국 지역발전의 역사적 진화모형을 도출할 수가 있다.

지금까지 한국 지역발전의 역사적 전화과정을 추적하여 보았는데, 지역발전의 제도와 정책을 형성하거나 변화시키는 역사적 맥락은 지속적이거나 새로운 환경이나 이념이 나타나고 있다. 집권정부는 자신들의 이념이 반영된 국정철학을 토대로 제도와 정책을 수립하고 있지만, 실제 내용에서는 커다란 영향을 주지 못하고 있다. 이는 집권정부가 바뀌지만, 실제 제도와 정책을 수립하여 실행하는 공무원은 지속하기 때문으로 볼 수 있다. 따라서 역사적 맥락에서 형성되는 지역발전의 제도와 정책은 경로의존적 변화를 하고 있음을 알 수가 있다.

이를테면 국토종합계획시기의 지역발전의 제도와 정책은 적응에 의한 재생산을 통하여 점증적으로 경로의존적 변화를 하여 왔다. 그러나 2000년대 이후 출범한 노무현정부에서는 과거의 국토종합계획과 별개의 지역발전의 제도와 정책을 수립하는 대체과정을 통하여 과거와는 단절된 경로를 채택하고 있다. 이후 집권한 이명박정부와 박근혜정부에 들어와서는 적응에 의한 재생산을 토대로 노무현정부의 거시적인 지역발전의 제도적 틀을 지속적으로 계승하고 있지만, 지역발전정책, 특히 지역발전시책에서는 적응에 의한 재생산이나 전환 및 층화를 통한 경로의존적이거나 해체나 대체를 통한 단절적인 변화가 동시에 나타나고 있다.

따라서 우리나라에서 추진된 역대 정부의 지역발전의 역사적 진화모형은 경로의존성을 토대로 급진적인 단절적 균형을 가미하는 방향으로 진행되어 왔다고 볼 수 있다. 이러한 지역발전의 진화는 이후에 집권하는 정부의 지역발전설계가 어떠해야 하는 가에 대한 함의를 줄 수가 있다고 본다.

〈표 3-151〉 한국 지역발전의 역사적 맥락과 제도 및 정책의 진화 종합

변 수 \ 시 기		국토종합계획시기	지역발전계획시기		
		박정희정부 - 김대중정부	노무현정부	이명박정부	박근혜정부
역사적 맥락	환경변화	경로의존	경로의존 또는 단절	경로의존	경로의존
	지역정책흐름	경로의존	단절	단절	단절
	과거지역정책의 검토와 반성	경로의존	경로의존	경로의존	경로의존
	통치이념 (국정철학)	단절	단절	단절	단절
제도와 기구	제도: 법	경로의존 (적응에 의한 재생산)	단절 (대체)	경로의존 (적응생산)	경로의존 (적응생산)
	기구: 조직				
	- 중앙단위조직	경로의존 (적응생산)	단절 (대체)	경로의존 (적응생산)	경로의존 (적응생산)
	- 지방단위조직	무	단절 (대체)	단절 (해체와대체)	단절 (해체와대체)
주요 정책	지역발전계획				
	- 중앙단위계획	경로의존 (적응생산)	단절 (대체)	경로의존 (전환)	경로의존 (전환)
	- 지방단위계획	무	단절 (대체)	경로의존 또는 단절 (적응생산,대체)	경로의존 또는 단절 (적응생산, 전환, 해체)
	지역개발시책				
	- 지역개발체계	경로의존 (적응생산)	단절 (대체)	단절 (대체)	경로의존 (적응생산)
	- 지역산업시책	경로의존 (적응생산)	경로의존 (층화)	경로의존 (층화)	경로의존 (층화)
	- 지역인재 및 과학기술시책	무	단절 (대체)	경로의존 (적응생산,전환)	경로의존 (적응생산,전환)
	- 지역문화관광시책	무	단절 (대체)	경로의존 (적응생산)	경로의존 (적응생산)
	- 지역환경시책	무	무	무	단절 (대체)
	- 지역복지 및 의료시책	무	무	무	단절 (대체)
	- 낙후지역등 특정지역개발시책	경로의존 (적응생산)	경로의존 (전환)	경로의존 (전환,층화)	경로의론 (전환,층화)
	- 지역공간시책	경로의존 (적응생산)	단절 (대체)	경로의존 (적응생산)	경로의존 (적응생산)
특별회계	- 특별예산	무	단절	경로의존	경로의존
정책성과		경로의존	단절	경로의존	경로의존

제4장

결 론

제1절 연구요약

세계 각국은 물론이고 한국에서도 지역발전을 어떻게 할 것인가?는 중요한 화두로 등장하여 왔다. 특히 지역을 둘러싼 정치적, 경제적, 사회문화적, 그리고 기술적 환경의 변화는 지역발전을 위한 역사적 맥락을 형성하고 제도와 정책에 영향을 준다. 한국에서도 국가와 지역을 성장시키기 위하여 1960년대 이후 오늘날까지 지역발전의 제도와 정책을 설계하여 실행하여 왔다. 지역발전을 위한 제도와 정책은 그 당시 시대환경이 직면하는 문제를 해결하고 새로운 기회를 창조하기 위한 것이다. 그러면 무엇이 국가의 지역발전을 결정하는가? 시대환경이 변화한다면 정부는 지역발전의 제도와 정책을 변화시킬 수 있다. 그러면 제도와 정책이 변화한다면 이를 어떻게 설명할 수 있는가? 하는 문제가 제기된다.

이러한 문제인식 하에, 본 연구는 이론적 배경으로 지역발전의 개념과 이론을 살펴보고 분석모형을 설계하는데 신경제지리학의 제도주의접근과 진화경제접근을 결합한 역사적 제도주의이론을 적용하였다. 여기서 분석변수로는 역사적 맥락과 제도 그리고 정책을 제시하고, 시기별로 한국 지역발전의 진화과정을 분석하는 작업을 하였다. 연구의 시간적 범위로는 한국 지역발전의 역사를 국토계획종합시기(박정희정부- 김대중정부)와 지역발전계획시기(노무현정부, 이명박정부, 박근혜정부)로 구분하고, 그 당시의 역사적 맥락에서 형성되거나 변화된 지역발전의 제도와 정책의 변화논리를 개별분석을 한 후에 종합하여 비교분석하였는데, 분석결과는 다음과 같다.

우선, 한국 지역발전의 이론적 토대는 국토종합계획시기에 성장거점이론과 산업지구론을 통한 불균형성장론을 적용하였다. 반면에 지역발전계획시기의 지역발전이론은 전통적 지역발전이론인 성장거점이론과 불균형성장론 외에 새로운 대안적 지역발전이론으로 등장한 공간혁신모형(지역혁신체제론과 혁신클러스터론) 및 신지역주의와 협력거버넌스이론에 의해 제도와 정책이 수립되었다.

다음으로, 지역발전의 역사적 맥락은 환경변화, 지역정책의 세계적 흐름, 과거지역정책의 검토와 반성, 그리고 집권정부의 국정철학(비전, 목표, 전략, 과제) 등을 들 수가 있다. 환경변화는 국토종합계획시기의 권위주의와 산업화에서 지역발전계획시기의 정보화(후기산업화), 세계화, 민주화, 지방화가 전개되어 연속적 또는 단절적 변화가 이루어지고 있다. 지역정책의 세계적 흐름은 단절과 지속이 반복되고 있고, 과거지역정책의 검토와 반성은 경로의존적인 학습이 이루어지고 있다. 그리고 집권정부의 국정철학은 진보정권과 보수정권에 따라 단절적인 측면이 강하다.

이러한 역사적 맥락에 따라 형성되어 변화되어 온 지역발전의 제도와 정책은 국토종합계획시기로부터 지역발전계획시기로 이동하면서 단절적으로 형성되었지만, 노무현정부와 이명박정부 및 박근혜정부에서는 국가균형발전별법이 제정되어 전면개정과 부분개정이라는 경로의존적 변화를 하고 있다. 이를테면 국가균형발전특별법의 명칭과 거시적 구조는 일관성을 유지하고 있다. 그러나 지역발전의 목적, 주요 용어 및 공간단위, 계획, 주요 시책, 추진체계 등과 같은 세부내용은 경로의존적 또는 단절적 변화가 나타나고 있는 현상을 발견할 수 있다.

마지막으로, 국토종합계획시기에서 지역발전계획시기로 이동하면서 추진한 지역발전정책의 성과는 수도권 뿐 아니라 비수도권에서도 괄목할한 만한 발전이 이루어지고 있음을 발견할 수가 있다.

제2절 정책함의

본 연구에서 한국 지역발전의 역사적 전개과정을 국토종합계획시기(박정희정부-김대중정부)와 지역발전계획시기(노무현정부, 이명박정부, 박근혜정부) 나누어 역대 정부별로 고찰한 것은 국내에서 추진되었던 지역발전의 역사적 맥락과 제도 및 정책 그리고 정책성과 등의 내용과 변화를 이해하고 설명할 수 있다고 본다.

국토종합계획시기의 지역발전은 그 당시 가장 중심계획으로 설계한 경제개발5개년계획에서 설정한 경제성장이라는 목표를 달성하기 위한 정책도구로 추진한 국토종합계획에 의해 추진되었지만, 종합적인 지역발전을 위한 제도와 정책을 만든 것이 아니라 각 정부부처별로 개별적인 지역발전정책을 만들어 시행하는 단편적이고 분산적인 정책산출이라고 할 수 있다.

그런데 국토종합계획시기가 진행되던 2000년대에 노무현정부에서 지역발전계획이 별도로 수립되면서 두 계획의 위상과 여기서 태동하는 다양한 지역발전시책의 중복문제가 대두되었다. 국토건설종합계획법 제8조에서 국토종합계획은 다른 법령에 따라 수립되는 국토에 관한 계획에 우선하며 그 기본이 된다고 명시하고 있다. 그러나 국토 및 지역개발 관련 법령 35개 중 국토종합계획을 상위계획으로 명시한 법령은 6개에 불과한 것으로 분석되었다(차미숙, 2015: 이원근, 2016: 16). 개발연대에는 국토종합개발계획이 핵심계획으로 위상을 가지고 있었을지 모르나, 최근에 무용론이 나올 만큼 국토종합계획의

존립기반마저 심하게 흔들린 것은 노무현정부에서 국가균형발전특별법에 의거한 국가균형발전5개년계획을 수립한 이후부터이다. 2000년 국토기본법의 제정으로 만들은 20년 장기 국토종합계획은 민망한 수준의 재수정을 거듭하면서 다른 계획의 지침이 되기에는 그 위상이 상당부분 손상되었다(권원용, 2016: 3-4). 실제로 노무현정부의 제4차 국토종합계획 1차 수정계획은 국가균형발전5개년계획의 지역혁신체제나 혁신클러스터 그리고 세종시, 혁신도시, 기업도시 등 공공기관과 기업의 지방이전정책을 수용하기 위한 것이었고, 이명박정부의 제4차 국토종합계획 2차 수정계획도 지역발전5개년계획의 초광역개발권, 광역경제권, 기초생활권 등 3차원 공간의 지역발전정책을 수용하기 위해 수정한 것이었다. 따라서 국토종합계획과 지역발전계획이 함께 수립되는 현실에서는 두 계획 간의 위상정립과 통합적 모형개발 및 연계방안을 모색할 필요가 있다.

이처럼 국토종합계획과의 위상이 불명확한 상황 하에서 노무현정부와 이후의 이명박정부와 박근혜정부에서는 종합적이고 체계적인 지역발전을 촉진하기 위해 지역발전의 제도와 정책을 설계하여 추진하였다. 이 시기에 만든 국가균형발전특별법은 주요한 제도와 정책 및 시책의 근거가 된다. 이에 이들 정부에서는 지역균형발전을 추진하기 위하 기구와 주요 계획 및 정책, 그리고 특별회계를 체계적으로 만들어 실행하고 있다.

1960년대 이후의 국토종합계획시기부터 2010년대의 지역발전계획시기까지 지난 60여 년 동안 한국의 역대 정부에서는 네 차례에 걸친 국토종합계획과 세 차례에 걸친 지역발전계획을 수립하여 집행하여 왔는데, 국가전체 차원이나 지역 차원에서 경제성장과 복지수준 및 지역발전의 점진적인 향상을 가져오는 괄목할만한 성과를 거두었다. 그러나 한국의 국토공간 상에서 나타나는 여러 가지 해결해야 할 문제점도 상존하고 있는데, 국토의 불균형 발전, 이를테면 수도권과 비수도권(지방), 그리고 도시와 농촌 간의 격차가 그 대표적인 예이다.

이러한 본 연구결과에 의하면, 시대환경은 경로의존적이거나 단절적으로 복잡하고 소용돌이 상황으로 변화를 할 것이고, 집권정부는 헌법에 규정된 임기에 따라 새로이 들어서게 되므로, 지역발전의 제도와 정책을 둘러싼 역사적 맥락은 변화하게 됨을 알 수가 있다. 이러한 역사적 맥락에 대응하는 지역발전의 제도와 정책은 단절적으로 수립하는 것이 효율적인가 아니면 경로의존적으로 수립하는 것이 바람직한 것인가를 고민하게 한다.

여기서 한 가지 분명한 점은 대한민국이 망하지 않는 한 시간이 지나면서 과거 정부는 가고 새로운 정부가 들어서게 되므로 연속적으로 제도와 정책이 설계되어 실행되는 역사적 흐름이 이어진다. 이 연구가 암시하는 바와 같이, 새로운 제도나 정책을 설계하는 데는 반드시 이전 정부의 제도나 정책의 경험을 학습하는 것이 필요하다. 그런데 본 연구의 발견은 보수주의이념이나 진보주의이념을 추구하는 정부가 집권하였지만 지역발전의 제도와 정책은 경로의존적인 특성이 많음을 알 수가 있다. 여기서 본 연구는 역사적 맥락에 대응하여 제도와 정책이 일관성과 연속성을 가지기 위해서는 경로의존적인 변화를 추구하고, 새로운 환경과 집권정부의 통치철학을 반영하기 위해 단절적 변화를 결합하는 정책결정이 필요하다는 제안을 하고 연구를 종료하고자 한다.

〈 참고문헌 〉

강기홍. (2012). 한국의 지역경제활성화 관련 법제의 발전: 지역발전정책과 관련하여. **법학논집(이화여대)**, 16(4): 37-69.

강신택. (1995). **사회과학연구의 논리.** 서울: 박영사.

강신택. (2013). **행정사상과 연구의 논리: 한국행정의 역사적 맥락에서**. 서울: 박영사.

강현수. (2015). 지역균형발전정책의 현재와 미래. **공공정책**, 120호: 11-13.

건설교통부. (1999). **제4차 국토종합계획(안).**

건설교통부. (2207). **국토업무편람.**

고병호. (2010). 국가균형발전을 위한 지역정책패러다임의 변화와 방법론. **도시행정학보**, 23(2): 169-197.

관계부처합동 보도자료. (2013). **창조경제 열어가는 희망의 새 시대.**

권원용. (2016). 국토종합계획의 회고와 성찰, **국토**, 411호: 2-4.

구문조 · 박정수. (2014). 우리나라 창조계층인력의 통계적 산출과 지역발전정책의 함의. **지방행정연구**, 28(1): 115-138.

구현우. (2009). 역사적 제도주의와 비교정책연구: 제도의 지속성, 변화가능성, 그리고 정책패턴을 중심으로. **한국정책학회보**, 18(2): 37-72.

국가균형발전위원회. (2005). **참여정부의 국가균형발전정책: 비전과 성과 보고.**

국가균형발전위원회. (2008). **국가균형발전특별법 제정백서.**

국가균형발전위원회. (2007). **참여정부의 지방분권과 국가균형발전정책**. 보고자료: 1-21.

국가균형발전위원회. (2006). **국가균형발전특별법 제정백서**. 최인기. (2006). **국가균형발전정책과 과제**. 서울: 정책자료집.

국가균형발전위원회 · 산업자원부. (2004). **2004년도 국가균형발전계획에 관한 연차보고서.**

국가균형발전위원회 · 산업자원부 · 기획예산처. (2003). **모두가 잘살기 위한 첫걸음: 국가균형발전특별법.**

국토교통부. (2013). **2012 경제발전경험모듈화사업: 국토 및 지역개발정책: 국토종합계획을 중심으로.**

국토연구원 국토계획단. (2004). 제4차 국토종합계획의 수정계획 수립을 위한 지침(안). **제4차 국토종합계획 수정계획 수립연구단 합동워크숍자료.**

국토연구원. (2013). **공공기관 지방이전 및 혁신도시 건설백서.**

국토연구원. (2013). **2012 경제발전경험 모듈화사업: 국토 및 지역개발정책: 국토종

합계획을 중심으로. 서울: 국토교통부.
김륜희. (2007). 참여정부 국가균형발전정책의 제도적 특성. **공간과 사회**, 27: 4-51.
김명진. (2014). 중앙정부 지역균형발전정책에 대한 실증분석: 중앙정부 R&D정책을 중심으로. **한국도시지리학회지**, 17(3): 51-63.
김선명. (2000). 한국 금융제도의 경로의존에 관한 연구: 역사적 제도주의접근을 중심으로. **한국정책학회보**, 9(3): 187-215.
김선배 · 정준호 · 송우경 역. (2004). **OECD 국가의 지역발전정책 동향과 사례**. 서울: 산업연구원.
김순은. (2010). 이명박정부의 지역정책 분석평가 및 과제. **2010년 한국행정학회 비정기학술대회 발표논문**.
김영정. (2008). 상향식 지역발전정책의 성공조건과 과제: 신활력사업 사례분석. **지역지리학**, 10(1): 53-70.
김용웅 · 차미숙 · 강현수. (2009). **신지역발전론**, 서울: 한울.
김윤권. (2005). 제도변화의 통합적 접근: 역사적 제도주의를 중심으로. **한국정책학회보**, 14(1): 299-327.
김태은. (2009). 제도의 변화와 지속 요인에 관한 연구: 한국의 법조인력양성제도를 중심으로, **한국행정학보**, 43(2): 45-72.
김태은. (2011). 두 가지 환류, 그리고 내생적 제도변화: 종합부동산제도를 중심으로. **한국행정학보**, 45(2): 27-50.
김태은. (2015). 역사적 제도주의의 연구경향과 비판적 논의. **한국행정학보**, 49(4): 57-96.
김현회. (2013). 지역 간 협력발전정책의 비판적 검토와 새정부정책의 과제. **한국지역개발학회지**, 25(4): 25-60.
김호원. (2003). 참여정부 국가균형발전정책과 보완과제. **중앙행정논집**, 17(2): 265-292.
남궁근. (2011). **행정조사방법론**. 서울: 법문사.
남궁근. (2012, 2017). **정책학**. 서울: 법문사.
남기범 · 송정은. (2014). 창조경제 정책논의와 지역발전. **한국경제지리학회지**, 17(4): 632-645.
노화준. (2012). **정책학원론**. 서울: 박영사.
농림부, 균형위. (2006.9.20). **신활력사업 성과확산**.
대통령자문 정책기획위원회. (2008). **21세기 새로운 국가발전전략: 국가균형발전**. 서울: 참여정부 정책보고서.
박삼옥. (2006). 지식정보사회의 신경제공간과 지리학연구의 방향. **대한지리학회지**, 41(6): 639-656.
박삼옥. (2008). 경제지리학의 패러다임변화와 신경제지리학. **한국경제지리학회지**,

11(1): 8-23.

박정근 · 송희준. (2006). 전자정부추진조직과 정부와의 관계에 관한 국가 간 비교연구. **한국정책학회보**, 15(4): 111-142.

박종화 · 윤대식 · 이종열. (2016). **지역개발론: 이론과 정책**. 서울: 박영사.

배응환. (2001). 환경변화, 제도변화, 그리고 정책변화: 신제도주의 접근방법을 중심으로. **행정논총**, 39(2): 103-139.

배응환. (2003). 거버넌스의 실험: 네트워크의 이론과 실제. **한국행정학보**, 37(3): 67-93.

배응환. (2000). 정치체제변화에 따른 정부와 경제이익집단의 정책네트워크연구: 산업정책에 있어서 전경련과 대한상의를 중심으로. **고려대학교 행정학박사학위논문**.

배응환. (2015). 의사결정의 네트워크모형: 국제과학비즈니스벨트계획을 중심으로. **한국행정학보**, 49(3): 79-125.

배준구. (2014). 박근혜정부의 지역발전정책과 과제. **공공정책**, 106호: 58-59.

변필성 · 김광익. (2008). 영국 잉글랜드 RDA에 대한 포괄적 예산지원과 지역발전정책의 분권화. **한국경제지리학회지**, 11(1): 164-173.

산업연구원. (2004.12). **국가균형발전특별법 해설집**.

성경륭. (1995). 정치민주화와 경제민주화를 위한 국가의 역할. 최장집 · 임현진(공편), **시민사회의 도전: 한국 민주화와 국가 · 자본 · 노동**: 275-342. 서울: 사회비평사.

소진광. (2006). 지역균형발전정책대상으로의 지역격차인식과 개별기업의 공간선정 한계. **한국지개발학회지**,18(4): 1-23.

송우경. (2018). **국가균형발전특별법의 변천과 발전방향**. 세종: 산업연구원.

송인성. (1987). 지역개발정책의 이론과 수단에 관한 연구. 노융희회갑기념 논문간행위(편), **국가발전과 공공행정**. 서울: 박영사.

신정한. (2012). 스웨덴 시스타사이언스시티의 성공요인: 산업정책 및 지역발전정책의 변화와 스웨덴모델의 효과를 중심으로. **민주사회와 정책연구**, 21: 175-201.

신현두. (2015). 한국게임정책레짐의 제도적 변화에 관한 연구: 역사적 제도주의를 중심으로. **한국정책학회보**, 24(4): 33-60.

안병영 · 정무권 · 한상일. (2007). **한국의 공공부문: 이론, 규모와 성격, 개혁방향**. 춘천: 한림대학교출판부.

안병만. (2008). **한국정부론**. 서울: 다산출판사.

안영진. (2007). 우리나라 낙후지역개발정책의 평가와 발전과제. **지리학연구**, 41(4): 421-430.

안영진. (2011). 초광역개발권 전략을 통해 살펴본 이명박정부의 지역발전정책. **국토지리학회지**, 45(3): 361-374.

염재호. (1994). 국가정책과 신제도주의. **사회비평**, 11: 10-33.
오승은 · 노승용. (2014). 지역발전정책의 성과와 한계: 노무현정부와 이명박정부의 비교를 중심으로. **한국자치행정학보**, 28(2): 63-84.
유영희. (1998). **한국의 공업단지**. 서울: 국토개발연구원.
윤영모. (2016). 국토종합계획의 연혁과 수립현황. **국토**, 411: 36-47.
윤정수. (2009). 한국 소프트웨어산업정책의 사례연구: 제도변화의 기제를 중심으로. **한국행정학보**, 43(2): 73-96.
이대희 외. (2014). **행정사**. 서울: 대영문화사.
이명석. (2004). 정책학의 맥락지향성과 신제도주의. **2014년 한국정책학회 동계학술대회 발표논문**.
이석준. (2015). 창조경제: 우리의 생존전략. **2015년 한국정책학회,한국지방정부학회 공동추계학술대회 발표논문.**
이양수(2007). 참여정부 지역발전정책패러다임의 평가: 지역혁신체제이론을 중심으로. **한국지방자치연구**, 9(1): 1-17.
이원근. (2016). 국토종합계획의 성과와 과제. **국토**, 411: 12-17.
이원종 외. (2015). **지역발전정책론: 이론과 실제**. 서울: 율곡출판사.
이종찬. (2014). 제도변화에 대한 이론적 고찰: 후기 신제도주의의 쟁점과 한계. **한국정치학회보,** 48(1): 163-184.
이종호. (2014). 창조경제와 지역발전에 대한 경제지리학적 검토. **한국경제지리학회지**, 17(4): 624-631.
이충재. (2000). **낙후지역개발을 위한 개발촉진지구제도**. 서울: 국토연구원.
이호영. (2006). 지역균형발전정책의 한계와 새로운 정책패러다임의 모색. **경제연구**, 24(3): 167-195.
이희연. (2014). **경제지리학**. 서울: 법문사.
임혁백. (1995). 민주화시대의 국가-시민사회관계의 틀 모색. 최장집 · 임현진(공편). **시민사회의 도전: 한국 민주화와 국가 · 자본 · 노동**: 77-106. 서울: 사회비평사.
임형백. (2013). 한국의 지역균형발전정책: 1972-2012. **도시행정학보**, 26(3): 315-339.
장윤종. (2013). 고용률 70% 달성을 위한 창조산업정책 구상과 보완과제. **고용이슈**, 7월호: 26-47.
장윤종. (2013). 창조경제로의 성장패러다임구조와 정책보완과제. **KIET산업경제**, 174: 7-18.
장재홍. (2013). 한국경제와 지역혁신시스템. **지방행정**, 62: 24-27.
장지호. (2003). 김대중정부의 대기업구조조정정책연구: 역사적 제도주의의 적용. **한국정책학회보**, 12(2): 89-110.

장지호. (2005). 김대중정부의 벤처기업지원정책에 대한 고찰: 산업정책의 부활인가 혹은 촉매적정부의 새로운 역할인가?. **한국행정학보**, 39(3): 21-41.
장지호. (2009). 역사적 제도주의의 적용과 극복. 박종민 · 정무권(편), **한국행정연구: 도전과 과제.** 서울: 박영사.
정명주. (2006). 우리나라 정보화평가 제도변화과정에 대한 역사적 고찰. **행정논총**, 44(1): 187-218.
정용덕 외. (1999). **신제도주의연구**. 서울: 대영문화사.
정정길 외. (1997, 2010). **정책학원론**. 서울: 대명출판사.
정정길. (2005a). 행정과 정책연구를 위한 시차적 접근방법. 정정길 외(공저). **행정의 시차적 접근**: 61-88. 서울: 박영사.
정정길. (2005b). 급속한 사회변화와 정책과정의 민주성과 합리성의 후퇴: 시차적 접근방법에 의한 추론. 정정길 외(공저). **행정의 시차적 접근**. 서울: 박영사.
정정길 · 정준금. (2003). 정책과 제도 변화의 시차적 요소. **행정논총**, 41(2): 177-202.
정준호. (2000). 폴 크루그먼의 신경제지리학을 비판적으로 읽는다. **공간과 사회,** 13: 312-328.
정준호. (2008). 공간문제에 대한 신경제지리학의 해석: 그 논의와 비판적 이해. **공간과 사회**, 30: 5-35.
조성은 · 김선혁. (2006). 정책결정요인으로서의 제도, 이해, 그리고 아이디어: EU, 한국. 미국의 GMO표시정책을 중심으로. **행정논총**, 44(3): 121-152.
주성재. (2012). 산업클러스터, 한국경제를 위한 정책수단으로의 가능성. **한국경제지리학회지**, 16(4): 551-566.
주혜정. (2009). 과학기술정책수용의 제도적 맥락과 상이성: 한국과 미국의 R&D성과평가제도의 비교를 중심으로. **한국정책학회보**, 18(3): 121-158.
지역발전위원회. (2008). **2008년 이명박정부 지역발전정책 연차보고서**.
지역발전위원회. (2013a). **지역발전정책의 성과와 과제**.
지역발전위원회. (2013b). **지역발전의 희망메시지**.
지역발전위원회. (2017). **지역발전정책백서**.
지역발전위원회. (2013c). **국민에게 행복을, 지역에 희망을. 지역희망(HOPE) 프로젝트**.
지역발전위원회. (2017). **지역발전정책의 성과와 과제**.
지역발전위원회. (2017). **지역혁신발전5개년계획**.
지역발전위원회. (2014). **2014년 지역발전 주요통계자료집**.
지역발전위원회 · 지식경제부. (2009). **상생과 도약을 위한 지역발전5개년계획(안)**.
지역발전위원회 · 한국산업기술평가관리원. (2017). **(2017년)균형발전 주요통계집**.
지역발전위원회 · 산업통상자원부. (2014). **지역발전5개년계획: 2014-2018**.

진상현. (2009). 한국 원자력정책의 경로의존성에 관한 연구. **한국정책학회보**, 18(4): 123-144.

차미숙. (2015). 국토종합계획의 평가와 제도개편방향. **2015.10.23. 국토연구원 국토종합계획평가와 개편방안 모색을 위한 국토포럼 공개토론회 발표논문**.

차두원 · 유지연. (2013). **창조경제 개념과 주요국 정책분석**. 서울: 한국과학기술기획평가원.

천세봉 · 하연섭. (2003). 과학기술정책거버넌스에 대한 신제도주의분석: 노무현정부와 이명박정부를 중심으로. **한국정책학회보**, 22(4): 87-113.

초의수. (2008). 참여정부 국가균형발전정책에 대한 평가연구: 국민인식조사를 중심으로. **지방정부연구**, 12(3): 261-287.

최병두. (2014). 한국의 창조경제와 창조도시에 관한 정책과 담론. **한국경제지리학회지**, 17(4): 601-623.

최조순 · 강현철. (2014). 지역발전정책의 역사적 제도주의분석: 이명박정부와 박근혜정부를 중심으로. **한국자치행정학보**, 28(3): 59-83.

하연섭. (2002). 신제도주의의 최근 경향: 이론적 자기혁신과 수렴. **한국행정학보**, 36(4): 339-59.

하연섭. (2003). **제도분석: 이론과 쟁점**. 서울: 다산출판사.

하연섭. (2006). 신제도주의의 이론적 진화와 정책연구. **행정논총**, 44(2): 217-246.

하혜수 · 양덕순. (2007). 공무원정원관리제도의 경로의존성분석: 지방자치단체의 총액인건비제도를 중심으로. **행정논총**, 45(2): 127-153.

허범. (2002). 정책학의 이상과 도전. **한국정책학회보**, 11(1): 293-311.

한국지역개발학회(편). (2002). **지역개발학원론**. 서울: 법문사.

한국경제60년사 편찬위원회. (2010). **한국경제60년사. IV. 국토환경**. 서울: 한국개발연구원.

한국산업단지공단. (2000). **한국산업단지 총람**.

홍기용. (1995). **지역경제론**. 서울: 박영사.

황명찬. (2001). **지역개발론**. 서울: 법문사.

황인정. (1980). **한국의 종합농촌개발: 새마을운동의 평가와 전망**. 서울: 한국농촌경제연구원.

Agnew, J. (2013). Arguing with Regions. *Regional Studies*, 47(1): 6-17.

Almond, G. A. (1988). The Return to the State. *APSR*, 82: 853-874.

Almond, G. A. & Coleman, J. S. (1960). *The Politics of Developing Areas*. Princeton: Princeton University Press.

Almond, G. A. & Powell, G. B. (1967). *Comparative Politics: A Developmental*

Approach. Boston: Little, Brown.

Allen, J, Massey, D. & Cochrane, A. (1998). ***Rethinking the Region.*** London: Routledge.

Amble, B. (2009). ***The Diversity of Modern Capitalism.*** New York: Oxford University Press. Goodin, R. E. (1982).

Amin, A. & Malmberg, A. (1992). Competing Structural and Institutional Influences on the Geography of Production in Europe. ***Environment and Planning A,*** 24: 414-416.

Amin, A. & Thrift, N. (1994). Living in the Global. In A. Amin & N. Thrift(es.), ***Globalization, Institutions and Regional Development.*** in Europe. Oxford: Oxford University Press.

Amin, A. (1999). An Institutional Perspective on Regional Economic Development. ***International Journal of Urban and Regional Research,*** 23: 385-399.

Anderson, J. E. (1975). ***Public Policy Making.*** Boston: Houton Mifflin.

Armstrong, H, & Taylor, J. (2000). ***Regional Economics and Policy.*** London: Blackwell.

Arnott, R. & Wrigley, N. (2001). Editorial. ***Journal of Economic Geography***, 1: 1-4.

Arthur, W. B. (1989). Competing Technologies, Increasing Returns, and Lock-in by Historical Events. ***Economic Journal***, 99: 116-131.

Ashford, D. E. (1992). Historical Context and Policy Studies. In Dougles E, Ashford(ed.), ***Historical Context in Comparative Public Policy.*** Pittsburgh & London: University of Pittsburgh Press.

Barca, F., McCann, P. & Rodriguez-Pose, A. (2012). The Case for Regional Development Intervention: Place-based versus Place-neutral Approaches. ***Journal of Regional Science,*** 52(1): 134-152.

Barkin, David. (1972). Regional Socio-Economic Development. ***International Social Development Review***, 4.

Bartik, T. J. (1990). The Market Failure Approach to Regional Economic Development Policy. ***Economic Development Quarterly,*** 4(4): 361-370.

Barro, R. J. (1991). Economic Growth in a Cross Section of Countries. ***The Quarterly Journal of Economics***, 106: 407-443.

Beer, A., Haughton, G. & Maude, A. (2003). ***Developing Locally: An International Comparison of Local and Regional Economic Development.*** Bristol: Policy Press.

Bell, D. (1973). ***The Coming of Post-Industrial Society.*** New york: Basic Books Inc.

Benner, C. Pastor, M. (2012). *Just Growth: Inclusion and Prosperity in America's Metropolitan Regions.* Condon: Routledge.

Benner, C., Leete, L. & Pastor, M. (2007). *Staircases and Treadmills: Labor Market Intermediaries and Economic Opportunity in a Changing Economy.* New York: Russell Sage Foundations.

Berman, S. (1998). *The Social Democratic Movement: Ideas and Politics in the Making of Interests in Europe.* Boston: Harvard University Press.

Bill, James A. & Hardgrave, Robert L. (1973). *Comparative Politics: The Quest for Theory.* Columbus, Ohio: Charles E. Merrill Publishing Co.

Bluestone, B. & Harrison, B. (1982). *The Deindustrialization of America: Plant, Closing, Community Abandonment and the Dismantling of Basic Industry.* NY: Basic Books.

Blyth, M. (2002). Institutions and Ideas. In D. Marsh and G. Stoker(ed), *Theory and Methods in Political Science.* NY: Palgrave Macmillan.

Boin, A. & Kuipers, S. (2008). Institutional Theory and the Public Policy Field: a Promising Perspective for Perennial Problems. In Jon Pierre, B. Guy Peters(ed.), *Debating Institutionalism.* Manchester & New York: Manchester University Press.

Borts, G. H. & Stein, J. L. (1964). *Economic Growth in a Free Market.* NY: Columbia University Press.

Boschma, R. A. & Frenken, K. (2006). Why is Economic Geography not an Evolutionary Science? Toward an Evolutionary Economic Geography?. *Journal of Economic Geography*, 6: 273-302.

Boschma, R. A. & Frenken, K. (2010). The Emerging Empirics of Evolutionary Economic Geography. *Journal of Economic Geography,* 11: 295-307.

Boschma, R. A. & Iammarino, S. (2009). Related Variety, Trade Linkages and Regional Growth. *Economic Geography*, 85(3): 289-311.

Boschma, R. A. & Martin, R. (2007). Constructing an Evolutionary Economic Geography?. *Journal of Economic Geography*, 7: 537-548.

Boschma, R. A. (2005). Proximity and Innovation: A Critical Assessment. *Regional Studies,* 39(1): 61-74.

Boschma, R. A. (2009). Some Notes on Institutions in Evolutionary Economic Geography. *Economic Geography*, 85: 151-158.

Boudeville, J. (1966). *Problems of Regional Economic Planning.* Edinburg: Edinburg

University Press.

Brakman, S., Garrestsen, H. & Van Marrweijk. C. (2009). *The New Geographical Economics.* Cambridge: Cambridge University Press.

Braczyk, H-J., Cooke, P. & Heidenreich, H. (eds.). (2004). *Regional Innovation Systems. London*: UCL Press.

Bradford, N. (1999). The Policy Influence of Econmic Ideas: Interests, Institutions and Innovation in Canada. *Studies in Political Economy*, 59: 17-60.

Brenner, N. (2004). *New State Spaces: Urban Governance and the Rescaling of Statehood.* Oxford: Oxford University Press.

Brewer, G. (1974). *The Foundations of Policy Analysis.* Montery, CA: Brook, Cole.

Bunnell, T. & Coe, N. (2001). Spaces and Scale of Innovation. *Progress in Human Geography*, 25(4): 569-589.

Camagni, R. (1996). *Regional Strategies for an Innovative Economy: The Relevance of the Innovative Milieu Concept.* Ostersund: SIR.

Campbell, John L. (1997). Recent Trends in Institutional Political Economy. *International Journal of Sociology and Social Policy,* 17(7/8): 15-56.

Campbell, John L. (2001). Institutional Analysis and the Role of Ideas in Political Economy. In John L. Campbell and Ovek. Peterson(eds.), *The Rise of Neoliberalism and Institutional Analysis.* 159-189. Princeton: Princeton University Press.

Campbell, John L. (2004). *Institutional Change and Globalization.* Princeton: Princeton University Press.

Capello, R. (2011). *Regional Economics.* London: Routledge.

Castells, M. (1996). The Rise of the Network Society: The Information Age. *Economy, Society, and Culture*, 1.

Charbit, C. (2011). Governance of Public Policies in Decentralized Contexts: The Multi-level Approach. *OECD Regional Development Working Papers, 2011/04*, OECD Publishing.

Chisholm, M. (1987). Regional Development: the Regan-Thatcher Legacy. *Environment and Planning C: Government and Policy*, 5(2): 197-218.

Clemens, E. S. & Cook, J. M. (1999). Politics and Institutionalism: Explaining Durability and Change. *Annual Review of Sociology*, 25: 441-466.

Cohen, M., March, J. & Olsen, J. (1972). A Garbage Can Model of Organizational Choice. *Administrative Science Quarterly*, 17: 1-25.

Collier, R. B. & Collier, D. (1991). *Shaping the Political Arena; Critical Junctures, the Labor Government and Regime Dynamics in Latin America*. Princeton: Princeton University Press.

Cooke, P. (1998). Introduction: Origins of the Concept. In H-J. Braczyk et.al(eds.). *Regional Innovation Systems: the Role of Governance in a Globalized World*, London: UCL Press.

Cooke, P.4 Morgan, K. (1998). *The Associational Economy: Firms, Regions and Innovation*. Oxford : Oxford University Press.

Cypher, J. M. & Dietz, J. L. (2008). *The Process of Economic Development*. London: Routledge.

Dawley, S. (2014). Creating New Paths: Offshore wind, Policy Activism, and Peripheral Regional Development. *Economic Geography*, 90(1): 91-112.

Dawley, S., Mackinnon, D., Cumbers, A. & Pike, A. (2015). Policy Activism and Regional Path Creation: the Promotion of Offshore Wind in North East England and Scotland. *Cambridge Journal of Regions, Economy and Society*, 8(2): 257-272.

Dicken, P. (2015). *Global Shift: Reshaping the Global Economic Map in the 21st Century*. Thousand Oaks: Sage.

Dimaggio, P. J. & Powell, W. W. (1983). The Iron Cage Revisited: Institutional Isomorphism and Collective Rationality in Organizational Fields. *American Sociological Review*, 48: 147-160.

Dixon, R.L. & Thirlwall, A.P. (1975). A Model of Regional Growth Rate Differentials along Kaldorian Lines. *Oxford Economic Papers*, 27:201-214.

Downs, A. (1957). *An Economic Theory of Democracy*. NY: Harper & Row.

Dror, Y. (1983). *Design for Policy Sciences*. NY: Elsevier.

Dror, Y. (1968). *Public Policy Making Re-examined*. N.Y: Transaction Inc.

Dunn, W. N. (1981, 2008). *Public Policy Analysis: An Introduction*. Engelwood Cliff, NJ: Prentice Hall.

Duranton, G. (2011). California Dream in the Feeble Case for Cluster Policies. *Review of Economic Analysis*, 31(1): 3-45.

Dye, T. R. (1966). *Politics, Economics and the Public: Policy Outcomes in the American States*. Chicago: RandMcnallys.

Dye, T. R. (1972, 1981). *Understanding Public Policy*. Engelwood Cliff, NJ: Prentice Hall.

Easton, D. A. (1953). T*he Political System: An Inquiry into the State of Political Science*. NY: Knopf.

Easton, D. A. (1965). *A Systems Analysis of Political Life*. NY: Wiley.

Enright, M. (1993). The Geographic Scope of Competitive Advantage. In F. Dirven, J. Groenewegen and S. van Hoof(eds), *Stuck in the Region: Changing Scales of Regional Identity*. Utrecht: Netherlands Geographical Studies, 87: 102.

Essletzbichler, J. & Rigby, D. (2007). Exploring Evolutionary Economic Geography. Journal of Economic Geography, 7: 549-571.

Evans, P. B., Rueschmeyer, D. & Skcopol, T. (1985). *Bring the State Back In*. Cambridge: Cambridge University Press.

Feser, E. (2005). Glolalization, Regional Economic Policy and Research. mimeo.

Fiedman, T. (2005). *The World is Flat: a Brief History of the Twenty-First Century*. NY: Farrar, Stratus and Giroux.

Florida, R. (2005). *The Flight of the Creative Class: The New Global Competition for Talent*. NY: Harper Collins.

Fothergill, S. (2004). A New Regional Policy in Britain. *Regional Studies*, 39(5): 659-667.

Frank, A. G. (1978). *Dependent Accumulation and Underdevelopment*. London: MaCmillan.

Frenken, K. & Boschma, R. A. (2007). A Theoretical Framework for Evolutionary Economic Geography. *Journal of Economic Geography*, 7: 635-649.

Friedmann, J. (1966). *Regional Economic Policy: A Case Study of Venezuela*. Cambridge, Mass: The MIT Press.

Friedmann, J. (1973). *Urbanization, Planning and National Development*. London: Sage.

Friedmann, J. & Weaver, C. (1970). *Territory and Function: The Evolution of Regional Planning*. Berkeley and Los Angeles: University of California Press. Gains, F., John. P. C. & Stoker, G. (2005). Path Dependency and the Reform of English Local Government. *Public Administration Review*, 83(1): 25-45.

Glasson, J. (1975). *An Introduction to Regional Planning*. London: Hutchinson.

Gallaway, L., Gilbert, R. & Smith, P. (1967). The Economics of Labor Mobility: An Empirical Analysis. *Western Economics Journal*, 5: 211-223.

Gains, F., John, P.C. & Stoker, G. (2005). Path Dependency and The Reform of English Local Government. Public Admihistration, 83(1): 25-45.

Goddard, J. B. & Vallance, P. (2013). *The University and the City.* London: Routledge.

Goldstein, J. & Koehane, R. O. (1993). Ideas and Foreign Policy; An Analytical Framework. In. Jodjth. Goldstein and Robert O. Keohane(eds.), *Ideas and Foreign Policy: Beliefs Institutions and Political Change.* 3-30. Ithaca: Cornell University Press.

Goodin, R.E. (1982). Political Theory and Public Policy. Chicago: University of Chicago Press.

Goodin, R. E. (1996). Institutions and Their Design. In R. E. Goodin(ed.), *The Theory of Institutional Design.* Cambridge: Cambridge University Press.

Grabher, G. (1993). The Weakness of Strong Ties: The Lock-in of Regional Development in the Ruhr Area. In G. Grabher(d.), *The Embedded Firm: On the Socio-Economics of Industrial Networks.* London: Routledge.

Greener, I. (2002). Understanding NHS Reform; the Policy Transfer, Social Learning and Path Dependency. *Governance*, 15(2): 161-183.

Hague, C., Hague, E. & Breitback, C. (2011). *Regional and Local Economic Development.* London: Palgrave Macmillan.

Hacker, J. S. (1998). The Historical Logic of National Health Insurance: Structure and Sequence mthe Development of British, Canadian, and U.S. Medical Policy. **Studies in American Political Development**, 12: 57-130.

Hacker, J. S. (1998). The Historical Logic of National Health Insurance: Structure and Sequence in the Development of British, Canadian and US Medical Policy. *Studies in American Political Development*, 12: 57-130.

Hall, P & Tayler, R. (1996). Political Science and the Three New Institutionalism. *Political Studies*, 44: 936-57.

Hall, P. (1986). *Governing the Economy.* Cambridge: Polity Press.

Hall, P. C. (1989). *The Power of Economic Ideas.* Princetion: Princeton University Press.

Hall, P. (1992). The Movement from Keynesianism to Monetarism: Institutionalism Analysis and British Economic Policy in the 1970s. In S. Steinmo, K. Thelen and F. Longstreth(ed.), *Structuring Politics: Historical Institutionalism in Comparative Politics.* Cambridge: Cambridge University Press.

Hall, P. (1993). Policy Paradigms, Social Learning and the State: The Case of Economic Policy making in Britain. *Comparative Politics,* 25: 275-296.

Hall, P. et al. (1987). *Western Sunrise: The Gensis and Growth of Britain's Major High Tech Corridor.* London: Allen & Unam.

Hanssen, G-S., Nergaard, E. & Pierre J. (2011). Multi-level Governance of Regional Economic Development in Norway and Sweden: Too Much or Too Little Top-down Control. *Urban Rearch and Practice*, 4(1): 38-57.

Hansen, R. & King, D. (2001). Eugenic Ideas, Political Interests, and Policy Variance: Immigration and Sterilization Policy in Britain and the U.S. *World Politics*, 53: 237-263.

Harvey, D. (2011). Roepke Lecture in Economic Geography: Crises, Geographic Disruptions and the Uneven Development of Political Responses. *Economic Geography*, 87(1): 1-22.

Hassink, R. & Klaerding, C. (2012). Evolutionary Approaches to Local and Regional Development Policy. In A. Pike., A. Rodriguez-Pose & J. Tomaney(ed.), *Handbook of Local and Regional Development.* London: Routledge.

Hempel, Carl G. (1965). *Aspects of Scientific Explanation.* NY: The Free Press.

Hilhorst, S. G. (1971). *Regional Planning: A System Approach.* Rotterdam: Rotterdam University Press.

Hirschman, A. O. (1958). *The Strategy of Economic Development.* New Haven, CT: Yale University Press.

Hubner, D. (2008). *European Regional Policy: History, Achievements and Perspectives.* European Commission Speech.

Hudson, R. & Williams, A. (1994). *Divided Britain.* Chichester: Wiley.

Hymer, S. (1979). *The Multinational Corporation: A Radical Approach.* Cambridge: Cambridge University Press.

Ikenberry, G. John. (1988). Conclusion: An Institutional Approach to American Foreign Economic Policy. *International Organization*, 42(1): 219-43.

Isard, Walter. (1975). *Introduction to Regional Science.* Englewood Cliffs: Prentice Hall.

Jessop, B. (1995). The Revolution Approach, Governance, and Post-Fordism: An Alternative Perspective on Economic and Political Change. *Economy and Society,* 24: 307-333.

Jessop, B. (1997). The Governance of Complexity and the Complexity of Governance: Preliminary Remarks on Some Problems and Limits of Economic Guidance. In A. Amin and J. Hauser(eds.), *Beyond Market and Hierarchy:*

Interactive Governance and Social Complexity. Cheltenham: Edward Elgar.

Jessop, B. (2003). *The Future of the Capitalist State.* Cambridge: Polity.

Jones, C. O. (1984). *An Introduction to the Study Of Public Policy.* Montery, CA: Brook, Cole.

Jones, M. (2008). Recovring a Sense of Political Economy. *Political Geography*, 27: 377-398.

Kaldor, N. (1970). The Case for Regional Policies. *Scottish Journal of Political Economy,* 18: 337-348.

Katz, B. & Wagner, J. (2014). *The Rise of Innovation Districts: A New Geography of Innovation in America.* Washington, DC: Brookings Institution.

Katzenelson, Ira. (2003). Periodization and Preference: Reflections on Purposive Action in Comparative Historical Social Science. In James. Mahoney and Dietrich. Rueschemeyer(ed.), *Comparative Historical Analysis in the Social Sciences.* 207-301. Cambridge: Cambridge University Press.

Katzenstein, Peter J(ed.), (1978). *Between Power and Plenty: Foreign Economic Policies of Advanced Industrial States.* Madison: University of Wisconsin Press.

Kay. A. (2003). Path Dependency and the CAP. *Journal of European Public Policy,* 10(3): 405-421.

Kay, A. (2005). A Critique of the Use of Path Dependency in Policy Studies. *Public Administration*, 83(5): 553-557.

Kemp, P. (2000). Housing Benefit and Welfare State Retrenchment in Britain. *Journal of Social Policy*, 29(2): 263-279.

Kerlinger, F. N. (1973). *Foundations of Behavioral Research.* NY: Harcourt.

Kjer, R. (2004). *Governance.* Cambridge: Cambridge University Press.

Knight, Jack. (1992). *Institutions and Social Conflict.* NY: Cambridge University Press.

Kooiman, J. (1993). Governance and Governability: Using Complexity Dynamics and Diversity. In Jan. Kooiman(ed.), *Modern Governance: New Government-Society Interactions.* Thousand Oaks: Sage.

Kooiman, J. (2003). *Governing as Governance.* Thousand Oaks: Sage.

Krasner, S .D. (1978). *Defending the National Interest: Materials, Investments and the U.S. Foreign Policy.* Princeton: Princeton University Press.

Krasner, S .D. (1984). Approaches to the State: Alternative Conceptions and Historical Dynamics. *Comparative Politics*, 16: 223-46.

Krasner, S. D. (1988). Sovereignty: An Institutional Perspective. *Comparative Political Studies*, 21(1): 66-94.

Krugman, P. (1991). Increasing Returns and Economic Geography. *Journal of Political Economy*, 99: 483-499.

Krugman, P. (1998). What is New about the New Economic Geography?. *Oxford Review of Economic Policy*, 14(2): 7-17.

Larver, M. & Hunt, W. R. (1972). *Policy and Party Competition*. London: Routledge.

Lasswell, H. D. (1956). *The Decision Process: Seven Categories of Functional Analysis*. Colledge Park: Maryland.

Lasswell, H. D. (1951). The Policy Orientation. In H. D. Lassell and D. Lerner(eds), *Policy sciences*. 3-15. Standford, California: Stand ford University Press.

Lasswell, H. D. & Kaplan, A. (1970). *Power and Society*, New Haven, CT: Yale University Press.

Lasswell, H. D. (1971). *A Preview of Policy Sciences*. NY: American Elsvier Publishing Co.

Lucas, R. (1988). On the Mechanics of Economic Development. *Journal of Monetary Economics*, 22(1): 3-42.

Lowndes, V. (2002). Institutionalism. In David. Marsh and Gerry. Stoker(ed.), *Theory and Methods in Political Science*. 90-108. New York: Palgrave Macmillan.

Lundvall, B-A. (1992). *National Innovation Systems: Towards a Theory of Innovation and Interactive Learning*. London: Pinter.

Lundvall, B-A. & Maskell, P. (2000). Nation States and Economic Development: from National Systems of Production to National Systems of Knowledge Creation and Learning. In C. Clark., M. Feldman & M. Gertler(ed.), *The Oxford Handbook of Economic Geography*. Oxford: Oxford University Press.

MacKinnon, D. & Cumbers, A. (2011). *An Introduction to Economic Geography: Globalization, Uneven and Place*. Harlow: Pearson

MacKinnon, D. (2011). Reconstructing Scale: towards a New Scalar Politics. *Progress in Human Geography*, 35(1): 21-36.

Mahoney, J. (2000). Path Dependency in Historical Sociology. *Theory and Society*, 29: 507-548.

Mahoney, J. & Thelen, K. (2000). A Theory of Gradual Institutional Change. In James. Mahoney and Kathleen. Thelen(ed.), *Explaining Institutional Change: Ambiguity, Agency and Power.* Cambridge: Cambridge University Press.

Malecki, E. J. (1997). *Technology and Economic Development: The Dynamics of Local, Regional and National Competitiveness.* London and Boston: Addison Wesley Longman.

March, J. G & Olsen, J. P. (1984). The New Institutionalism; Organizational Factors in Political Life. *American Political Science Review*, 78: 734-49.

March, J. G & Olsen, J. P. (1989). *Rediscovering Institutions.* NY: Free Press.

March, J. G & Olsen, J. P. (1994). *Democratic Governance.* NY: Free Press.

March, J. G & Olsen, J. P. (1996). Institutional Perspectives on Political Institutions. *Governance,* 9: 247-264.

Markusen, A. (1985). *Profit Cycles, Oligopoly and Regional Development.* Cambridge, Mass: MIT Press.

Markusen, A. et al. (1986). *High Tech America: The What, How, Where, and Why of the Sunrise Industries.* Boston: Allen & Unam.

Markusen, A. (1996a). Sticky Places in Slippery Space: a Typology of Industrial Districts. *Economic Geography*, 72(3): 293-313.

Markusen, A. (1996b). Response by Ann Markusen. *International Regional Science Review,* 19(1-2): 91-92.

Martin, R. (1988). The Political Economy of Britain's North-South Divide. *Transactions of the Institute of British Geographers*, 13: 389-418.

Martin, R. (1999). The New Geographical Turn in Economics: Some Critical Reflections. *Cambridge Journal of Economics*, 23: 65-91.

Martin, R. (2008). National Growth versus Spatial Equality? A Cautionary Note on the New Trade-off Thinking in Regional Policy Discourses. *Regional Science Policy and Practice,* 1(1): 3-13.

Martin, R. (2010). Rethinking Regional Path Dependence: beyond Lock-in to Evolution. *Economic Geography*, 86: 1-27.

Martin, R. & Sunley, P. (1998). Slow Convergence? Post-neo-classical Endogenous Growth Theory and Regional Development. *Economic Geography*, 74(3): 201-227.

Martin, R. & Sunley, P. (2006). Path Dependence and Regional Economic Evolation. *Journal of Economic Geography*, 6(3): 395-437.

Massey, D. & Meegan, R. A. (1979). The Geography of Industrial Reorganization. *Progress in Planning*, 10(3): 210-226.

Mayntz, R. (1993). Governing Failures and the Problem of Governability: Some Comments on a Theoretical Paradigm. In Jan. Kooiman(ed.), *Modern Governance: New Government-Society Interactions*. 9-20. Thousand Oaks: Sage.

McCann, P. (2008). Globalization and Economic Geography: the World is Curved, not Flat. *Cambridge Journal of Regions, Economy and Society*, 1(3): 351-370.

McCann, P. (2013). *Modern Urban and Regional Economics*. Oxford: Oxford University Press.

McCrone, G. (1969). *Regional Policy in Britain*. London: Allen and Unwin.

Meier, G. & Baldwin, R. (1957). *Economic Development: Theory, History, Policy*. New York: Wiley.

Meyer, J. & Rowan, B. (1977). Institutionalizing Organizations: Formal Structures as Myth and Ceremony. *American Journal of Sociology*, 83: 340-363.

Mohan, G. (2011). Local and Regional Development Studies. In A. Pike, A. Rodriguez-Pose. & J. Tomaney(eds.), *Handbook of Local and Regional Development*. London: Routledge.

Morgan, K. (2000). Devolution and Development: Territiorial Justice and the North-South Divide. *Oup Publius The Journal of Federalism*, 36(1): 189-206.

Morgan. K. (2007). The Polycentric State: New Spaces of Empowerment and Engagement: *Regional Studies*, 31(5): 491-503.

Morgan, K. (1997). The Learning Region: Institutions, Innovation and Regional Renewal. *Regional Studies*, 31: 491-503.

Moulaert, F. & Sekia, F. (2003). Territorial Innovation Models: A Critical Survey. *Regional Studies*, 37(3): 298-302.

Myrdal, G. (1957). *Economic Theory and Underdeveloped Regions*. London: Duckworth.

Neffke, F., Henning, M. & Boschma, R. (2011). How Do Regions Diversity over Time? Industry Relatedness and the Development of Growth Paths in Regions. *Economic Geography*, 87(3): 237-265.

North, Douglas C. (1990). *Institutions, Institutional Change, and Economic Performance*. Cambridge: Cambridge University Press.

North, Douglas C. (2005). *Understanding the Process of Economic Change*. Princeton: Princeton University Press.

Nye, Jr., J. (2002). Information Technology and Democratic Governance. In E.C. Kamarck and J. Nye, Jr(des.). *Governance. com: Democracy in the Information Age.* Washington, DC: Brookings Institution Press.

OECD. (2007). *Competitive Regional Clusters: National Policy Approaches.* Paris: OECD.

OECD. (2009). *Clusters, Innovation and Entrepreneurship.* Paris: OECD

OECD. (2012). *Promoting Growth in All Regions.* Paris: OECD.

OECD. (2014). *All on Board: Making Inclusive Growth Happen.* Paris: OECD.

OECD. (2015). *The Metropolitan Century.* Paris: OECD.

Ohmae, K. (1995). *The End of the Nation State.* New York: Free Press.

Olsen, E. (1968). Regional Income Difference: a Simulation Approach. *Papers of the Regional Science Association,* 20: 7-17.

Orren, K. & Skowronek, S. (1996). Institutional Intercurrence: Theory Building in the Fullness of Time. In Ian. Sapiro and Russell. Hardin(ed.), *Political Order.* 111-146. NY: Ney York University Press.

Ostrom, Elinor. (1990). *Governing the Commons: The Evolution of Institutional for Collective Action.* NY: Cambridge University Press.

Paasi, A. (2009). The Resurgence of the Region and Region Identity: Theoretical Perspectives and Empirical Observations on the Regional Dynamics in Europe. *Review of International Studies,* 35(1): 121-146.

Paasi, A. (2010). Regions are Social Constructs, but Who or What Constructs Them? Agency in Question. *Environment and Planning A*, 42(10): 2296-2301.

Palier, B. (2005). Ambiguous Agreement, Cumulative Change: French Social Policy in the 1990s. In Wolfgang. Streeck and Kathelen Thelen(ed.), *Beyond Continuity: Institutional Change in Advanced Political Economies.* Oxford: Oxford University Press

Parsons, W. (1995). *Public Policy.* Cheltenham: Edward Elgar.

Peet, R. (2002). Ideology, Discourse and the Geography of Hegemony: from Socialist to Neoliberal Development in Post-apartheid Sout Africa. *Antipode,* 34(1): 54-84.

Perrons, D. (2012). Regional Performance and Inequality: Linking Economic and Social Development through a Capabilities Approach. *Cambridge Journal of Regions, Economy and Society,* 5(1): 15-29.

Perloff, H. Dunn, E., Lampard, E. & Math, R. (1960). *Regions, Resources, and*

Economic Growth. Bartimore: Johns Hopkins University Press.

Perroux, F. (1950). Economic Space, Theory and Application. *Quarterly Journal of Economics*, 64: 89-104.

Peters, B. Guy. (1972). Political and Economic Impacts on the Development of Social Expenditures in France, Sweden, and the United Kingdom. *Midwest Journal of Political Science*, 22: 221-246.

Peters, B. Guy. (1999, 2005). *Institutional Theory in Political Science; The New Institutionalism*. NY: Continuum.

Peters, B. Guy. (2008). Institutional Theory: Problems and Prospects. In Jon Pierre, B. Guy Peters and Gerry, Stoker(ed.), *Debating Institutionalism*. Manchester & New York: Manchester University Press.

Peters, B. Guy.(Pierre, J.) & King, D. S. (2005). The Politics of Path Dependency: Political Conflict in Historical Institutionalism. *Journal of Politics*, 67(4): 1275-1300.

Pierre, J.. & Peters, B. G. (2000). *Governance, Politics and the State*. NY: St, Martin Press.

Pierson, C. (1994). *Dismantling the Welfare State; Regan, Thatcher, and the Poltics of Retrenchment*. Cambridge: Cambridge University Press.

Pierson, Paul. (1993). When Effect Becomes Cause: Policy Feedback and Political Change. *World Politics*, 45: 595-628.

Pierson, Paul. (2000). Increasing Returns, Path Dependence and the Study of Politics. *APSR*, 94(1): 251-267.

Pierson, Paul. & Skocopol, Teda. (2002). Historical Institutionalism in Contemporary Political Science. In Ira. Katzenlson and Hellen V. Milenr(ed.), *Political Science: The State of the Discipline*. 693-721. NY: W. W. Norton & Co.

Pierson, Paul. (2004). *Politics in Time: History, Institutions, and Social Analysis*. Princeton: Princeton University Press.

Pike, A. (2004). Heterodoxy and the Governance of Economic Development. *Environment and Planning A*, 36(12): 2141-2161.

Pike, A, Rodriguez-Pose, A., Tomaney, J., Torrisi, G. & Tselios, V. (2012). In Search of the Economic Dividend of Devolution: Spatial Disparities, Spatial Economic Policy and Decentralization in the UK. *Environment and Planning C: Government and Policy*, 30(1): 10-28.

Pike, Aindy, Rodriguez-Pose, Andres. & Tomaney, John. (2017). *Local and*

Regional Development. Oxon: Routledge.

Pollard, S. (1981). *Peaceful Conquest: The Industrialization of Europe, 1960-1970*. Oxford: Oxford University Press.

Porter, M. E. (1990). *The Competitive Advantage of Nations*. NY: Free Press.

Porter, m. E. (1995). The Competitive Advantage of the Inner City. *Harvard Business Review*, 73(May-June): 55-71.

Porter, M. E. (1996). Competitive Advantage, Agglomeration Economies and Regional Policy. *International Regional Science Review*, 19: 85-94.

Porter, M. E. (2000). Location, Competition and Economic Development: Local Clusters in a Global Economy. *Economic Development Quarterly*, 14(1): 15-34.

Porter, M. E. (2003). The Economic Performance of Regions. *Regional Studies*, 37(6/7): 549-578.

Power, D. & Scott, A. (2012). Culture, Creativity and Alternative Development. In A. Pike, A. Rodriguez-Pose and J. Tomaney(ed.), *Handbook of Local and Regional Development*. London: Routlege.

Pred, A. (1965). Industrialization, Initial Advantages and American Metropolitan Growth. *Geographical Review*, 55: 158-185.

Pyke, F. & Sengenberger, W. (1992). *Industrial Districts and Local Economic Regeneration*. Geneva: International Institute for Labor Studies.

Quigley, J. V. (1993). *Vision: How Leaders Develop It, Share It & Sustain It*. New York: McGraw-Hill Inc.

Raadschelders, J. C. N. (1998). *Handbook of Administrative History*. New Jersey: Transaction Publishers.

Rauch, J. (1993). Productivity Gains from Geographic Concentration of Human Capital: Evidence from the Cities. *Journal of Urban Economics,* 34(3): 380-400.

Rhodes, R. A. W. (1996). The New Governance: Governing without Government. *Political Studies,* 44(4): 652-667.

Rhodes, R. A. W. (1997). *Understanding Governance: Policy Networks, Governance, Reflexity and Accountability*. Maiden Head: Open University Press

Richardson, H. W. (1973). *Regional Growth Theory*. NY: John Wiley & Sons.

Richardson, H. W. (1976). Growth Pole Spillovers: The Dynamics of Backwash and Spread. *Regional Studies,* 10: 10-9.

Richardson, H. W. (1979). *Regional Economics.* NY: Prager Publischers.

Rodriguez-Pose, A. & Crescenzi, A. (2008). Mountains in a Flat World: Why Proximity Still Matters for the Location of Economic Activity. *Cambridge Journal of Regions, Economy and Society,* 1(3): 371-388.

Rodriguez-Pose, A. & Gill, N. (2003). The Global Trend towards Devolution and Its' Implications. *Environment and Planning C,* 21(3): 333-351.

Rodriguez-Pose, A. & Sandall, R. (2008). From Identity to the Economy: Analysing the Evolution of the Decentralization Discourse. *Environment and Planning C: Government and Policy,* 26(1): 54-72.

Rodrik, D. (2011). *The Globalization Paradox: Why Global Markets, States, and Democracy Can't Coexist.* Oxford: Oxford University Press.

Schmitter, P & Lembruch(eds.), (1979). *Trends toward Corporatist Intermediation.* Beverly Hills: Sage.

Schultz, T. (1961). Investment in Human Capital. *American Economic Review,* 1(2): 1-17.

Scott, A. J. (1988). *New Industrial Spaces.* London: Pion.

Scott, A. J. (2004). A Perspective of Economic Geography. *Journal of Economic Geography,* 4: 479-499.

Sen, A. (1977). Rational Fools: A Critique of the Behavioral Foundations of Economic Theory. *Philosophy and Public Affairs,* 6(4): 317-344.

Sheppard, E. (2011). Geographical Political Economy, *Journal of Economic Geography,* 11: 19-31.

Sharkansky, I. (1968). *Spending in the American States.* Chicago: Rand-McNally.

Skocpol, T. (1995). Why I Am an Historical Institutionalist. *Policy,* 28(1): 103-106.

Skocpol, T. (2003). Doubley Engaged Social Science: The Promise of Comparative Historical Analysis. In James. Mahoney and Dietrich. Rueschemeyer(ed.), *Comparative Historical Analysis in the Social Sciences.* 407-428. Cambridge: Cambridge University Press.

Stark, D. (1992). Path Dependence and Privatization Strategies in East Central Europe. *East European Politics and Societies.* 6(1): 17-54.

Steinmo, S., Thelen, K. & Longstreth, F(eds.), (1992). *Structuring Politics: Historical Institutionalism in Comparative Perspective.* Cambridge: Cambridge University Press.

Stoker, G. (1995). Regime Theory and Urban Politics. In D. Judge, G. Stoker, & H.

Wolman(eds.), *Theories of Urban Politics*. London: Sage.
Storper, M. (1997). *The Regional World: Territorial Development in a Global Economy*. London: Guilford.
Storper, M. (2011). Justice, Efficiency and Economic Geography: Should Places Help One Another to Develop?. *European Urban and Regional Studies*, 18(1): 3-21.
Storper, M., Thomadakis, S. B. & Tsipouri, L. J.(eds.). (1998). *Latecomers in the Global Economy*. London: Routledge.
Streeck, W. & Thelen, K. (2005). Introduction: Institutional Change in Advanced Political Economies. In Wolfgang. Streeck and Kathleen. Thelen(ed.), *Beyond Continuity: Institutional Change in Advanced Political Economies*, 1-39. Oxford: Oxford University Press.
Thelen, Kathleen. (1999). Historical Institutionalism in Comparative Politics. *Annual Review of Political Science*, 2: 309-404.
Thelen, Kathleen. (2003). How Institutions Evolve; Insights from Comparative Historical Analysis. In James. Mahoney and Dietrich. Rueschemeyer(ed.), *Comparative Historical Analysis in the Social Sciences*. Cambridge: Cambridge University Press.
Thelen, K. & Steinmo, S. (1992). Historical Institutionalism in Comparative Politics. In Sven, Steinmo, Kathleen, Thelen & Frank, Longstreth(eds.), *Structuring Politics: Historical Institutionalism in Comparative Analysis*. 1-32. New York: Cambridge University Press.
Todtling, F. & Trippl, M. (2005). One Size Fits All? Towards a Differentiated Regional Innovation Policy Approach. *Research Policy*, 34(8): 1203-12019.
Tomaney, J. (2014). Region and Place Ⅰ: Institutions. *Progress in Human Geography*, 38(1): 131-140.
Tomaney, J. (2015). Region and Place Ⅲ: Well-being. *Progress in Human Geography*, 39(1): 101-120.
Turok, I. (2011). Inclusive Growth: Meaningful Goal or Mirage? In A. Pike, A. Rodriguez-Pose. & J. Tomaney(eds.), *Handbook of Local and Regional Development*. London: Routledge.
Vale, M. (2012). Innovation Networks and Local and Regional Development Policies. In A. Pike, A. Rodriguez-Pose and J. Tomaney(ed.), *Handbook of Local and Regional Development*. London: Routledge.

Vanhove, N. & Klassen, L. (1987). *Regional Policy: A European Approach.* Westmead: Avebary.

Vira, B. & James. A. (2011). Researching Hybrid Economic Development Geographies in Practice: Methodological Reflections from a Collaborative Project on India's New Service Economy. *Progress in Human Geography*, 35(5): 627-651.

Wade, R. (1990). *Governing the Market: Economic Theory and the Role of Government in East Asian Industrialization.* Princeton, NJ: Princeton University Press.

Wallerstein, I. (1974). *The Modern World System.* New York: Academic Press.

Weaver, R. K. & Rockman, B(ed.). (1993). *Do Institutions Matter?; Government Capabilities in the Unite States and Abroad.* Washington, DC: The Brooking Institutions.

Weiss, C. H. (1972). *Evaluation Research: Methods of Assessing Program Effectiveness*, New York: Preritice-Hall, Inc.

Williamson, J. G. (1965). Regional Inequalities and the Process of National Development. *Economic Development and Cultural Change,* 13: 1-84.

Wilsford, D. (1994). Path Dependency, or Why Historical Makes It Difficult but Impossible to Reform Health Care Services in a Big Way. *Journal of Public Policy,* 14: 251-283.

Wilson, W. (1898). *The State: Elements of Historical and Practical Politics*, Boston: D.C.Heath.

Woolsey, T. D. (1893). *Political Sciences, or The State Theoretically and Practically Considered.* New York: C. Scribners.

World Bank. (1997). *Governance and Development.* Washington, DC: World Bank.

World Bank. (2009). World Development Report 2009: *Reshaping Economic Geography.* Washington, DC: World Bank.

Yeung, H. (2015). Governing the Market in a Globalizing Era: Development States, Global Production Networks, and Inter-Firm Dynamics in East Asia. In J. Neilson, B. Pritchard & H. Yeung(eds.), *Global Value Chains and Global Production Networks: Changes in the International Political Economy.* London: Routledge.

Zysman, J. (1983). *Governments, Markets and Growth.* Ithaca: Cornell University Press.